スターリニズムの統治構造

スターリニズムの統治構造

――1930年代ソ連の政策決定と国民統合――

富田　武著

岩波書店

凡　例

一　一九三〇年代の行政区画は、一九三〇年の管区廃止、一九三六年の憲法改正によって若干変化するが、連邦構成共和国(союзная республика)、地方(край)ないし州(область)、市(город)または地区(район)を骨格としている。民族的な領域構成体としては、連邦構成共和国のほか、自治共和国(автономная республика)、自治州(автономная область)、民族管区(национальный округ)などがある。市の下部単位も район だが、農村部のそれと区別して「区」と訳す。「地区」の下部単位は村だが、地域に応じて село, станица, аул など、呼称は実に多様である。

一　ソヴィエトの執行機関は、憲法改正までは、ソ連邦中央執行委員会、共和国中央執行委員会、地方・州執行委員会、市ソヴィエト、地区執行委員会、村ソヴィエトを骨格としている。憲法改正後「中央執行委員会」は「最高ソヴィエト」となる。

一　全連邦共産党(ボリシェヴィキ)は単に「共産党」または「党」と記す。党の執行機関は「中央委員会」「地方委員会」「州委員会」「市委員会」「地区委員会」のように記す。ただし、他の機関と並記する場合や文脈上必要な場合に限り「党中央委員会」「地方党委員会」等々と記す。なお「民族党中央委員会」(ЦК нацкомпартии)という表現も頻繁に用いられたので、そのまま使うが、憲法改正前は、連邦構成共和国の共産党は必ずしも中央委員会をもたなかった。

一　工場、コルホーズなどの名称はロシア語読みのままとし、邦訳を付さない。

一　一プード＝一六・三八キログラム、一ツェントネル＝一〇〇キログラム。一ルーブリ＝一〇〇コペイカ。

一　引用文中の〔　〕は、引用者による註記ないし補足である。

一　アルヒーフ略記一覧

・РЦХИДНИ: Российский центр хранения и изучения документов новейшей истории
（ロシア現代史文書保存・研究センター、旧中央党アルヒーフ）

・ГАРФ: Государственный архив Российской Федерации
（ロシア連邦国家アルヒーフ、旧十月革命アルヒーフ）

なお、註に記すのは、фонд(書庫)、опись(目録)、дело(ファイル)、лист(枚)の順である。

・SA: The Smolensk Archive, Records of the All Union (Russian) Communist Party, Smolensk District, Record Group 1056（スモレンスク・アルヒーフ：ドイツ軍が押収し、アメリカ軍が入手したスモレンスク州の党文書）

一　史料集略記一覧

・*СЗ*: *Собрание законов и распоряжении Рабоче-крестьянского государства*

・*КПСС*: *КПСС в резолюциях и решениях съездов, конференции и пленумов ЦК* (изд. 9-е), т. 1-14. М., 1985

・*Коллективизация*: *Коллективизация сельского хозяйства. Важнейшие постановления Коммунистической партии и советского правительства 1927-1935*. М., 1957

- *ДВП : Документы внешней политики СССР*, т. XIII-XXI. M., 1967-1977

一　新聞とその発行主体

- *Правда* : орган Центрального Комитета и Московского Комитета ВКП(б)
  『プラウダ』　党中央委員会・モスクワ市委員会機関紙
- *Известия* : орган Центрального Исполнительного Комитета Союза ССР и Всероссийского Центрального Исполнительного Комитета Советов
  『イズヴェスチヤ』　ソ連邦中央執行委員会・全ロシア中央執行委員会機関紙
- *Комсомольская правда* : орган Центрального Комитета ВЛКСМ
  『コムソモーリスカヤ・プラウダ』　コムソモール中央委員会機関紙
- *Труд* : орган Всесоюзного Центрального Совета Профессиональных Союзов
  『トルード』　全連邦労働組合中央評議会機関紙
- *За индустриализацию* : орган Народного Комиссариата Тяжелой Индустрии СССР
  『工業化のために』　重工業人民委員部機関紙
- *Крестьянская газета* : орган Центрального Комитета ВКП(б)
  『農民新聞』　党中央委員会機関紙
- *Социалистическое земледелие* : орган Народного Комиссариата Земледелия СССР
  『社会主義農業』　農業人民委員部機関紙
- *Вiстi* : орган Центрального Виконавчого Комiтета УСРР

『ヴィスティ』　ウクライナ共和国中央執行委員会機関紙。ただし、一九三七年七―一二月は利用できなかった。

- *Молот*: орган Северо-Кавказского (далее—Азово-Черноморского) Крайкома ВКП(б), Крайисполкома и Крайсовпрофа

『モーロト』　北カフカース（のちアゾフ＝黒海）地方委員会・地方執行委員会・地方労評機関紙。ただし、一九三三年二月までは利用できなかった。

- *Заря Востока*: орган Закавказского Краевого Комитета ВКП(б) и Центрального Исполнительного Комитета ЗСФСР

『ザリャー・ヴォストーカ』　ザカフカース地方委員会・連邦共和国中央執行委員会（のちグルジア共産党中央委員会・トビリシ市委員会・共和国中央執行委員会）機関紙

- *Ленинградская правда*: орган Ленинградского обкома и горкома ВКП(б)

『レニングラーツカヤ・プラウダ』　レニングラード州・市委員会機関紙

- *Вечерняя Москва*: орган Московского горкома ВКП(б) и Моссовета

『夕刊モスクワ』　モスクワ市委員会・市ソヴィエト機関紙

*月の呼称：ロシア語、ウクライナ語

一月：январь, січень　二月：февраль, лютий　三月：март, березень　四月：апрель, квітень

五月：май, травень　六月：июнь, червень　七月：июль, липень　八月：август, серпень

九月：сентябрь, вересень　一〇月：октябрь, жовтень　一一月：ноябрь, листопад　一二月：декабрь, грудень

用語解説

〈党・国家機関〉

ゴスプラン(Государственная плановая комиссия)　国家計画委員会

ヴェセンハ(Высший совет народного хозяйства)　最高国民経済会議

ラブクリン(Рабоче-крестьянская инспекция)　労農監察人民委員部

コムソモール(Всесоюзный Ленинский Коммунистический Союз Молодёжи)　全連邦レーニン共産青年同盟

オルポ(Отдел руководящих партийных органов)　指導的党機関部。中央委員会の部で、民族党中央委員会、地方・州委員会の「指導的党機関」つまり、第一・第二書記、ビューローを監督する。民族党中央委員会、地方・州委員会のオルポは、州・市・地区委員会の第一・第二書記、ビューローを監督する。

ノメンクラトゥーラ(номенклатура)　各級党委員会がもつ党・ソヴィエト機関その他のポストの任命職リスト。すでに一九二五年に中央委員会のノメンクラトゥーラ職は五〇〇〇を越えていた。

カードル(кадр)　幹部、要員

アクチーフ(актив)　積極分子。生産・経済活動ではなく政治活動において積極的な活動家。党アクチーフ、コムソモール・アクチーフ、労働組合アクチーフという言い方もある。

ホズラスチョート(хозяйственный расчёт)　経済計算制と訳されるが、計画経済の枠内での独立採算制と解してよい。

〈治安機関〉

オゲペウ(Объединённое государственное политическое управление)　合同国家保安部、つまり各共和国ゲペウを統合した連邦レヴェルの政治警察。

エヌカヴェデ(Народный комиссариат внутренних дел)　内務人民委員部。市民に対する証明書の発行、消防、一般警察(民警)、政治警察、国境警備などの業務を行った。一九三四年に連邦エヌカヴェデが設立された時、オゲペウは国家保安本部(Государственное управление государственной безопасности)になった。

オソ(Особое совещание)　オゲペウ、エヌカヴェデに付属する裁判機関

チェキスト(чекист)　政治警察勤務員のことで、全ロシア反革命・サボタージュ取り締まり非常委員会(ヴェ・チェカ)に由来する。

ラーゲリ(лагерь)　収容所は、ソヴィエト政権初期は政治犯を対象とした強制収容所(концентрационный лагерь)だったが、強制労働を再教育の手段として用いる方針の採用とともに、矯正労働収容所(исправительно-трудовой лагерь)と呼ばれるようになった。

グラーグ(Главное управление исправительно-трудовых лагерей)　矯正労働収容所本部

テロル(террор)　ロベスピエール独裁下の恐怖政治に由来する暴力的支配の意味だが、個々のテロリストの行動を指すこともある。

〈農　業〉

クラーク(кулак)　本来は、高利貸や投機業も兼ねて農民を収奪する富農の意味だが、農業集団化以後は、ソヴィ

エト政権に反抗的な農民に対する政治的レッテルとして使われた。

コルホーズ (коллективное хозяйство)　集団農場

ソフホーズ (советское хозяйство)　国営農場

エムテエス (машинно-тракторная станция)　機械・トラクター・ステーション。大型農業機械をもたないコルホーズと契約して農作業を行い、収穫の一部を受け取る(現物支払いを受ける)国家機関。

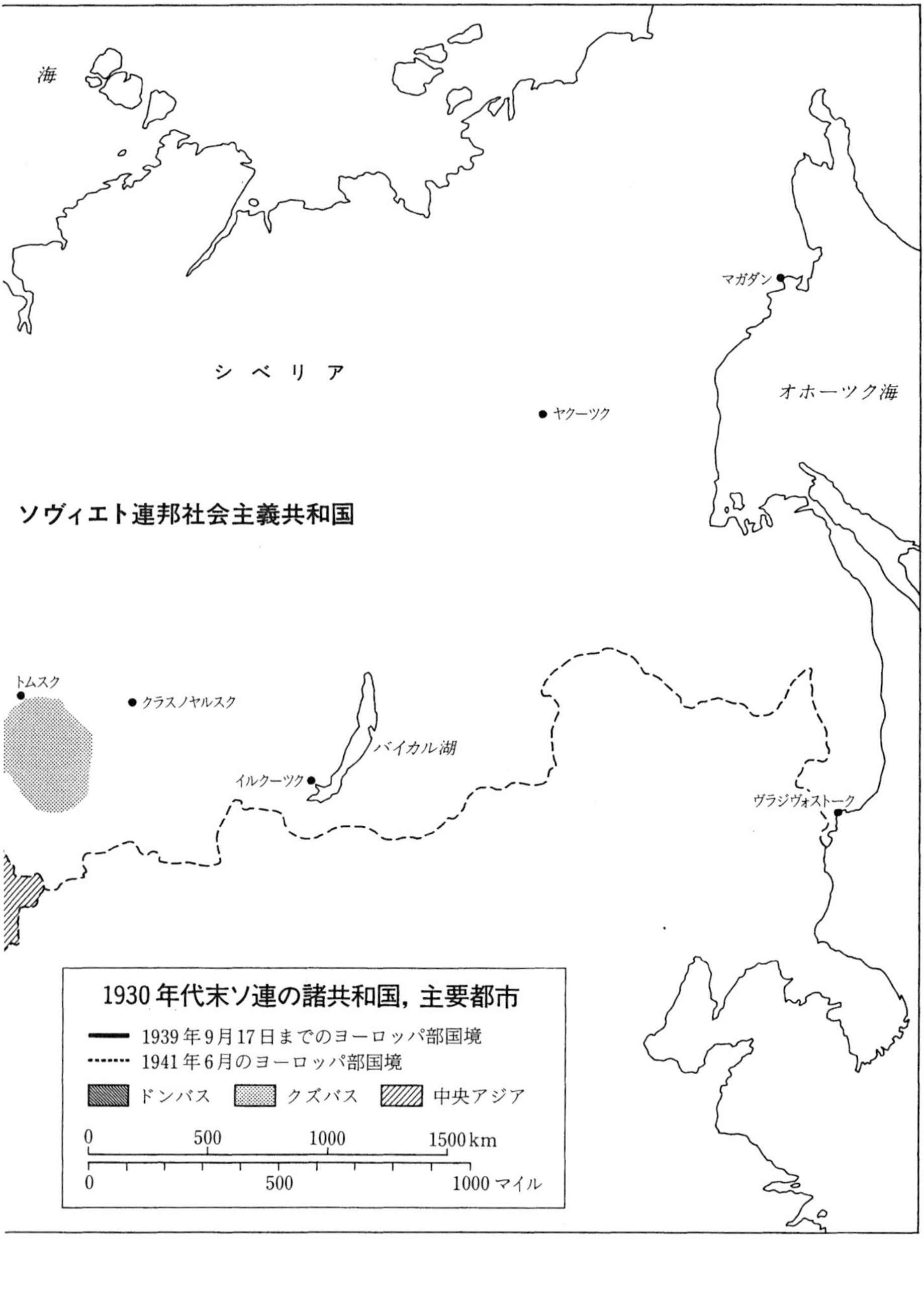
海
シベリア
ソヴィエト連邦社会主義共和国
マガダン
オホーツク海
ヤクーツク
トムスク
クラスノヤルスク
バイカル湖
イルクーツク
ヴラジヴォストーク
1930年代末ソ連の諸共和国，主要都市
1939年9月17日までのヨーロッパ部国境
1941年6月のヨーロッパ部国境
ドンバス
クズバス
中央アジア
0 500 1000 1500 km
0 500 1000 マイル

R. W. Davies et al., *The Economic Transformation of the Soviet Union, 1913-1945*, Map 1 を一部改定.

目　次

序言　本書の課題と方法、史料

ロシア・ソ連史における一九三〇年代は、三次にわたる五ヵ年計画によってソ連がヨーロッパ第一、世界第二の工業国となり、国防力をも強化した時期である。資本主義諸国が未曾有の恐慌に苦しんでいただけに、それは社会主義の優越性を証明するものとして宣伝され、相当数の欧米知識人にそう信じられた時期でもあった。

この急速な工業化はしかし、それに不可欠な農業集団化による食糧・原料確保の不首尾を伴い、労働者に強度の労働のみならず、耐乏生活を強いるものであった。中央集権的な資源と人員の動員、配分は官僚制の確立、政治権力の集中を促した。とくに農業集団化に対する抵抗を打破する過程で、党機関と政治警察の癒着が進み、両者を掌握するスターリンに権力が集中することになった。スターリン独裁は学問、文学、芸術などの分野にも及び、これを画一化していった。スターリン権力はまた、労働者を不断に工業化に動員しつつ、その体制への統合に腐心した。第一次五ヵ年計画期(一九二八—三二年)に現出した社会的カオスに対処したものだが、それが一定程度成功したことは、「クラーク」絶滅や大飢饉(一九三二—三三年)、大テロル(一九三六—三八年)にもかかわらず、国民が独ソ戦争に耐え得たことが証明している。

ところで、ペレストロイカに伴う歴史見直し、アルヒーフ(公文書館)文書公開により、一九三〇年代の否定面が明るみに出され、スターリン時代を一括して「全体主義」とする風潮がさかんになった。この風潮は一九九一年の共産党解散、ソ連邦崩壊で一挙に強まり、十月革命以降の七四年間を「全体主義」とする史観が支配的になった。冷戦の盛期に欧米を風靡した「全体主義」論がポスト冷戦、ポスト社会主義のロシアで流行するとは、何とも皮肉な話である。この史観にあっては、一九三〇年代――ソ連のみならず、世界史的にも資本主義の変容とファシズムの時代として重要――をとくに研究する意味は失せ、せいぜいのところ「クラーク」絶滅や大テロルを際立たせる著作しか出ていない。(1)

一九三〇年代ソ連史の全体像を、旧ソ連の正統派史学のように「正しいイデオロギーの実現」過程としてではなく、「全体主義」論のように「邪悪な独裁者の意志の実現」過程としてでもなく、ダイナミックなプロセスとして描くこと――ここに本書の第一の課題がある。三〇年代は決して平板な流れではなく、工業化、集団化の激動の初期、経済政策も政治支配も穏健だった中期、大テロルから開戦前夜に至る激動の末期と、ジグザグがあった。その解釈としては、すでに独裁体制を築きつつあったスターリンの意図を重視する「全体主義」論者もいれば、(2)潜在的な反対派の存在、労働者や農民の動向、国際情勢が政策とその履行方法の強硬・穏健度を大きく規定したことを強調する立場もある。後者のうち例えばゲティの著作は、スモレンスク・アルヒーフを最大限活用したもので、従来の一枚岩的党イメージを是正することに貢献したが、党内のカオス、党中央と地方党との対立を強調しすぎ、党内政治から政治全体を説明する無理がある。(3)リッタースポルンの著作は、公的な言説に体制の日常的作動やその矛盾を読みとるという方法はよいとしても、実際には指導者の演説、論文の解釈に傾斜し、それが社会的緊張をどう反映しているのか、スモレンスク・アルヒーフを用いた部分を除いて、説得的に説明し得ていない。(4)

ところで、ソ連における政策決定過程の分析という問題意識は、正統派マルクス＝レーニン主義にも、その裏返しとしての「全体主義」論にも存在しなかった。党中央の決定、何よりも独裁者の意志が一元的に貫徹する政治体制が想定されているからである。もとより、一九五六年のスターリン批判以降、欧米ではリヴィジョニストが登場し、さらにはブレージネフ期のソ連政治に多元主義モデルを適用する試みさえ生まれたが、(5)一九二九―五三年（スターリン独裁成立から死去まで）のソ連は長らく「全体主義」イメージで捉えられ、これに批判的な研究者も史料の制約から実証的分析ができなかった。こうした中では、スターリン体制の成立期を、成立期ゆえに情報統制がなお弱かった史料状況にも助けられて、農業集団化の政治過程を中心に分析し、体制の本質的特徴を析出した溪内謙の業績が際立っている。(6) ペレストロイカ以前に幸運にもアルヒーフ文書の一部を利用できたフィッツパトリックは、一九二九—三〇年の工業化をめぐるヴェセンハとラブクリンの対抗過程を描き、官僚政治モデルの適用可能性を示したが、これはいわば単発の仕事に終わった。(7) このような研究状況は、スターリンの演説や党・政府の決定、『プラウダ』論説などで、およその政治動向はフォローできても、事実上の政策決定機関である政治局の会議が月に何回開かれていたのかさえ知り得なかった史料状況によるところが大きい。

だが、一九九一年の共産党解散とソ連邦崩壊の後にようやく、アルヒーフ文書がしだいに公開され、とくに党中央委員会総会速記録と政治局会議議事録とにアクセスできるようになって事情は一変した。前者は、二〇年代の政策論争のような議論を期待しても無駄だが、農業政策や反対派の処遇をめぐる意見の違いを記録し、傾向の違いさえも読み取れる。後者からは会議の頻度、出席者、議題がわかり、速記録でない以上どんな議論がされ、誰が反対あるいは保留したかまでは記録されていないものの、政策決定のメカニズムの輪郭が浮かび上がってくる。(8) これを系統的にフォローすれば、時期に応じた重点政策の変化、スターリン側近の構成の変化も捉えることができる。この政治局会議議事録は、軍事、外交、通商、治安の議題については「決定は特別ファイル」(Решение—особая папка)扱いであったが、その「特別ファイル」が九五年一月から閲覧可能になり、政策決定中枢の史実をより正確におさえることができるようになった。(9) さらに、マイクロフィルム化されたモーロトフ、オルジョニキッゼ、キーロフらの「個人フォンド」(10)、同じく「個人フォンド」から編集されたスターリン・モーロトフ往復書簡集などによって、様々な決定をめぐる指導者個人間のやりとりさえ、未だ部分的ながら把握できるようになった。

こうしたアルヒーフ文書を用いた政策決定過程の分析が、最近ようやく発表され始めている。デイヴィス、フレヴニュークの共同論文は三〇年代の経済政策のジグザグ、変化の節目に着目し、スターリン、モーロトフ、クイブィシェフ、オルジョニキッゼらの発言や書簡をも分析して、工業生産のテンポや投資額の上げ下げを説明したものである。[11] フレヴニュークはごく最近『政治局――一九三〇年代における政治権力のメカニズム――』(露文)を著し、三〇年代前半における政治局内の意見の相違、対立は「穏健派」対「急進派」のグループ対立ではなく、むしろ省庁的利害を反映したものであったこと、キーロフ、クイブィシェフ死後しだいに政治局の機能が低下し、スターリン個人権力が強化され、大テロル後は、人民委員会議などの国家機関が党機関に優越するようになったこと、を明らかにしている。[12] また、デイヴィスが組織した第二次五ヵ年計画期経済政策の決定過程の研究プロジェクトの成果、ワトソンによる人民委員会議の議事録を克明にフォローしたモノグラフが近く刊行される。[13]

本書は、ソ連史の基礎的な史料たる政治局会議議事録および「特別ファイル」を全面的に利用して、三〇年代政治史のダイナミクスを描き(第一の課題)、トップ・レヴェルの政策決定メカニズムを解明しようとする(第二の課題)ものである。私が政策決定過程の分析といわないのは、一つは、諸政党、諸利益集団、諸省庁、マス・メディア、世論の相互作用を分析する多元主義モデルの適用には慎重であるため、いま一つは、人民委員部(省庁)の史料にアクセスしておらず、それに基づくケース・スタディに着手していないため、である。

本書の第三の課題は、三〇年代ソ連のハイ・ポリティクスのみならず、政治社会の底辺や周辺の像に迫ることである。もとより、この課題は、本来的には文書のみならずオーラル史料をも必要とし、現にロシアでは集団化を生き残った農民に対する聞き取り調査も行なわれているそうである。[14] アルヒーフ文書の中ではオゲペウ、エヌカヴェデの報告書が、数少ない社会に関する情報を比較的正確に伝えているが、現状ではアクセスできない。それにもかかわらず、他のアルヒーフ文書に、急激な集団化、都市化が生み出した児童の浮浪化、犯罪に関するデータを見出すことができるし、新聞からさえ「家族関連法」案の「全人民討議」の中に女性と家族の状態を読み取ることはできる。本書はむろん、社会史研究の著作ではなく、あくまで「政治権力による社会統制、国民統合」の限りで、社会に焦点を当てようとするものである。

本書は四章から成っている。第一章「一九三〇年代のソ連」は通史である。第一次五ヵ年計画期はよく研究されているが、それ以降は大テロルや独ソ不可侵条約に集中していた観があり、まともな通史さえない現状を考慮して叙述した。(15) 第一節は既存の研究成果を生かしたが、アルヒーフ文書からの新しいデータは付加した。全体としては、ダイナミックな通史をめざして、内政と外交の関係に留意し、「社会構造と国民統合」(第二節三)で構造的分析を付加した。この章のベースになった文章は大幅な加筆・修正により、ほとんど原形をとどめていない。(16)

第二章、第三章は広義の政策決定過程の分析だが、二〇年代ソ連や欧米諸国と異なって、政策論議(論争)が政策決定に先立ってではなく、政策履行中あるいは後に起こるところから、第二章「政策決定の構造」、第三章「政策論議と政策履行」の順とした。そして第二章の中では、形式論からすれば先に叙述すべき中央委員会を、第二節「党の中央諸機関」に含めて後回しにし、第一節を「政治局とスターリン」とした。第一節の分析の土台には、政治局会議議事録および「特別ファイル」の克明なノート、政治局員および主要中央委員の政治局会議出席頻度リスト(議事録から作成)、政治局員および主要人民委員のスターリン執務室訪問頻度リスト(『歴史アルヒーフ』誌に掲載された訪問記録から作成)がある。第二節は、組織局・書記局会議議事録を一部しか読めず、ましてや部の史料にはほとんど手が回らなかったため、分析が不十分だが、従来あまり研究されていなかった部分ではある。

第三章第一節「政策論議の推移」で「エムテエス政治部」「スタハーノフ運動」「敵の認識と党の役割」の三つを取り上げたのは、潜在的反対派さえ登場しない一九三三年一月中央委員会・中央統制委員会合同総会以降の党内での異論のあり方に注目したからであり、その中では右の三点がよく議論され、政治的意味も明瞭だったからである。

「政策履行」で人民委員部を取り上げなかったのは、アルヒーフ文書にアクセスしていないからに他ならない。第二節を「党中央・地方党関係」とした所以だが、アゾフ＝黒海地方をケース・スタディの対象として選んだのは、主要穀物地域であること、私がここの農政史を研究してきたこと、また大テロルの先取り的現象があって興味深いこと、による。アルヒーフ文書と地方紙を併用できたが、アルヒーフ文書としては、モスクワに提出された地方委員会ビューロー会議議事録(および総会議事録・速記録)しか利用していないための弱さがある。[17]

第四章「政治動員と政治意識」は、「全体主義」論者も取り上げる「政治動員」の中に「政治意識」を読み取る試みである。その最良の素材は、いかに党によってコントロールされていようとも、大衆の政治意識を一定に反映するソヴィエト選挙キャンペーンであるが、オゲペウ、エヌカヴェデの報告書にアクセスできないので、本書では断念した。一九三六年憲法草案の「全人民討議」(六月から半年間)は、これに次ぐ素材で、政治史家としては私がおそらく最初に分析しており、[18]本書では「全人民討議にみる社会状況」を、「家族関連法」の全人民討議も含めて付加した。スペイン人民連帯運動は、上から組織されたとはいえ、三〇年代最大の大衆運動であったこと、外交と世論の相互関係という視角から興味深いことが取り上げる理由である。これも私がおそらく最初に分析しており、[19]アルヒーフ文書からのデータを大量に付加した。

私が主として利用したアルヒーフは、ロシア現代史文書保存・研究センター(РЦХИДНИ)である。そこには、本書にかかわる限りでも、党大会および協議会速記録、中央委員会総会議事録および速記録、政治局会議議事録および「特別ファイル」、組織局・書記局会議議事録(おそらく「特別ファイル」も)、中央委員会各部の文書、政治局小委員会の文書、民族党中央委員会ビューロー(ウクライナは政治局)、地方・州委員会ビューローの議事録、そしてスターリンらの「個人フォンド」、またコミンテルン関係の諸文書などが収められている。[20]私が副次的に利用したのは、ロシア連邦国家アルヒーフ(ГАРФ)である。ここにはソヴィエト機関、省庁など広義の国家機関の文書が収められているが、私がアクセスしたのは人民委員会議および労働国防会議議事録の一部など、ごく限られている。なお、ロシア連邦大統領アルヒーフ(Архив Президента Российской Федерации)、通称クレムリン・アルヒーフは共産党と国家の最高機密文書を収め、ロシア人研究者さえアクセスできないが、歴史雑誌に僅かずつ公表されている。(21)

アルヒーフ文書を読みながら痛感するのは、ソ連は何でも文書に残す国だということである。共産党は文書で動く組織であり、ウェーバーのいう官僚制の一特徴が最も当てはまる組織として、特異な政治文化を作り上げたこと(文書のスタイルや常套語句、その物神化)は、例えばナチズムと比較して念頭においてよい。(22)もちろん、アルヒーフ文書にすべてが記録されているわけではなく、面前での、あるいは電話による口頭指示で重要なものもあろう。また、アルヒーフ文書はすべてが機密的性格のものではなく、新聞発表される決定も含んでいる。さらに、文書が加工されている点も十分に考慮しなければならない。下級党機関の報告書は、欠陥や失敗を隠したり、逆に上級党機関の要求に合わせて誇大に伝えたりするからである。また、中央委員会総会の速記録は、残さなかった場合があるほか、残した場合は、①速記をタイプ化した原稿、②発言者による訂正、③中央委員会秘密部(のち特別課)による編集、の三段階を経るので、その比較考証が必要である。(23)残念ながら、史料公開の現状では十分なテキスト・クリティークはできないが、それでもアルヒーフ文書は、新聞、雑誌、小冊子、史料集、回想の既存のデータと突き合わせて取捨選択すれば貴重な史料として大いに活用できる。

最後になるが、三〇年代ソ連、広くスターリン時代の研究にとって厄介な問題は、経済・人口統計の扱いである。従来の官許歴史学が「クラーク」絶滅を含むテロルの犠牲者につき沈黙し、五ヵ年計画の成果を過大評価してきたことに対する批判がペレストロイカ以降なされるようになったが、当時の統計資料自体の貧弱さもあって、今日でも確定的な数字といえるものはない。ここでは、統計の見直しをフォローし、独自にも経済統計の再評価を行ってきたデイヴィスらのデータを利用する(表1—8)[(24)]。

表1　GNPと人口

	GNP[1)] (10億ルーブリ)	人　口[2)] (100万)	一人当りGNP (ルーブリ)
1928	123.7	153.2	810
1929	127.0	156.1	810
1930	134.5	158.6	850
1931	137.2	160.8	850
1932	135.7	162.4	840
1933	141.3	159.8	880
1934	155.2	157.5	990
1935	178.6	159.2	1,120
1936	192.8	161.3	1,200
1937	212.3	164.0	1,290
1938	216.3	167.0	1,300
1940	223.6	173.1	1,290

1) 1937年価格　2) 年央

表2　一人当りGDPの国際比較(ドル, 1980年価格)

	1913	1928	1932	1937	1940
日　　本	800	1,150	1,130	1,330	1,660
ロシア(ソ連)	900	900	930	1,440	1,440
イタリア	1,550	1,780	1,740	1,960	2,070
ドイツ	1,960	2,280	1,880	2,740	3,190
フランス	2,000	2,550	2,280	2,590	2,330
イギリス	2,970	3,110	2,990	3,610	3,980
アメリカ	3,790	4,690	3,450	4,570	4,970

表3　国民所得セクター別割合(%)

	1913	1928	1932	1937	1940
農　　業	50.7	48.3	32.1	31.0	29.5
工　　業	21.4	20.4	28.8	32.2	32.8
建　　設	5.1	3.2	5.1	5.2	4.5
運　　輸	5.8	3.9	7.5	8.3	8.2
商　　業	8.1	7.9	6.2	5.1	4.7
サーヴィス	8.9	16.3	20.3	18.1	20.3
計	100.0	100.0	100.0	100.0	100.0

表4　工業生産の指標

	1928	1932	1937	1940	年率(%)
ソ連公式統計	100	202	446	642	16.8
ナッター	100	150	279	312	10.0
ボロティン	100	—	217	—	9.0

表5　工業生産の成長率(各年)

	ソ連公式統計			ナッター(工業全体*)
	工業全体	Aグループ	Bグループ	
1929	20.0	28.5	14.4	17.0
1930	22.0	38.1	10.1	12.8
1931	20.5	28.8	12.8	−3.5
1932	14.7	19.4	9.7	6.8
1933	5.5	6.1	4.8	1.9
1934	19.1	25.2	12.2	16.2
1935	22.6	26.6	17.4	22.7
1936	28.7	30.9	25.6	10.4
1937	11.2	8.5	15.0	2.3
1938	11.8	12.4	11.1	1.1
1939	16.0	18.7	12.2	1.7
1940	11.0	13.8	6.8	−5.5

* 1955年価格／Aは生産財，Bは消費財

表6　品目別工業生産(物量単位)

	電力(10億kwh)	原油(100万トン)	石炭(100万トン)	銑鉄(100万トン)	圧延(100万トン)	セメント(100万トン)	旋盤(1000台)	モーター(1000kw)	トラクター(1000•15馬力)
1928	5.0	11.6	35.5	3.3	3.4	1.85	2.0	259	1.8
1932	13.5	21.4	64.4	6.2	4.4	3.48	19.7	1,658	50.8
1933	16.4	21.5	76.3	7.1	5.1	2.71	21.0	1,385	79.9
1936	32.8	27.4	126.8	14.4	12.5	5.87	44.4	1,653	173.2
1937	36.2	28.5	128.0	14.5	13.0	5.45	48.5	1,833	66.5
1940	48.3	31.1	165.9	14.9	13.1	5.68	58.4	1,848	66.2

表7　外国貿易

	輸出	輸入	輸入相手国(%)				
	(100万金ルーブリ)		フランス	ドイツ	イギリス	アメリカ	その他
1929	924	881	4.8	22.1	6.2	20.1	46.7
1930	1,036	1,059	4.2	23.7	7.6	25.0	39.6
1931	811	1,105	3.5	50.2	9.0	28.1	9.3
1932	575	704	4.1	46.5	13.1	4.5	31.8
1933	470	348	6.6	42.5	8.8	4.8	37.4
1934	418	232	9.4	12.4	13.5	7.7	57.0
1935	367	241	7.5	9.0	9.3	12.2	62.0
1936	310	309	7.6	22.8	7.1	15.4	47.0
1937	376	292	6.5	14.9	4.7	18.3	55.7
1938	293	313	3.7	4.7	12.1	28.3	51.2
1939	133	214	2.9	5.7	11.4	30.7	49.3
1940	306	313	0.1	29.0	0.9	31.0	38.9

(1) その代表作が、D・ヴォルコゴーノフ『勝利と悲劇——スターリンの政治的肖像——』(上・下、生田真司訳、朝日新聞社、一九九二年、ただし原著二部四冊中第一部二冊の翻訳)であろう。

(2) R. Conquest, *The Great Terror, Stalin's Purge of the Thirties*, Macmillan, 1968(『スターリンの恐怖政治』、片山さとし訳、三一書房、一九七六年). これが「全体主義」論の立場からの三〇年代史解釈の代表作で、今日のロシアでもてはやされている。

(3) J. Arch Getty, *Origins of the Great Purges. The Soviet Communist Party Reconsidered, 1933-1938*, Cambridge University Press, 1985.

(4) Gabor T. Rittersporn, *Stalinist Simplifications and Soviet Complications. Social Tensions and Political Conflicts in the USSR 1933-1953*, Harwood Academic Publishers, 1991.

(5) J. Hough, *The Soviet Prefects: The Local Party Organs in Industrial Decision-making*, Harvard University Press, 1969; *The Soviet Union and Social Science Theory*, Havard University Press, 1977.

(6) 溪内謙『スターリン政治体制の成立』第一―四部、岩波書店、一九七〇、七二、八〇、八六年。

(7) Sheila Fitzpatrick, Ordzhonikidze's Takeover of Vesenkha: A Case Study in Soviet Bureaucratic Politics, *Soviet Studies*, vol. 37, no. 2, April 1985, pp. 153-172.

(8) 会議ごとの日付、出席者のリスト、議題数、また政治局会議の開催や政治局小委員会にかかわる決定などを載せた史料集が最近刊行された。*Сталинское Политбюро в 30-е годы. Сборник документов.* M., 1995.

(9) 「特別ファイル」は一九二三年五月から一九四一年六月の独ソ開戦まで利用できるといわれたが、九五年一月にマイクロフィルム化されていたのは一九三四年八月五日の分までだった。私は九六年一月に、原本で一九三八年三月の分まで閲覧を許されたが、それ以降は「鑑定中」ということで、九六年八月に訪れた時は閲覧を許されなかった。

(10) ロシア現代史文書保存・研究センターが米スタンフォード大学フーヴァー研究所と協力してマイクロフィルム化し、英チャドウィック・ヒーリー社が発売した。ただし、スターリンの「個人フォンド」は、大統領アルヒーフに戻されたためか、含まれていない。モーロトフの「個人フォンド」は、私が九二年に一瞥したとき、貧弱な印象を受けた。八六年に死去したばかりで、遺族からの引き渡しが済んでいなかったためと思われる。ましてや、九一年に死去したカガノーヴィチの文書は、センター「個人フォンド」にさえ入っておらず、遺族と交渉中ときいた。しかし、オルジョニキッゼ「個人フォンド」は本書にとって非常に有益であった。

(11) Р. Девис, О. В. Хлевнюк. Вторая пятилетка : механизм смены экономической политики. *Отечественная история*, № 3, 1994, с. 92-108. その原形はバーミンガム大学ロシア東欧研究センターのディスカッション・ペーパーである。O. Khlevnyuk, R. W. Davies, *The Role of Gosplan in Economic Decision-making in the 1930s*, The University of Birmingham, 1993.

(12) О. В. Хлевнюк. *Политбюро : механизмы политической власти в 1930-е годы*. М., 1996. 本書の初校刷の校正中にモスクワで入手した。私と問題関心のみならず、結論までほぼ一致していることに驚いている。違いといえば、フレヴニュークの新著は、政治局会議議事録、同「特別ファイル」はもとより、政治局員の書簡、往復書簡を駆使して分析を深めた点、また大テロル後の「国家機関の優越」については、「特別ファイル」をすべて活用しているため、説得力ある叙述になっている点、に特徴がある。ただし、政策決定のうち外交、国際関係の要素が弱い。なお、フレヴニュークはペレストロイカの最中からアルヒーフ文書に基づく実証的論文を精力的に発表してきた若手研究者で、次の著作も国際的に高く評価されている。Его же, *1937-й : Сталин, НКВД и советское общество*. М., 1992 ; Его же, *Сталин и Орджоникидзе. Конфликты в Политбюро в 30-е годы*. М., 1993. 一九九四年一〇月に来日してロシア史研究会の総会で報告したのが、O・フレヴニューク「三十年代のソ連——発展のヴァリアント——」『ロシア史研究』第五三号（一九九五年三月）。

(13) E. A. Rees(ed.), *Decision-Making in the Stalinist Command Economy 1932-37*, Macmillan, 1996(forthcoming) ; D. Watson, *Molotov and Soviet Government, Sovnarkom, 1930-1941*, Macmillan, 1996(forthcoming).

(14) 奥田央『ヴォルガの革命——スターリン統治下の農村——』(東京大学出版会、一九九六年)、はしがきV。

(15) G・ボッファ『ソ連邦史』(坂井信義・大久保昭男訳、全四冊、大月書店、一九八〇年)は研究書ではないが、客観的でバランスのとれた叙述である(一九一七—六四年の通史)。なお、通史ではないが、大テロルの全貌を犠牲者本人および家族の回想、証言をも用いて描いたロイ・メドヴェージェフ『共産主義とは何か』(原題『歴史の審判の前に』、石堂清倫訳、全二冊、三一書房、一九七三—七四年)は、アルヒーフ文書公開後の今日でも意義を失っていない。また大テロルについては、アルヒーフ文書も利用して多面的に再考した次の論集も参照されたい。J. Arch Getty, Roberta T. Manning (eds.), *Stalinist Terror: New Perspectives*, Cambridge University Press, 1993.

(16) 富田武「三〇年代のソ連」『スラブの歴史』(講座スラブの世界③、弘文堂、一九九四年)第一二章、三二七—三五二頁。

(17) ロシア現代史文書保存・研究センターに収められたアゾフ=黒海地方委員会ビューロー会議議事録は、第五八号から第一一〇号まで(一九三五年八月三日から一二月二七日まで)を欠いている。

(18) 富田武「大テロル前夜の政治状況——スターリン憲法の制定過程——」『スターリン時代の国家と社会』(溪内謙・荒田洋編、木鐸社、一九八四年)二〇二—二四二頁。その後アルヒーフ文書を用いた「全人民討議」の研究が出たが、とくに新しい知見はない。J. Arch Getty, State and Society under Stalin: Constitutions and Elections in the 1930s, *Slavic Review*, vol. 50, no. 1 (Spring 1991), pp. 18-35; Ellen Wimberg, Socialism, Democratism and Criticism: The Soviet Press and the National Discussion of the 1936 Draft Constitution, *Soviet Studies*, vol. 46, no. 2, 1992, pp. 313-332.

(19) 富田武「ソ連のスペイン連帯運動と外交政策——世論動員の視点から——」『スペイン内戦と国際政治』(スペイン史学会編、彩流社、一九九〇年)一五二—一七八頁。

(20) すでにガイドブックが発行されている。*Краткий путеводитель. Фонды и коллекции, собранные Центральным партийным архивом.* М., 1993.

(21) 『歴史アルヒーフ』に連載されたスターリン執務室訪問記録は本書の重要史料だが(後述)、このほか例えば一九四七年一一月のスターリン・トレーズ会談、一九六〇年三月のフルシチョーフ・ドゴール会談の記録が挙げられる。*Исторический архив*, № 1, 1996, с. 4-26, 27-40. また『イストーチニク』(Источник)という雑誌には、大統領アルヒーフの文書の紹介欄がある。

（22） 最高指導部内のモーロトフとオルジョニキッゼの対立を示唆するような決定が、「特別ファイル」とはいえ、記録に残されている(第二章第一節)。またスターリン死後の事件だが、ソルジェニーツィンが『収容所群島』で言及したラーゲリにおける反乱とその鎮圧の報告書さえ残っている(一九五四年五―六月、カザフ共和国カラガンダ州の〝ステプノイ・ラーゲリ〟)。*Отечественные архивы*, № 4, 1994, с. 33-82.

（23） 一九三七年六月総会のブハーリン問題は速記録に残さなかった(РЦХИДНИ, ф. 17, оп. 2, д. 617-622)。三六年一二月総会の速記録は、中央委員に対してさえ周知するつもりがなかったのか、①、②段階のものしか残されていない。スターリン発言は記録に残さなかったが、他方でエジョーフの失態を修正していない(Там же, д. 574, 575. 第一章第三節)。なお、政治局会議議事録の原本には個々の政治局員による決定草案や付属資料があり、本来ならこれも照合すべきことは、フレヴニュークの新著に教えられた。Хлевнюк, *Политбюро...*, с. 10-11.

（24） R. W. Davies, Mark Harrison, S. G. Wheatcroft(eds.), *The Economic Transformation of the Soviet Union, 1913-1945*, Cambridge University Press, 1994. デイヴィスらはソ連の公式統計、欧米の学者の評価、ペレストロイカ以降のハーニンによる見直し(Г. И. Ханин. *Динамика экономического развития СССР*. Новосибирск, 1991)を、アルヒーフ統計資料にも当たって厳密に考証しているので、信頼できる。表1―8は付表(pp. 268-323)から借用した。表1の人口についていえば、一九三七年一月の国勢調査は、三二―三三年の大飢饉による大量死亡、出生率低下の結果である人口減少を記録したため、スターリンの気に入らなかった。中央国民経済統計局は「妨害活動」の廉で弾圧され、国勢調査は三九年一月にやり直しとされ、三七年調査結果はペレストロイカ期にようやく公表された。*Всесоюзная перепись населения 1937 г. Краткие итоги*. М., 1991. なお、表4、5中のナッター、表4中のボロティンは、以下の著作の筆者のことである。G. W. Nutter, *Growth of Industrial Production in the Soviet Union*, Princeton, NJ, 1962 ; Б. Болотин. Советский Союз в мировой экономике(1917-1987 гг.). *Мировая экономика и международные отношения*, № 11, 1987, с. 145-153.

第一章　一九三〇年代のソ連

第一節　「上からの革命」(一九二九―三三年)

一九二九年一一月七日の革命一二周年記念の論文で、スターリンは過ぎゆく年が「偉大な転換の年」であったと宣言した。四月の第一六回党協議会は、当初のゴスプラン提案よりはるかに高い目標、テンポの第一次五ヵ年計画を採択し、急進的な工業化はすでに軌道に乗り始めていた。一九二七―二八年冬に生じた穀物調達危機に対する非常措置適用の是非をめぐるブハーリン、ルィコーフら「右翼反対派」との抗争は、スターリン主流派の完全な勝利に帰しつつあった。スターリンはとくに、二九年秋に主流派の地方・州党書記が競うように行った全面的(村まるごとの)集団化の試みに着目し、農民の中心をなす中農がコルホーズの道を選びつつあると評価し、これを「偉大な転換」と呼んだのである。

しかし、この「偉大な転換」は共産党が主導し、一部の労働者、貧農の社会主義建設への熱情を組織化したもので、あくまで「上からの転換」であった。とはいえ、これは党の一枚岩化と党装置への権力集中、とくに非常措置の制度化ともいうべき政治警察の「党=国家」体制へのビルト・イン、この意味での政治体制の転換を伴った点では「上からの革命」に他ならない[1]。しかも、工業化と集団化は一九一七年の革命を上回る生活の激変、人口の水平的・垂直的流動、つまり社会の革命的変化を伴ったという意味でも「上からの革命」だったのである。

一　急進的工業化

一九二九年四月の第一六回党協議会は、ゴスプランが準備してきた第一次五ヵ年計画案のうち最も野心的な統制数字(контрольные цифры)の「最適案」を採択した。工業生産を一八〇%増、うち生産手段生産を二三〇%増、農業生産を五五%増、国民所得を一〇三%増と見込み、例えば銑鉄については五年目に一〇〇〇万トンを目標とする、途方もなく急テンポの成長をめざしたものである(一九二八年の実績は三四〇万トン)。正確にいえば、三月の時点で、穏健な「出発案」(отправной вариант)を主張していたクルジジャノフスキー(ゴスプラン議長)の反対にもかかわらず、ヴェセンハの推す「最適案」(оптимальный вариант)が政府で採択された(2)。すでにゴスプランの旧メンシェヴィキ系エコノミストの経済合理的な議論は退けられ、低い目標を掲げることが右翼反対派として批判される状況では、このような主意主義に歯止めのかけようがなかったのである。一九三〇年六―七月の第一六回党大会では、五ヵ年計画は「三年間で実現できる」とされ、銑鉄生産の最終目標は何と一七〇〇万トンにまで引き上げられた。「われわれは、先進諸国に五〇年から一〇〇年立ち遅れている。われわれは、この距離を一〇年で駆け抜けなければならない。われわれがこれを成し遂げるか、それとも押しつぶされるか、である。」このスターリンの発言(一九三一年二月)は、当時の党=国家指導部の切迫感を端的に表現している(3)。

こうした国家レヴェルの目標に従い、各企業は高い生産目標を立て、労働者には高いノルマを課し、出来高払い制やプレミアで生産意欲を刺激しつつ、労働者を増産に駆り立てた。既存の工場、鉱山では設備の更新がはかられる一方、多数の工場、コンビナートが新たに建設された。マグニトゴルスクやクズネツクの製鉄所、スヴェルドロフスクの重機械工場、スターリングラード、チェリャビンスク、ハーリコフのトラクター工場、ニジニ＝ノヴゴロ

表8　穀物の生産・調達・輸出(100万t)

	生産		調達	輸出
	公式	補正		
1929	71.7	71.7	16.08	0.178
1930	83.5	83.5	22.14	4.764
1931	69.5	69.5	22.84	5.056
1932	69.8	69.8	18.78	1.727
1933	89.8	68.4	23.29	1.683
1934	89.4	67.6	26.25	0.769
1935	90.1	75.0	28.39	1.517
1936	82.7	55.8	27.6	0.321
1937	120.3	97.4	31.94	1.277
1938	95.0	73.6	29.09	2.054
1939	106.5	73.2	30.71	——
1940	95.5	86.9	——	——

＊ 1933年から公式統計は「生物学的収量」(立毛の，即ち逸失ゼロと見込んだ収量)となり，過大評価されるようになった.

ド(一九三二年ゴーリキーと改称)やモスクワの自動車工場などである。既存の企業における生産も新規建設も突貫作業で行われ、「突撃作業運動」「社会主義的競争」が組織された。欠勤・遅刻の一掃、労働規律の遵守、原材料の節約などを掲げた作業班、職場、工場単位での競争である。とりわけ「突撃作業運動」(ударничество)は、コムソモールのイニシアティヴで開始されたとクイブィシェフが『プラウダ』で紹介し、ヴェセンハ傘下企業に援助を指示したことに始まるが、それは五ヵ年計画の目標が引き上げられつつあった一九二九年一月のことであった(4)。

工業生産は、第一六回党協議会決定の目標には及ばなかったが、大恐慌下の資本主義諸国を後目に類例を見ないテンポで増加した(銑鉄は一九三二年に六二〇万トン)。しかし、およそゴスプランが工場・鉱山レヴェルまでの統一的な計画を立てられるはずはない。工場・鉱山サイドも計画を「適度に」超過達成しようとしたから(忠誠の証とプレミア獲得のため超過達成はするが、次年度に高い目標を課されないよう「適度に」)、市場による調節がないだけに、無数の不均衡を生み出した。工業と農業、重工業と軽工業の間の不均衡はもとより、鉄鋼生産に石炭、コークスの供給が追いつかない、トラクターを生産したが、部品、予備が不足し、ガソリンの供給が間に合わない等々の不均衡が生じた(5)。

しかも、国民の負担は大きかった。農民は生産コストを大きく下回る価格で農産物を納入させられる一方、割高な工業製品を購入したが、この差額が工業化の有力な源資であった。労働者の賃金は、累進的出来高払い制導入で格差を拡大させながら、全体として名目的には上昇したが、実質賃金はインフレで低下した(一九三二年は二八年の八八・六%というソ連の学者の計算があるが、西側の有力な推計によれば五〇―六〇%)[6]。また、労働者、農民、職員を問わず、公債購入を事実上強制された。国家はまた、欧米からの設備・機械輸入のため穀物輸出を増やしたが(表8)、これは、配給制下の都市における貧相な食生活、農村における飢饉を前提とした飢餓輸出に他ならない。一九三二年春にはイヴァノヴォ州のヴィチューガ市などで騒擾が発生した(当時はいっさい報道されなかった)[7]。

当時を回顧して、作家エレンブルグはこう書いている。「〃英雄的労働〃(энтузиазм)という言葉は、インフレ〔使いすぎ〕で減価している。しかし、第一次五ヵ年計画期までは他に置き換えられず、まさしく英雄的労働が若者を日々の、目立たない偉業へと奮い立たせたのだ。もちろん、建設者たちの中には、いろいろな連中がいた。皮肉屋、山師、渡り者がやってきて、〃楽して沢山稼げる仕事〃(длинный рубль)を求め歩いた。ある者は崇高な感情に駆り立てられ、別の者は砂糖一キログラムかズボン生地が欲しくて頑張った。希望と絶望、英雄的労働と悪意、ヒーローと渡り者、光と闇が共存した時代、ある者には翼が与えられ、別の者は殺される時代だったのだ[8]。」また、一九三一年五―七月の八週間ソ連の炭鉱、製鉄所などを歴訪したドイツ人技師の報告が、鋭い観察を残している。これによれば、工場が整頓されておらず、例えばナデジディンスクでは、平炉の前に様々な資材が積み重ねられていて、クレーンが作業できず、炉の生産性が落ちていること、ドイツなら一人で済む仕事に五人もかかり、しかも生産性の問題に労働者、職員はあまり関心を払っていないこと、「連続週」(непрерывная рабочая неделя)はかえって能率が悪いこと、官僚主義的な政治システムの結果すべての組織が責任をとろうとせず、「最高指導部」(высшая инстанция)に決めてもらうこと、技術指導者の交替、とくに逮捕によるそれが常態化していること、等々である[9]。

急進的工業化は、一部の若い労働者の社会主義への熱情に依拠し[10]、突撃作業運動、社会主義的競争を挺子としつつ、ブルジョワ出身専門家およびトムスキーら労働組合指導部を攻撃しながら進められた。

ブルジョワ専門家に対する攻撃は、シャフトゥイ裁判（一九二八年）に始まり、「産業党」裁判（三〇年）、「メンシェヴィキ・ビューロー」裁判（三一年）と続き、省庁、企業では党員とたたき上げ労働者（практики）がプロレタリア専門家として大量に登用された。シャフトゥイ事件は、ドンバスでドイツ人技術者三名を含む五三人の専門家が「妨害活動（вредительство）」の廉で摘発されたもので、穀物調達危機をめぐるスターリン派とブハーリン派との対立の最中に起こった（フレーム・アップされた）この事件は、専門家迫害の発端をなしただけではない。スターリン指導部による、内外の階級敵に対する「警戒心」[11]（бдительность）向上および自己批判キャンペーンの発端ともなり、政治的気象の変化の転機となったのである。反官僚主義・自己批判キャンペーンは反右派闘争に他ならず、党組織、国家機関、労働組合の粛清（чистка）へと昂進したが[12]、それは「異質の、信頼できない、腐敗した」分子を排除し、もって社会主義的攻勢への動員準備を整えるためであった。「最適案」を採択した第一六回党協議会は党の一斉粛清を決定したが、同時に「社会主義的競争は自己批判の最良の表現形態である」と語られたように（ヤーコヴレフ）、社会主義的競争は単なる生産性向上運動を越えた、一種の政治運動だったのである。

急進的工業化はしかし、一九三〇年夏に生産テンポの鈍化、一部工場の原材料供給中断による操業停止という危機を招き、スィルツォーフ、ロミナッゼによる路線修正の動きが生まれたが[13]、スターリン指導部は急進路線を止めなかった。それどころか、その先頭に立っていたオルジョニキッゼ率いるラブクリンは、ヴェセンハにも批判を浴びせた[14]。とくに「産業党」事件が起こり、ヴェセンハを含む経済機関のブルジョワおよび旧メンシェヴィキ専門家が逮捕されると、その批判はいっそうエスカレートした。たしかに、「産業党」裁判に関する政治局の民族党中央委員会、地方・州委員会への指示は「技師に対する迫害、十把一からげの非難は許さない」と述べているが、それが守られる政治的雰囲気ではなかった[15]。

しかしながら、ラブクリンの庇護のもと党員アクチーフ、コムソモール員によって進められた専門家迫害(спецеедство)は、彼らの唱えたコミューン礼賛や「商業=貨幣廃止」論とともに有害であり、[16]スターリン指導部は一九三一年半ば頃から、この急進路線を是正し始めた。オルジョニキッゼは三〇年一一月ヴェセンハ議長に就くと、翌年二月には専門家擁護に回り、[17]スターリンは三一年六月経営担当者(хозяйственник)会議で、工業建設の「六ヵ条」を提示した。①労働力の確保、②労働力流動対策、③労働組織化の改善、④新たな技術インテリの創出、⑤古い「ブルジョワ的」インテリの利用、⑥ホズラスチョートの強化である。

また、労働組合指導部に対する攻撃は、トムスキーら右派を追い落とすのみならず、国家に対する労働者の独自の利益の擁護の機能を「トレード・ユニオニズム」批判によって労働組合から剝奪するものであった。労働組合は増産、合理化、生産性向上の尖兵とされ、企業レヴェルでも党・経営・労組の三位一体が成立した。[18]一九三三年には全連邦労働組合中央評議会が労働人民委員部を吸収し、労働保護はもとより、社会保険や保養サーヴィスまで活動に加えることになった。[19]労働組合の国家機関化であり、ソ連的な企業丸抱え体制の成立に他ならない。

しかしながら労働者は、高いノルマを課され、利益擁護の労組機能を奪われたからといって、搾取・抑圧に呻吟していたわけではない。社会主義的熱情に燃える一部の労働者は別として、一般の労働者は労働力不足という有利な条件下で「適度に」(手を抜いて)働き、月末には突貫作業でノルマを果たしており、しばしば職場を替え、渡り歩くこともできた。経営側もこのことを承知のうえで計画を立て、省庁からおろされる生産目標の引き下げに努めていた。国家としても、賃上げや食糧供給の改善には一定の関心を払っていた。[20]

二　全面的集団化

第一次五ヵ年計画における農業集団化は、第一六回党協議会決定では戸数にして二〇%と予定されていた。しかし、一九二九年秋のヴォルガ下流地方ホピョール管区を始めとする全面的集団化の実施に「偉大な転換」の意味を付与したスターリンは、一一月党中央委員会総会で、拙速と行きすぎに対する警告を無視し、主要穀物地域の集団化を一年以内に完了するという強硬策を押し通した。総会では、集団化を支援するために都市労働者を二万五〇〇〇人以上派遣することも決定された。(21) スターリンは、一二月のマルクス主義農業専門家会議では「階級としてのクラークの絶滅」を宣言した。一九三〇年一月五日の政治局小委員会の作業に基づく中央委員会決定は、集団化のテンポを三つの地域グループに分けて確定するものであった。すなわち、第一グループのヴォルガ下流および中流、北カフカースは三〇年秋、遅くとも三一年春までに、第二グループの他の穀物地域は三一年秋、遅くとも三二年春までに完了するというテンポである。(22)

こうして一九二九―三〇年冬の秋播き完了から春播き準備の期間に、二九年収穫の穀物調達と平行して農業集団化が強行された。農民の自発性に基づくという建前とは裏腹に、党の全権代表が一部の貧農、雇農に依拠し、都市労働者の支援のもとに反「クラーク」闘争を展開し、コルホーズを設立していった。そのさい「自発性」の外見を整えるために、村の共同体の総会が召集され、共同体の総意に基づくコルホーズ設立という形がとられた(ウラル・シベリア方式)。(23) しかし、農民を雇用し以前の地主に近い経営を行う本来のクラークに加えて、篤農的な中農までが、穀物の低価格納入に応じないという理由で裁判にかけられ、財産を没収されていた状況では、共同体の総会が自発的であろうはずがなかった。ショーロホフの『開かれた処女地』にもみられるように、総会は武装した労働者、オゲペウによる駆り出し、監視のもとで開かれ、党の全権代表がコルホーズ設立決議を読みあげ、一部の貧農が支持し、大多数の農民が沈黙するという構図であった。そして反対の声がないことをもって決議採択とされ、しばしば総会が成立しなくても決議は有効とみなされた。(24) こうした強引な集団化に対する農民の抵抗は、家畜の大量屠殺、党員へのテロル、さらには村を挙げての武装抵抗の形をとり、時には赤軍部隊を出動させるほど激しい蜂起もあった。一九三〇年一月から三月までに、農民の蜂起は二二〇〇件以上、参加者八〇万人を数えた。(25)

農民の抵抗の様相を伝えているのはオゲペウの報告書である。ウクライナのシェペトフ管区では、管区党委員会が一九三〇年一月初めに全貧・中農の集団化を十月革命記念日までに行うと決定した。二七日にはすべての家畜の社会化に取りかかるよう指示し、三一日にはクラーク八〇〇家族を四時間以内に追放することを決定した。二月二〇日地区センターで教会が信徒に返還され、感謝祭には九村から約二〇〇〇人が参加した。礼拝の後、多数の女たちが「教会に手を出すな」「クラークに手を出すな」「集団化粉砕」「ソヴィエト政権打倒、スターロスタ(共同体の長老)を選ぼう」と叫びながら、デモンストレーションを始めた。騒擾は他の地区にも広がり、村ソヴィエトは叩き出され、播種用種子の倉庫や社会化された農具が破壊された。この管区をはじめポーランド国境で起こった騒擾は、二月末から一一管区にのぼった。三月三日バリツキー率いるゲペウの鎮圧作戦が実施された。モギリョフ＝ポドリスク管区では、一月一日から三月一日までに大衆デモが五回もあったが、参加者の大半は女性だった。三月一〇日に騒擾はピークに達し、管区委員会が地区委員会に集団化を中止するよう求めるほどであった。(26)

スターリン指導部はこの農民蜂起、赤軍内に広がる動揺、ローマ法王のアピールなどを見て、一時的退却を余儀なくされた。三月二日のスターリン論文「成功による眩惑」、一四日付中央委員会決定等がその表明である。スターリン論文は、集団化が五〇%を越えたことを確認するとともに、その自発性原則が無視されて暴力的に実施されていること、地域的諸条件が考慮されず、トルケスタンのような遊牧地域でも同じテンポ、同じ方法で集団化が推

表9　集団化率の推移(戸数での%)

	30.1.20	30.3.1	30.6.1	31.6.20
北カフカース	46.5	76.8	58.1	82.0
ヴォルガ下流	56.0[1)]	67.8	37.5	82.4
ヴォルガ中流	39.0	56.4	20.5	65.4
シベリア	14.0	46.8	19.8	51.4[2)]
ウラル	35.4	68.8	27.3	61.5
カザフスタン	20.5[1)]	42.4	28.5	58.1
ウクライナ	15.4	62.8	38.2	65.9
ベロルシア	27.0	57.9	11.5	38.0
ザカフカース	—	49.8	15.0	36.8
ソ連全体	21.6	56.0	23.6	54.7

1) 1月1日時点　2) 西シベリア
(出典) *История советского крестьянства.* т. 2. М., 1986, с. 155, 166, 173.

進されていること、家畜や農具の強制的社会化が行われていること、集団化が教会の鐘外しから開始されていることを批判している(27)。それは、地方指導部、現場活動家の突出を奨励した自らの指導責任への言及をまったく含まず、行き過ぎの責任を地方、現場に転嫁したもので、これをなぞった中央委員会決定ともども、地方、現場に当惑と混乱をもたらした(28)。農民はこれを奇貨としてコルホーズを脱退し、書類の上だけのコルホーズは瓦解し、集団化率は五六・〇%から二三・六%へと一挙に低下した(三月一日、六月一日)(29)。

しかし、これはあくまで一時的退却にすぎなかった。スターリン指導部は、第一六回党大会で総路線と集団化政策の正しさを確認させると、この年の記録的な豊作の見通しにも助けられて、一九三〇年秋から三一年春にかけて再び集団化に拍車をかけた。それは一年前ほどは暴力的でなかったにせよ、全権代表による指導、穀物調達とコルホーズ設立に消極的な村への経済的・行政的圧力、土地割当や商品供給、調達や課税におけるコルホーズ優遇、そして「クラーク」清算が行われた点で、何ら変わりはなかった(三一年半ばまでの集団化率の推移は表9)(30)。とくに遊牧地域における集団化、定住化の強行の結果、大量の家畜が失われ、遊牧民の国外脱出、難民化もみられた。例えばカザフスタンでは、牛は二八年の六五〇万九〇〇〇頭から三二年の九六万五〇〇〇頭へと激減し、三一—三三年の飢饉で一七五万人が死亡し、約一〇〇万人が中国、モンゴル等に避難し、うち二〇万人が帰国しなかった(31)。

「クラーク」清算は、本来のクラーク(農民経営の二%程度)のみならず、穀物調達とコルホーズ設立に反対する者すべてを裁判、行政的処分により財産没収、村外追放に処するものであった。それは、一九三〇年一月三〇日付中央委員会決定に基づき、「クラーク」を三カテゴリーに分けて実施された。第一は「反革命的なアクチーフ」で、ラーゲリに収容し、テロ活動等の組織者には銃殺刑適用も辞さないとされた。第二は、最も豊かなクラーク、半地主からなる「その他のアクチーフ」で、連邦の遠隔地または当該地方の遠隔な地区に追放されることになった。第三のカテゴリーは当該地区に留められるが、コルホーズ区域から離れた場所に土地を割り当てられることになった。(32)

表10　1930-31年のクラーク追放(一部)

居住地	家族数	追放先	家族数
ウクライナ	63,720	北部地方	19,658
		ウラル	32,127
		西シベリア	6,556
		東シベリア	5,056
		ヤクーティア	97
		極東地方	323
北カフカース	38,404	ウラル	25,995
		北カフカース	12,409
ヴォルガ下流	30,933	北カフカース	10,963
		ウラル	1,878
		カザフスタン	18,092
ヴォルガ中流	23,006	北部地方	5,566
		ウラル	663
		東シベリア	620
		カザフスタン	11,477
		極東地方	2,180
		ヴォルガ中流	2,500
西シベリア	52,091	西シベリア	52,091

(出典) В. Н. Земсков. Судьба《кулацкой ссылки》(1930-1954 гг.). *Отечественная история*, № 1, 1994, с. 119-120.

こうして多数の「クラーク」が清算、追放され(ゼムスコーフによれば、一九三〇―三一年に「特別移住者」だけで三九万一〇二六家族、一八〇万三三九二人――表10)、あるいは自己清算して都市へ逃亡した。このうち「反革命アクチーフ」としてラーゲリに収容された者、北部等へ追放された「特別移住者」――第一カテゴリーの家族と、第二カテゴリー――が鉱山、伐採場、建設現場での重労働に従事させられた(「特別移住者」については第二章第一節二も参照)。

新たに設立されたコルホーズは、トラクターや農機具の供給が追いつかず、家畜、役畜も大量屠殺で不足し、土地整理も行われておらず、何よりも農民が労働意欲を失ったため、きわめて弱体であった。農民たちはコルホーズの社会化経営に不熱心で、菜園用付属地と個人所有家畜——一九三〇年三月発表のコルホーズ定款で一応公認された——の世話に力を入れ、辛うじて糊口をしのいでいた。一九三一年の穀物調達はとくに厳しく(表8)、三二年の春播きのさい大規模な種子援助をしなければならなくなった。(33) 党=国家指導部は、ようやく三二年に入って家畜の強制的社会化禁止、コルホーズ商業奨励の措置をとったが、穀物調達が始まり、それが難航すると、穀物の窃盗に銃殺刑を含む厳罰を課す法を制定、適用するなど、再び弾圧に転じた。(34) 弾圧は、コルホーズが「クラーク」に汚染されているという認識のもと、これを解散して村員全員を「クラーク」と同じく北方へ追放する措置を含んでいた。翌年の播種用種子まで没収する苛酷な穀物調達の結果、すでに一九二九年から個々の地域で見られた飢饉は、三二—三三年冬には、他ならぬ穀物地域たる南部を中心とする大飢饉へと転化した。(35) 当時その事実はひた隠しにされたが、死者は三〇〇—四〇〇万人にのぼったという。(36)

スターリン指導部は事態を打開すべく、穀物調達を強行し、農民の村外への流出を阻止して(その制度化が、都市に施行された国内旅券制——詳しくは第二章第一節(二)、飢饉をいわば農村に封じ込めた(都市は配給制)。また、エムテエスに政治部を付設してコルホーズに対する統制を強化し、党内では粛清を開始した。一九三三年一月の中央委員会・中央統制委員会合同総会の一連の決定がそれだが、うち「エムテエスおよびソフホーズ政治部の任務」と題する決定は、農村における反ソヴィエト分子の妨害活動とこれに対する党の警戒心の欠如、さらには同調を抽象的ながら厳しい調子で糾弾している。政治部の任務は、エムテエスとソフホーズ、およびエムテエスのサーヴィスを受けているコルホーズの「活動と生活の全領域における党の監督と統制」におかれた。具体的な任務としてとくに強調されたのは、農産物の調達を、窃盗やサボタージュの組織者に対する行政措置、懲罰措置をもって保障することであるo コルホーズ、ソフホーズから反ソヴィエト分子を放逐することも重要な任務で、これら組織の一体性を破ってでも、まず「ボリシェヴィキ的中核」を固め、そのまわりに非党員アクチーフを結集し、再びコルホーズ、ソフホーズの多数を獲得していくとした点に、党指導部の危機意識の深さをみることができる(詳しくは第三章第一節一)。[37]

三 「文化革命」

文化革命とは、狭義には、急進的工業化路線への転換に伴うブルジョワ専門家および官僚主義批判と呼応する、学校コミューンや労働教育の実験、文学・芸術における階級性、党派性の強調、総じて工業化初期にみられたネップの価値規範に対する急進的批判を意味するが、広義には、工業化、都市化に伴う生活の変化、教育の普及と社会的上昇を指している。

まず、狭義の文化革命を一瞥しておこう。シャフトゥイ事件がブルジョワ専門家敵視とプロレタリア専門家の大量養成への転機となったことはすでに述べたが、ここでも教育人民委員部(ロシア共和国)を批判したのはヴェセンハとコムソモールであった。専門家の促成を求めるヴェセンハは、ジェネラリスト的な要素も持つ専門家養成を政策理念とする教育人民委員部に批判的であり、その管轄下にある工科大学(Высшее техническое учебное заведение : ВТУЗ)と工業専門学校(техникум)を自己の管轄下におこうとしていた。[38] コムソモールは学校から「クラークの子」を排斥し、また、農村での識字運動を「文化行軍」(культпоход)と称して地区国民教育部の統制を離れて推進するなど、教育人民委員部とすでに対立していたが、シャフトゥイ事件後はその政策全体を右派的として攻撃するようになった。[39] 一九二九年九月ついにルナチャルスキーが辞任して、教育人民委員にブーブノフ(もと赤軍政治総本部長)が就任すると、教育の領域における「文化革命」が始動した。工科大学、工業専門学校はヴェセンハの管轄下に移され、中等学校の八―一〇年生は工場ないしコルホーズ付属学校に移されることになった。初等学校でさえ、「学校コミューン」「学校死滅」論の影響で、近隣の工場、コルホーズと連携させられた[40]。そのカリキュラムで労働・職業教育が重視されたのは当然だが、理科は実用的で、社会科や文学は階級闘争や反宗教闘争に焦点を合わせるという具合であった[41]。しかし、このような教育実践は学校のみならず、工場にも混乱をもたらし、三一年半ばには見直されることになる(八月二五日付中央委員会決定「初等・中等教育について」など)。

文学の領域における急進化は、ルナチャルスキー辞任と同じ二九年九月に起こった。ラップ(ロシア・プロレタリア作家協会Российская ассоциация пролетарских писателей)総会で、スターリン指導部に後押しされたアヴェルバッハが「プロレタリア文学のボリシェヴィキ化」を打ち出し、ネップ期文芸政策の基準たる一九二五年七月の中央委員会決定を否定したのである。作家の自由な競争を否定し、「同伴者作家」を攻撃し、さらには作家にマルクス主義世界観の体得を要求する内容であった。ラップはこの路線をめぐって内部対立と分裂を起こしながら、いっそう急進化し、「同盟者か、敵か」「突撃作業員こそ文学の中心的人物像」といったスローガンまで打ち出したが、ついに三一年九月党中央が介入して路線修正をさせられることになる[42]。

さて、広義の文化革命に移って教育の領域からみれば、大規模な識字運動の結果、識字率は短期間に急速に向上した(一〇歳以上をとると、一九二六年の五一・三%から三〇年の六二・六%へ)[43]。四年制の初等学校は一九三〇年九月から義務化され、早くも三二/三三年度には八―一一歳の児童の九八%をカヴァーした(二八/二九年度は五一・四%)[44]。一九三五年九月からは、このほか七年制の準中等学校、一〇年制の中等学校が複線的に存在する学制改革が行われた。この時点で「総合技術教育」の理念は後退し、労働教育が廃止されて、知育中心になった。技術教育は工場付属学校(фабрично-заводское ученичество：ФЗУ)、工業専門学校、工科大学および大学(высшее учебное заведение：ВУЗ)で行われ、それぞれ熟練労働者、中級技術者、高級技術者が養成された(表11)。工場付属学校は

表11　各種中等・高等学校の学生数

	1926/27	1931/32	1933/34	1938/39
中等学校(5-7年)				
都　市	696,145	1,296,977	1,403,378	3,203,341
農　村	362,933	1,516,666	2,680,210	5,576,708
計	1,059,078	2,813,643	4,083,588	8,780,049
中等学校(8-10年)				
都　市	118,304	892	123,593	855,089
農　村	17,976	35	15,084	548,757
計	136,280	927	138,677	1,403,846
工場付属学校	244,600	975,000	400,000	242,200
労働者予科*	45,702	285,019	271,104	107,877
工業専門学校	180,600	707,300	588,900	951,900
大　学	168,000	405,900	458,300	602,900
総　計	1,834,260	5,187,789	5,940,569	12,088,772

*　中等教育未了の高等教育機関進学者のため

(出典)　註[38] p. 238.

一九二九―三三年に五〇万人以上、三次の五ヵ年計画期全体で三〇〇万人以上の熟練労働者を送り出し、高等・中等教育を受けた専門家は一九二八―四一年に約五二万人から二四〇万人に増えた[45]。こうして、工業化の要請と社会主義の理念に応じた教育の普及、専門家の養成がはかられ、農民が労働者に、労働者が技術者・管理者に、技術者・管理者が企業・省庁幹部に上昇する道が開かれた。女性の社会的進出も著しく、工業労働者に占める割合は同じ期間に二八・六%から四二・九%へと急上昇した[46]。

都市人口は一九二六―四〇年に全人口の一八%から三三%へと急増した。一九三三年初頭から国内旅券制が施行されたが、モスクワ、レニングラード等から数年がかりで順次施行されたため、また、農民が企業による労働力の「組織的徴募」に応じて都市に出られる機会があったため[47]、その離村阻止機能は大きくはなかったのである。当時の党＝国家指導部は工業化に集中していて、同じく社会主義の理念に基づくべき都市整備では後手に回っていた。首都モスクワでさえ、都市整備は第一次五ヵ年計画期の末にようやく開始され(教会や歴史的記念物の破壊を伴って)、やがては地下鉄や運河も建設されてモデル都市になった。(48) 住宅事情はむしろ悪化し、バラック同然の住居も多く、一人当り居住面積は一九二六―四〇年に八平方米から六・五平方米へと減少した。公共サーヴィスの遅れも甚だしく、一九四〇年の時点で、水道、公共交通機関を持つ都市は約三分の一、下水道を持つ都市にいたっては約一〇分の一にすぎなかった。(49) それでも、都市は農村よりは食糧事情がよく、生活も便利で(水道、電化等)、就業と上昇の機会に恵まれていたのである。

急速な都市化は、集団化に伴う「クラーク」追放と飢餓状態から逃れる農民の流入と相まって、都市にも社会的カオスをもたらした。浮浪児が街にあふれ、若者のフーリガン行為(乱暴狼藉)や売春、アルコール中毒が蔓延した。一九二〇―三〇年代のレニングラード市のこれら現象に関するアルヒーフ文書に基づいた最近の研究によれば、一九二六―三二年に市の人口はほぼ倍増し、農村出身の青年労働者が激増した。彼らの住宅事情はひどく悪く、他に何もすることのない若者は仲間を作り、互いに張り合って盗みを働くなど、フーリガン行為に走った。一九二八年から三五年にかけて、逮捕された一八歳未満の犯罪者は四倍にも増えた。フーリガン行為は大テロル期に反革命扱いされたが、止むことなく、「国家は、法的手段でもモラルに訴える方策でも、都市犯罪を克服し得ない」ことが明らかになったという。売春も市当局を悩ませたようで、集団化のさい市に流入してきた農村女性が、しばしば子持ちの離婚女性の生活苦からの売春が目立った。市当局は診療・更生施設を設け、社会団体の反売春運動もあったが、いずれも効を奏さず、結局は隔離的矯正施設への収容に頼るようになったという。(50) 売春は国内旅券制施行以降も婦人労働者の間でみられ、とくに仕事も住居も見つからず、売春を余儀なくされた。

こうした社会的カオスは共産党にとって予想外のことであり、階級闘争的な文化革命ではとうてい対応できず、これに代わる、少なくとも補完する国民統合の方策が必要になるのである。

(1) 渓内前掲書、第四部終章。

(2) Л. С. Рогачевская. Как составлялся план первой пятилетки. *Вопросы истории*, № 8, 1993, с. 149-152.

(3) И. В. Сталин. *Соч.*, т. 13, с. 39. 工業化のテンポを引き下げる意見に対する反駁の文脈で、しかも、われわれには守るべき「祖国」(отечество)があると述べたあとで語られた(第一回全連邦社会主義工業活動家会議で)。

(4) 突撃作業運動、社会主義的競争については以下を参照。塩川伸明『「社会主義国家」と労働者階級――ソヴェト企業における労働者統轄　一九二九―一九三三年――』(岩波書店、一九八四年)第一章。Hiroaki Kuromiya, *Stalin's Industrial Revolution. Politics and Workers, 1928-1932*, Cambridge University Press, 1988, Chap. 5.

(5) 例えば綿布の生産は計画の五九％、羊毛は三四％、砂糖は三二％にとどまった。В. С. Лельчук. 1926-1940 годы: завершенная индустриализация или промышленный рывок? *История СССР*, № 4, 1990, с. 20.

(6) より詳細な検討は、塩川伸明『スターリン体制下の労働者階級――ソヴェト労働者の構成と状態：一九二八―一九三三年――』(東京大学出版会、一九八五年)第一章・補。

(7) 初めて言及した研究書は、Хлевнюк. *1937-й...*, с. 11. 一九三五年一二月党中央委員会総会でノーソフ(イヴァノヴォ州委員会書記)が示唆し、三七年二―三月総会でエジョーフが、旧右派によって組織された紡績労働者のストライキと明示した。РЦХИДНИ, ф. 17, оп. 2, д. 561, л. 87; *Вопросы истории*, № 4/5, 1992, с. 15. なお、政治局会議議事録にはイヴァノヴォ州に対する種子・食糧援助、ポストゥイシェフ派遣と指導部の一部解任しか記録されていない。РЦХИДНИ, ф. 17, оп. 3, д. 884, л. 10; д. 887, л. 12; д. 888, л. 9.

(8) *История отечества в документах 1917-1993 гг.* Часть вторая (1921-1939 гг.). М., 1994, с. 101.

(9) РЦХИДНИ, ф. 85, оп. 8с, д. 5, л. 1-66. オルジョニキッゼ「個人フォンド」に見出したものである。文書の日付は一九三二年四月一一日となっているが、入手してドイツ語から翻訳するのに時間がかかったのであろう。なお「連続週労働」とは、全労働者が日曜日に一斉に休むのをやめ、毎日一定数ずつの労働者が交替に休むことによって、工場自体は年中無休で操業する制度のことである。塩川『「社会主義国家」と労働者階級』二五四―二五八頁。

(10) 突撃作業運動、社会主義的競争に参加した労働者は、少年の頃十月革命を体験し、工場に入って技能を身につけ、「労働の文化」において古参労働者とも農村からの新参者とも違い、彼らに批判的であった。Kuromiya, *op. cit*, pp. 78–107.

(11) Kendall E. Bailes, *Technology and Society under Lenin and Stalin. Origins of the Soviet Technical Intelligentsia, 1917–1941*, Princeton University Press, 1978, pp. 69–94. 中嶋毅「シャフトィ事件をめぐる政治的対抗——急進的工業化と旧専門家問題・一九二八年」『スターリン後のソ連社会』(渓内謙・荒田洋編、木鐸社、一九八七年)九一—一二五頁。

(12) 粛清とは本来、党員(および同候補)にふさわしくない人物を除名、降格する(候補、シンパサイザーに)定期的な点検のことだが、それが党外組織にも拡大され、中央統制委員会＝労農監察人民委員部という党・国家一体の機関によって推進された点に、一九二九年粛清の特徴がある。また、二一年、三三年の粛清と異なるのは党員の募集を平行して進めたことで、一七万人(約一一%)が除名されても、全体としては約一四万人増えた。一九二九年粛清の経過と結果については、渓内前掲書、第二部五六九—六二一頁。

(13) スィルツォーフ＝ロミナッゼ事件については以下を参照。R. W. Davies, The Syrtsov-Lominadze Affair. *Soviet Studies*, vol. 33, no. 1, January 1981, pp. 29–50. 塩川伸明「スィルツォーフ＝ロミナーゼ事件再考」『国家と市民』(国家学会編、有斐閣、一九八七年)第二巻、二七五—三一六頁。*Сталинское Политбюро...*, c. 96–106.

(14) Fitzpatrick, *op. cit*., pp. 160–162.

(15) 政治局の指示はРЦХИДНИ, ф. 17, оп. 162, д. 9, л. 81.「勤労大衆に帝国主義、とくにフランス、白衛派の干渉計画を説明し、大衆の関心を軍事干渉反対、国防力強化に向ける」という項に注意。なおベイルスは、「産業党」裁判をピークとする専門家迫害に、スターリン指導部による、工業化に伴うテクノクラシーへの恐れをみる。Bailes, *op. cit*, Chap. 4.

(16) S. Fitzpatrick, Cultural Revolution as Class War, in Fitzpatrick (ed.), *Cultural Revolution in Russia, 1928–1931*, Indiana University Press, 1978, pp. 8–40. 青年労働者、学生からなる「生活共同体(コムーナ)」が存在し、一九三〇年に四〇〇強を数え、参加者も五万人に及んだ。М. П. Ким (под ред.). *Советская культура в реконструктивный период 1928–1941*. М., 1988, с. 412–413.

(17) Fitzpatrick, Ordzhonikidze's Takeover..., p. 164. 三一年四月一日の政治局会議は「妨害活動で有罪判決を受けた専門家の一部の利用方法」に関するヤゴーダの提案を採択した。РЦХИДНИ, ф. 17, оп. 162, д. 10, л. 9.

(18) 企業レヴェルの企業長、党委員会書記、(労組)工場委員会議長の三者は当時トレウゴルニク(треугольник)と呼ばれたが、これについては以下を参照。下斗米伸夫『ソビエト政治と労働組合――ネップ期政治史序説――』(東京大学出版会、一九八二年)第四章。塩川『「社会主義国家」と労働者階級』第四章。

(19) 労働人民委員部の活動および労働組合との合体については、また、社会保険制度についても、塩川伸明『ソヴェト社会政策史研究――ネップ・スターリン時代・ペレストロイカ――』(東京大学出版会、一九九一年)第六、七章。

(20) Donald Filtzer, *Soviet Workers and Stalinist Industrialization. The Formation of Modern Soviet Production Relations, 1928-1941*, Pluto Press, 1986, Chap. 8; Vladimir Andrle, *Workers in Stalin's Russia. Industrialization and Social Change in a Planned Economy*, Harvester/Wheatsheaf, 1988, Chap. 4.

(21) いわゆる二万五〇〇〇人隊の活動についてはLynne Viola, *The Best Sons of the Fatherland. Workers in the Vanguard of Soviet Collectivization*, Oxford University Press, 1987.

(22) Н. А. Ивницкий. История подготовки постановления ЦК ВКП(б) о темпах коллективизации сельского хозяйства от 5 января 1930 г. в кн. *Источниковедение истории советского общества*. М., 1964, с. 265-288; Его же. *Коллективизация и раскулачивание (начало 30-х годов)*. М., 1994, с. 26-48.

(23) 穀物調達の方法として編み出されたウラル・シベリア方式については、溪内前掲書、第二部一一四―一六二頁。この方式の集団化への適用については、第四部四八二―五四〇頁。重要なことは、この方式が単なる行政的・暴力的方法ではなく、あくまで共同体の場で、貧農グループの活動を通して――圧力やボイコットであっても――、穀物供出やコルホーズ設立の合意を獲得する点である。

(24) 「コルホーズか、ソロフキか」というスローガンが北カフカースでは支配的だったことを溪内は紹介しているが(溪内前掲書、第四部五一二頁)、ソロフキは悪名高い、北海に面したラーゲリである。ヴォルガ中流でも同じ威嚇がなされ、採決も「反対」を尋ねるやり方であったことを奥田が紹介している。奥田前掲書、八〇―八一頁。

(25) В. П. Данилов, Н. А. Ивницкий. О деревне накануне и в ходе сплошной коллективизации. в кн.(под ред. их) *Документы свидетельствуют. Из истории деревни накануне и в ходе коллективизации 1927-1932 гг.* М., 1989, с. 32.

(26) Валерий Васильев. Крестьянские восстания на Украине. 1929-1930 годы. *Свободная мысль*, № 9, 1992, с. 70-78. ヴァシリエフが論じている、まさに同じ時期のアルヒーフ文書をオルジョニキッゼ「個人フォンド」に見出した。ウクライナ・ゲペウのオルジョニキッゼ(中央統制委員会議長)あて報告書「階級としてのクラークの絶滅にかかわるウクライナ農民の政治的状態」である。ヴァシリエフが注目していない点を挙げると、クラークの中には自ら経営を清算して都市に逃亡する者もいたが、自殺者もいたこと、「クラークの次に中農が清算される」という噂が富裕中農を集団化に協力的にさせたこと、クラークが流した噂には「干渉」「飢饉」も含まれていたこと、以上である。РЦХИДНИ, ф. 85, оп. 1с, д. 118, л. 1-13. ヴァシリエフの記述と右の補足は、ヴォルガ中流につきゲペウの報告書をも利用した奥田の記述とも一致する。

(27) И. В. Сталин. *Соч.* т. 12, с. 191-199.

(28) 地方、現場の「呆然自失」、党中央への不満については、溪内が「三月危機」として論じている。溪内前掲書、第四部二五六―三〇〇頁。イヴニツキーは、地方、現場に責任を転嫁するスターリンあての不満の手紙を紹介しているが、そこにはヴォルガ中流地方委員会書記ハタエーヴィチの四月六日付書簡も含まれている。Ивницкий. *Указ. соч.*, с. 87. この書簡は奥田も引用している。奥田前掲書、二〇六頁。

(29) 奥田は「コルホーズは解散している。ソヴェト権力にとって何の意味もないからだ。スターリン自身がそういった」という農民の言葉を紹介している。奥田前掲書、二〇五頁。

(30) 三〇年末から三一年春にかけての集団化については、以下を参照。Ивницкий. *Указ. соч.*, с 152-166. 奥田前掲書、第五章。

(31) Ж. Б. Абылхожин, М. К. Козыбаев, М. В. Татимов. Казахстанская трагедия, *Вопросы истории*, № 7, 1987, с.

63, 67.

（32） Ивницкий. Указ. статья, с. 68 ; Его же. *Указ. соч.*, с. 63.

（33） 三二年三月七日の政治局決定(持ち回り)は、「東部諸地区の不作(недрод)が予想以上に深刻だったことが最近明らかになった」として、ヴォルガ下流二三五万プード、ウラル五四八万プードなどの種子援助を定めたものである。РЦХИДНИ, ф. 17, оп. 162, д. 12, л. 1. 三一年のヴォルガ中流の旱魃と穀物調達については、奥田前掲書、第六章。

（34） 一九三二年の穀物調達は、前年の困難をふまえて計画が削減され、しかも前年のような旱魃がなかった点では条件は悪くなかったが、コルホーズからの脱退がかなりの規模でみられ、前年の困難の記憶がマイナスに働くという不利もあった。調達の経過と飢饉については、富田武「穀物調達とコルホーズ――一九三三年初頭の政策転換に関する一考察――」『歴史学研究』第五〇五号(一九八二年六月)一―一八、五九頁。ヴォルガ中流のそれについては、奥田前掲書、第八章。「法」とは、一九三二年八月七日付中央執行委員会・人民委員会議決定「国有企業、コルホーズ、協同組合の財産の保護、社会的(社会主義的)所有の強化について」である。С3, ст. 360, 1932. 従来の窃盗罪の刑罰よりはるかに重く、これが穀物の圃場からの窃盗にも適用された。九月一六日付政治局決定で承認された、この法実施のための訓令はРЦХИДНИ, ф. 17, оп. 3, д. 900, л. 33.

（35） Roman Serbin, Bohdan Krawchenko(eds.), *Famine in Ukraine 1932-1933*, Alberta, Canada, 1986 ; Е. Н. Осколков. *Голод 1932/1933. Хлебозаготовки и голод 1932/1933 года в Северо-Кавказском крае*. Ростов-на-Дону, 1991 ; Ивницкий. *Указ. соч.*, с. 202-207 ; В. В. Кондрашин. Голод 1932-1933 годов в деревнях Поволжья. *Вопросы истории*, № 6, 1991, с. 176-181. 奥田前掲書、第九章(飢饉と疫病のリアルな各種報告を紹介している)。R. W. Davies, M. B. Tauger, S. G. Wheatcroft, Stalin, Grain Stocks and the Famine of 1932-1933, *Slavic Review*, vol. 54, no. 3(Fall, 1995), pp. 642-657. これは一九三二年の穀物バランスを利用して、飢饉を統計的に裏付けたものである。

（36） ペレストロイカ、歴史の見直しが始まって最初に試算したのはオソーキナであろう。中央国民経済統計局のやや不完全な統計に様々な検討を加え、一九三三年の人口減少を約六七〇万人と推定し、うち飢饉による犠牲者を約半分とみたものである。E. A. Осокина. Жертвы голода 1933 года : сколько их (Анализ демографической статистики ЦГАНХ СССР). *История СССР*, № 5, 1991, с. 18-26. 飢饉の死者がウクライナに多いこと(オソーキナの試算からも明らか)をもって、飢饉をウクライナに対するエスノサイドとする見方——ソ連解体、ウクライナ独立後に登場した見方——には反論がある。И. Е. Зеленин, Н. А. Ивницкий, В. В. Кондрашин, Е. Н. Осколков. О голоде 1932-1933 годов и его оценке на Украине. *Отечественная история*, № 6, 1994, с. 256-263. この中で北カフカースの死者数が月ごとに示されているが、三二年合計一二万三一〇八人、三三年合計四二万四四三七人である。

(37) *КПСС*, т. 6, с. 21-32.

(38) Sheila Fitzpatrick, *Education and Social Mobility in the Soviet Union 1921-1934*, Cambridge University Press, 1979, pp. 123-135.

(39) *Ibid.*, pp. 133, 137-139, 161-162.「文化行軍」に参加する「文化兵士」(культармеец)は教師、学生コムソモール員、上級生徒からなり、一九三〇年半ばまでに一〇〇万人を越えたという。*Советская культура...*, с. 98.

(40) Fitzpatrick, *Education...*, pp. 144-151.「学校死滅」論についてはGail W. Lapidus, Educational Strategies and Cultural Revolution : The Politics of Soviet Development, in Fitzpatrick (ed.), *Cultural Revolution...*, pp. 94-99.

(41) Larry E. Holmes, *The Kremlin and the Schoolhouse, Reforming Education in Soviet Russia, 1917-1931*, Indiana University Press, 1991, pp. 123-129.

(42) 和田あき子「文学界におけるスターリン粛清の展開と論理」、『ソ連農業の歴史と現在』(ソビエト史研究会編、木鐸社、一九八九年)二三九―二四二頁。Katerina Clark, Little Heroes and Big Deeds: Literature Responds to the Five-Year Plan, in Fitzpatrick (ed.), *Cultural Revolution...*, pp. 188-206 ; A. Kemp-Welch, *Stalin and the Literary Intelligentsia, 1928-39*, Macmillan, 1991, Chap. 3.

(43) *Построение фундамента социалистической экономики в СССР 1926-1932 гг.* М., 1960, с. 566. なお、ロシア共和国では識字率は一九二六年の六三・六%から三九年の八八・二%へと上昇した。Ю. А. Поляков (под ред.). *От*

капитализма к социализму. Основные проблемы истории переходного периода в СССР 1917-1937 гг. М., 1981. т. 2, с. 271.

(44) *Советская культура...*, с. 103, 108.

(45) Там же, с. 121, 123, 378.

(46) Там же, с. 387.

(47) 企業とコルホーズとの契約に基づく出稼ぎなど、労働力の「組織的徴募」については以下を参照。塩川『スターリン体制下の労働者階級』第二章。David L. Hoffmann, *Peasant Metropolis. Socialist Identities in Moscow, 1929-1941*, Cornell University Press, 1995, pp. 45-53.

(48) モスクワの本格的な改造のスタートは、一九三一年六月党中央委員会総会決定「モスクワの都市経営およびソ連邦の都市経営について」である。以降三四年までの首都の建設、経営を分析したのが、下斗米伸夫『スターリンと都市モスクワ——一九三一—三四年——』(岩波書店、一九九四年)(原著 N. Shimotomai, *Moscow Under Stalinist Rule, 1931-34*, Macmillan, 1991)。帝政期から今日までのモスクワ統治・経営の歴史を描いたのは、Timothy J. Colton, *Moscow. Governing the Socialist Metropolis*, Harvard University Press, 1995.

(49) *Советская культура...*, с. 403.

(50) Н. Б. Лебина. Теневые стороны жизни советского города 20-30-х годов. *Вопросы истории*, № 2, 1994, с. 30-42. 早くから二〇—三〇年代の乞食、売春、アルコール中毒等の社会現象に注目したのがボルデュゴーフである。Г. А. Бордюгов. Социальный паразитизм или социальные аномалии? (Из истории борьбы с алкогользмом, нищенством, проституцией, бродяжиничеством в 20-30-е годы). *История СССР*, № 1, 1989, с. 60-73.

第二節　「相対的安定期」(一九三四―三六年)

一　ラパロ路線から集団安保外交へ

スターリン指導部が急速な工業化に踏み切った動機は、資本主義に包囲されているという心理、戦争の脅威であり、折りからの大恐慌も帝国主義間闘争の激化、対ソ戦争の挑発を促すものと把えられ、コミンテルンでは「ソ連防衛」がいっそう前面に押し出された。しかし大恐慌は、ソ連にとってチャンスでもあった。欧米資本主義諸国が工業製品の輸出市場を渇望しているため、その輸入で工業化を推進できるからである。表7から明らかなように、一九三〇年は輸出入とも、三一年は輸入で二九年を上回っており、貿易が減少に転ずるのは世界経済のブロック化が進行し、ソ連が大飢饉で穀物輸出を激減させた三二年以降のことである(表8)。とくにドイツとのラパロ条約以来の緊密な経済・軍事協力関係は貿易にも現われており、ヒトラーが政権に就いた一九三三年でもなお輸入相手国の首位を占めていた。

独ソ関係は、シャフトゥイ事件でドイツ人技師が逮捕されたことや、農業集団化のさいヴォルガ流域などのドイツ人経営も対象となったため紛争が生じたこと(1)を別とすれば、おおむね順調であった。三〇年秋にフランスがソ連の「ダンピング」を非難して制裁措置をとり、ソ連が「産業党」裁判キャンペーンでフランスの「干渉計画」を強調すると、それだけ独ソ関係は深まった。三〇年一二月末の政治局決定により(2)、三一年二月にドイツ工業界代表団が訪ソした。六月には独ソ中立条約(一九二六年調印)が延長された。この頃クレディット・アンシュタルトの破産の影響でドイツの恐慌が深刻化すると、政治局はスターリンの提案に基づいて『イズヴェスチヤ』『プラウダ』編集部に「より穏健なトーンで」(в более умеренном тоне)報道するよう求める決定を行った(八月五日)[3]。コミンテルンによる「恐慌が深まれば、革命が近づく」という煽動とは裏腹に、スターリンは対独経済関係を重視していたわけだが、そのいま一つの現われがドイツからの技術者、熟練労働者大量招聘である。史料は断片的だが、例えば、三〇年七月一日から一〇月一日までにベルリンのヴェセンハ機関によって徴募され、ソ連に送られた者は一〇四一人(労働者七三五、技師一三六、職長一七〇)で、このほか契約済みで待機中が八八三人(各三二一、二七六、二八六)いた[4]。もとより、他の国々の技術者、労働者も招かれ、中にはアメリカ人スコットのように回想を残した者もいるが[5]、ドイツほど多かった国はない。

当時の外貨事情に一言触れておくと(機密事項ゆえ政治局会議議事録「特別ファイル」でさえ記述は少ない)、輸入超過が甚だしかった一九三一年は逼迫していたようで、スターリンのカガノーヴィチあて書簡(八月下旬)にも「外貨事情の悪さ」が明記してあった[6]。その応急の対策として絵画その他美術品の売却があったが[7]、根本的な対策は金準備の拡大で、一一月一日の政治局会議はスターリンの提案に基づき、「金資源の火急の拡大のために」必要なあらゆる措置を政治局の名でとる全権をポストゥイシェフ小委員会に付与することを決定した[8]。一一日には、党中央委員会に直属し、オゲペウが管轄する採金トラストをコルィマに設立することが決定されたのである[9]。

ところで、一九三一年九月に「満州事変」が勃発すると、スターリン指導部は情報収集と情勢分析に努めるとともに、「赤軍部隊が満州国境へ移動しているとの海外の噂」に反駁し、東支鉄道(Китайско-Восточная железная дорога : КВЖД 一九二四年の中ソ協定で共同管理)では「無条件の中立を厳守する」よう指示するなど、日本を挑発しないことに腐心した[10]。ソ連は中国(国民党政府)と断交していることもあって、日本に対する宥和に傾きやすく、一二月に不可侵条約を提案し、三二年二月には日本軍が部隊、軍需物資の輸送に東支鉄道を使うことを許可した

表12　国防予算(100万ルーブリ)

	28/29 年度	29/30 年度	30年 10-12月	31年	32年	33年	34年
公式データ	880	1,046	434	1,288	1,296	1,421	5,019
アルヒーフ	850	1,046	—	1,790	4,308	4,739	5,800

(中ソ協定違反)。さらには、国際連盟リットン調査団への参加を断わり、九月には東支鉄道の売却を非公式にほのめかした(11)。

スターリン指導部は同時に、軍備増強に本格的に乗り出した。スターリンが一九三三年一月中央委員会・中央統制委員会合同総会で認めたところによれば、五ヵ年計画を四年で達成するはずができず、工業生産が九三・七％にとどまったのは「極東情勢の緊迫で、一連の工場を早めに軍需生産に切り替えた」からである(12)。一九三二年から国防予算が飛躍的に伸びたことは、デイヴィスの示すアルヒーフ文書のデータから明らかである(表12)(13)。

「満州事変」のいま一つの影響は、東部国境に不安を感じたソ連が西部国境の安全を求め、東ヨーロッパ諸国とその後ろ楯フランスとの関係改善に動いたことである。一九三二年五月に新設された中央委員会(実際は政治局)直轄の国際情報ビューローが「向こう数ヵ月集中すべき問題」は、①ポーランド・ソ連関係、②ドイツ・ポーランド関係、③独ソ関係、④ブルガリア・ポーランド関係、⑤バルカン、沿ドナウ諸国の「ソ連との戦争の問題に対する態度」、⑥「フランスの組織者的役割」、⑦日米関係、⑧日ソ関係であった(14)。ソ連がいかにヨーロッパ以外に関心が弱かったか、反ソ的なポーランドの動向を気づかい、これとセットで対独・対仏関係も考えていたか、また、いかにイギリスに無関心であったかがよくわかる。ともあれ、七月にポーランドと、一一月にはフランスと不可侵条約が締結された。

こうした二重外交路線は、横手によれば、一九三一年春にスタートしたとのことだが、独仏提携によるソ連の孤立化の恐れ(三二年六月のパーペン内閣成立でリアルに)を強い動機としていた(15)。従って、三三年一月にヒトラー政権が登場しても、独仏提携、あるいは、これに英伊を加えた四国同盟の動きがあるかぎり、二重外交路線は継続された。しかし、六月ロンドンの世界経済会議でフーゲンベルグがドイツの「生存圏」拡大の必要を説き、その文脈でソ連の飢饉を終わらせると論じたことはソ連をいたく刺激した。[16] 九月には、国会議事堂炎上事件にかかわるライプツィヒ裁判が開かれ、ソ連記者取材拒否の事件も起こって、独ソ関係はいっそう悪化した。[17] 一方フランスは、五月に議会が仏ソ不可侵条約を批准し、八月には外相エリオが訪ソした。この頃独ソ秘密軍事協力は終了し、[18] 九月にはフランス空軍相コットが訪ソした。

一〇月一四日ドイツが、ジュネーヴでまとまった米英仏伊の軍縮案を拒否して軍縮会議および国際連盟を脱退するや、二〇日フランスはソ連に相互援助条約を提議した。フランスは反ソ・対独提携派をかかえ、ソ連もラパロ路線継続論をかかえながら、[19] 仏ソ交渉は、ソ独折衝、ソ伊交渉(不可侵条約締結)、ソ・チェコスロヴァキア折衝、また仏独折衝と絡み、駆け引きを伴って進められた。とくにフランス(ポール＝ボンクール外相)は英伊の圧力、対独提携派を引き合いに出し「ドイツの強襲に対する強固なバリアーを築く積極的な外交政策をとれば、世論を安心させ、ドイツとの交渉を説く人々を武装解除できる」という論法で、ソ連側を説得した。[20] また、ソ連に国際連盟加入を勧め、そうすればポーランドが(ソ連との)相互援助条約加入から逃れられなくなるという論法もとった。[21]

かくして一二月一九日の政治局決定(持ち回り)は、ポール＝ボンクール仏外相への回答のためにドヴガレフスキー駐仏大使に六項目の指示を与えた。①ソ連の条件付での国際連盟加入(第六項に「条件」)、②「ドイツの侵略からの相互防衛の地域的協定(региональное соглашение)を国際連盟の範囲内で締結することに反対しない」こと、③「この協定にベルギー、フランス、チェコスロヴァキア、ポーランド、リトワニア、ラトヴィア、エストニア、フィンランドが、もしくは、その一部が――ただしフランス、ポーランドは必ず――参加することに同意する」こと、④相互防衛の具体化の交渉は「協定案いっさいの主導者であるフランスの提議で」開始されること、⑤協定の予定しない軍事的侵略の場合の相互の外交的・道義的・物質的援助の義務、である。[22]

いわゆる東方ロカルノ条約構想であり、ソ連外交のフランスへの傾斜は決定的となったが、それでも東方ロカルノ条約具体化のイニシアティヴをフランスにとらせるという、対独関係への配慮はしている。この仏ソ合意に先立って、一一月に外務人民委員リトヴィーノフが訪米し、米ソ国交が成ったが、ソ連側は「日本とドイツの行動がアメリカを米ソ国交に駆り立てている」との認識で交渉し、「日ソ関係にかかわる一時的な米ソ協定」さえ考えたのである。[23] また、対仏回答と同じ日に政治局は、トルコ、ペルシャ、アフガニスタン、イラク、イギリス、ソ連の不可侵条約に同意すると、トルコに回答するよう(これも「イニシアティヴはトルコ、ペルシャがとる」)リトヴィーノフに指示した。[24] まさに、ナチ・ドイツの脅威に備えた安全保障の飽くなき追求といってよい。

さて、東方ロカルノ実現の道は容易ではなかった。一九三四年一月ドイツ・ポーランド不可侵条約が締結され、フランスでは親独派のダラディエ内閣が成立した。次の内閣の外相バルトゥーは東方ロカルノに熱心で、小協商諸国を説得して回り、ソ連は六月にルーマニア、チェコスロヴァキアと復交した。また、ソ連はバルト諸国とは不可侵条約の延長に成功したものの(四月)、これを東方ロカルノに加えるのは、ポーランドの反対で無理であると五月に判明した。[25] 他方、仏ソ接近自体はバルトゥー・リトヴィーノフ会談(五月一八日)、『イズヴェスチヤ』五月二八日号論説で、世界に強く印象づけられた。[26] バルトゥーは東方ロカルノにドイツを加えようとし、かつソ連の国際連盟加入を急がせた。ソ連は前者を支持し、後者についても東方ロカルノとのセット論を「フランス政府の助言を考慮し、その好意に応えるため」放棄し、実際九月に国際連盟に加入した。[27] ところが、一〇月にバルトゥーが暗殺され、反ソ的なラヴァルが後継外相となった。

一一月二日の政治局決定は大使の異動、対仏関係、対米関係など外交問題をまとめて扱ったものだが、対仏関係にかかわる重要な決定を含んでいた。第一は、「東方条約をドイツ、ポーランドの参加なしで締結することは可能である」という判断、第二は、「ドイツの軍備を合法化する、いかなる提案もわが国のイニシアティヴでは行わない」が、フランスがドイツの要求に応ずる用意があると明らかになった場合は、ドイツが東方条約に参加するよう主張することをフランスに求めること、第三は、「ソ仏両国は、事前に相互に連絡することなくドイツとのいかなる政治的協定も結ばない義務を負い、また、ドイツとのあらゆる政治的交渉につき相互に通報する」合意をフランスに求めること、以上である。(28)ラヴァルを不信の目で見ながら、東方ロカルノ実現の選択肢を考えていたことがわかる。

しかし、フランスは一九三五年一月イタリアと協定を結び、東方ロカルノに対する関心を弱めた。二月のラヴァル訪英による英仏共同宣言は、東方条約を「ドイツとの全般的合意の枠内に位置づける」としたが、それは軍縮問題などの解決まで先送りすることに他ならなかった。(29)政治局は直ちに反応し、東方条約に関する交渉を「共同宣言にある一般的定式を越えて」直ちに続行すること、「フランスに圧力をかけ」イギリスの仲介によらずドイツと交渉させること、ドイツから「最終的回答」を早急に得るようにし、回答が否定的である場合、東方条約をドイツ、ポーランド抜きで行う問題をフランスに提議すること、以上を指示した。(30)だが、三月一六日にドイツが再軍備（義務兵役制導入）を宣言すると、イギリスを引き入れて東方条約の保障者とする必要が生じ、イーデン国爾尚書の訪ソとなった（二八日）。(31)しかし、ソ連の期待に反してイギリスは、ストレーザ会談（四月一一－一四日）でも連盟理事会（一七日）でも、対独強硬策のイニシアティヴをとらなかった。ソ連としては、連盟理事会のドイツ非難決議を擁護しつつ、(32)フランスとの相互援助条約締結を急がざるを得ない。(33)こうして東方ロカルノ構想は行き詰まり、五月二日に仏ソ、一六日にソ連・チェコスロヴァキア相互援助条約が調印されたのである。

東方ロカルノ構想は失敗したが、ソ連の集団安全保障外交に変わりはなかった。リトヴィーノフは一九三二年のジュネーヴ軍縮会議以降「平和は不可分である」と唱え、国際連盟加入後は、対独宥和に傾きがちなイギリスを牽制しつつ、連盟規約の擁護者として振る舞った。三五年一〇月のイタリアのエチオピア侵略にさいして経済制裁の徹底(石油、石炭、鉄も禁輸品に含めること)を要求し、三六年三月のドイツのラインラント進駐に対しては「効果的な措置」を主張した。このリトヴィーノフの活動がスターリン指導部の方針通りだったのか、ある種の自立性を持っていたのかは議論のあるところだが[34]、それはあらためて第二章で検討する。ここで注目すべきは、ソ連の集団安全保障外交は、ドイツを挑発しない配慮とセットであり、外交的イニシアティヴを(言葉ではなく、行動の上で)とらない、少なくとも、とることに極度に慎重なビヘイヴィアを伴ったことである。東方ロカルノの主導権をあくまでフランスにとらせようとした点はすでにみたが、イタリアに対する制裁でも同様であった。エチオピア侵略の翌日の政治局持ち回り決定、ポチョームキンへの指示は「経済制裁の適用には反対せず、残りの連盟加盟国も参加するという条件で、ソ連は制裁に参加する」「理事会では、あらゆる問題で英仏に発言させる。発言する必要が生じた場合、侵略を認め、イタリアを攻撃する国に賛成する。……決して発言を尖鋭化してはならない(не заостряйте выступления)」であった[35]。

この東方ロカルノをめぐる外交交渉と平行して、コミンテルンにおける反ファシズム人民戦線戦術への転換が進行したのだが、その経過を追うことはここではしない。一九三四年二月末に釈放されてモスクワに来た(ライプツィヒ裁判の英雄的被告)ディミトロフを四月にコミンテルン執行委員会幹部会員、政治書記局員に就け、フランスにおける社共協力と反ファシズム運動の進展をふまえて彼が主導した路線転換を容認したスターリンの国際情勢認識をみておく。

スターリンが、一九三五年三月二九日にイーデンと会見して述べたところによれば、戦争の火元はドイツと日本で、対日関係はいま息継ぎの状態にすぎず、ドイツは国際条約(複数)を破っており、不可侵条約なら結んでもよいといっているが、守る保証がないので、どうしても東方条約が必要である。国際連盟が然るべき権威を持っていないので強化しなければならないが、そのためにも相互援助条約が必要である。すべてを東方ロカルノの緊要性一点に絞った議論だが、ファシズム(ナチズム)という言葉は一言もない。[36] スターリンは第一七回党大会の報告でも(三四年一月)、ドイツのファシズムを問わないのは、イタリアのそれを問わず友好関係にあるのと同じだと述べていた。その時点ではドイツに二つの潮流があるとし、ラパロ路線に対する期待を示しており、フランス、ポーランドとの関係を改善しても、ヴェルサイユ条約の擁護者になったわけではないと強調していた。[37] さすがにイーデン会見では、ラパロ路線への期待は消えたが、ドイツの「ヴェルサイユの鎖」から脱しようとする志向は正当である(ただし、やり方が悪いので東方条約でタガをはめる)とも述べている。三六年三月のアメリカ人ジャーナリスト、ロイ・ハワードとの会見では、「平和の友」の立場は強化されたとして、それを示すものとして国際連盟の存在やフランス議会による仏ソ相互援助条約の批准を挙げており、英仏主導のヴェルサイユ体制への不信は消えたが、これはドイツの脅威の増大と反ファシズム運動の進展を反映したものといえる。スターリンはこの会見で「革命の輸出」を「たわ言」(чепуха)と退け、「内政不干渉」を確認しており、他国の評価を国内体制で行わない点では一貫している。[38] ここに、他国を平和的か否か、つまるところソ連の安全保障にとってプラスか否かで判断するスターリン外交と、反ファシズム人民戦線運動との矛盾が潜んでいたように思われる。

二　経済安定と抑圧緩和

第二次五ヵ年計画(一九三三―三七年)は、急進的な第一次五ヵ年計画より穏健な統制数字を掲げた。三三年一月中央委員会・中央統制委員会合同総会で報告に立ったスターリンは、第一次五ヵ年計画で「最も速いテンポの工業発展政策」をとったことは絶対に正しいとしたうえで、第二次五ヵ年計画ではその必要がないと断言した。「新しい現代的技術を工業、運輸、農業の土台にすえるという主要な課題はすでに基本的に達成した」し、「国防力を然るべき高さに引き上げることにも成功した」。しかし、第二次五ヵ年計画では「われわれが技術をマスターしていない新工場が中心的役割を果たすし、新企業、新技術をマスターする方が難しい」から工業生産のテンポを年二二％から一三―一四％に引き下げる、第一次五ヵ年計画では「英雄的労働、新建設のパトス」を組織化することができたが、いまや、これを新工場、新技術のマスター(освоение)、労働生産性の著しい向上、原価の著しい引き下げで補完しなければならない、というのである。(39)

このスターリンのテンポ引き下げ論には、建設の原価引き下げをはかるゴスプラン(クイブィシェフ)およびインフレを抑制しようとする財務人民委員部と、投資拡大をめざす各人民委員部、とくに重工業人民委員部(オルジョニキッゼ)との、第二次五ヵ年計画、その初年たる一九三三年の国民経済計画をめぐる対立があり、スターリン、モーロトフが前者を支持したという背景があった。第二次五ヵ年計画をめぐる対立は一月総会後も続き、最終的な決定(承認)の場である第一七回党大会では、妥協的な一六・五％という統制数字が採択された。(40)

一九三四―三六年のソ連経済は順調であった。第一次五ヵ年計画期に建設された工場、鉱山、発電所等が三二―三三年に稼働し始め、「設備の建設よりもマスターを」という工業指導が効果を示しつつあったからである。工業の労働生産性は対前年比で三三年八・七％、三四年一〇％、三五年一五％向上したという。(41) とくに機械製作工業の成長は著しく、欧米から導入した技術をマスターして、第二次五ヵ年計画期末(三七年末)までには全部門の作業台、装置を国産化できるようになった。(42)

工業の順調な成長は、企業の補助金(дотация)返上運動、ホズラスチョート移行の動きにもみられた。この運動は三五年初めから、マケーエフカのキーロフ記念工場、ドニェプロペトロフスクのペトロフスキー記念工場など、冶金部門で進められ、五月の重工業人民委員部評議会でも議論された。中でもグヴァハリヤ率いるキーロフ記念工場は、三四年は連邦で最も安価な銑鉄、鉄鋼を供給したものの、なお二〇〇〇万ルーブリもの補助金を受けていたが、三五年に入って補助金返上を始め、三ヵ月間で六一万八〇〇〇ルーブリの利潤をあげた。設備の利用効率は世界的水準に達し、モスクワへ打電して五月の銑鉄生産計画の増強を求めるほどになった。[43] スタハーノフの新記録のまさに当日、ペトロフスキー工場が九月一日から「計画織り込み済み補助金」(плановая дотация)なしの活動に移行する、というオルジョニキッゼの命令が発表された。[44] 九月六日の『プラウダ』論説は、冶金部門では「補助金返上の第二波」が始まったと評価し、個々の工場からトラスト全体へ、冶金部門から重工業全体への広がりを展望した。[45]

こうした工業全体の順調な成長の反面、エネルギー部門、とくに石炭産業の停滞という現象があった。三五年九月一日付『プラウダ』に発表された七ヵ月間の経済実績がそれを示している。工業総生産は前年同期間比プラス一九・七%、うち生産財二三・九%、消費財一二・七%である。部門別の伸びは重工業二四・八%、食品工業一八・一%、軽(繊維)工業六・二%である。工業全体の年間計画達成率は五六・六%であった。遅れている部門としては、軽工業のほか燃料工業があり、石炭生産の伸び、年間計画達成率は一三・一%、五三・五%、石油のそれは三・二%、四九・七%であった。労働生産性は、重工業人民委員部傘下の企業でプラス一六%、軽工業人民委員部傘下の企業で0%であった。[46]

一九三六年の国民経済計画のゴスプラン(議長メジュラウク)による当初(三五年七月)の案では、工業生産のテンポは二五・三%、投資総額は一七七億ルーブリであった。ところが、スターリンは今度は右の成長ぶりに自信を得たのか、直ちに引き上げを求め、九月以降はオルジョニキッゼの指導するスタハーノフ運動によって石炭産業の隘路を突破できると判断し、一二月上旬の政治局会議で高い統制数字を採択させたものと思われる。すなわち、工業生産のテンポこそ二三%に引き下げられたが、投資総額は三一六億ルーブリに引き上げられたのである。[47]

しかしながら、総じて順調な工業にも様々な欠陥があった。一九三五年の重機械の主要三九企業の労働災害は二万九九四四件(死者五二人)にのぼり、キーロフ工場(旧〃クラースヌィ・プチーロヴェッ〃工場)だけで五八八七件に及んだ。事故の原因は七五%までが、安全面での労働組織化の不十分さ、規則通りの安全な作業方法がとられているかの監督の欠如、設備、道具を直していないこと、作業場に物が詰め込まれていること、であった。時間外労働(сверхурочная работа)がシステム化していることも挙げられたが、キーロフ工場には月二〇〇時間近い労働者もいた。「一部の労働者にとっては、七時間労働日は紙の上だけのものである」と指摘されたのである。[48]「技術のマスター」も容易なことではなく、スターリン記念自動車工場長リハチョーフは『プラウダ』紙上で、自動車工業のアメリカに対する大きな立ち遅れを認め、欠陥を率直に指摘した。部品生産では許容誤差(допуск)が守られていないこと、工場が清掃、整頓されておらず、工作機械の装置の損傷のため「二―三日不良品ばかりを作ってしまう」場合もあること、総じて技術における不正確さ(неаккуратность)、である。[49]スタハーノフ運動は、こうした欠陥を放置したまま、英雄的労働に訴えて労働生産性向上をはかるものに他ならない(スタハーノフ運動については第三章第一節二)。

農業は、一九三二―三三年冬の大飢饉からの脱出が容易ではなかった。三三年春播きでは、疲弊し、意欲を失ったコルホーズ員を圃場に駆り出すことが最大の課題で、新設されたエムテエス政治部は、食糧の差別的支給などの手段を用いて、労働の組織化に辛うじて成功した(詳しくは第三章第一節一)。続く課題は夏、秋の穀物の収穫、調達で、三三年一月に制定された義務納入制度は、納入量が「確定かつ不変」であり、「呼応計画」も禁止されたので、農民にとってわかりやすくはあったが、同時に導入されたエムテエス・サーヴィス料の現物支払いも含めると、穀物の納入量はむしろ増大した。党・政府はコルホーズ、個人農の抵抗を政治部、司法機関による弾圧、納入義務不履行に対する罰金で抑え込みながら、三三年の穀物調達計画を達成し、この制度を何とか軌道に乗せたのである。[50]穀物納入の負担はたしかに大きかったが、党・政府は、地方・州の計画削減(切り取り скидки)要求を認めることもあり、旱魃のさいは種子・食糧貸付も行った。さらには、義務納入の滞納分や貸付の未返済分を一定期間を経て帳消しにしたり、猶予したりもした。それができたのは、表13にみられるような「国家フォンド」を確保していたからである。例えば一九三四年二月二七日の人民委員会議・党中央委員会決定は、三三年の穀物義務納入の滞納分すべてを帳消しにし、かつ、三四年までの種子・食糧貸付の返済を三六年まで三回にわたって分割払いすることを認めるものであった(51)。

表13　1933年収穫の穀物の利用計画(100万プード)

収入	1,376.4				
支出	1,305.3				
うち食糧	907.4	内　訳			
		国内供給	724.4	配給	390.0
				自由販売	100.0
				アルコール	17.0
				軍，オゲペウ	28.0
				グラーグ	4.0
				特別居住地	5.0
		輸　出*	55.0		
		国家フォンド	118.0		

*飼料も含めた総輸出　100.0
(出典) РЦХИДНИ, ф. 17, оп. 162, д. 15, л. 38.

農業集団化は、三二年春、三四年春に停滞をみながらも、三四年夏以降の「税の圧力」(налоговый пресс)により、一部は個人農が経営を放棄して都市に流出することによっても、進展した(52)。三五年末までに戸数で八〇%を超え、主要農業地域では大飢饉以降コルホーズの「組織的・経営的強化」に党指導の重点がおかれるようになった。しかし、その方法は基本的に工業の労働組織、管理体制の引き写しであり(作業班、労働評価の点数制)、ごく少数のアクチーフにしか受け入れられるものではなかった。三五年二月制定の模範アルテリ定款は、コルホーズの管理体制、労働組織、収入分配等を統一的に定めたものだが、コルホーズ員の菜園用付属地、個人所有家畜も明確に公認する譲歩を含んでいた(53)。コルホーズ員が社会化経営に不熱心な一方、自己の生存のためにも個人経営に精を出すという、集団化当初からの消極的抵抗がいわば制度化されたことになる。

一九三三年五月八日付スターリン・モーロトフ秘密訓令(全党・ソヴ

ィエト活動家および全オゲペウ・裁判・検察機関あて)は、春播きの成功をふまえて、一九二九年末以来行われてきた大量弾圧(массовая репрессия)の停止を指示した。この三年間にコルホーズが農村における「全面的かつ支配的な経営形態」になり、大量弾圧はもはや不要になったにもかかわらず、約一〇万家族の州・地方からの即時追放の要請があり、コルホーズ議長および管理部員、村ソヴィエト議長らの無差別大量逮捕がなお続いているとの報告が入っているという。「新たな情勢を理解せず、いぜんとして古いやり方を続けている」同志たちが、大衆の中での政治=組織活動ではなく、「行政的=チェキスト的〝作戦〟(административно-чекистская "операция")をとり続けているなら、「農村におけるソヴィエト権力の威信を弱める」こと、「農村におけるわが党の影響力を無にする」ことになりかねない、という認識なのである。(54)

それは、過去の党中央の指導責任を不問に付し、しかも大量追放措置を停止したにすぎないものだが、それでも農村の政治的気象を徐々に変化させることになった。エムテエス政治部は、コルホーズ装置の粛清でもコルホーズへの労働規律導入のうえでも厳しい措置をとったが、これへの批判が一七回党大会直前の議論に窺われ、三四年の春播き以降は政治部の意義があまり強調されなくなった。ハタエーヴィチ(ウクライナ・ドニェプロペトロフスク州委第一書記)は、政治部がコルホーズ、村ソヴィエトの活動を萎縮させたと批判し、ソヴィエトを活発にするよう訴えた。ソヴィエト活発化の訴えは、大飢饉をしのいだ農村が公共事業、教育、保健等の課題に直面していた事情にも適っていた。地方・州党書記たちは三四年六―七月の中央委員会総会、集団化問題会議において、一部の政治部がいわば現地化して穀物調達に抵抗する側に回ったという論法をとり、他方では、集団化のテンポが落ち個人農への関心が弱まっていることの責めを政治部に負わせ、一一月にはエムテエス政治部廃止を実現させた(詳しくは第三章第一節一)。

抑圧緩和の第二の動きは、旧「クラーク」の市民権回復、旧専門家と旧反対派の再登用であり、外国に対する一定の開放である。まず、一九三四年五月二七日付中央執行委員会決定「旧クラークの市民権回復手続き」は、「新居住地で誠実な労働、忠誠、ソヴィエト政権の政策支持を示した特別移住者」は、追放から五年、金・プラチナ工業に従事する者の場合は三年経過すれば、地方・州執行委員会が当該オゲペウ全権代表の提起に基づいて市民権を回復できることを定めたものである。(55) 三五年七月二六日の政治局決定(持ち回り)は、自由剝奪五年以下等の軽微な処罰を受け、刑期を終え、または刑期満了前に釈放されたコルホーズ員は、誠実に働いてさえいれば前科を取り消すとしたものである。(56) さらに、八月一〇日の政治局決定(持ち回り)は、穀物調達その他の農業キャンペーンにかかわる犯罪で刑罰または行政的処分を受けた公職者(должностные лица)などの刑期を停止したものである。(57)

以上は主として農村にかかわる措置だが、旧反対派リーダーに対する寛容な措置もとられた。プレオブラジェンスキーは三三年七月に流刑を解除されて一二月には復党を認められ、ジノーヴィエフ、カーメネフも一二月に復党を認められた。(58) ブハーリンは三四年二月に『イズヴェスチヤ』編集長に任命され、三月にはウグラーノフの復党も認められた。(59) トロツキーと並ぶスターリン批判の急先鋒だったラコフスキーは、四月に復党が提起され、遅れて三五年一一月に認められた。(60) たしかに、三四年一二月一日のキーロフ暗殺事件は、(61) テロ事件の審理を迅速化、簡略化する法を成立させて旧反対派弾圧再開の転機となり、(62) 実際三五年一月にはレニングラードのジノーヴィエフ派六〇〇名以上がシベリア等へ追放された。(63) とはいえ、その後も、右にみた三五年七月、八月の政治局決定のような抑圧緩和政策は続き、(64) 三六年二月には「産業党」裁判で有罪のラムジーンらが恩赦で釈放されるなど、(65) 社会全体が暗転したわけではない。一九三四—三六年はまた、外国人の訪問が増え、(66) 国際連盟加入に伴って一定の情報公開を行った時期でもあったのである。(67)

抑圧緩和の第三の動きは、一九三五年二月に発表された憲法改正方針である。たしかに、キーロフ暗殺事件を契機に旧反対派弾圧が再開され、また、憲法改正作業もスターリンを長とする委員会に委ねられて何ら公開されなかった。しかし、モーロトフは第七回ソヴィエト大会(三五年一―二月)で「選挙制度を民主化する」ことを憲法改正理由の第一に挙げた。反ファシズム人民戦線戦術への漸次的転換に、また国際連盟の舞台での「平和の擁護者」としての活動に応じて、ソ連社会が経済体制のみならず、政治制度でも欧米に優越していることを示さねばならなくなったのであろう。もとより、普通・平等・直接選挙への移行は、ソヴィエト制度の欧米議会制度に対する優越を前提に「いっそうの民主化」と説明されたが、中にはブハーリンのように改正全体の法理論的含意を察知し、自然法的権利観を示唆する者もいた。それは例外としても、三六年六―一一月の憲法草案「全人民討議」において、農民が労働者との全面的平等を要求したり、教会再開と聖職者復権の主張や、移動・出国の自由を求める声さえあったことは、民主化が単なる見せかけではなかったことを示している(詳しくは第四章第一節)。

三　社会構造と国民統合

一九三六年憲法など当時の公的文書では、ソ連社会は労働者、コルホーズ農民、インテリゲンツィヤ(国家機関勤務員等を含む広い概念)から成り、そのいずれに属しようとも、また性や民族等にかかわりなく平等であるとされていた。しかし、第一次五ヵ年計画期の半ばで、先にみた急進的工業化路線の手直しの一環として「悪平等主義」(уравниловка)批判の名のもとに専門家厚遇、労働者内部の賃金格差拡大がはかられ、また「党員最高給」(партмаксимум)が撤廃された。他方、農民は全面的集団化で生活の激変と大飢饉を蒙り、都市への移動も禁止された。こうして三〇年代半ばにかけて、ソ連社会は階層化された。国勢調査(一九三七年一月)では表14にみるような社会集団・職業カテゴリーが用いられたが、党、ソヴィエト、労働組合などの専従職員がどこに含まれているのかが不明である。そこで給与のみならず、食糧の供給、別荘や保養施設等の利用も含めて検討すると、大別して四つの階層を析出できる。

第一は、党・国家幹部、将校、経営・技術の専門家、文化人等からなる広義のエリートである。このうち党、ソヴィエト、労働組合の役員の給与については、一九三三年八月二七日付政治局決定(持ち回り)で改定された七級賃金制をベースとみてよい。一級二五〇ルーブリ、二級二七五ルーブリ、三級三〇〇ルーブリ、四級三五〇ルーブリ、五級四〇〇ルーブリ、六級四五〇ルーブリ、七級五〇〇ルーブリで、千人以下の企業の細胞書記、工場委員会議長は一級であった。七級は連邦および民族党中央委員会、地方・州委員会、モスクワ、レニングラード、ハーリコフ市委員会の書記、中央委員会部長、コムソモール中央委員会書記など、連邦および共和国中央執行委員会議長・書記、連邦および共和国人民委員会議議長・同代理、連邦およびロシア共和国人民委員、地方・州執行委員会議長、モスクワ、レニングラード、ハーリコフ市ソヴィエト議長、連邦最高裁判所長官、連邦検事総長など、全連邦労働組合中央評議会の書記と幹部会員、産業別労働組合中央委員会議長などである。これらは中央委員会が人事権をもち、そのノメンクラトゥーラ(任命職リスト)に掲載された職務に他ならない。二―六級は、基本的に活動単位の

表 14　国民の社会集団別・職業別構成

社会集団, 職業	人　数	%
収入のある者	77,873,472	48.6
国有企業労働者	23,241,357	14.5
同 職 員	10,340,177	6.4
手工業協同組合労働者	1,068,522	0.7
同 職 員	259,745	0.1
コルホーズ員農夫	28,864,444	18.0
その他のコルホーズ員	7,357,987	4.5
個 人 農	3,527,624	2.2
漁業コルホーズ員	507,210	0.3
協同組合家内営業者	378,301	0.2
同未加盟家内営業者	530,955	0.3
自 由 業	11,716	
非勤労者	1,786,434	1.1
聖 職 者	31,298	
国家の被扶養者	1,511,311	0.9
年金生活者	1,051,358	0.7
孤児院収容者	378,533	0.2
障害者施設入所者	81,441	
そ の 他	242,805	
収入のない者(内訳は省略)	82,258,995	51.3
総 人 口	160,132,467	100.0

(出典) Всесоюзная перепись населения 1937 г. Краткие итоги. M., 1991, c. 116-117.(%引用者)

大きさと重要性に応じて割り振られている。(68) この給与はインフレに応じて適宜改訂され、三六年三月には中央委員会部長は一二〇〇ルーブリ、産別労組中央委員会議長は七〇〇—一〇〇〇ルーブリに引き上げられた。また三五年八月の時点で、重工業人民委員部傘下企業の企業長、技師長は七五〇、一〇〇〇、一二五〇、一五〇〇、二〇〇〇ルーブリの五ランクに分けられていた。(69) ちなみに、三五年の労働者の年平均賃金は二二七一・五ルーブリ、すなわち月一八九ルーブリであった。(70)

給与以外のサーヴィス給付の分配の実態はほとんど摑めないが、上層のエリートの特権につきアルヒーフ文書が記録している。一九三三年のある政治局決定(持ち回り)は、むこう三—四年間でソチ＝マツェスタ地区(黒海沿岸のエリート用保養地)に「三—四室からなり、各室にあらゆる家具・調度品を備えた一戸建ての別荘」を四〇—五〇戸建設することを決めたものである。(71) 三六年のある政治局決定は、人民委員部、その他中央機関の職員の「生活上のサーヴィス改善のための支出にかかわって、専用の食堂、休息の家、サナトリウム、療養手当、「特別な必要のさいの手当」の存在を明らかにしている。(72) 著名な作家、俳優、演出家らに国費で、夫人を同伴して海外で療養することを認めた政治局決定も数多くある。(73) 破格の待遇を受けたのは物理学者のカーピツァで、三四年に科学アカデミー物理学研究所長に任命されると、モスクワ中心部の五—七部屋のアパート、ビュイックの新車、クリミアの別荘が与えられることになった。(74)

第二番目の階層は労働者で、産業部門、地域、職種、熟練度によって多様であることはもとより、すでにみた教育システムを通じて専門家へと上昇する者があり、他方では農村から不断に補充されるというように、流動的であったが、エリートや農民とは区別される社会階層をなしていた。その労働は、すでにみたように、第一次五ヵ年計画後もたえずノルマ達成と生産性向上に駆り立てられ、安全・衛生対策も不十分であったが、食糧配給制が廃止されてからは生活にも余裕ができ、消費志向が生まれたこともたしかである。消費者の関心は商品の質、布地の装飾、既製服の型に向き、台所用品、家具、電気暖房器具、スポーツ用品、香水や化粧品の需要が高まった。都市には、肖像写真、生活道具の賃貸、アパートの修理、清掃、衣類のクリーニングといったサーヴィス業が登場した。(75)娯楽はいぜんとして集団的なものが主流で、文化公園での催しや団体旅行などがあった。伝統的な娯楽である散歩、知人の訪問・招待、また、本や雑誌の読書会も続けられたが、一家でラジオを聴くという新しい娯楽も生まれた。(76)

労働者の体制に対する態度は、アメリカ人スコットが観察したように、工場集会で生産工程の問題では提案し、工場長を批判さえするが、党の一般方針や外交政策になると討論せず満場一致で決議案を通してしまう点に、端的に示されている。(77)アネクドートによる体制批判はさかんだったが、公然たる批判が危険なことを十分わきまえていたのである。新興工業コンビナートのマグニトゴルスクに関する最新の社会史的研究によれば、労働者の一部は体制に敵意を抱き、他の一部はスタハーノフ労働者のように体制の積極的支持者となった。しかし多数は、生産性向上運動や政治的キャンペーンに表向き同調しつつ、労働現場では庇い合って手抜き仕事をし、職場さえ変え、それでいて社会保険や福利厚生の利益は享受する、いわば、したたかな生き方をしていたのである。(78)

第三の階層は農民で、国家の厳しい農産物調達により収入(ほとんど現物)は僅かしかなく、個人経営からの生産物で糊口をしのいでいた。穀物の生産に対する調達の割合は、大飢饉以降むしろ増え続け、豊作の一九三七年を除けば四〇%前後にのぼった(表8)。しかも調達価格は低く、生産原価を大きく割り込んでいた。穀物ソフホーズでさえ、三三—三五年の原価は調達価格の三—四倍であった。他方、個人経営からの生産はジャガイモおよび野菜で五二・一%、果物で五六・六%、牛乳で七一・四%、牛肉で七〇・九%にも達した。(79)加えて、千人当たりの病床は二未満、電気を引いたコルホーズが四%といったように、(80)生活は著しく不便であった。農民は、労働者のような社会保障制度もなく、国内旅券も交付されない点で、まさに二級市民に他ならなかった。

農民は家計を補うため都市、建設サイトに出稼ぎに行き、そのまま労働者化する者も多かった。若者は、中等学

表 15　収容所，監獄，特別居住地の人口(各年 4 月 1 日現在)

	矯正労働収容所	矯正労働コロニー	監　獄	特別居住地
1932	—	—	—	1,317,022
1933	—	—	—	1,142,084
1934	510,307	—	—	1,072,546
1935	725,483	240,259	—	973,693
1936	839,406	457,088	—	1,017,133
1937	820,881	375,488	—	916,787
1938	996,367	885,203	—	877,651
1939	1,317,195	355,243	350,538	938,552
1940	1,344,408	315,584	190,266	997,543

(出典) В. Н. Земсков. Гулаг (Историко-социологический аспект). *Социологические исследования*, № 6, 1991, с. 11 ; Его же. Спецпоселенцы (по документации НКВД-МВД СССР). *Социологические исследования*, № 11, 1990, с. 6.

校を出ると上級学校へ進み、技能を身につけ、農村に留まって機械手、コンバイン手などになるか、都市へ移って労働者化した。農民の体制に対する敵対的態度は、後に一九三六年憲法草案の「全人民討議」でもみるが、強権的な集団化と苛酷な穀物調達に根ざしていた。スターリンに対しても、しばしば誤解されるような「ツァーリ信仰」的なものはなく、次のチャストゥーシカ(частушка 俗謡)に端的に示される憎悪を抱いていた。「キーロフが殺された時、連中はパンの自由販売を許可した。スターリンが殺されたら、連中はコルホーズをすべて解散するだろう。」(81)

第四の階層はラーゲリ囚人および「特別移住者」で、市民権を剝奪され、非人間的な労働、生活を強いられていた(表15)。ラーゲリ囚人の状態は、ソルジェニーツィンの『収容所群島』で知られているので、「特別移住者」の状態に簡単に触れておく。一九三三年七月のグラーグによる党中央統制委員会・労農監察人民委員部あて報告によれば、木材伐採に従事する「特別移住者」は満足な食事を供給されず、飢餓がもとで疾病率と死亡率が急激に上昇し、自殺も数多く起こった。食糧供給が悪いため、労働生産性は著しく低下し、一部では作業ノルマが二五%も引き下げられた。これは大飢饉の最中のことであるが、この年の死亡率の出生率に対する割合は、元からの住民が七・八倍であるのに対し、「特別移住者」は実に四〇倍であった。三四年五月二七日付中央執行委員会決定「旧クラークの市民権回復」も、オゲペウが「特別居住地」を離れないよう指導したので、実際には空文と化した。また、三六年から三七年にかけて、折りからの憲法草案討議に刺激されて故郷帰還の期待が高まったが、それも空しかった(82)。ラーゲリ囚人も「特別移住者」もグラーグに生殺与奪の権利を握られていたが、当時は重要な労働力だったので、当局としても多少の配慮はせざるを得ず、ごく一部は労働の貢献を認められ、釈放された(83)。

ソ連社会はしかし固定的なものではなく(84)、階層間に上昇の回路があり、スタハーノフ運動に典型的なように、上昇への期待が運動への動員、政策に対する支持をもたらすという統合の契機を見逃すわけにはいかない(第三章第一節二)。共産党は、労働者の中の社会主義建設への熱情と社会的上昇志向をコインの表裏のようにして動員したといってもよい。

同時に共産党は、これを補完するものとして、また、社会的カオスの凝集核として、一九三四年頃から「家族」や「祖国」という伝統的なシンボルを持ち出し、国民統合をはかった。「家族」の価値が称揚されたのは、大飢饉で大量に出現した孤児の対策から三六年六月の「中絶禁止等に関する法」制定に至る過程である(第四章第一節参照)。また、エンゲルス論文「ロシア・ツァーリズムの外交政策」に対するスターリンのコメントを契機に、「ソヴィエト愛国主義」が唱えられるようになった(85)。学校教育は「文化革命」色を一掃して知育中心になるとともに(86)、歴史教育では愛国心の醸成が眼目となり、これとの関連で、歴史学では、徹底的なツァーリズム批判で知られる故ポクロフスキー(一九三二年没)が攻撃されるようになった(87)。もとより、愛国心醸成は、シュミット指揮の北極圏探査やチカーロフらの大陸間横断飛行の報道、キャンペーンでもはかられ、この意味で「祖国」シンボルは伝統とも、社会主義(科学・技術)とも結びついていたのである。また、党はマルクス＝レーニン主義を後景に退けはしたが、スタハーノフ運動に対して、肉体労働と精神労働との差異の解消へと近づく、この意味で資本主義から共産主義へ

表16　ソ連の諸民族(上位20，国勢調査)

民　族	1926年	1937年	%
ロシア	77,791,124	93,933,065	58.0
ウクライナ	31,194,976	26,421,212	16.3
ベロルシア	4,738,923	4,874,061	3.0
ウズベク	3,955,238	4,550,532	2.8
タタール	3,029,995	3,793,413	2.3
カザフ	3,968,289	2,862,458	1.8
ユダヤ	2,672,499	2,715,106	1.7
アゼルバイジャン	1,706,605	2,134,648	1.3
グルジア	1,821,184	2,097,069	1.3
アルメニア	1,568,197	1,968,721	1.2
モルドヴィア	1,340,415	1,248,867	0.8
チュヴァシ	1,117,419	1,167,817	0.7
タジク	978,680	1,137,995	0.7
ドイツ	1,238,549	1,151,601	0.7
キルギス	762,736	846,503	0.5
ダゲスタン諸民族	660,459	770,624	0.5
バシキール	713,693	757,935	0.5
トルクメン	763,940	747,723	0.5
ウドゥムルト	504,187	568,268	0.4
チェチェン・イングーシ	392,619	436,078	0.3
計	147,037,915	162,039,470	

(出典) Всесоюзная перепись..., с. 97-98. (%は引用者の計算)

の移行の条件を準備するものであると、スターリンが位置づけたように、必要に応じてイデオロギー教育も行った(88)。たしかに、技師や軍人の妻の「内助の功」が称揚され(89)、赤軍で階級制が復活するなど、伝統回帰の側面もあったが、「テルミドール」(トロツキー)「大後退(Great Retreat)」(ティマシェフ)という評価はミス・リーディングだといわねばならない。

このような国民統合から疎外されていたのが農民の大部分と囚人等であるが、諸民族(表16)もまた疎外されていた。周知のように、一九二〇年代は「土着化」(коренизация)政策がとられ、各共和国の党・国家幹部におけるタイトル民族(ウクライナ共和国ならウクライナ人)の比重が高まり、民族語教育にも力が入れられたが(90)、急進的工業化、全面的集団化はこれを真っ向から否定するものであった。工業化とこれに伴う都市化が社会の画一化をもたらすのは当然としても、農業集団化もコルホーズ制度を上から植え付けるものであり、例えばカザフ人からは遊牧生活と独特の文化を奪うことになった。工業化と集団化を現地で先導したのは、モスクワ等の主要都市から派遣されたロシア人、もしくはロシア化した諸民族出身活動家であるが、彼らはロシア民族主義を押しつけようとしたわけではない。社会主義イデオロギーに鼓舞されて、工業化、集団化への抵抗を「ブルジョワ民族主義」として弾圧したのであって、この点では「ウクライナ解放同盟」裁判も[91]、ロシア正教会弾圧も[92]変わりない。工業化、集団化はローラーのように、ロシアを含む民族主義の基盤を押しつぶしたのである。また、この時期に「スルタン＝ガリエフ反革命組織」があらためて弾圧されたが(三〇年七月)[93]、民族主義に基づく集団化への抵抗をいっさい許さないというスターリン指導部の意志表明に他ならない。

一九三六年憲法に謳われた諸民族の平等、一一共和国の対等は空文に等しかった。各共和国の都市部はロシア人、同化した非ロシア人が多数を占め、何よりも共産党は中央集権的で、モスクワの指令に絶対服従だったからである。「ソヴィエト愛国主義」は、プーシキン没後一〇〇年(一九三七年)を契機に、しだいにロシア民族主義の色彩を強めていく[94]。諸民族はラテン・アルファベットからロシア・アルファベットへの変更を強いられたが、その皮切りはカバルディノ＝バルカル自治州であった(三六年五月)[95]。また、多少なりとも民族的利益を擁護するとみられた各共和国の党・国家幹部、文化人は大テロルで一掃されてしまう。

(1)　一九三〇年七月七日の政治局決定が示唆している。独ソ交渉の議題として「集団化の問題」「食品小包の問題」「ソ連におけるドイツ市民の食糧対策」が挙げられていた。РЦХИДНИ, ф. 17, оп. 162, д. 8, л. 171, 175. なお、ドイツ人経営が集団化で迫害され、大量出国の動きがあったことについては、奥田前掲書、第九章補注4。また、次のアルヒーフ文書と解説も参照。Эмиграционное движение советских немцев в конце 20-х годов. *Свободная мысль*, № 12, 1993, с. 93–104.

(2)　政治局は、スターリン、ローゼンゴリツによる対独通商の提案に基づき、「工業面でドイツとの交渉を開始する必要がある」と判断し、この二名のほかモーロトフ、オルジョニキッゼ、リトヴィーノフからなる小委員会を設けた。

РЦХИДНИ, ф. 17, оп. 162, д. 9, л. 111.

（3） Там же, д. 10, л. 138.

（4） これもオルジョニキッゼ「個人フォンド」に見出された。РЦХИДНИ, ф. 85, оп. 28, д. 58, л. 1-7. このオルジョニキッゼあて報告書には、ドイツ人の賃金や生活の諸問題、帰国したドイツ人の帰国理由まで記されている。ちなみに帰国理由としては、ソ連の同僚が規則を守らないこと(坑内での喫煙など)、食糧供給が悪いこと、一部のソ連労働者の外国人に対する態度が悪いこと、外国人労働者の合理化提案に耳を傾けてくれないこと、などが挙げられた。他のアルヒーフ文書では、三二年四月八日の政治局決定(持ち回り)に、重工業人民委員部(ヴェセンハの後身)が「ドイツ、オーストリアでクズバス向けに熟練労働者一四二〇人を募集することに反対しない」とあった。РЦХИДНИ, ф. 17, оп. 162, д. 12, л. 86.

（5） John Scott, *Behind the Urals. An American Worker in Russia's City of Steel*, Cambridge, Mass., 1942.

（6） РЦХИДНИ, ф. 17, оп. 162, д. 10, л. 173.

（7） 四月二五日の政治局決定は「レオナルド・ダ・ヴィンチの絵画は売却しないが、ラファエロ、ティツィアーノの絵画は売却してよい」とし、ルズターク、ローゼンゴリツ、ブーブノフからなる小委員会の設置を決めたものである。Там же, д. 10, л. 12.

（8） Там же, д. 11, л. 39. この決定にいう「金資源拡大の小委員会」とは、三月一五日の政治局決定にある「金・プラチナ工業の諸問題に関する同志ポストゥイシェフの小委員会」であるとみてよい。Там же, д. 9, л. 161.

（9） Там же, д. 11, л. 57-63. 採金目標は三一年末までに二トン、三二年に一〇トン、三三年に二五トンと定められた。

（10） Там же, д. 11, л. 13, 21, 46. ただし、赤軍部隊が満州国境に移動したという現地情報もあった。В. В. Чубаров. Военные конфликты в Китае и позиция СССР (1927-1933 гг.). в кн. *Советская внешняя политика 1917-1945 гг. Поиск новых подходов*. М., 1992, с. 120.

（11） Там же, с. 120-125. 「満州事変」後の日ソ関係については、平井友義『三〇年代ソビエト外交研究』(有斐閣、一九九三年)第四章。また、寺山恭輔「不可侵条約をめぐる満州事変前後のソ日関係」『史林』第七四巻第四号(一九九一年七月)六二—九五頁、も参照。なお、同「満州事変とスターリン体制——戦争の脅威と三〇年代初頭ソ連国家・社会の変容——』(京都大学博士論文、一九九六年)は未見である。

(12) РЦХИДНИ, ф. 17, оп. 2, д. 514, вып. 1, л. 8.

(13) 三一—三三年の公式データが実際より過小なのは、ジュネーヴ軍縮会議向けの加工と推定される。R. W. Davies, Soviet Military Expenditure and the Armaments Industry, 1929-33 : A Reconsideration. *Europe-Asia Studies*, vol. 45, no. 4, 1993, pp. 580-582.

(14) РЦХИДНИ, ф. 17, оп. 162, д. 12, л. 143. 国際情報ビューローの組織については、第二章第一節註(92)。

(15) 横手慎二「ソ連外交の「転換」 一九三〇—一九三五」前掲『スターリン時代の国家と社会』、一七三—一七四頁。

(16) J. Haslam, *The Soviet Union and the Struggle for Collective Security in Europe, 1933-1939*, Macmillan, 1984, p. 19.

(17) ソ連記者取材拒否事件は逮捕、捜索も伴い、政治局も幾度か取りあげるほどの事件であった。РЦХИДНИ, ф. 17, оп. 162, д. 15, л. 82, 86, 119.

(18) ソ連の対外政策の転換は三三年五月末か六月初めだったという。Б. М. Орлов. В поисках союзников : командирование Красной Армии и проблемы внешней политики СССР в 30-х годах. *Вопросы истории*, № 4, 1990, с. 44. 独ソ軍事協力については А. А. Ахтамзян. Военное сотрудничество СССР и Германии 1920–1933 гг.(по новым документам). *Новая и новейшая история*, № 5, 1990, с. 3–24.

(19) フランスの反ソ・対独提携派について、総じて仏ソ相互援助条約の成立過程については、平井前掲書、第三章。ソ連のラパロ路線継続派の動きとして、モーロトフ・ディルクセン会談やリトヴィーノフ不在中のディルクセン送別会を横手は挙げている。横手前掲論文、一八〇頁。

(20) *ДВП*, т. XVI, док. 390.

(21) Там же, док. 413.

(22) РЦХИДНИ, ф. 17, оп. 162, д. 15, л. 154-155. ただし、『ソ連邦外交政策文書集』の註にも記載されている。*ДВП*, т.

XVI, c. 876-877.

(23) この「認識」は、在米非公式代表スクヴィルスキーの外務人民委員部への報告にみられる。*ДВП*, т. XVI, док. 321. 「米ソ協定の話に好意的に対応すべきこと」が、交渉大詰めの一〇月二五日の政治局決定でリトヴィーノフに指示された。РЦХИДНИ, ф. 17, оп. 162, д. 15, л. 119.

(24) Там же, д. 15, л. 156. ただし、この不可侵条約締結交渉は三四年八月三一日に「時宜に適っていない」として、ソ連が中断を申し入れた。しかも、この時点ではイギリスが外れている。Там же, д. 17, л. 29.

(25) バルト諸国を東方ロカルノに加えるのが無理だと判断した点については Haslam, *op. cit.*, p. 138.

(26) 会談は、軍縮会議の開かれていたジュネーヴで行われた。*Известия*, 20 мая 1934. 論説は、バルトゥーがフランス議会で対ソ協調、ソ連の連盟招請を訴えたことを肯定的に論評したものである。*Известия*, 28 мая 1934.

(27) 七月二五日のフランス政府への回答。РЦХИДНИ, ф. 17, оп. 162, д. 16, л. 140-141. 連盟加入の公式(国民向け)説明は、連盟が戦争の脅威、日独の脱退によって英仏の道具から変化し、最も一貫して平和政策を進めるソ連を加えざるを得なくなったというものである。*Известия*, 17 сентября 1934.

(28) РЦХИДНИ, ф. 17, оп. 162, д. 17, л. 75-76. なお、この異動でポチョームキンがイタリア大使からフランス大使に転出した。

(29) Haslam, *op. cit.*, p. 47.

(30) РЦХИДНИ, ф. 17, оп. 162, д. 17, л. 130. 英仏共同宣言は二月三日、政治局決定は一一日であった。なお、二一日の『イズヴェスチヤ』論説は共同宣言を支持し、その完全履行を求めるとともに、一部のイギリス保守系新聞への不信を表明するという、慎重な論調であった。*Известия*, 21 февраля 1935.

(31) 三月二六日の政治局決定はイーデンとの交渉にかかわるもので、イギリスを東方条約に参加させる方針であった。РЦХИДНИ, ф. 17, оп. 162, д. 17, л. 160. 二五日の政治局決定は、リトヴィーノフ主催の午餐会に出席すべき人民委員を指名したもので、この種の決定は珍しい。Там же, оп. 3, д. 961, л. 49. 二九日にスターリン自らが会見したことと併せて、ソ連がイーデン訪ソをいかに重視していたかがわかる。イギリスを全面的に信頼していなくても、ドイツに対するデモンストレーション効果は計算していたはずである。

(32) *Известия*, 20 апреля 1935.「警告」と題するこの論説は、連盟理事会決議を単なる脅しと取らないよう、ドイツに警告したものである。

(33) 駐仏大使ポチョームキンは、ドイツの東方条約引き入れの時期は逸した、いまやソ連、チェコスロヴァキアとの相互援助条約の締結こそ緊要だとラヴァルを説得したという。*ДВП*, т. XVIII, док. 149.

(34) リトヴィーノフは、二重外交路線への移行のさいも、三三年夏以降の親独派との競合においても、三三年一二月の政治局決定の後にも、反ドイツ的な方向でスターリンに働きかける自立性は持っていた、というのが横手前掲論文の眼目である。

(35) РЦХИДНИ, ф. 17, оп. 162, д. 18, л. 173.

(36) *ДВП*, т. XVIII, док. 148.

(37) Сталин. *Соч.* т. 13, с. 299-306.

(38) *Большевик*, № 6, 1936, с. 1-8.

(39) Сталин. *Соч.* т. 13, с. 184-186.

(40) Девис, Хлевнюк, Указ. статья, с. 98-102. 大会ではモーロトフ、クイブィシェフとも工業生産のテンポ一九%、投資総額一三三四億ルーブリ(五ヵ年)を提案し、ゴスプランが主張していた一三%、九七〇億ルーブリより相当大きかったが、大会中に工業生産のテンポだけは、オルジョニキッゼが折れて一六・五%となった。

(41) *История СССР с древнейших времени до наших дней*. т. IX (макет). М., 1964, с. 90. この著作は出版されず、見本刷りに終わったが、イヴニツキー博士に見せていただいた。

(42) Там же, с. 95.

(43) *Правда*, 1 января ; 9 мая 1935.

(44) *Правда*, 30 августа 1935.

(45) *Правда*, 6 сентября 1935.
(46) *Правда*, 1 сентября 1935.
(47) Девис, Хлевнюк. Указ. статья, с. 103-105. 三六年一〇月には、投資総額は三六一億ルーブリに引き上げられた。
(48) 重機械工業労働組合中央委員会議長ストリエフスキーのスターリン、モーロトフ、オルジョニキッゼあて一九三七年二月九日付報告。РЦХИДНИ, ф. 85, оп. 29, д. 510, л. 1-17.
(49) *Правда*, 24 сентября 1935.
(50) 富田武「穀物義務納入制とコルホーズ――飢饉から配給制廃止へ――」『ソヴィエト政治秩序の形成過程――一九二〇年代から三〇年代へ――』(溪内謙編著、岩波書店、一九八四年)二一五―二五四頁。
(51) *Известия*, 28 февраля 1934.
(52) И. Е. Зеленин. Коллективизация и единоличник (1933-й—первая половина 1935 г.). *Отечественная история*, № 3, 1995, с. 34-55.
(53) 菜園用附属地の面積は〇・二五―〇・五ヘクタールとされ、一部の地区では一ヘクタールまで認められた。個人所有家畜は雌牛一頭、幼牛二頭、豚二匹とその子豚、羊および山羊一〇頭、蜜蜂一〇箱で、鶏、兎は無制限に認められた。こうした制限は畜産、遊牧地区では緩和されている。*Коллективизация*, № 181.
(54) РЦХИДНИ, ф. 17, оп. 3, д. 922, л. 58-59.
(55) *Коллективизация*, № 174. 生産の突撃作業員で、社会活動にも積極的に参加する若い「とくに優秀な」特別移住者は、この期限以前にも回復され得た。
(56) РЦХИДНИ, ф. 17, оп. 3, д. 969, л. 24-25. ウクライナでは、この措置は三四年四月に決定され、政治局の承認を得た。
(57) Там же, д. 970, л. 30, 144-145. 八月一一日付中央執行委員会決定として公表された。*Известия*, 12 августа 1935. Там же, д. 943, л. 29-30.
(58) РЦХИДНИ, ф. 17, оп. 3, д. 927, л. 18 ; д. 936, л. 5, 15. ジノーヴィエフ、カーメネフはリューティン事件で二度目の

除名処分を受けたうえでの復党である。

(59) Там же, д. 939, л. 2 ; д. 941, л. 20. ウグラーノフもリューティン事件で二度目の除名処分を受けていた。

(60) Там же, д. 944, л. 17 ; д. 972, л. 73.

(61) フルシチョーフの第二二回党大会での発言、ロイ・メドヴェージェフ『共産主義とは何か』などが、スターリンの関与を示唆した。ペレストロイカ期に、フルシチョーフによるスターリン批判の資料を提供したポスペーロフ小委員会の調査が公表され、様々な論文が発表されたが、いぜんとして真相は不明である。Записка П. Н. Поспелова об убийстве Кирова. *Свободная мысль*, № 8, 1992, с. 64-71 ; А. Яковлев. О декабрьской трагедии 1934 года. *Правда*, 28 января 1991. なお、キーロフ暗殺後まもなく三五年一月に病死したクイブィシェフについても、最近その息子がスターリンによる暗殺説を主張している。*Московские новости*, № 5 (22-29 января), 1995.

(62) 「法」とは、一二月四日に中央執行委員会幹部会決定として公表された「テロリスト行為の準備または実行事件の審理手続」で、最高刑判決については恩赦請願も認めないとしたものである。*Известия*, 4 декабря 1934. 幹部会は一日、つまりキーロフ暗殺の当日に開かれたとあるが、その決定は二日の政治局持ち回り決定を経て公表されたと判断される。РЦХИДНИ, ф. 17, оп. 162, д. 17, л. 87.

(63) Там же, оп. 162, д. 17, л. 124.

(64) 三五年六月一七日付政治局決定（人民委員会議・党中央委員会決定として公表）は、三三年五月八日訓令を改め、いかなる逮捕も検事の事前の許可を要するとした（事後承認を認めない）。また、党員、軍人などの逮捕には上級機関の同意も必要であると定めた。Там же, оп. 3, д. 965, л. 39, 75.

(65) Там же, оп. 3, д. 974, л. 76. ラムジーンらは早くからラーゲリ内で研究・開発を許され、「貫流ボイラー」(прямоточный котёл)の設計の功により、刑期停止、市民権回復を認められた。開発の報道は *Известия*, 14 августа 1935.

(66) 国営旅行社イントゥーリスト理事長が『プラウダ』のインタヴューに答えたところによれば、外国人のソ連旅行は一九二九年二六〇〇人、三四年一万五五〇〇人、三五年一万八八〇〇人で、三六年は二万三〇〇〇—二万四〇〇〇人が見込まれるという。国別では、アメリカ人二六・六%、イギリス人一五・三%、フランス人一三・九%、ドイツ人九%等々であった。*Правда*, 15 января 1936. 外国人の訪ソが増えた間接的な証拠としては、例えば九月一五日の政治局決定(持ち回り)が挙げられるが、これは外国人のソ連領内居住・移動の規則、エヌカヴェデによる外国人に対する「地方ヴィザ」交付規則を承認したものである(内容は不明)。РЦХИДНИ, ф. 17, оп. 3, д. 971, л. 40.

(67) 三五年三月二五日の政治局決定(持ち回り)「軍事費の公開(グラースノスチ)に関する協約案」は、「大国、隣国を含む他の諸国が受け入れる条件のもとで」協約案を受け入れるとしたものである。ただし「国有軍需産業の投資の情報」は通知を拒むことにした。Там же, оп. 162, д. 17, л. 159. 四月九日の政治局決定(持ち回り)は、連盟への情報提供については、その都度政治局の承認を得るものとし、「あまり発達していない工業部門の情報は提供しない」とした。Там же, оп. 162, д. 18, л. 3.

(68) Там же, оп. 3, д. 929, л. 33-34, 53-58. なお、ノメンクラトゥーラ制については内田健二「ノメンクラトゥーラ制度の一側面――ハラシミュー論文を中心として――」『思想』第六四二号(一九七七年一二月)一四〇―一五五頁。Т. П. Коржихина, Ю. Ю. Фигатнер. Советская номенклатура: становление, механизм действия. *Вопросы истории*, № 7, 1993, с. 25-38.

(69) РЦХИДНИ, ф. 17, оп. 3, д. 975, л. 102-103; д. 970, л. 10.

(70) *Правда*, 2 марта 1936.「ソ連労働者の家計」と題する、この論文も、食品はもとより蓄音器、楽器の売り上げ、生産が伸びたことを指摘している。ちなみに、当時の物価水準を示す数少ないデータを挙げると、地下鉄運賃が四〇コペイカ、公共給食のスープ(野菜、ひきわり)が六五コペイカ、魚一ルーブリ、肉一ルーブリ二〇コペイカであった。政治局は、このような細部まで決定していたのである。РЦХИДНИ, ф. 17, оп. 3, д. 969, л. 16; д. 971, л. 61.

(71) Там же, д. 932, л. 19.

(72) Там же, д. 977, л. 4.

(73) 例えば演出家のスタニスラフスキー、ネミローヴィチ＝ダンチェンコは、三五年六月二九日の政治局決定(持ち回り)で、国費による夫人同伴の在外療養を許可された。Там же, д. 967, л. 12-13.

(74)　Там же, д. 955, л. 50.

(75)　*Советская культура...*, с. 406.

(76)　Там же, с. 408-410.

(77)　Scott, *op. cit.*, p. 264.

(78)　Stephen Kotkin, *Magenetic Mountain. Stalinism as a Civilization*, University of California Press, 1995, pp. 198-237.

(79)　И. Е. Зеленин. Был ли «колхозный неонеп»? *Отечественная история*, № 2, 1994, с. 116, 118.

(80)　Sheila Fitzpatrick, *Stalin's Peasants. Resistance and Survival in the Russian Village after Collectivization*, Oxford University Press, 1994, pp. 217-218.

(81)　*Ibid.*, pp. 287-293. 農民のスターリンに対する憎悪は、奥田も指摘している。奥田前掲書、六八七—六九六頁。

(82)　В. Н. Земсков. Судьба «кулацкой ссылки» (1930-1954 гг.). *Отечественная история*, № 1, 1994, с. 120-121, 128. このほか「特別移住者」に関する史料は数多くあるが、西シベリア、ウラルのものだけ挙げる。В. П. Данилов, С. А. Красильников. *Спецпереселенцы в Западной Сибири, весна 1931-начало 1933 года.* Новосибирск, 1993 ; Их же. *Спецпереселенцы в Западной Сибири 1933-1938*. Новосибирск, 1994 ; Ссылка крестьян на Урал в 1930-е годы. Документы из архивов. *Отечественная история*, № 1, 1995, с. 160-179.

(83)　例えば、白海=バルト海運河の開通にあたって発表された一九三三年八月二日付人民委員会議決定は、ラーゲリの囚人労働力を用いたことを公然と認めた。八月四日付中央執行委員会決定は、運河建設完了までに、一万二四八四人が刑期満了前に釈放され、五万九五一六人が刑期を軽減されたことを認めた。*Правда*, 5 августа 1933. また、モスクワ=ヴォルガ運河開通後の一九三七年七月一五日に発表された建設関係者への表彰、特典の中には、囚人五万五〇〇〇人を刑期満了前に釈放するという項目が含まれていた。*Правда*, 15 июля 1937.

(84)　フィッツパトリックは教育による社会的上昇、階級闘争としての文化革命を強調したが、他方では、コルホーズ農民に移動の自由がないこと、「特別移住者」はさらに拘束されていることに、さらには、労働者、職員の分配システムが等級別に閉鎖的であることに、身分(сословие)の要素をみて、ソ連社会史研究に新たな論点を加えた。Sheila Fitzpatrick, Ascribing Class : The Construction of Social Identity in Soviet Russia, *Journal of Modern History*, no. 65 (December 1993), pp. 745-770.

(85) 一九三四年七月二二日、エンゲルス論文を『ボリシェヴィク』帝国主義戦争勃発二〇周年特集号に掲載することが不適当であるとの政治局決定(持ち回り)がなされた。РЦХИДНИ, ф. 17, оп. 3, д. 950, л. 18. 続く八月一六日付政治局決定(持ち回り)は、スターリンによるエンゲルス論文のコメント(七月一九日付、内容不明)、代りに掲載したエンゲルスのヨアン・ナデジデあて書簡に対するジノーヴィエフのコメントは誤っているというスターリンの政治局あて書簡(八月六日付、内容不明)を正しいとし、クノーリンを編集長から、ジノーヴィエフを編集部員から罷免した。Там же, л. 31-32. スターリンにとって、エンゲルス論文(一八八九―九〇年)が、西ヨーロッパ社会主義者によるツァーリ・ロシアとの戦争を肯定した一八四八年のマルクスを引き合いに出していること、エンゲルス書簡(一八八八年)がツァーリズムの反動性を強調していることが不都合であった。エンゲルスの「敗北主義」はレーニンの正しい「敗北主義」と同じではないという言説は、帝国主義はみな内乱の対象として同列だから、ロシアの「例外的反動性」などを問題にしてはならないことを含意し、ロシア史の見直しを含む「ソヴィエト愛国主義」の正当化を準備するものとなる。

(86) 学校教育における「文化革命」色の一掃とは、生徒や両親の間で成績不良者、不適応児を見つけるためにアンケートやテストを行う「児童学的歪曲」(педологические извращения)を中央委員会決定(三六年七月四日)をもって批判し、学校現場から除去したことをいう。*КПСС*, т. 6, с. 364-367.

(87) 三六年一月二六日の政治局決定(持ち回り)は、ジダーノフを議長とする小委員会に教科書の点検、改善を委任したものである。РЦХИДНИ, ф. 17, оп. 3, д. 974, л. 61. これは翌日の『プラウダ』に公表されたが、そのさい「ポクロフスキー学派の誤り」という指摘を含む解説が付された。また、教科書『ソ連邦史』および『近代史』概要に対するスターリン、キーロフ、ジダーノフのコメントも併せ公表された(一九三四年八月八、九日に作成され、八月一四日に政治局決定となったも

の Там же, д. 950, л. 27)。*Правда*, 27 января 1936.

(88) *Правда*, 22 ноября 1935. スターリンはまた「競争」という言葉について、ソレヴノヴァニエ(соревнование)こそが「勤労大衆の最大限の積極性を基盤にした社会主義建設の共産主義的方法」を表現するものであって、コンクール(ロシア語ではконкурс)を用いてはならないとした(三六年二月)。РЦХИДНИ, ф. 17, оп. 3, д. 975, л. 24, 46-47.

(89) 三六年五月一三日の政治局決定(持ち回り)は、重工業の経営担当者および技術人員の妻への叙勲を定め、赤軍将校、コミッサールの妻の会議を一一月に開催することを許可したものである。Там же, д. 977, л. 44.

(90) ウクライナにおける「土着化」、つまりウクライナ化については、中井和夫『ソヴェト民族政策史——ウクライナ 一九一七〜一九四五——』(お茶の水書房、一九八八年)第Ⅲ部第二章。

(91) 科学アカデミーなどに属する知識人ら四五人に対する反革命陰謀の廉での裁判で、政治局の承認のもとに進められた。なお、「ベロルシア解放同盟」事件もあったようである。РЦХИДНИ, ф. 17, оп. 162, д. 8, л. 51, 129; д. 9, л. 47; Х. Куромия. Сталинский《великий перелом》и процесс над《Союзом освобождения Украины》. *Отечественная история*, № 1, 1994, с. 190-197.

(92) О. Ю. Васильева. Русская православная церковь в 1927-1943 годах. *Вопросы истории*, № 4, 1994, с. 37-40.

(93) オゲペウ参与会は、スルタン＝ガリエフら二一人に銃殺刑、その他五〇人にラーゲリ収容一〇年などの判決を下した。*Известия ЦК КПСС*, № 10, 1990, с. 75-88. なお、スルタン＝ガリエフについては以下を参照。山内昌之『スリタンガリエフの夢——イスラム世界とロシア革命——』(東京大学出版会、一九八六年)。同『イスラムとロシア——その後のスルタンガリエフ』(東京大学出版会、一九九五年)。

(94) 一九三七年一月一五日の『プラウダ』論説「偉大なロシア人民」(全ロシア・ソヴィエト大会開会日)、二月七日の「偉大なロシア人学者」メンデレーエフの称賛、一〇日(プーシキンの命日)の論説「ロシア人民の誇り」がそれである。*Правда*, 15 января; 7, 10. февраля 1937.

(95) РЦХИДНИ, ф. 17, оп. 3, д. 978, л. 10.

第三節　「大祖国戦争」前夜(一九三六―三九年)

一　大テロル

大テロルはエジョーフシチナとも呼ばれ、エジョーフが内務人民委員(一九三四年七月にオゲペウは、連邦に新設されたエヌカヴェデに統合)であった一九三六年九月末から三八年一一月末までの恐怖政治を指す。もとより、先任のヤゴーダも後任のベーリヤもテロルを行ったが、やはりエジョーフシチナは一時期を画したといえる(表17)。

一九三六年には明暗両面があった。経済は少なくとも年央までは順調であったが、その後再びエネルギー供給のネックから工業生産のテンポが落ち始めた。第三・四半期までの経済実績を総括した『プラウダ』論文によれば、工業の年間計画達成率は七四・四%だが、石油および石炭工業は遅れており、九月の一昼夜採炭量は五月の水準に戻ってしまった(1)。この年の穀物収穫は、全ヨーロッパ的な天候不順から芳しくないものと予想されたが、実際に南部は旱魃に襲われた。政治局は七月から、多数の共和国、地方、州につき穀物貸付の返済猶予、穀物義務納入計画の削減を認め、九月に入ると、種子・食糧貸付をアゾフ=黒海地方などに行った(2)。政治的には、六月に新憲法草案の「全人民討議」が始まり、社会主義建設の成果が称揚された(第四章第一節)。七月にはスペイン内戦が勃発し、党・政府は共和国への外交的・軍事的支援を行うとともに、これへの連帯運動を組織化した(第四章第二節)。憲法草案討議とスペイン連帯運動は上から組織されたものとはいえ、これほど大きなキャンペーンは三〇年代には類を見ず、少なくとも「国際社会の中でのソ連」を国民に自覚させるものであった。

表 17　キーロフ暗殺以降の反対派裁判

年月	名称／主な被告(人数)／裁判主体と判決
1935.1	レニングラード反革命ジノーヴィエフ派グループ サファーロフ，ザルーツキー(77) オソ(エヌカヴェデ)，収容所送り 5 年など
1935.1	モスクワ本部 ジノーヴィエフ，カーメネフ，エフドキーモフ，バカーエフ(19) オソ(エヌカヴェデ)，5-9 年の収監
1935.3-4	モスクワ反革命組織「労働者反対派」グループ シリャープニコフ，メドヴェージェフ(18) オソ(エヌカヴェデ)，自由剝奪 5 年
1936.8	反ソヴィエト・トロツキスト＝ジノーヴィエフ派合同本部 ジノーヴィエフ，カーメネフ，エフドキーモフ，バカーエフ(16) 最高裁判所軍事参与会，銃殺(全員)
1937.1	反ソヴィエト・トロツキスト並行本部 ピャタコーフ，ラデック，ソコーリニコフ，セレブリャコーフ(17) 最高裁判所軍事参与会，銃殺(13)
1937.6	赤軍内反ソヴィエト・トロツキスト軍事組織 トゥハチェフスキー，ウボレーヴィチ，ヤキール，プリマコーフ(8) 最高裁判所軍事参与会，銃殺(全員)
1938.3	反ソヴィエト右派＝トロツキスト・ブロック ブハーリン，ルィコーフ，ヤゴーダ，クレスティンスキー， ローゼンゴリツ，チェルノーフ，グリニコ，ラコフスキー(21) 最高裁判所軍事参与会，銃殺(18)

三六年二月末に政治局は重要な措置をとった。二月二七日の決定は、エジョーフ(中央委員会書記、党統制委員会議長)がトロツキーの文書をすべて引き取って調査すること、逮捕された者のエヌカヴェデによる尋問に加わることを定めた[3]。エジョーフシチナへの第一歩だったといってよい。二八日の決定は、コミュニストを含む外国人に対する警戒の措置を定めたものである。「ソ連領内には多数の政治亡命者がいるが、一部は資本主義諸国諜報・政治警察機関のエージェントである」ことに鑑み、コミンテルンはエヌカヴェデとともに、その再登録を行うという[4]。さらに五月二〇日には、流刑中の、またはモスクワ、レニングラードなど重要都市に住むトロツキストを遠隔の強制収容所に三―五年収容すること、テ

ロル関与の嫌疑でエヌカヴェデに逮捕されたトロツキストはすべて、最高裁軍事参与会の審理にかけ、三四年一二月一日法に則って銃殺刑を科すことを決定した。(5)これらはテロル強化の措置ではあったが、公然と大衆の目に触れるものではなかった。

ところが、八月一九―二四日にジノーヴィエフ、カーメネフらを被告とする「合同本部」裁判が見世物裁判として組織され、被告たちは判決後直ちに銃殺された。ジノーヴィエフ、カーメネフら一六名は党・政府指導者暗殺のために「合同テロリスト本部」を組織したこと、ニコラーエフにキーロフ暗殺を実行させたこと、スターリンらの暗殺を準備したことが反革命罪に該当するとして、個人財産没収のうえ銃殺するという判決であった。(6)この過程で被告を非難し、その銃殺を要求し、判決が出されるとこれを支持する集会が各地の工場、コルホーズで組織された(これに先立って七月二九日「トロツキスト=ジノーヴィエフ派反革命ブロックのテロリスト活動について」なる中央委員会秘密書簡が地区委員会レヴェルまで配布された)。(7)「このゴロツキども(сволочи)を銃殺せよ」「ユダ=トロツキー」といった悪罵が投げられ、スターリンと中央委員会に対する「限りない愛情と私心のない忠誠」が表明された。さらにはブハーリン、ルィコーフ、またピャタコーフ、ラデックらの調査要求も出された。(8)「合同本部」裁判キャンペーンはエジョーフの監督下で進められ、(9)九月一〇日付『プラウダ』公表の、ブハーリンおよびルィコーフ不起訴決定をもって一応収束した。しかし、①旧反対派すべてが攻撃の対象になったこと(トムスキーは八月二二日に自殺)、②ナチ(ゲシュタポ)の手先という論法が用いられるようになったこと、③エヌカヴェデが信頼すべき機関として公然と語られるようになったこと、④旧反対派だけではなく、それを見逃す融和的態度が非難され、しだいに政治的不寛容の雰囲気が醸成され、さらには、密告につながる猜疑心の煽動まで現われたこと、(10)以上の点でエジョーフシチナの条件は整ったのである。

スターリンはこのかんソチで夏期の長期休暇をとっていたが、旧トロツキストの絶滅を決断したようである。九月二五日ジダーノフと連名の電報をモーロトフ、カガノーヴィチに送り、「エヌカヴェデの活動は四年遅れている」との判断を示し、ヤゴーダを更迭してエジョーフを内務人民委員にすえさせた。[11] 政治局は二九日に、トロツキスト＝ジノーヴィエフ派が「国際ブルジョワジーの政治的・組織的先鋒隊」から、さらに転落して「ヨーロッパのファシスト・ブルジョワジーの諜報員、スパイ、後方攪乱者(диверсант)、妨害工作者(вредитель)」になったという認識を示した。トロツキスト＝ジノーヴィエフ派の「悪党」(мерзавцы)は、取り調べが済んだ者、取り調べ中の者(ピャタコーフらの名あり)のみならず、かつて追放された者も「制裁」(расправа)の対象にするというのである。[12] 右の認識は、「ファシスト・ブルジョワジー」をブルジョワジー一般から区別している点で、ナチ・ドイツの脅威を切実に感じていることを示している。また、ドイツ人技師二人を含む九人を被告とするケメロヴォ裁判は、一一月一六日の政治局決定(持ち回り)を経て一九日に開始されたが、ツェントラリナヤ坑の爆発事故(死者一〇人、重傷一四人)は九月二三日に起きていた。[13] つまり、この裁判は、日独接近を睨みながら、九月一二日に逮捕されたピャタコーフ(重工業人民委員代理)の取り調べの進展状況をふまえて設定されたといえる。しかも、工業生産のネックである石炭工業が選ばれ、一九二八年のシャフトゥイ裁判の再来ともいうべき「内外の敵に対する警戒」キャンペーンがはられた。一一月二五日、ベルリン＝ローマ枢軸(一〇月二一日)に続いて日独防共協定が調印され、スターリン指導部は東西からの挟撃の恐怖にとらわれるようになった。

三六年一二月五日の第八回ソ連邦ソヴィエト大会で新憲法が採択され、四日に最終草案が党中央委員会総会で承認されたのだが、実は会議は四日、七日とあり、祝賀ムードとは裏腹に、ブハーリン・ルィコーフ問題がエジョーフ報告に基づいて議論されていたのである。[14] エジョーフは「反ソヴィエト的トロツキストおよび右派組織について」と題する報告で、「合同本部」「並行本部」と右派組織がすでに三二年のリューティン政綱以来結びつき(九・二五電報にいう「四年の遅れ」)、テロリスト活動、妨害活動、スパイ活動を行ってきたと主張し、彼らを「肉体的に絶滅する」と宣言した。この報告は被告、被疑者の供述で構成された異様な報告であったが、例えばソコーリニコフらの「スパイ活動」の接触相手を誤ってモーロトフに訂正され、スターリンに叱責されるという杜撰なものであった。[15] この報告をモーロトフ、カガノーヴィチが援護したものの、ブハーリン、ルィコーフは決然と、かつ整然と反駁したため(第三章第一節三)、スターリンとしては処分を強行できなくなった。総会はエジョーフの報告を「記録に留め」、スターリン提案により、ブハーリン・ルィコーフ問題を次の中央委員会総会に持ち越すことを決定した。[16]

一二月総会の発言者は、時間の関係もあって少なかったが(この他エイへ、コシオール、サルキーソフ)、全体としてエジョーフの強硬論に同調する空気ではなかったと判断してか、スターリンは次に、必ずしもイエスマンではない二人の有力な地方党書記を失脚させた。一九三七年一月二日の政治局決定(持ち回り)によれば、アゾフ=黒海地方委員会第一書記シェボルダーエフ(中央委員)は、ロストーフ市委員会をはじめ地方の重要部署がトロツキストに占拠されていたことを見逃し、「経済活動にかまけて、ボリシェヴィキに必要な政治的感覚(чутьё)、革命的警戒心を失った」として、解任された。[17] 一三日の政治局決定(持ち回り)によれば、キーエフ州委員会第一書記ポストゥイシェフ(政治局員候補)は、州委員会の重要部署がトロツキストによって「汚染」されていたことを見逃し、「経済キャンペーンの活動に後退して」党=政治活動を彼らに委ねる誤りを犯し、また、党機関の選挙制に違反して「自己補充」(кооптация)を広範に実施したとして、解任された。[18]

一九三七年一月二三―三〇日の「並行本部」裁判は、「合同本部」裁判と同じく周到に準備され、見世物裁判として組織され、一大キャンペーンを伴った。[19] しかし、「合同本部」裁判では主たる罪状がキーロフ暗殺などテロリズムにあったのに対し、「並行本部」裁判で強調されたのは、戦争を挑発し、敗戦によって資本主義を復活させるとともに、ドイツにウクライナ、日本に沿海州、アムール地域を割譲するという「祖国への裏切り」である。[20] 明ら

表18　1937年2-3月中央委員会総会の議事

2月23日	「ブハーリン・ルィコーフ問題」(報告エジョーフ)
26日	「新選挙制度に基づくソ連邦最高ソヴィエト選挙への党組織の準備，これに応じた党＝大衆活動のペレストロイカ」(報告ジダーノフ)
27日	「ブハーリン・ルィコーフ問題」小委員会
28日	「日本＝ドイツ＝トロツキストのエージェントの妨害活動，後方攪乱・スパイ活動の教訓」 ①重工業人民委員部について(報告モーロトフ[1]) ②交通人民委員部について(報告カガノーヴィチ)
3月　2日	③内務人民委員部について(報告エジョーフ)
3日	「党カードルの政治教育，党組織におけるトロツキスト，その他の面従腹背者との闘いの方法について」(報告スターリン[2])

1) 報告はオルジョニキッゼの予定，しかし18日に自殺.
2) 報告は1月31日の時点ではアンドレーエフの予定，2月5日にスターリンに.

かに、日独防共協定の成立を反映している。

二月二三日―三月五日の中央委員会総会(表18)は、ブハーリン、ルィコーフを党から除名するとともに、党内に潜んでいる「面従腹背者」(двурушник)こそ最大の危険であるとして、過去に反対派と何らかの関わりのあった者すべてを「人民の敵」(враги народа)として摘発するよう呼びかけた。再び「階級闘争尖鋭化」テーゼが援用され、今や妨害工作者、スパイに成り下がった隠れた旧反対派を絶滅することが党の緊要な任務とされたのである。スターリン報告にみられる認識は、①ソ連が資本主義に包囲されているかぎり、その妨害活動、スパイ活動を受けること、②今日のトロツキズムはもはや「労働者階級内部の政治的潮流」ではなく、資本主義諸国の妨害工作者、スパイに変質したこと、③しかも、今日の妨害工作者は、シャフトゥイ期のブルジョワ専門家ではなく、「ポケットに党員証をもった」人物ゆえ見分けにくく、いっそう危険なこと、④妨害活動は少数でもできるから、少数だからといって油断してはならないこと、以上である。[21] ここで注意すべきは、スターリンが「ファシズムの脅威」ではなく「資本主義の包囲」を強調した点で、集団安保・国際協調外交から孤立主義(国内では外国嫌い)への移行の布石が打たれたものとみてよい。また、「ポケットに党員証をもった」

妨害工作者は、エジョーフにあっては「〔すぐ暴露されないよう〕少なくとも七〇―八〇％よい仕事をする」人物であり、真面目に活動し、成果を挙げている者をこそ疑えという論理になる。(22)

三七年二―三月総会後に、すべての人民委員部、主要都市の党組織でアクチーフ集会が開かれ、「面従腹背者」の摘発、これを庇護し、これに融和的だったとされる幹部への批判が大々的に展開された。それを背景に、エヌカヴェデ(正確には同国家保安本部)が党・国家機関内の諜報網から得た情報を基に、密告や公の告発(集会や投書)も利用して罪状を捏造し、党・国家幹部、高級将校、専門家、文化人等を逮捕し、拷問によって罪状を認めさせ、裁判所またはオソ、トロイカといった裁判外機関の判決で、銃殺し、あるいは長期刑でラーゲリに送り込んだ。四月八日の政治局決定(持ち回り)でオソ規程が改定され、「社会的に危険とみなされる人物」を五年未満の流刑、追放、ラーゲリ収容、外国人の場合は国外追放に処する権限、また、スパイ活動、妨害活動、後方攪乱、テロリスト活動の嫌疑の人物を監獄に五―八年収容する権限がエヌカヴェデに付与された。(23) 一〇月二日の政治局決定(持ち回り)は翌日中央執行委員会決定として『プラウダ』に公表されたが、スパイ活動、妨害活動等に対する刑事罰は、最高刑の銃殺に次いで重いのが自由剥奪一〇年以上であったのを、二五年以上に改めたものである。(24) この二つの決定の間にも、弾圧強化の様々な措置が定められた。(25)

三七年のテロルの二つ目のピークをなす六月のトゥハチェフスキー裁判は、被告の八将官がドイツ・ファシストによって使嗾され、資金援助を受け、ソヴィエト政権に反対する軍事的・政治的陰謀をたくらんだという罪状に基づいていた。ドイツ諜報機関が流した偽情報をスターリンが利用し、自分および側近ヴォロシーロフと内戦時から対立し、しかもボナパルト的行動をとる恐れのあるトゥハチェフスキーを処断したという説はいぜんとして実証できないが、(26) この裁判が赤軍に対する大量弾圧の出発点になったことはたしかである。三七―三八年に逮捕、銃殺された将官は元帥五人中三人、一級軍司令官四人中二人、一級軍コミッサール二人中二人(ただし、ガマールニクは自殺)、一級海軍司令官二人中二人、二級軍司令官一二人中一二人、二級軍コミッサール一五人中一五人、軍団長六七人中六〇人といった規模で、犠牲者の総数は四万人にも及んだ。[27]

こうしたテロルを直接に指揮したのは、内務人民委員エジョーフ、検事総長ヴィシンスキー、最高裁軍事参与会議長ウリリッヒであるが、スターリンは毎日のように彼らから報告を受け、彼らを呼びつけて裁可していた。[28] 後に第二二回党大会(一九六一年)で明らかにされたケースは、エジョーフが、最高裁軍事参与会で審理すべき人物のリスト四種類(一般、もと軍人、もとチェキスト、「人民の敵」の妻)をスターリンに送り、「全員を第一カテゴリーで有罪にする〔銃殺刑にする〕」裁可を求めたところ、スターリン、モーロトフが「賛成」と記したものである(日付は不明)。[29] この二人は三八年一二月一二日、なんと三一六七人もの銃殺を裁可した。[30] さらに、スターリンは単に裁可するだけではなく、ブハーリンの対審(очная ставка すでに取り調べを受けている者と相対で尋問を受けること)に自ら参加したし、[31] トゥハチェフスキーらの銃殺刑をウリリッヒに直接指示した(モーロトフ、カガノーヴィチ、エジョーフが同席)。[32]

アルヒーフ文書によれば、一九三七―三八年に政治的事由で有罪とされた者は一三四万四九二三人、うち銃殺された者六八万一六九二人で、この二年間が三〇年代で突出して多かった(表19)。[33] 裁判形態別の統計は煩瑣ゆえ省略したが、圧倒的に多いのがトロイカであった。すなわち、地方・州の党委員会書記、エヌカヴェデ本部長、検事の三人組のことで、三七年七月二日の政治局決定(持ち回り)により、旧クラークおよび刑事犯罪人の「最も敵対的な者」を逮捕し、行政的手続きで銃殺する権限を与えられた。[34] また、すでに第二〇回党大会秘密報告で明らかにされたところだが、第一七回党大会代議員(審議権のみの者も含む)一九六六人中、反革命罪で逮捕されたのは一一〇八人、同大会で選出された中央委員、同候補一三九人のうち逮捕、銃殺されたのは九八人にのぼった。[35] 三七年二―三月総会に続く六月総会、一〇月総会をピークに多数の中央委員、同候補が除名され、銃殺された(表20)。

表 19　政治警察にかかる事件の有罪者(総数と内訳)

年	総　数	銃　殺	ラーゲリ監獄収容	流　刑追　放	そ の 他
1928	33,757	869	16,211	15,640	1,037
1929	56,220	2,109	25,853	24,517	3,741
1930	208,069	20,201	114,443	58,816	14,609
1931	180,696	10,651	105,683	63,269	1,093
1932	141,919	2,728	73,946	36,017	29,228
1933	239,664	2,154	138,903	54,262	44,345
1934	78,999	2,056	59,451	5,994	11,498
1935	267,076	1,229	185,846	33,601	46,400
1936	274,670	1,118	219,418	23,719	30,415
1937	790,665	353,074	429,311	1,366	6,914
1938	554,258	328,616	205,509	16,842	3,289
1939	63,889	2,552	54,666	3,783	2,888
1940	71,806	1,649	65,727	2,142	2,288

(出典) В. П. Попов. Государственный террор в советской России 1923-1953 гг.(источники и их интерпретация). *Отечественные архивы*, № 2, 1992, с. 28.

三六年半ばから始まった経済の悪化は、三七年半ばにかけて深刻なものとなった。旱魃による飢饉がかなりの規模であったことは、三七年の穀物等の義務納入の率の決定と同時に、三六年の穀物義務納入滞納分の帳消しを決定し、公表したこと(三七年三月二〇日)から容易に推定できる。[36] ことにヴォルガ流域は「二〇世紀最悪の旱魃」で、危機は三七年前半まで続いたと奥田は指摘している。[37] 石炭および石油工業の立ち遅れは、レニングラード、キーエフなどの大工業都市で燃料不足をもたらし、三七年夏、秋には中央アジア、ウクライナ、ヴォルガ流域で工場の長期操業停止にまで至った。[38] こうした経済危機は、スターリン指導部としては新憲法採択時に社会主義を宣言したあとだけに、外敵にあやつられた妨害活動の結果として説明する他なかった。国民の生活に対する不満(三月には重工業につき作業ノルマを一四%引き上げ、賃率を一一%引き下げることが決定された[39])のスケープゴートとして、まず旧反対派が、ついで省庁、地方党の指導者が選ばれたといってよい。しかも、国民の中には、かつて残酷にも穀物を徴発し、「クラーク」を絶滅した責任者がいま懲罰を受けるのは当然だという気分さえあったことは、物理学者のカーピッァも回想で指摘している。[40] スターリン指導部は、こうした気分を利用し、アクチーフに省庁、地方党の幹部を批判させたのである。

表 20　除名された中央委員

年月日	人　名
1936.9.10-11	ピャタコーフ
1937.3.31-4.3	ヤゴーダ
5.17-19	カバコーフ
5.20-22	ウハーノフ
5.25-26	ルズターク
5.30-6.1	ヤキール
6.23	アレクセーエフ，リュビーモフ，スリモーフ／アンティーポフ バリツキー，ジューコフ，クノーリン，ラヴレンティエフ ローボフ，ラーズモフ，ルミャンツェフ，シェボルダーエフ
10.12	ゼレンスキー，レーベジ，ノーソフ，ピャトニツキー ハタエーヴィチ，イクラーモフ，クリニツキー，ヴァレイキス
12.4-8	バウマーン，ブーブノフ，メジュラウクB，ルヒモーヴィチ チェルノーフ，イヴァノーフ，ヤーコヴレフ，ルィーンジン
1938.2.17-20	ポストゥイシェフ

＊ 数日かかったケースは，持ち回り採決／以上 71 名中 35 名

このアクチーフ集会による幹部批判は、二―三月総会における「選挙制度の民主化に応じた党機関改選」決定と「批判、自己批判」奨励に基づいていた。総会ではシェボルダーエフ、ポストゥイシェフらが、党機関を「自己補充」なる充員方法によって縁故者で固め、権勢をふるい、個人崇拝さえさせていると批判された[41]。ひるがえってみれば、党中央は粛清(一九三三―三四年)、党員証点検および交換(三五―三六年)により党務の確立をはかり、同時に地方党機関への統制を強めようとしてきたが、党員証点検に対する当初の消極的態度、会議議事録を定期的に提出しないことなど、党中央の意図は必ずしも貫徹しなかった。党中央は地区委員会まで自己のノメンクラトゥーラに加えたが(三五年一月)、党カードル部を設けて人事を掌握できたのは市委員会レヴェルまでであった。党中央装置からみれば、党員証点検・交換の不首尾は、なお実質的に地区委員会人事を抑える地方・州委書記たちの抵抗と映ったに相違ない(詳しくは第二章第二節二、第三章第二節)。二―三月総会以降、地方・州委書記たちが次々と罷免され、九月にはアゾフ=黒海地方、東

シベリア地方、モスクワ州、ヴォローネシ州、西部およびクールスク州、西シベリア地方の分割が決定されたが[42]、それは地方・州委書記の権力基盤の弱体化をはかったものといえる。

この下からの批判の組織化は省庁、企業でも行われたが、それは、三五年一二月から本格化したスタハーノフ運動を背景としている。経営担当者、技師に対する、スタハーノフ的作業方法(多くは技術革新を伴わないノルマ引き上げ)の導入に抵抗した、あるいは消極的だという批判は、ノルマ引き上げに不満を抱く労働者の同調を呼び、三六年半ば以降の生産不振の中で、サボタージュや妨害活動の批判へとエスカレートした。それはケメロヴォ裁判、「並行本部」裁判で実証された形になり、オルジョニキッゼの抵抗も空しく、二―三月総会で正当化されたのである(オルジョニキッゼの抵抗については第二章第一節三)。二―三月総会後、各人民委員部のアクチーフ集会が開かれ、人民委員、同代理や総局長が批判にさらされた[43]。政治局は各人民委員部に「妨害活動の結果克服」策を求めたが、それはシャフトゥイ裁判後にラブクリン(議長オルジョニキッゼ)が諸人民委員部に求めたものに他ならない[44]。そして、政治局(この頃ほとんど会議が開かれていないので、スターリンと側近)にとって不満足な「克服」策を提出した人民委員は相次いで罷免されたのである[45]。

大テロルは、このように主として省庁、地方党の幹部を標的としたもので、結果的に大規模なエリート交代が実現した。古参ボリシェヴィキは一掃され、工業化、集団化でスターリンの手足となった中央統制委員会=労農監察人民委員部出身の幹部(オルジョニキッゼ、ヤーコヴレフ、ローゼンゴリツら)、地方・州委員会第一書記(シェボルダーエフ、ハタエーヴィチ、ヴァレイキス、ポストゥイシェフ、エイヘら)さえ除去された。第一八回党大会(一九三九年三月)で彼らにとって代わったのは、党中央装置出身の幹部(マレンコーフ、ポスペーロフら)、大企業の活動経験を積んだ省庁幹部(テヴォシャーン、コスィギンら)であり、世代的にも若返った。中央委員の九四%が「レーニン記念入党」世代、つまりはスターリンの引きで上昇した者であった[46]。すでに第一次五ヵ年計画期に、技術教育、高等教育を受けて労働者が技術者、管理者に、技術者、管理者が企業・省庁幹部に上昇し始めたが、こうした抜擢(выдвижение)に拍車がかかったのである。

しかし同時に、テロルのエスカレートの過程で「社会的に危険な人物」も標的とされるようになった。七月二日の政治局決定(持ち回り)によれば、「各州から北部、シベリア諸地区へ一時期追放され、刑期を終えて元の州に帰った旧クラーク、刑事犯罪人は……各種の反ソヴィエト的・後方攪乱的犯罪の首謀者である」から、彼らを登録し、最も敵対的な者を直ちに逮捕し、トロイカによる行政的手続きで銃殺するとされた(47)。この意味で、テロルは社会の下層にも向けられ、社会全体を恐怖に陥れたのであって、先にみたような受益者、支持者は少数であり、多数は、カーピツァの回想にもあるように、公式宣伝を疑うことが危険だから生き延びるために信じたのである(48)。

他方には少数ながら、テロルに抵抗する者も存在した。レニングラード州の古参党員ラズールキナが、三七年五月の集会で批判されたコダツキーについて「真面目な党員で、敵とは信じられない」と、集会後にジダーノフに抗議したことは、すでに第二二回党大会で本人が明らかにした(49)。中央統制委員を経て最高裁判事となったソーリツは、三七年一〇月モスクワ市スヴェルドローフ区の集会で、ヴィシンスキーを公然と批判した(50)。このほか、三七年六月中央委員会総会でエジョーフの専横を批判したピャトニツキー、彼を弁護したカミンスキーやクループスカヤ、八月二六日の『イズヴェスチヤ』論文で、弾圧を支えているのは「分不相応のポストにしがみつく無能で、いい加減な連中」だと指摘したスヴィンスキーなどが挙げられる(51)。

大テロルはもとよりスターリンが発動し、コントロールしていたが、エヌカヴェデ全装置の自己運動という側面も無視できない。逮捕者、銃殺者の数をめぐって「社会主義的競争」を展開し、功績を誇り合ったという、おぞましい事実がそれを示している(52)。しかも、二―三月総会で特徴的に示されたエジョーフの論理は「一見まじめに、忠実に活動している党員」こそ危険というもので、この論理で「人民の敵」摘発を続ければ党組織の破壊に至る危険を孕んでいた。それゆえ、スターリンは三八年一月中央委員会総会で「まじめで忠実な党員を中傷する挑発者」との闘争に重点を移動し、この中傷の犠牲者の復党等を開始した。マレンコーフ(指導的党機関部長)報告に基づく決議によれば、コミュニストの不当な除名が多いのは、党員の除名や弾圧を競う、党員に対する十把一からげの弾圧によって警戒心の不足という非難を免れようとする出世主義コミュニスト(карьеристы-коммунисты)がなお暴露されていないためである。こうした「仮面をかぶった敵」を暴露し、根絶することが党組織の当面の任務だという。[53] テロルを支えたアクチーフが一転して弾圧の対象になったわけである。

エジョーフはしだいにスターリンの寵を失い、六月のリュシコーフ(エヌカヴェデ極東本部長)の日本亡命で不信を買い、一一月二五日に内務人民委員を解任された。これに先立つ一七日の政治局決定(持ち回り、人民委員会議・党中央委員会決定として公表)で、エヌカヴェデ、検察・裁判機関の従来の「行き過ぎ」を抑制する措置がとられた。逮捕は裁判所の決定ないし検事の許可によってのみ行われるという憲法第一二七条を遵守する、国境地帯からの追放は限定的に実施する、トロイカは廃止し、事件は裁判所またはオソで審理する、等々である。[54] こうしてエジョーフシチナは終了した。

二　孤立主義と排外主義

一九三六―三八年の国際情勢の最大の焦点はスペイン戦争であった。三六年三月にラインラントに進駐したドイツと、五月にエチオピア併合を宣言したイタリアが、七月に人民戦線政府に対して反乱を起こしたフランコ側に軍事援助を行い、人民戦線政府側にソ連とヨーロッパ規模の反ファシズム運動が立ったからである。ドイツの脅威を受け、フランコ側が勝てばファシスト陣営に包囲されるフランスは、相互援助条約の相手国ソ連と、対独宥和的・

反ソ的なイギリスとの間で動揺しながら、不干渉委員会を通じて独伊の抑制と戦争の局地化をはかった。ソ連は、フランスに協力して不干渉委員会に参加し、独伊の抜けた国際連盟に代わる集団安全保障の枠組みにしようと努める一方、少なくとも人民戦線政府側が敗れないよう軍事援助も行った(ソ連の不干渉委員会での活動とスペイン連帯運動については第四章第二節)。

ソ連が軍事援助に踏み切ったのは九月下旬のことだが、その決定過程はいぜんとして不明の部分が多い。リトヴィーノフと、三六年一月に英仏を訪問したトゥハチェフスキー、八月中旬から九月初めにかけてフランスを訪問したヤキールが反ナチ・ドイツで一致し、九月二〇日の政治局会議で集団安全保障システム設立計画を承認させたといわれるが(55)、政治局会議議事録「特別ファイル」でも確認できない(56)。大統領アルヒーフを用いた別の研究によれば、九月二九日の政治局会議は、ウリツキー(赤軍諜報局長)、スルツキー(エヌカヴェデ外国部長)が中旬に委任されて作成したX(スペイン)計画を承認した。会議は、武器、軍需物資を買い付け、スペインへ発送する特別な会社を海外に設立することも検討した。正規軍の派遣もスターリン、ヴォロシーロフによって提案されたが、軍人たちが抵抗し、軍事顧問・専門家の派遣に限定された(57)。この日の会議は持ち回りだから(スターリンはソチで休暇中)、赤軍最高幹部はとくに意見を求められたと解する他ない。それがトゥハチェフスキー、ヤキールであれば、正規軍派遣はリトヴィーノフの集団安全保障追求を無に帰し、対仏同盟を崩し、ひいては英仏局外の独ソ代理戦争に陥りかねないと反対したと推定されるが、これは目下のところ仮定の議論である。

ソ連のスペイン戦争に対する基本的態度は、人民戦線政府が結束を維持して内戦に勝利するよう援助することで、不干渉委員会の活動(英仏を引き寄せ、独伊に圧力をかけ、国際世論を動かす)も、食糧・武器援助や軍事顧問派遣もその手段に他ならなかった。三七年二月三日に駐ソ大使パスクアと会見したスターリンは、スペインに「ソヴィエト・モデル」を持ち込むことに反対し、民主的議会制こそ勝利の決定的条件であると強調した(58)。スターリンは人民戦線の統一と内戦勝利を最優先し、ヒラール内閣の退陣(共和左派、三六年九月)にも、カバリェロ内閣の退陣(社会党左派、三七年五月)にも反対ないし慎重な態度を示した。[59] マドリード政府と対立するカタロニア政府に肩入れするバルセロナ総領事アントーノフ＝オフセエンコは、これを召還した。[60] しかしスターリンは、三七年二―三月中央委員会総会、五月バルセロナ内戦以降、右の基本路線を逸脱するようになった。コミンテルンを通じた「トロツキズム粉砕こそファシズムに対する勝利の必要条件」といった認識の押しつけ、エヌカヴェデのエージェントによるスペイン・トロツキストの迫害、政府危機のさいの共産党員閣僚引き揚げの提言などが、それである。[61] こうした干渉とテロルは人民戦線を弱体化させ、国際世論を離反させ、英仏を対独宥和に傾斜させ、自ら敗戦の道を開くことになった。

ソ連が国防上関心を払わねばならない、いま一つの地域は極東であった。一九三四年一月から始まった中国との接触は、国共内戦の継続で進展しなかったが、西安事件(三六年一二月)で急転し、日中戦争開始(三七年七月七日)直後に不可侵条約締結をみた(八月二一日)。ソ連はその後三回にわたって長期信用を供与し(三八年三月、七月、三九年六月)、中国に飛行機一六〇〇機、大砲一六〇〇門などを売却した。三九年二月までに軍事専門家三六六五人を派遣した。[62]

このように、ソ連はドイツ、日本による挾撃に備えて国防力を強化しつつ(三六年一二月国防工業人民委員部の重工業人民委員部からの分離、三七年六月「国防力強化」公債の発行)、ヨーロッパでは集団安全保障によって独伊を抑制することに腐心したが、大テロルは、こうしたリトヴィーノフの外交にも深刻な打撃を与えた。イギリス、フランスはモスクワ裁判で対ソ不信を強めた。ローシチンの回想にもあるように、相互援助条約の相手国フランスのソ連離れが始まり、トゥハチェフスキー裁判で決定的となった。[63] しかも、外務人民委員部も「人民の敵」摘発の例外ではあり得ず(スパイ活動の嫌疑を最も招きやすい)、リトヴィーノフは有能な本省・出先の外交官を数多く失った。[64] リトヴィーノフのスターリンあて書簡(三九年一月、四月)によれば、「一年以上も」九ヵ国(アメリカ、日本、ポーランド、ルーマニア、ハンガリー、ブルガリア、リトワニア、デンマーク、スペイン)大使、九参事官、二二書記官等々が空席であり、[65] 外交活動は著しく縮小したのである。国際情勢の記事、解説を大きな特徴とする『イズヴェスチヤ』の論説に、一九三八年一—八月に外交問題が掲載されたのは僅か一回にすぎなかった。[66] 国内世論はモスクワ裁判とも相まって愛国心醸成へと誘導され、反ファシズムの国際主義は、対独宥和的な英仏に対する不信にも煽られて孤立主義へと変化していった。[67]

三七年二—三月総会直後の三月一五日の政治局決定(持ち回り)は、まずポーランド、ついでドイツ、日本の領事館数を当該諸国のソ連領事館の数まで削減するよう外務人民委員部に指示したものである。[68] ポーランドとの交渉は、ハーリコフ、トビリシを閉鎖して三つ残すことで決着したが、日本には二領事館閉鎖、ドイツにはレニングラードを含む五領事館閉鎖を要求した(結果は不明)。[69] 領事館閉鎖要求は、これらソ連が最も警戒する三国にとどまらず、イラン、トルコ、アフガニスタン、ラトヴィア、エストニアといった国境を接する諸国に対してはもとより、ノルウェー、スウェーデン、オランダ、イギリス、さらには相互援助条約相手国のチェコスロヴァキアにまで及んだ(三八年一月)。[70]

国境地帯の警備強化は、すでに一九三五年六月にベロルシア国境から開始され、西部全体(三五年一二月)、極東(三六年一月)と進められたが、三六年一月一七日の政治局決定(持ち回り)は、ウクライナ国境諸地区からポーランド人、ドイツ人経営(一万五〇〇〇戸)をカザフスタンへ移住させるものであった。[71] 三七年一月一八日のサラートフ州委員会第一書記クリニツキーのスターリンあて書簡によれば、ヴォルガ流域ドイツ人自治共和国では党員証点検・交換のさい多数のトロツキストが暴露されたが、中にはゲシュタポのエージェントたる、もとドイツ共産党員の「政治亡命者」が中核をなす組織もあったという。[72] 三月一三日の政治局決定(持ち回り)によって、西シベリア地方に住む外国人は今後同地方に住めない(居住証明を延長されない)ことになり、この措置はまずドイツ人、日本人、ポーランド人から適用されることになった。スパイ・後方攪乱活動で逮捕された外国人は逮捕し、裁判にかけることも、併せて決定された[73]。七月二〇日の政治局決定(持ち回り)で、軍需工場で働くドイツ人すべてを逮捕し、一部を国外へ追放することになった[74]。

追放されたのはドイツ人ばかりではなかった。三七年八月二一日の人民委員会議・党中央委員会決定は、極東地方党委員会および地方執行委員会、エヌカヴェデ極東地方本部に対し、国境諸地区の朝鮮人住民全員を中央アジアへ追放すること、追放は直ちに着手して三八年一月一日までに完了することを指示したものである。この決定も「極秘」であったが、オリジナルの政治局決定には「極東地方への日本スパイの潜入を防ぐため」という目的が明記されていた[75]。実際、三七年前半には「トロツキスト＝日本のスパイによる妨害活動」「反革命宣伝および地下活動」を知らせる手紙が地方当局、とくにエヌカヴェデ地方本部に集中し、四月二三日の『プラウダ』には、ソ連極東における外国のスパイ活動に関する論文が掲載されていた[76]。右の決定は国境一八地区にかかわるものだが、九月二三日には極東地方の全域から朝鮮人を追放する決定がなされた[77]。「移住する朝鮮人は財産、家財道具、小家畜を持参してよい」との決定内容にもかかわらず、彼らはわずかな身の回り品だけで、家畜のようにすし詰めの貨物列車で中央アジアへ輸送された[78]。追放は一〇月二五日に完了したが、その総数は一二四挺団、三万六四四二家族、一七万一七八一人で、ウズベクには一万六二七二家族、七万六五二五人、カザフには二万一七〇家族、九万五二五六人が輸送された[79]。

三八年一月三一日の政治局決定(持ち回り)の一つは、外国人の「スパイ＝後方攪乱活動を粉砕する作戦」にかかわるもので、逮捕された外国人は裁判外手続きで審理されることになった。ポーランド人、ドイツ人、ラトヴィア人、エストニア人、フィン人、ルーマニア人、ブルガリア人、マケドニア人、ギリシャ人、イラン人、ハルビン人、中国人は、外国籍であれソ連籍であれ、「作戦」の対象であった。いま一つの決定は、外国の諜報機関がスパイ、後方攪乱のエージェント網をソ連に張るのは、もっぱら越境者によってであるという判断から、越境者はすべて逮捕、尋問のうえ、スパイ、後方攪乱、その他反ソヴィエト的意図が証明されれば、軍事法廷で審理し、銃殺刑を適用しなければならないとするものであった。[80] 三月二三日の政治局決定(持ち回り)は、国防工業人民委員部傘下の企業、総局、中央装置に「多数のドイツ人、ポーランド人、ラトヴィア人、エストニア人が働いているのは不正常である」との判断から、これら民族出身者を一掃するとしたものであった。[81]

三八年三月五日の中国人の移住に関する政治局決定(持ち回り)は、朝鮮人の場合とは異なっていた。すなわち、極東地方の中国人を新疆、カザフスタン、西シベリアの一部地区に移住させる件は「中国大使館の提案を原則的に受諾する」形で決定され、「移住に自発的性格を与えるため」エヌカヴェデが外務人民委員部の同意を得て実施することになった。[82] 不可侵条約を締結した中国と、日本の植民地である朝鮮とで扱いを変えたということであろう。

南部国境ではイラン人が追放された。三六年一二月は、アゼルバイジャン共産党を除名された者、社会的有用労働に従事していない者、刑事犯罪の前科や逮捕歴のある者、政治的犯罪で有罪とされた者、かつて越境してきたが、今は刑期を終えてアゼルバイジャンに住んでいる者、合計二五〇〇人である。[83] 三八年一月には、アゼルバイジャン党・政府が国境地帯のイラン人にソ連市民としての登録を迫り、拒否した場合は追放し、登録してもカザフスタンへ移住させると通告した。[84]

このように少数民族を国家安全保障のため追放するようなスターリン指導部が、諸民族平等の原則を破ってロシア民族主義を露わにしても不思議はない。三七年一二月一七日の政治局決定(持ち回り)、①「ウクライナのロシア語新聞について」②「民族学校について」③「民族地区および村ソヴィエトの廃止について」がそれである。①は、ハーリコフ、ドニェプロペトロフスク、キーエフなどの都市にロシア語の新聞がないのは「ブルジョワ民族主義者の妨害活動の一つの現われ」であるとの判断から、全ウクライナ規模のロシア語の日刊紙の発行と、キーエフで発行されているドイツ語、ブルガリア語の新聞の停刊を求めたものである。②は、フィン人、エストニア人、ラトヴィア人、ドイツ人等々のための特別民族学校を各共和国で存続させることは「有害」と判断し、これを普通学校に改組すると決定したものである。③は、民族地区および村ソヴィエトの通常の地区および村ソヴィエトへの改組を、ウクライナ、カザフスタン党中央委員会、極東、アルタイ、クラスノダール地方委員会等々に求めたものである。その理由は、これらが人為的に設立され、住民の民族的構成と合致しない存在になっており、その多くは「人民の敵」が妨害目的で設立し、住民の間で反ソヴィエト活動を行い、学校ではロシア語教育を禁止するなどのことをした点にあるとされた。(85)

三八年三月一三日の政治局決定(持ち回り、党中央委員会・人民委員会議決定として公表)は、民族共和国および州の学校におけるロシア語学習が不十分だとして、新学年度(九月一日)から教科としてロシア語学習を導入することと、初等学校(四年制)では二年次から、準中等および中等学校(各七、一〇年制)では三年次から導入することを定めたものである。ロシア語学習が不十分な理由は相も変わらず、トロツキスト=ブハーリン派、ブルジョワ民族主義分子の妨害活動に求められた。ロシア語学習義務化の理由は、①多民族国家におけるコミュニケーション手段であり、②科学・技術分野での民族カードル育成を助け、③兵役義務履行の必要条件であるからに他ならない。(86)この理由づけは、抜擢され、ロシア人化した民族カードルには適合的でも、多くの非ロシア人には空疎に映ったに違いない(②では他の面でのハンディキャップが大きいし、③の狙いはロシア語による命令の徹底にあった)。

最後に、こうした孤立主義、外国嫌いの風潮の中で、コミンテルン本部の活動家、ソ連亡命中の各国共産党指導者がスパイの嫌疑で逮捕、銃殺されたことも付言しておく。一九三七年二月スターリンはディミトロフに、コミンテルンは敵に奉仕しているのではないかと疑念を向け、エジョーフはコミンテルンでは大物スパイが活動していると述べたが、これがテロル開始の合図となった。[87] テロルの指揮者はコミンテルン執行委員たるエヌカヴェデ最高幹部エジョーフ、モスクヴィーン(トリリッセル、執行委員会幹部会員、書記局員候補)、国際統制委員会議長シキリャートフらであった。犠牲者は本部レヴェルでは、ピャトニツキー(第七回大会後は国内の任務、中央委員会政治・行政部長に)、クノーリン、ベラ＝クーンらで、人民戦線戦術への転換に消極的だった指導者であることが注目される。各国別では、ドイツ、ポーランド、バルト三国など非合法・地下活動を強いられていた共産党指導者に弾圧が集中し、日本人も少数とはいえ、例外ではなかった。[88] とくにポーランド共産党は、早くも三六年一月に「階級敵のエージェントによる党の汚染」をコミンテルン書記局に指摘され、ヴァルスキ、コシュツカヤ、ヴァレツキら指導者のほか多数の在ソ党員が逮捕され、非業の死を遂げた。さらに、三七年一一月には、残った党指導部が「ポーランド・ファシズムのトロツキスト＝ブハーリン派的エージェント」の手中に落ちたとして、党組織そのものが解散されたのである。[89]

三　戦時体制へ

第三次五ヵ年計画(一九三八—四二年)は重工業を優先し、とくに軍需生産に傾斜したものとなった。重工業人民委員部から国防工業人民委員部が独立し(三六年一二月)、それはさらに航空機、造船、弾薬、兵器の四人民委員部に細分された(三九年一月)。軍需生産のウエイトは機密事項ゆえ知り得ないが、国家予算に占める軍事支出の割合は一九三八—四〇年に二六・四%に及んだ(第二次五ヵ年計画期は一二・七%)。[90] しかし、第三次五ヵ年計画の履行は、多数の省庁・企業幹部を大テロルで失ったあとだけに、また貿易および技術協力の減少のもとでは(表7)、容易ではなかった。人民委員部は参与会を復活し(三八年三月)、[91] 産業部門別に細分化することによって、また党は民族党中央委員会から市委員会レヴェルまで工業部を設置することによって(三九年一一月)[92]、これに対処しようとした。ちなみに、重工業人民委員部は、国防工業を分離したあと、燃料、発電・電力、製鉄、非鉄冶金、化学、建設資材の六工業人民委員部に分割された。食品工業人民委員部からは魚加工業、食肉・乳製品工業の二人民委員部が分離した。

この頃、グラーグ管轄の「収容所経済」は隆盛をきわめつつあった。そもそもラーゲリは、一九二九年六月の政治局決定に基づき、自由剝奪三年以上の囚人(当時は大多数が刑事犯)を遠隔地における天然資源の採掘に利用すべく改組されたもので、集団化により追放された旧「クラーク」を大量に抱え込み、三二年の囚人数は三〇万人に達した。オゲペウはさらに、旧「クラーク」のもう一つのカテゴリー「特別移住者」も管轄下においた(一三〇万人)。こうした囚人労働力を用いた大規模プロジェクトとして有名なのが、極東建設トラスト(ダリストロイ)下のコルィマ金鉱[93]、白海=バルト海運河(三三年開通)、モスクワ=ヴォルガ運河(三五年開通)、ノリリスク・ニッケル・コンビナート(三五年グラーグ移管)などである。囚人労働力は他の人民委員部傘下のトラストに供与され、あるいは請負の形で提供されるケースも多かった。この囚人労働力の独占的利用をはかり、エヌカヴェデを巨大経済機関に変えたのがベーリヤである。一九三九年六月一五日の政治局決定(持ち回り)は、同年のグラーグによる重要建設プロジェクトのために労働力を確保するものであった。エヌカヴェデは他の人民委員部等のためのグラーグ労働力の供給をやめてよいのみならず、供給した労働力を四〇年一月一日から引き揚げてよいとしたのである[94]。ベーリヤのもとでエヌカヴェデむけ投資は急増し(一九四〇年に建設投資の一三%)、囚人数も期限前釈放の廃止やバルト諸国併合で増加した(四一年一月にラーゲリおよびコロニー収容者約二〇〇万人、「特別移住者」九三万人)[95]。こうしてグラーグ・システムは、ソルジェニーツィンの『収容所群島』で知られる恐るべき非人間的労働・生活により、工業化、辺境開発の、また戦時体制の有力な構成要素をなしたのである。

戦時体制への移行にとっての大きなネックは、労働者、コルホーズ員の労働規律の弱さであった。すでにみたように、欠勤、遅刻、勝手な職場離脱、手抜きの働きぶり、また頻繁な転職は当時の労働者の常態であり、企業もある程度までは許容せざるを得なかった。スタハーノフ運動も、一部の労働者がノルマを超過達成する一方、ノルマ引き上げに対する他の労働者の抵抗を呼んだ(第三章第一節二)。しかし、党=国家指導部としては、この状態をいつまでも放置することはできず、一九三九年一月からは労働手帳を導入し、規律違反や転職を抑制しようとした。(96)四〇年六月二六日には、労働時間を七時間から八時間に延長するとともに、職場離脱を刑事罰をもって禁止する法令、(97)七月一〇日には不良品生産を妨害活動とみなす法令を公布した。(98)コルホーズ員については、個人菜園および家畜の世話に集中するのを阻止するために、一九三九年五月に、菜園用付属地のアルテリ定款の規定を上回る面積を切り取り、義務的最低作業日を導入する法令を公布した。(99)

スターリン指導部はまた、大テロルで著しい打撃を蒙った党組織の再整備とその威信の回復に努めた。三八年一月総会から三九年三月の第一八回党大会まで、多数の地方・州委員会書記が更迭されたが、その理由は「除名の行き過ぎ」「エヌカヴェデ機関に挑発者の潜入を許し、あるいは、これを暴露できなかったこと」に求められた。この意味でエジョーフの道連れとされた、最初の犠牲者はポストゥイシェフであった。一月総会に先立つ一月九日の政治局決定(持ち回り)によれば、クイブィシェフ州委員会は最近三ヵ月間に三〇の地区委員会を、一部メンバーが党を除名されたことのみを根拠に、中央委員会にも知らせずに解散した。この解散決定は「政治的に有害であり、結果において明らかに挑発的である」とされ、ポストゥイシェフは州委員会第一書記を解任された。(100)一二月三〇日のスヴェルドロフスク州委員会に関する決定は、一月総会決定が実現されなかったことを批判している。「仮面をかぶった敵が、罰せられることなく暗躍し続け、誠実な活動家に対する大量・無差別弾圧という挑発的敵対行為がみられた」という。また、同州委員会は「経済の諸問題に対する関心の欠如」の結果、工業の生産計画も穀物調達計画も達成できなかったことの責任も問われ、ヴァルーヒンは第一書記を解任された。[101] エジョーフシチナの時は「経済活動にかまけて政治を忘れた」と批判され、今度はテロルの帰結に他ならない経済の停滞を「経済に対する無関心」のせいにされたわけである。一〇月一五日の決定はモスクワ州および市に関するものだが、それによれば五—六月に食肉供給が中断し、行列が生じ、現在ではキャベツ、ジャガイモを求める行列が生じている。政治局はこれを、モスクワ市委員会指導部の「政治的盲目」(политическая слепота)、油断、「住民サーヴィスに対する官僚主義的無関心」に帰し、行列が妨害工作者によって作り出されたことを暴露できなかったとして、ウガーロフを州・市委員会第一書記から罷免した。[102] 三九年一月一七日のクラスノダール地方委員会に関する決定では、不当な除名や挑発者の活動の放置、工業生産計画の未達成のほか、農業アルテリ定款違反の放置も批判された。[103] このように、スターリン指導部はエジョーフシチナの結果をすべて地方・州党幹部に転嫁して解任し、その後任に指導的党機関部の活動家を送り込んだのである。[104]

一九三八年九—一〇月には『全連邦共産党(ボ)史　小教程』が公表され、レーニン主義のスターリン的解釈の完成版として、党員のイデオロギー教育のバイブルとなった。三九年三月の第一八回党大会では規約を改正し、入党要件の階級的差別をなくし、党員の権利を規定し、全党粛清を廃止し、党内民主主義にかかわる一連の措置を定めた。これらは、中央装置の再改組(指導的党機関部は廃止)と合わせて、党の再整備ではあったが、党の民主化を意味するものではなかった。事実上の最高決定機関である政治局の会議は大テロル以降ほとんど開催されなくなり(表21)、三七年四月以降は二つの常設小委員会にとって代わられていた。外交、軍事、治安を扱う小委員会(スターリン、モーロトフ、カガノーヴィチ、ヴォロシーロフ、エジョーフ)と、経済の小委員会(スターリン、モーロトフ、カガノーヴィチ、チュバーリ、ミコヤーン)がそれであり、スターリンへの権力集中がいっそう進んだのである。[105]

表21　政治局会議の頻度

	回数	備考
1930	40	5, 15, 25日開催(29年4月30日決定)はほぼ励行された
1931	60	10, 20, 30日も開催(30年12月30日決定)
1932	47	1, 8, 16, 23日に変更(31年11月25日決定)
1933	24	5, 15, 25日開催に戻る(33年4月23日決定)
1934	17	
1935	16	
1936	9	
1937	7	4月14日決定で政治局を事実上2常設小委員会に分割
1938	4	
1939	2	
1940	2	

これに対応して、同じく三七年四月に人民委員会議に国防委員会(Комитет обороны)が付設された(議長：モーロトフ、委員：スターリン、カガノーヴィチ、ヴォロシーロフ、チュバーリ、ルヒモーヴィチ、メジュラウク、委員候補：ガマールニク、ミコヤーン、ジダーノフ、エジョーフ)[106]。主要人民委員とスターリンをメンバーとし、供給や技術の諸問題を扱っていた労働国防会議(СТО：スターリンは実際には欠席)と、国防小委員会(комиссия обороны)を統合したものとみられる。同年一一月に経済会議(Экосо)が、増員した人民委員会議に付設され、一種のインナー・キャビネットとなった(人民委員会議議長、同代理、全連邦労組中央評議会議長からなる)[107]。この国防委員会の活動を知ることは史料公開の現状ではできないが、しだいに戦時体制指導の最高機関になっていき、独ソ開戦九日後に設立された国家防衛委員会(ГКО：スターリン、モーロトフ、ヴォロシーロフ、マレンコーフ、ベーリヤ、のちカガノーヴィチら四名補充)の原型をなしたものと思われる。

党は大テロルののち「階級闘争尖鋭化」論を強調せず、カードル教育と経済実務指導に集中してきたが、戦時体制への移行に伴い、しだいに国家機関の後景に退くようになった。それは、三八年三月七日の政治局決定(持ち回り)で、人民委員会議および経済会議に「経済および文化建設の諸問題を審議するさい」民族党中央委員会および地方・州委員会書記らを召集するようにしたこと[108]、三九年六月二六日の決定で、経済会議にジダーノフ、アンドレーエフ、マレンコーフといった党務担当者を加え、「几帳面に出席し、活動に積極的に参加しなければならない」と注文をつけたこと、[109]に端的に示されている。国家機関の優位は、スターリンが四一年五月に人民委員会議議長に就任することで確定しよう。

スターリン指導部は、ミュンヘン会談(一九三八年九月)で英仏への不信を強め、一八回党大会の最中のチェコスロヴァキア解体に衝撃を受け、戦時体制への移行を急ぎつつ、外交政策の軌道修正を模索し始めた。三九年五月のリトヴィーノフ外務人民委員解任、モーロトフ就任がその転機であった。[110]

(1) *Правда*, 22 октября 1936.
(2) РЦХИДНИ, ф. 17, оп. 162, д. 20, л. 9, 31, 37-38, 43, 45 и т.д.
(3) Там же, д. 19, л. 78.
(4) Там же, д. 19, л. 79, 98.
(5) Там же, д. 19, л. 172.
(6) *Правда*, 24 августа 1936.
(7) これは政治局ではまったく検討されなかったようで、議事録にも同「特別ファイル」にも記録されていない。欧米ではスモレンスク・アルヒーフに収録されていたので、早くから知られていた。SA, WKP499, l. 322-328. ソ連ではペレストロイカ期にようやく公表された。*Известия ЦК КПСС*, №8, 1989, c. 100-115.
(8) *Правда*, 22, 23 августа 1936.
(9) 『プラウダ』『イズヴェスチヤ』の報道にあたって、すべての資料はステツキー、ターリ、メーフリス、ヴィシンスキー、アグラーノフ(エヌカヴェデ)の点検を受け、全体をエジョーフが監督することを政治局は八月一九日、つまり当日に決定した。РЦХИДНИ, ф. 17, оп. 162, д. 20, л. 51.
(10) モスクワ市の〃セルプ・イ・モーロト〃工場のある職場では、職長が警戒心を強調して「自分の隣人を、いかに働いているか、どこへ行こうとしているか、注意深く見守ろう」と、相互猜疑心を煽るような訴えまでした。*Правда*, 18 августа 1936.

(11) この件はフルシチョーフが第二〇回党大会の秘密報告で明らかにしたが、そのテキストはペレストロイカ期にようやく公表された。*Известия ЦК КПСС*, № 3, 1989, с. 138.

(12) РЦХИДНИ, ф. 17, оп. 3, д. 981, л. 58.

(13) Там же, оп. 162, д. 20, л. 118–119.

(14) 一二月総会がブハーリン・ルィコーフ問題を議論したことは長らく知られていなかった。ペレストロイカ期の両者の名誉回復準備過程で言及された。*Известия*, 5 марта 1988; *Правда*, 9 октября 1988.

(15) РЦХИДНИ, ф. 17, оп. 2, д. 575, л. 6–68. なお、一二月総会の速記録のごく一部は *Вопросы истории*, № 1, 1995, с. 3–22.

(16) РЦХИДНИ, ф. 17, оп. 2, д. 573, л. 2.

(17) Там же, оп. 3, д. 983, л. 14–15.

(18) Там же, оп. 3, д. 983, л. 26, 110–112.

(19) Там же, оп. 162, д. 20, л. 166–167.「傍聴を希望すれば、外国大使または代理を入場させる」「外国のブルジョワ・共産諸紙の特派員を入場させる」ことや、尋問の順序まで政治局は決定(承認)した。

(20) *Правда*, 30 января 1937.

(21) РЦХИДНИ, ф. 17, оп. 2, д. 612, вып. 3, л. 1–10. 公表されたスターリン報告は *Правда*, 29 марта 1937.

(22) РЦХИДНИ, ф. 17, оп. 2, д. 612, вып. 2, л. 57.

(23) Там же, оп. 3, д. 986, л. 4, 24.

(24) Там же, оп. 3, д. 992, л. 33, 120; *Правда*, 3 октября 1937.

(25) 三七年五月二三日の政治局決定(持ち回り)は、旧反対派で党を除名された者はすべて、行政的手続きでモスクワ、レニングラード、キーエフから非工業地区へ追放し、住所を特定の場所に固定することなどを定めたものである。РЦХИДНИ, ф. 17, оп. 162, д. 21, л. 45. 七月五日の政治局決定(持ち回り)は、旧反対派で「祖国裏切り」の廉で有罪とされた者の妻も、ラーゲリに五—八年収容する決定であった。Там же, оп. 162, д. 21, л. 93. 九月一一日の政治局決定(持ち回り)は、妨害活動、後方攪乱の事件は控訴(кассационное обжалование)を認めず、銃殺刑の執行は恩赦申請却下ののち直ちに行うとしたものである。Там же, оп. 162, д. 22, л. 2.

(26) この説はクリヴィツキー『スターリン時代』(原著一九三九年、根岸隆夫訳、みすず書房、第二版、一九八七年)第七章に由来する。最近では次の論文が、この説に立つ。Ф. Сергеев. Нацистская разведка против СССР : “Дело” Тухачевского, операция “Цеппелин”. *Новая и новейшая история*, № 1, 1989, с. 114-132. スターリン「個人フォンド」には、ドイツ諜報グループがトゥハチェフスキーに関する偽情報を送付しようとしていたことを証明する文書はあるが、裁判の資料では触れられていないし、裁判を組織するうえで何らかの役割を果たしたという証拠もない。*Известия ЦК КПСС*, № 4, 1989, с. 61. なお内戦時の対立とは、ポーランド戦争のさいスターリン、ヴォロシーロフがトゥハチェフスキーの指揮下に入ることを拒否し、それゆえワルシャワ進撃が失敗して批判されたことを指す。

(27) О. Ф. Сувениров, Всеармейская трагедия. *Военно-исторический журнал*, № 3, 1989, с. 41. ヴォルコゴーノフ前掲書・上、六七一頁。

(28) ヴォルコゴーノフ前掲書・上、七四〇頁。

(29) *XXII съезд КПСС. Стенографический отчёт*. М., 1961, т. 3, с. 152.

(30) ヴォルコゴーノフ前掲書・上、七四九頁。

(31) *Известия ЦК КПСС*, № 5, 1989, с. 76.

(32) О. Ф. Сувениров. Военная коллегия Верховного суда СССР(1937-1939 гг.). *Вопросы истории*, № 4, 1995, с. 139.

(33) テロル犠牲者の数をめぐる諸説を整理したものとして、塩川伸明「〃スターリニズムの犠牲〃の規模に関する最近の議論」『危機の〈社会主義〉ソ連――スターリニズムとペレストロイカ――』(原暉之・藤本和貴夫編、社会評論社、一九九一年)、二九一―三一七頁。塩川『終焉の中のソ連史』(朝日新聞社、一九九三年)に加筆、収録(三二一―四〇七頁)。

(34) РЦХИДНИ, ф. 17, оп. 162, д. 21, л. 89.

(35) *Известия ЦК КПСС*, № 8, 1988, с. 137.

(36) РЦХИДНИ, ф. 17, оп. 3, д. 985, л. 3.

(37) 奥田前掲書、六三九―六四三頁。

(38) *История СССР с...*, с. 92.

(39) РЦХИДНИ, ф. 17, оп. 3, д. 984, л. 17.

(40) フレヴニュークからの再引用。О. В. Хлевнюк. 1937 год : противодействие репрессиям, *Коммунист*, № 18, 1989, с. 106.

(41) РЦХИДНИ, ф. 17, оп. 2, д. 612, вып. 3, л. 10–25, 20–29. コシオール、エフドキーモフ、シェボルダーエフ、ポストゥイシェフの発言。

(42) 九月一一日アゾフ=黒海地方はクラスノダール地方、ロストーフ州に、二六日東シベリア地方はイルクーツク、チタの二州に、モスクワ州はトゥーラ、リャザーン、モスクワの三州に、ヴォローネシ州はタンボーフ、ヴォローネシの二州に、西部およびクールスク州はスモレンスク、オリョール、クールスクの三州に、二八日西シベリア地方はノヴォシビルスク州、アルタイ地方に、分割されることになった。すべて政治局決定(持ち回り)のうえ、翌日に中央執行委員会決定として新聞発表された。*Правда*, 12, 27, 29 сентября 1937. なお、極東地方におけるテロルが、三〇年代初めから対日緊張下で様々な特典を中央から獲得してきたブリュッヘル(極東赤旗特別軍司令官)ら「極東閥」の打破を狙ったものだとする原の見方に同意する。原暉之『インディギルカ号の悲劇――一九三〇年代のロシア極東――』(筑摩書房、一九九三年)、二〇九―二七一頁。

(43) 「交通」三月一〇―一三日、「国防」一三―一五日、「食品工業」一〇―一三日、「重工業」一三―一六日(*Правда*, 18

марта 1937)、「貿易」一三―一七日(*Правда*, 19 марта 1937)、「軽工業」一五―一八日、「通信」一五―一八日、「財務」一四―一七日(*Правда*, 20 марта 1937)、「ロシア教育」一六―二一日(*Правда*, 21, 24 марта 1937)、「外務」二一―二三日(*Правда*, 26 марта 1937)。

(44) Fitzpatrick, Ordzhonikidze's Takeover..., p. 163.

(45) 例えば貿易人民委員ローゼンゴリツは、アクチーフ集会での二―三月総会報告が十分に自己批判的ではなかったことを認め、「資本主義企業との関係で政治的警戒心が足りなかった」という批判も受け入れた。*Правда*, 27 марта 1937. 彼は六月一四日に解任された。РЦХИДНИ, ф. 17, оп. 3, д. 987, л. 140.

(46) Коржихина, Фигатнер. Указ. статья, с. 32.

(47) РЦХИДНИ, ф. 17, оп. 162, д. 21, л. 89.

(48) Хлевнюк. Указ. статья, с. 106.

(49) *XXII съезд*..., т. 3, с. 119–120. 彼女は監獄、ラーゲリ、流刑の一七年間「スターリンが悪いと思ったことは一度もなかった」という。

(50) メドヴェージェフ、前掲書・上、三五六―三五七頁。ソーリツのこの行動については、当の区委員会第一書記の回想でも言及されている。К. П. Чудинова. В те трудные годы... *Вопросы истории КПСС*, № 12, 1989, с. 119–120. この回想によれば、区委員会ビューローは三七年三月以降は連日のように、被逮捕者との友人関係、あるいは反革命活動の廉で告発された党員の件を審議したという。

(51) ピャトニツキーは、ブハーリンらを肉体的に絶滅し、エジョーフに非常権限を付与するというスターリン提案に反対した。エヌカヴェデの監督に当る中央委員会政治・行政部の長として当然とはいえ、当時の状況では勇気ある行動で、撤回すれば赦すというモーロトフらの説得も拒絶した。このためエジョーフによってツァーリ秘密警察のエージェントだったとされ、中央委員を罷免され、逮捕、銃殺されてしまう。*Московские новости*, № 15(10 апреля), 1988. クループスカヤのテロルに対する抵抗については В. А. Куманёв, И. С. Куликова. *Противостояние : Крупская–Сталин*. М., 1994, с.

208-223. この他の様々な抵抗については以下を参照。Хлевнюк, *1937-й...*, с. 173-195 ; *Они не молчали*, М., 1991.

(52) Хлевнюк, *1937-й...*, с. 162.

(53) *КПСС*, т. 7, с. 8-16.

(54) РЦХИДНИ, ф. 17, оп. 3, д. 1003, л. 25, 65-66.

(55) Орлов. Указ. статья, с. 51. フランス軍部は九月に代表団を訪ソさせたが、その報告書は、赤軍の軍備が十分ではないこと、ソ連が独仏戦争に期待していることを指摘し、対ソ不信を示していた。

(56) 「九月七日付メモにある彼の提案に反対する者はいなかったことを同志リトヴィーノフに伝える」とあるのみで、提案の内容はわからない。РЦХИДНИ, ф. 17, оп. 162, д. 20, л. 78.

(57) М. Т. Мещеряков. СССР и гражданская война в Испании. *Отечественная история*, № 3, 1993, с. 85. これは、ソ連時代からの唯一といってもよい優れたスペイン内戦史研究者の遺作である。なお、この「特別な会社」を設立、運営したのがパリのミュンツェンベルグ(コミンテルン国際連絡部エージェント)であると思われる。

(58) Там же, с. 89. スターリンはパスクアとはこれ以降も、三月一一日、四月一〇日、八月二日、三八年二月一三日、八月二〇日と会見している。*Исторический архив*, № 4, 1995, с. 42, 45, 49, 61 ; № 5/6, 1995, с. 8, 17. 一国の大使としては異例なことで、スターリンのスペイン戦争に対する関心の強さを示すとともに、共和国政府の度重なる支援要請をも示唆している。

(59) Мещеряков. Указ. статья, с. 91.

(60) Там же, с. 89. スペイン政府財政顧問スタシェフスキーのローゼンゴリツあて書簡(三六年一二月―三七年三月)の中に、アントーノフ＝オフセエンコについて「見かけ倒しで、実務的な仕事ではあてにできない」と評した箇所がある。РЦХИДНИ, ф. 17, оп. 120, д. 263, л. 32.

(61) Мещеряков. Указ. статья, с. 92-93.

(62) С. Л. Тихвинский. Переписка Чан Кайши с И. В. Сталиным и К. Е. Ворошиловым. 1937-1939 гг. *Новая и*

новейшая история, № 4, 1995, с. 81. この時期の中ソ関係を中国側史料に基いて分析したものとして、香島明雄『中ソ外交史研究　一九三七―一九四六』(世界思想社、一九九〇年)第一章。

(63)　А. Рощин. Парижские контрасты середины 30-х (Воспоминание советского дипломата). *Международная жизнь*, № 9, 1991, с. 141-142.

(64)　横手慎二「外交官の粛清とソ連外交」、前掲『危機の〈社会主義〉ソ連』三一九―三四二頁。

(65)　*Вестник Министерства иностранных дел СССР*, № 1, 1991, с. 38-41.

(66)　その一回というのは二月二二日の論説で、ヒトラーによる日本の中国侵略支持を批判したものである。*Известия*, 22 февраля 1938. なお、八月一日の国際反戦デー恒例の論説はカウントしていない。九月に入るとズデーテン問題が緊迫し、国際連盟総会も開かれるので、論説、記事ともに増えた。

(67)　例えばボロディノ会戦(ナポレオン戦争)一二五周年のキャンペーンがそれである。*Правда*; *Известия*, 2 сентября 1937. また、ドイツ騎士団に対するアレクサンドル・ネフスキーの勝利(一二四二年)も取り上げられた。*Известия*, 12 июля 1938. 愛国心の醸成、孤立主義への傾斜は、一九三八年の映画製作計画にも現われている。五一本の作品の内訳は、①歴史もの三本(『ピョートル一世』『アレクサンドル・ネフスキー』等)、②革命史もの一九本、③古典もの三本(すべてゴーリキー)、④「国際ファシズムのエージェントとの闘争」もの四本、⑤国防もの四本、⑥反ファシズムもの二本、⑦スタハーノフ運動もの三本、⑧社会主義建設もの(『開かれた処女地』等)四本、⑨子供むけ作品五本、⑩民俗もの一本、⑪コメディー三本、である。*Правда*, 3 апреля 1938.

(68)　РЦХИДНИ, ф. 17, оп. 162, д. 20, л. 214.

(69)　Там же, д. 21, л. 139; д. 22, л. 50.

(70)　Там же, д. 22, л. 97.

(71)　Там же, д. 18, л. 56; д. 19, л. 4, 25-26, 34.

(72)　*Исторический архив*, № 3, 1993, с. 213-217.

(73) РЦХИДНИ, ф. 17, оп. 162, д. 20, л. 209.

(74) Там же, д. 21, л. 107.

(75) *Отечественная история*, № 6, 1992, с. 142-143. そこにはロシア連邦国家アルヒーフから、追放先の居住・労働条件などにかかわる合計四四の文書が紹介されている。政治局決定はРЦХИДНИ, ф. 17, оп. 162, д. 21, л. 157-158.

(76) Н. Ф. Бугай. Выселение советских корейцев с Дальнего Востока. *Вопросы истории*, № 5, 1994, с. 142. ソ連極東に送り込まれたスパイ、後方攪乱、テロルの要員はロシア人白衛派、満州および朝鮮の原住民(коренное население)で、階級から脱落し、金銭のためなら何でもする分子、プロの反革命家および諜報員から徴募されているという。*Правда*, 23 апреля 1937.

(77) РЦХИДНИ, ф. 17, оп. 162, д. 22, л. 11.

(78) 『在ソ朝鮮人のペレストロイカ』(現代語学塾『レーニン・キチ』を読む会編訳、凱風社、一九九一年)、六一頁。エヌカヴェデ極東地方本部のチェキストで、追放作戦に携わったパク・ソンフンの回想である。

(79) Бугай. Указ. статья, с. 144. 一九三七年一二月二〇日付『プラウダ』に、エヌカヴェデ極東地方本部の本部長リュシコーフと職員が、また極東鉄道の職員が「政府に指示された責任重い輸送の任務を立派に、正確に遂行した」ことに感謝し、褒章を与えるという記事がある。*Правда*, 20 декабря 1937. これが朝鮮人の中央アジア移送を指すことは疑いない。

(80) РЦХИДНИ, ф. 17, оп. 162, д. 22, л. 114. この「作戦」を四月一五日まで継続するとあるが、いつ開始され、どの時点で終了する予定であったかは記されていない。なお、岡田嘉子、杉本良吉の越境はこの決定に先立つ一月三日だったが、「作戦」中であったかもしれない。

(81) Там же, оп. 162, д. 22, л. 157.

(82) Там же, оп. 162, д. 22, л. 143.

(83) Там же, оп. 162, д. 20, л. 131.

(84) Там же, оп. 162, д. 22, л. 105. クルド人をナヒチェヴァン共和国に移住させた例に倣うという。

(85) Там же, оп. 3, д. 994, л. 14-15.

(86) Там же, оп. 3, д. 997, л. 33, 103-107.

(87) Ф. И. Фирсов. Сталин и Коминтерн. *Вопросы истории*, № 9, 1989, с. 15.

(88) 日本人コミュニストに対する弾圧については以下を参照。加藤哲郎『モスクワで粛清された日本人――三〇年代共産党と国崎定洞・山本懸蔵の悲劇――』(青木書店、一九九四年)、和田春樹『歴史としての野坂参三』(平凡社、一九九六年)。

(89) Ф. И. Фирсов, И. С. Яжборовская. Под диктовку Сталина...(О репрессии против Коммунистической партии Полиши). в кн. *Открывая новые страницы*.... М., 1989, с. 384-391. ポーランド共産党弾圧の大きな理由は、一九二三年の時点でコミンテルン執行委員会を批判し(ドイツ十月蜂起の失敗、左翼セクト主義)、トロツキー追放に反対するなど、自立性が高かったことにある。

(90) より正確には、三三年三・四%、三四年九・一%、三五年一一・一%、三六年一六・一%、三七年一六・五%、三八年一八・七%、三九年二五・六%、四〇年三二・六%であった。A・ノーヴ『ソ連経済史』(石井規衛ほか訳、岩波書店、一九八二年)、二六八頁。ただし、これは公式統計の引用である。

(91) РЦХИДНИ, ф. 17, оп. 3, д. 997, л. 28. 第一七回党大会後に「機能主義批判」の名のもとに参与会(коллегия)を廃止して評議会(совет)を設けたことは、「各部門に対する指導の統一性を強めるどころか、弱めた」と認め、多人数で翼賛的になりがちだった評議会より、少人数で機動的、実務的な参与会を復活させたのである。

(92) Там же, д. 1016, л. 42. 党決議集には第一項のみ収録されている。*КПСС*, т. 7, с. 145.

(93) ダリストロイおよびコルィマ金鉱については、原、前掲書、三三一一四八頁。原は引用していないが、一九三五年一月八日付『プラウダ』にダリストロイ本部長ベールジンの長い論文が掲載された。コルィマ開発の経過を説明したもので、囚人労働の使役には一言も触れていない。*Правда*, 8 января 1935. しかし、原も引用している三月二三日付『プラウダ』論説および中央執行委員会決定(働き手への褒章)では、囚人五人の前科取り消しと市民権回復が明らかにされた。*Правда*, 23 марта 1935.

(94)　РЦХИДНИ, ф. 17, оп. 3, д. 1011, л. 4. 極東のプロジェクトに労働力を確保するため、六—七月に一二万人を投入することも併せて決定された。そのために、刑期二年未満の者を矯正労働コロニーからラーゲリに移す措置も決定した。

(95)　О. В. Хлевнюк. Принудительный труд в экономике СССР 1929–1941. *Свободная мысль*, № 13, 1992, с. 80–81.

(96)　*Правда*, 21 декабря 1938. 導入に先立つキャンペーンでは、例えばハーリコフの〝セルプ・イ・モーロト〟工場の次のような事態が批判された。昼休みの一五—二〇分前から一〇〇人以上が食堂に集まること、六月のずる休み（прогул）は七〇六人・日、「家庭の事情」による休みが二二五七人・日だが、後者にはずる休みが含まれ、そのため一〇〇〇人・日を下回った月はないこと、この結果スタハーノフ労働者は増えても労働生産性向上の課題は達成されず、生産プログラムは一貫して履行されていないこと、である。*Правда*, 12 декабря 1938.

(97)　*Правда*, 27 июня 1940.

(98)　*Правда*, 13 июля 1940.

(99)　*КПСС*, т. 7, с. 109–115. この決定に先行して、三八年一二月四日にベロルシアにつき、三九年一月二一日に連邦全体につき農業アルテリ定款違反を指摘し、遵守を求める人民委員会議・党中央委員会決定がなされた。РЦХИДНИ, ф. 17, оп. 3, д. 1004, л. 54–56 ; д. 1005, л. 75–76. また決定に先立つキャンペーンでは、例えばヴィンニツァ州のあるコルホーズで、労働能力者六五七人中、三八年に一作業日も稼がなかった者が五三人、五〇作業日以下が二二一人もいることが指摘された。*Правда*, 12 апреля 1939.

(100)　РЦХИДНИ, ф. 17, оп. 3, д. 994, л. 55. なお、エジョーフが三八年一一月二四日に内務人民委員辞任を申し出たさい、スターリンにあてた書簡をみると、ポストゥイシェフの暴露を妨げていた「仮面をかぶった敵」に関するエヌカヴェデ・イヴァノヴォ州本部長の警告に十分に注意を払わなかったことを自己批判している。Там же, д. 1003, л. 82.

(101)　Там же, д. 1004, л. 40–41.

(102)　Там же, д. 1002, л. 42–43.

(103)　Там же, д. 1005, л. 33–35.

(104) 例えばクラスノダール地方委員会第一書記の後任には、指導的党機関部長代理のアンドリアーノフが就いたし、他のケースもオルポ指導員が送り込まれた。

(105) Там же, д. 986, л. 16–17. 政治局に提案を準備する小委員会は、決定原文では「とくに緊急を要し、裁可が必要な、外交政策を含む機密的性格の諸問題」「緊要な経済的性格の諸問題」をそれぞれ扱うこととされた。

(106) Там же, д. 987, л. 14, 18. 四月二五日に、七名からなる国防委員会の設立が決定され、二七日に委員候補が追加され、併せて労働国防会議の廃止が決定されたが、これは公表されなかった。

(107) Там же, д. 993, л. 59. 一一月二二日の政治局決定(持ち回り)で、人民委員会議決定として公表された。*Правда*, 24 ноября 1937.

(108) РЦХИДНИ, ф. 17, оп. 3, д. 997, л. 19.

(109) Там же, д. 1011, л. 32.

(110) リトヴィーノフ解任を対独政策の転換とヒトラー自身も受け取ったことは、ヒルガー(駐ソ・ドイツ大使館参事官)の回想などからも明らかである。Л. И. Гинцберг. Советско-германский пакт: замысел и его реализация, *Отечественная история*, № 3, 1996, с. 30. 独ソ不可侵条約は本書では扱わない。ペレストロイカ以降アルヒーフ文書が刊行され、それに基づく研究文献が数多く発表されたが、そのごく一部を挙げるに留める。*Документы внешней политики*, т. XXII (1939 год). М., 1992; М. И. Семиряга. *Тайны сталинской дипломатии*, 1939–1941. М., 1992; 斎藤治子『独ソ不可侵条約——ソ連外交秘史——』(新樹社、一九九五年)。

第二章　政策決定の構造

第一節　政治局とスターリン

一　政治局の役割

一党制国家と民主集中制のもとでは共産党中央委員会政治局が政策決定の中枢を占めることはいうまでもない。政治局はすでに一九二〇年代から政策論争の主たる舞台であったし、二九年末の政策転換、とくに農業集団化を主導したことでも知られている。しかし、政策決定の具体的なプロセス、メカニズムについては史料の制約から、ほとんど何の情報もなかったといってよい。わずかに、二〇年代についてはスターリンの秘書バジャーノフの回想、その後についてはフルシチョーフの回想から断片的な情報が得られる程度である。(1)

フルシチョーフの回想によれば、政治局会議は定期的に開催された(彼は、どのように定期的にかは触れず、時間は一—二時間、時によってはそれ以上だったとしか述べていない)。中央委員や中央監査委員も、レーニン期の慣例により参加、傍聴していたが、政治局員だけの会議もあった。政治局会議の決定は特別ファイルに保管され、中央委員は特別の許可を得て初めて、それを中央委員会秘密部で閲覧することができた。会議はモーロトフが司会し(スターリンが司会するのは独ソ戦争終結後)、カガノーヴィチが事実上の第二書記を務めた。議論は、問題によっては激しいものとなり——政治局は三〇年代には一枚岩化したというイメージに反して——、オルジョニキッゼがローゼンゴリツ(貿易人民委員)に殴りかかるなどという場面さえあった。(2)

フルシチョーフは第一七回党大会で中央委員に選出されてから、政治局員候補に昇進してウクライナに派遣されるまで、つまり一九三四年二月から三八年一月まで、首都モスクワの党組織の責任者として政治局会議にほとんど出席していたので、これに関する回想の信憑性は高いと思われるが、政治局会議議事録を通読してみると、一部しか書いていないものの、書かれた限りではおよそ正確であることが判明した。(3)

政治局会議の回数と形式は一九三二―三年を境に変化した。三二年は月四回ほぼ定期的(一、八、一六、二三日)に開催されていたが、三三年は月三回(五、一五、二五日)開催の確認にもかかわらず、年二四回と半減し、以降会議はいっそう稀に、不定期になっていった(表21)。出席者は政治局員、同候補(表22)のほか、中央委員、同候補、中央統制委員会幹部会員(第一七回党大会後は党統制委員会幹部会員)であり、約六〇―七〇名の規模であった。ただし、地方在住の政治局員、同候補、中央委員らはあまり出席しなかった。会議は経済、通商、外交、国防、治安、労働・社会、教育・文化等、あらゆる分野の政策課題に加えて、党活動(党の運営、党外団体の指導)や人事をも扱っており、その議題数は通例二〇―四〇に及んだ。三二年までは、通商、外交、国防の重要議題も扱う小規模会議(政治局員、同候補プラス主要な中央委員、中央統制委幹部会員で、一〇―二〇名)と拡大会議が交互に開催されていたが、三三年以降はほぼ拡大会議のみとなった。このような頻度と議題数からして、ある議題が一回の会議で処理されることはまずなく、政治局員を責任者とし、関係の人民委員等からなる数名ないし十数名の小委員会(комиссия)に委任され、小委員会が次の会議に提案するのが通例であった。(4)

一九三三年一月一六日の政治局会議をとってみよう。出席者は政治局員がアンドレーエフ、ヴォロシーロフ、カガノーヴィチ、カリーニン、クイブィシェフ、モーロトフ、オルジョニキッゼ、スターリン、政治局員候補がミコヤーン、中央委員がブーブノフ、クノーリン、クループスカヤ、ローボフ、リュビーモフ、ピャタコーフ、ルィコーフ、ステツキー、トムスキー、ツィーホン、シュヴェルニクら二四名、中央委員候補がカルマノーヴィチ、カミンスキー、ロゾフスキー、メジュラウク、ソコーリニコフ、ユールキン、ヤゴーダら二四名、中央統制委員会幹部部

表22　政治局員(第16，17，18回党大会)

	16回大会	17回大会	18回大会
政治局員	スターリン	スターリン	スターリン
	モーロトフ	モーロトフ	モーロトフ
	カガノーヴィチ	カガノーヴィチ	カガノーヴィチ
	ヴォロシーロフ	ヴォロシーロフ	ヴォロシーロフ
	カリーニン	カリーニン	カリーニン
	クイブィシェフ	クイブィシェフ(35.1病死)	
	キーロフ	キーロフ(34.12暗殺)	
	コシオールC.	コシオールC.(38.5逮捕)	
	ルズターク(32.2解任)		
	ルィコーフ(30.12解任)		
		オルジョニキッゼ(30.12-37.2自殺)	
		アンドレーエフ(32.4-)	アンドレーエフ
			ジダーノフ
			ミコヤーン(35.2-)
			フルシチョーフ
同候補	アンドレーエフ	ルズターク(37.6解任)	
	ミコヤーン	ミコヤーン	
	ペトロフスキー	ペトロフスキー	
	チュバーリ	チュバーリ(38.6解任)	
	スィルツォーフ(30.12解任)	ポストゥイシェフ(38.1解任)	
		ジダーノフ(35.2-)	
		エイヘ(35.2-)	
		エジョーフ(37.10-)	
		フルシチョーフ(38.1-)	
			ベーリヤ
			シュヴェルニク

会員がエヌキッゼ、ルズターク、ソーリツ、シキリャートフ、ヤロスラフスキーら一一名、総計六八名であった。欠席は政治局員ではキーロフ、コシオール、同候補ではペトロフスキー、チュバーリであった。人民委員を兼ねる政治局員、中央委員はヤーコヴレフを除き全員が出席していた。議題は表23のとおりで、実に多様であり、しかも、地方の経済や重要工場の問題にまで及んでいた。

　議事録は速記録と違って、討論、採択の様子はわからない。しかし、まず提案者が誰であるかはわかる。④は外務人民委員リトヴィーノフ、⑤

は貿易人民委員ローゼンゴリツ、⑥は財務人民委員グリニコである（三人とも中央委員候補でさえなかったので、一時的に出席したか、議長が代りに提案したと推定されるが、いずれにせよ会議全体としては出席とカウントされていない）。⑭は省庁横断的な問題ゆえ、モーロトフ以下主要な人民委員からなる小委員会の提案であった。⑲のような党の問題は、カガノーヴィチ、アドラツキー（マルクス＝エンゲルス＝レーニン研究所長）、ステツキー（中央委員会文化・宣伝部長）が提案した。

表 23　1933 年 1 月 16 日の政治局会議の議題

①	関税
②	国内旅券交付
③	西部州の木材調達フォンドの乱用
④	ポーランド
⑤	1932 年の輸入割当量
⑥	1933 年の農村の文化住宅税（культжилсбор）
⑦	オーストリアおよびオランダ大使の人事
⑧	モンテカティーニ社との技術援助契約
⑨	トルコにおける繊維コンビナート建設
⑩	連邦ゴスプランおよび中央国民経済統計局（ЦУНХУ）
⑪	製粉所，倉庫における穀物の窃盗，浪費などの対策
⑫	ヴォルガ中流地方における砂糖の予約買付取り崩し（разбронирование）
⑬	シベリア工場の連邦農業機械公団から全連邦自動車・トラクター合同部品企業への移管
⑭	賃金フォンド
⑮	企業における出勤届
⑯	ラジオ放送局の通信人民委員部から中央執行委員会付属ラジオ放送特別委員会への移管
⑰	裁判に関する小委員会の報告
⑱	ゴーリキー自動車工場技術要員（ИТР）の文化＝生活および居住状態
⑲	レーニン逝去記念集会の報告者
⑳	人民委員会議付属仲裁裁判所所長（Главарбитор）の人事

　ついで議題の処理については、次の会議に先送りしたもの（⑦、⑨）、小委員会に委任したもの（①、②、③、⑮）、その場で決定したもの（その他）がある。例えば⑮は、労働人民委員ツィーホン、中央国民経済統計局長オシンスキー、重工業人民委員オルジョニキッゼ、交通人民委員アンドレーエフ、供給人民委員ミコヤーン、軽工業人民委員リュビーモフが提案し、ツィーホンを議長とし、重工業人民委員代理ピャタコーフら総計一二名からなる小委員会が決定案を作成し、政治局に提出することになった。小委員会による提案がこの

日採択されたケースは⑭だが、決定の最終的成文化はモーロトフ、スターリンに委任された。その場で決定したものの中には「決定—特別ファイル」(Решение—особая папка)という記述しかないものがある。ここでは④、⑤、⑧、⑰だが、一般に通商、外交、軍事、治安にかかわる決定は政治局会議議事録でさえ機密扱いされたのである。その他の決定の内容は③、⑩、⑪、⑫、⑯、⑲のように、議事録の付録で知ることができる。中には⑱のように、『プラウダ』紙に訴えられたゴーリキー自動車工場の住宅の照明、暖房につき重工業人民委員部に改善を求めるような決定もあった(この議題は次の二月一日の会議でも取り上げられ、ピャタコーフがとった措置が報告された)。

この日の議事録に登場する小委員会はほとんどアド・ホックなもので、例えば⑧の小委員会は一二月二二日の持ち回り審議・決定で(опросом)設立され、この日の決定で役割を終えた。ただし、⑰の「裁判に関する」小委員会(комиссия по судебным делам)は、名称が一般的であることから、またカガノーヴィチ、中央統制委員シキリャートフ、中央執行委員会書記エヌキッゼ、オゲペウ次官プロコフィエフ、ロシア共和国司法人民委員クルィレンコという提案者の顔触れからみても、常設のものと推定される(後述)[5]。

さて、議事録「特別ファイル」によれば、④は「外交クーリエとして入国することが望ましくなく、ヴィザ発給を禁止する」ポーランド人のリストを、オゲペウが外務人民委員部に提出することを求めたものである。⑤は「外貨小委員会の決定を確認する」とあるのみで、その内容はわからない。⑧は重工業人民委員部に「支払額をいっさい顧慮せず」交渉を開始してよいと指示したものである。⑰は「畜産従事者＝妨害工作者(животноводы-вредители)の事件」を裁判に付し、それ以外の同小委員会の決定を承認するとあるだけで、右の事件も「それ以外の決定」も説明がない。ただ、「裁判に関する同志カリーニンの小委員会に同志ヤゴーダ、プロコフィエフを加える」との決定もあり、「裁判に関する」小委員会がカリーニンを議長とし、少なくとも先の五名とオゲペウ長官ヤゴーダをメンバーとしていたことがわかる[6]。

ところで、政治局がいかに小委員会、とくに外交、通商、国防などの常設小委員会を効率的に機能させたとしても、先に挙げた全政策分野を指導することは不可能であった。実は、政治局は人民委員会議と経済指導において重複し、一部はこれに委任していたのである。ことに毎年の国民経済計画や予算のようにルーティン化された事項では、政治局はゴスプランや財務人民委員部の原案を検討し、人民委員会議提案を追認するか、せいぜいのところ一部修正するにすぎなかった。例えば、一九三四年の国民経済計画は、ゴスプラン提案に基づいて三三年一一月二八日の政治局会議で決定されたが、持ち回り審議・決定によっていた。これは一二月二八日の持ち回り審議で、人民委員会議による修正を受け入れたのち、三四年一月三日の人民委員会議で正式の決定となった(7)。

当時の人民委員会議は、例えば先の政治局会議と同じ頃、外務、貿易、陸海軍、重工業、軽工業、木材工業、農業、ソフホーズ、交通、水運、通信、供給、財務、労働の諸人民委員部とゴスプラン、ゴスバンク、農産物調達委員会の長から構成され、議長モーロトフ以下二〇名ほどの会議であった(表24)(8)。人民委員会議の議事録は一部しか閲覧しておらず、その限りでの話だが、会議は当時一〇日に一回程度は開かれていたようである。議事録で「持ち回りで」と記されていない決定を追うと、連日のように開催されていたことになり、それはあり得ないが、会議日程の変更に関する決定から「一〇日に一回程度」と推定したのである(9)。いずれにせよ、人民委員会議の方が機動性に富み、ゴスプランや労働国防会議のような政策立案機関、各人民委員部のような政策執行機関を有していただけに、少なくとも経済政策の決定にはより適合的だったといえる。

もとより、政治局は農業については地方・州党委員会を通して直接に指導していた。全面的集団化は地方・州委員会が推進し、政治局がそのテンポやクラークに対する措置を決定し、二万五〇〇〇人隊を投入し、かつ「行き過ぎ」是正にあたってはカリーニン、オルジョニキッゼらを地方、州に派遣したという経緯があった。連邦農業人民委員部は、コルホーズ定款の作成やトラクター、農業機械の供給などにあたる機関として後から設立されたにすぎ

表24　人民委員会議メンバー

ポスト	1931年5月	1935年2月
議　長	モーロトフ	モーロトフ
議長代理	クイブィシェフ	チュバーリ
	ルズターク	ルズターク
	アンドレーエフ	メジュラウク
		アンティーポフ
ゴスプラン議長	クイブィシェフ	メジュラウク
外務人民委員	リトヴィーノフ	リトヴィーノフ
国防人民委員	ヴォロシーロフ	ヴォロシーロフ
内務人民委員	——	ヤゴーダ
貿易人民委員	ローゼンゴリツ	ローゼンゴリツ
重工業人民委員	オルジョニキッゼ	オルジョニキッゼ
木材工業人民委員	ローボフ	ローボフ
軽工業人民委員	リュビーモフ	リュビーモフ
食品工業人民委員	——	ミコヤーン
商業人民委員	ミコヤーン	ヴェイツェル
農業人民委員	ヤーコヴレフ	チェルノーフ
ソフホーズ人民委員	ユールキン	カルマノーヴィチ
交通人民委員	ルヒモーヴィチ	アンドレーエフ
水運人民委員	ヤンソーン	パホーモフ
通信人民委員	ルィコーフ	ルィコーフ
財務人民委員	グリニコ	グリニコ
労働人民委員	ツィーホン	——

* 時点は第6, 7回ソヴィエト大会直後.「内務」は連邦レヴェルにでき,「供給」は「食品工業」「商業」に分割,「労働」は廃止.

なかった。穀物調達も、供給人民委員部機関で実務的に処理し得るものではなく、政治局―地方・州委員会ラインによる強力な政治的指導で実施された。当時の政治局会議議事録には、農業生産や農産物調達の連邦レヴェルの課題だけではなく、地方・州の課題とこれへの指導、また、地方・州委員会書記による農産物納入の削減要請とその諾否などが記録されている。農業にかかわる連邦レヴェルの決定は党中央委員会・人民委員会議決定の形式をとることが多かったが、その場合には政治局会議が、持ち回りであっても、人民委員会議に必ず先行して開催されていた。一九三四年一月を例にとると、製粉加工料に関する決定は同じ五日に、春播きに関する決定は政治局が二〇日に、人民委員会議が三〇日に行った[10]。

政治局はまた、赤軍、運輸(鉄道、水運)機関、ソフホーズ、エムテエスに対しては政治部による統制を行っていた(ソフホーズ政治部は一九三九年まで、エムテエス政治部は三三―三四年、四一―四三年に存在)。政治部は本来、旧軍出身の将校に対する党の統制の手段として赤軍に付設されたものだが、一九三二―三三年の大飢饉と農民の大挙離村の危機の中でソフホーズ、エムテエスに、ついで鉄道に、準軍事的な性格の統制機関として付設された。陸海軍、ソフホーズ、農業、交通、水運の各人民委員部に付属する政治本部（Политуправление）は人民委員会議ではなく、党中央委員会の指導を受けることになっていたが、実質的には政治局の指導下にあった。(11)

政治局は個々の産業部門を統制、指導するだけではなく、主要な鉱山、工場、コンビナート、鉄道、運河の建設、操業には細部まで干渉した。ドンバス（ドネツ炭田）、コルィマ（金鉱）、ゴーリキー自動車工場、スターリン記念自動車工場、ハーリコフ・トラクター工場、スターリングラード・トラクター工場、マグニトゴルスク・コンビナート、モスクワ＝ドンバス鉄道、バイカル＝アムール鉄道、モスクワ地下鉄、白海＝バルト海運河、モスクワ＝ヴォルガ運河などの建設、操業はしばしば政治局会議で議題とされた。

例えばドンバスについては、一九三二年一二月一日、二三日、三三年二月一日、三月八日、二〇日、四月八日と、政治局会議は毎回のように議題として取り上げた。(12)四月八日に小委員会（カガノーヴィチ、モーロトフ、スターリン、ピャタコーフ、コシオール・И）の提案に基づいて採択された決定（人民委員会議・党中央委員会決定として公表）は、「官庁的＝官僚主義的指導方法」を批判し、管理業務を減らし、石炭の採掘・運搬の指揮を坑長（заведующий шахтой）、技師長に委ね、また労働者の「流動」（текучесть）や賃金の「悪平等」（уравниловка）をなくすための措置をとる、といった内容であった。この決定は五月一〇日の政治局決定で補強され（管理部と賃金に関する部分は五月二一日付人民委員会議・党中央委員会決定として公表）、その後しばらく石炭産業の指針となり、(13)「一九三三―三五年の急速な増産を保障した」が、「徹底して実施されず、最近ではかなり歪曲されている」うえ、「妨害工作者がスタハーノフ労働者の作業を混乱させ、ドンバスの活動を解体させようとした」と、三七年四月二八日の政治局決定（人民委員会議・党中央委員会決定として公表）は指摘している。(14)

政治局は自動車工業にも力を入れており、一九三三年八月一九日にはゴーリキー自動車工場など三工場での増産、ウラルにおける新工場建設を決定した[15]。三五年二月二二日には(モスクワ)スターリン記念自動車工場、四月一日にはゴーリキー(モーロトフ記念)自動車工場の拡張計画を、正規会議の議題として取り上げた。ゴーリキー自動車工場の場合、年産三〇万台とし、うち四分の一を軽自動車、四分の三をトラックに充てる、建設完了期限を三八年八—九月とする等の内容で、政治局が細部まで関与したことがわかる[16]。

連邦レヴェルの人民委員部が存在しない分野も、政治局が政策決定のイニシアティヴをとった。教育、内務(一九三四年七月まで)、司法および保健(三六年七月まで)がそれである。内務の分野では、後に詳しくみるように、スターリンが政治局会議に提案し(三四年二月二〇日、三月二九日)、七月一〇日の持ち回り会議で採択された(前政治局は国内旅券制導入をリードした。連邦エヌカヴェデの設立も、これに伴う裁判所、検察庁の活動の改革も、者は中央執行委員会決定として公表)[17]。裁判所、検察庁の改革は「裁判外手続きで処理されていた事件の裁判機関への移管」(トロイカ等による「反革命分子」の銃殺などの停止)に伴うとされる一方、エヌカヴェデ付属特別会議(オソ)には「社会的に危険な人物」を五年未満の流刑またはラーゲリ収容にできる権限が残されたが、そのオソに関する規程は、遅れて一〇月二八日に政治局持ち回り会議で決定された[18]。

教育の分野も政治局のイニシアティヴが目立った。一九三四年三—四月の政治局会議は毎回のように学校教育と教科書の問題を議題とした。三月五日「学校における国史(гражданская история)教授の方法」(提案はスターリンとロシア共和国教育人民委員ブーブノフ)、二〇日「学校における国史・地理の教授方法」、二九日「中等学校国史教科書の作成」「大学の歴史学部の復活」、四月一五日「初等・中等学校における地理教育の改善」である[19]。これらは、階級闘争的文化革命論や「総合技術教育」理念の先走りに対する学校正常化の政策であり、五月一五日の持ち回り決定が人民委員会議・党中央委員会決定として公表されることで、ひと区切りがつけられた。「初等・中等学校の構成(структура)」と並ぶ「ソ連邦の学校における国史の教授」「初等・中等学校における地理教授」である[20]。

政治局はまた、文学、芸術の分野にも必要に応じて介入した。一九三二年四月二三日の政治局会議は「文化革命」期の急進路線の是正の仕上げとして、ラップを解散させ、ソヴィエト作家同盟を結成すると決定し、幾度かの延期のすえ三四年八月に同結成大会を実現した。[21]「社会主義リアリズム」を指導理念とする介入は文学のみならず、芸術に対してもなされた。芸術に対する監督機関としては、ヴォロシーロフ、ブーブノフ、エヌキッゼらからなるアド・ホックな小委員会があったが、常設的なものとして「全連邦芸術問題委員会」が人民委員会議に付設された(三五年一二月スターリンの提案)。[22]この委員会の決定は政治局の承認を要する場合があったようで、デミヤン＝ベードヌィの戯曲『ボガトゥイリ』が反歴史的で、政治的にも誤っているとして上演禁止とされ(三六年一一月)、メイエルホリド記念劇場がブルジョワ的、フォルマリスト的、反ソヴィエト的な内容の公演ゆえに廃止された(三八年一月)のも、政治局決定(持ち回り)によってである。[23]政治局が右委員会を通さずに決定したケースとしては、エイゼンシュテインの映画『ルージン草原』が「反芸術的で、政治的に不適当」との理由で上映を禁止された事件(三七年三月)がある。[24]

最後に、政治局はコミンテルンを監督し、モンゴル人民共和国、トゥヴァ人民共和国(一九二一―四四年)のような「特別友好国」に対する統制も行っていた。コミンテルンの問題が正規の会議で議題として取り上げられることはそう多くはなかったが、政治局は第七回大会の開催について一九三四年五月二六日、三五年三月五日に討議した。前者は小委員会への委任の決定のため、内容はわからないが、後者は七月一五日召集と報告骨子の四月五日までの作成を決定したものである。[25]このほか持ち回り会議では執行委員会の年間予算やディミトロフの休暇まで討議しており、コミンテルンのソ連党への従属は明らかである。[26]モンゴルについては頻繁に討議されたが、やや詳しくは次項でみるとして、次の例はモンゴルが「属国」扱いされていたことを示している。すなわち、一九三三年四月二三日の持ち回り会議は、①地質調査、地下資源利用、②石油タンクの建設、③モンゴリアむけ活動家、④全連邦共産党(ボ)中央委員会全権代表への指令、⑤モンゴル革命青年同盟への指令を議題とし、最終的決定をスターリン、モーロトフ、ヴォロシーロフ等からなる小委員会に委任した。[27]八月一五日の正規会議はチュツカーエフをモンゴリア大使に任命したが、二二日の持ち回り会議は彼を党中央委員会全権代表としており、「友好国への援助」も党と国家の一体化を前提としていたのである。[28]

以上のように、政治局は人民委員会議より政策分野が包括的であり、人民委員会議と労働国防会議、ゴスプランの主要ポストに政治局員が就いていたこと(表22、24)も含めて、政治局が最高決定機関だったといえる。政治局と人民委員会議は、後者が主として経済政策の立案・執行を委任されるという分業関係にあったと同時に、政治局員が人民委員会議の主要ポストを占め、政治局会議に人民委員が出席する、そしてモーロトフが双方の議長を務めるという重複の関係にあった。一党制国家における党と政府の癒着の当然の帰結ではあるが、[29]完全に重複せず、一定の分業をしつつ、決定を二重に行って慎重を期すシステムと理解される。

二　小委員会の活動

政治局小委員会については、従来ほとんど知られていなかった。ペレストロイカ以前では、フルシチョーフ期になされた農業集団化の歴史の見直しの中で、一九三〇年一月五日の集団化のテンポに関する政治局決定を準備した小委員会(議長ヤーコヴレフ)の活動、一九三二年一一月に北カフカースに派遣されて穀物調達を強制的に促進した小委員会(議長カガノーヴィチ)の活動が紹介された程度である。[30]ペレストロイカに伴う歴史の見直しの中で、いくつかの小委員会の史料が公開されるようになったが、[31]大多数はいぜんとして利用できない。

政治局小委員会には、設置期間からみて、常設のものとアド・ホックなものがあり、後者の存続期間は一日から約二年のものまで、多様であった。性格からみると、政策立案(決定の準備)、現地派遣(情報の収集や決定の執行)、決定の最終的成文化の三タイプがあった。第三のタイプは先の一九三三年一月一六日の事例にもみられるが、文書、それもイデオロギー的に正しい文書に基づく活動を生命線とする共産党にとっては重要で、しばしばスターリン自身が参加した。第二のタイプの例としては、三二年一一月のカガノーヴィチ小委員会が挙げられるが、それが単なる調査班(бригада)と異なるのは、政治局員クラスが率い、執行の権限も有する全権代表だったことである(第三章第二節二)。第一のタイプが大多数を占め、うち常設小委員会には、政治局会議議事録から存在を確認できる限りで、外貨、国防、モンゴリア、裁判、鉄道輸送、海外出張に関するものがあった。(32)

ここでは、アド・ホックな小委員会のうち、政治局会議議事録だけでも一定の情報を読み取れる一九三二―三三年冬の「国内旅券制導入」小委員会(短期)、早期に「特別ファイル」から解除、公開された史料のある一九三一年の「特別移住者対策」小委員会(比較的長期)を取り上げ、ついで「特別ファイル」を利用して常設小委員会の実態に迫りたい。

(1)　「国内旅券制導入」小委員会

まず、一九三二年末に導入が決定された国内旅券制とは、都市、労働者居住地(посёлок)に常住し、新建設サイト、交通機関、ソフホーズで働く一六歳以上のソ連市民に、身分証明書としての国内旅券所持を義務づけたものである。そこには、①名、父称、姓、②出生の時と場所、③民族(национальность)、④社会的状態(социальное положение 階級所属)、⑤恒常的住所、⑥勤務先(место работы)、⑦兵役義務、⑧併記される者、などが記載される。進行する食糧危機の中で、配給制下の都市から寄生的分子を排除し、飢えた農民の流入を防止しようとする試みに他ならない。(33)

さて、国内旅券制に関する最初の決定は、一九三二年一一月一五日の政治局の持ち回り決定で、国内旅券制導入と、モスクワおよびレニングラードにおける住民登録、出入り規制の実施を定め、具体的方策は小委員会に委任した。バリツキー(オゲペウ)を議長とする小委員会は二〇日間で作業を行うものとするが、政治局への最初の報告は一一月二五日に行うと指示された。[34] その一一月二五日の政治局会議は、小委員会の報告を聴取して、小委員会の拡大(カガノーヴィチ、エヌキッゼ、クルィレンコ、ヤゴーダらの重要人物の追加)と議長のエヌキッゼへの交替を決定し、新しい小委員会に決定案の作り直し、報告と国内旅券見本の一二月一日提出を指示した。[35] 一二月一日の政治局会議では、この議題はエヌキッゼの要請により先送りとされたが、[36] 一六日の政治局会議は、小委員会による「ソ連邦における単一国内旅券制および義務的住民登録(прописка)の導入」案、「国内旅券規程」案を、修正を付して承認した。前者の政治局決定はソ連邦中央執行委員会・人民委員会議決定として公表されることになった(一二月二七日付で公表された)。会議はまた、国内旅券交付や住民登録などの業務を民警機関が行うものとし、オゲペウのもとに民警総本部(Главное управление милиции)を設立し、総本部長にプロコフィエフを任命する決定も行った。会議は併せて、カガノーヴィチ、キーロフの報告に基づき、供給人民委員部が一九三三年一月一日からパンの供給をモスクワにつき一〇万人分、レニングラードにつき八万人分減らすことを決定した。[37]

政治局はさらに、一二月二三日の会議で「民警総本部規程」「民警総本部設立法」を決定し(二八日公表)、翌年一月一六日の会議では「国内旅券交付に関する訓令」作成のための小委員会を設けた。この小委員会はモーロトフを召集責任者とし、スターリン、クイブィシェフ、カリーニン、オルジョニキッゼなど、より重要な指導者を含んでいた。[38] 他方、人民委員会議は「モスクワ、レニングラード、ハーリコフにおける市民への国内旅券交付について」なる一月一四日付決定に基づいて、国内旅券制を最初に導入する都市としてマグニトゴルスク、クズネツク、スターリングラード、バクー、ゴーリキー＝ソルモヴォを追加したが、政治局は二月四日の持ち回り会議で、これを承認した[39]。この頃ウクライナ、北カフカースでは飢饉による農民の大挙離村が目立ってきたので、スターリン、モーロトフは一月二二日付の両党組織あて秘密電報で、コルホーズ員の逃亡阻止のため必要なあらゆる手段をとるよう指示した[40]。

政治局は三月一七日の持ち回り会議で「ソ連邦領域への国内旅券導入の順序と期間」なる人民委員会議決定を、修正を付して承認した(三月二〇日付人民委員会議決定として公表)。国内旅券制導入の対象をやや広げるとともに、対象地域を三つのブロックに分けて各々の期間ごとに、全体としては一九三三年末までに導入する(一部は三四年秋までに導入する)ことを定めたものである。第一順位に挙げられたのは、①連邦的意義をもつ新建設サイト、②一連の大都市(リストあり)、③レニングラード州、西部州、モスクワ州、ウクライナ、ベロルシア、極東地方で、四月一日から九月一日にかけて導入される予定であった[41]。先の「国内旅券交付に関する訓令」とは、三月一四日に人民委員会議が承認した訓令「モスクワ、レニングラード、ハーリコフの、モスクワおよびレニングラード市周辺一〇〇キロ圏、ハーリコフ市周辺五〇キロ圏の市民への国内旅券交付」であろう[42]。この三・二〇決定と三・一四訓令を合体したような決定が、四月二三日の政治局会議でモーロトフ(一・一六決定によって設立された小委員会の長)が提案し、承認された「ソ連邦領域での国内旅券のソ連邦市民への交付」である。そこには「恒常的に農村地域に居住する市民は国内旅券を受け取らない」と明記された。また、マグニトゴルスク、クズネツク、スターリングラードなど、列挙された二五の市、西部ヨーロッパ国境五〇キロ以内の住民地点の市民も三・一四訓令に則って国内旅券を交付されることになった[43]。なお、同日の政治局持ち回り会議では、国内旅券制導入で配給枠(контингент)が減るので、各州へのパン供給を削減することを決定した[44]。

このような国内旅券制導入のプロセスから、次のことがいえよう。第一に、この問題はエヌカヴェデの管轄に入るが、連邦レヴェルのそれが当時は存在しなかったため(共和国エヌカヴェデも三〇年一二月に廃止)、政治局がイニシアティヴをとり、正規の会議で五回も議題とするほど、深く関与した。第二に、小委員会は政策立案機関として適宜、設立され改組あるいは解消されたが、この問題が技術的・実務的性格のみならず、政治的性格をも帯びていたため、スターリン、モーロトフが参加、指導する局面もあった。第三に、政治局と人民委員会議は双方の議長たるモーロトフが調整し、政治局決定を適宜、人民委員会議決定または中央執行委員会・人民委員会議決定に翻案した。

(2) 「特別移住者対策」小委員会

一九三〇年一月三〇日付中央委員会決定は、専ら「クラーク」の財産没収とラーゲリ収容、追放について規定したもので、彼らの就労、食糧供給、保健衛生などの問題はオゲペウ機関に委ねられていた。党・政府としては、オゲペウ直轄の第一カテゴリーはともかく、数的にははるかに多い「特別移住者」の状態には、労働力としての利用という国民経済的観点から無関心ではいられなかった。一九三一年三月一一日、政治局は「クラークの追放・移住業務の監督、指導」を特別な小委員会に委任した。アンドレーエフ(人民委員会議議長代理)を長とし、ヤゴーダ(オゲペウ次官)、ポストゥイシェフ(党中央委員会書記)をメンバーとする小委員会である。(45)

小委員会のおそらく最初の会議は三月一八日に開かれた。出席者はアンドレーエフ、ヤゴーダのほかエフドキーモフ、ザコフスキー、ザポロージェツ(いずれもオゲペウ)、オリシャンスキー(不明)であった。議題は、①「西シベリアにおけるクラーク経営の移住」(報告ザコフスキー)、②「東シベリア地方におけるクラーク経営の移住」、③「カザフ自治共和国旧アクモリンスク、カルカリンスク地区へのクラーク経営の入植」(エフドキーモフ)、④「二万五〇〇〇クラーク経営移住の当面の作戦の経過」(ヤゴーダ、エフドキーモフ)、⑤「クラーク家族構成員の地方内移住の経過」(エフドキーモフ)、⑥「クラーク居住地への食糧供給」、⑦「クラーク居住地へのサーヴィス」であった。①の決定は、クラーク四万戸を五月から七月にかけて西シベリア北部諸地区(リストあり)に移住させる、地方委員会は準備に入るが、追放の指導および作戦実施の責任はオゲペウ西シベリア全権代表ザコフスキーが負う、追放されたクラーク経営は北部諸地区の黒土開拓、木材調達に利用する、といった内容である。③の決定は、追放されたクラークが従事する労働として石炭・銅鉱・鉄鉱の採掘、鉄道建設、農業を挙げていた。⑤の決定は、北カフカース地方、レニングラード州、西シベリアおよび東シベリア地方、ザカフカース、極東地方、ニジェゴロド地方における内部移住の経過に関する報告を記録に留め、今後の移住は「中央委員会(政治局)小委員会による許可を待って」初めて行うよう、オゲペウが地方機関に義務づけることを求めた。⑥の決定は、臨時の必要最低限の食糧供給の計画をオゲペウが、ミコヤーン、ゼレンスキー(中央委員会中央アジア・ビュロー書記)と協力して作成するよう求めたものである。以上のアンドレーエフ小委員会の提案を採択すると、政治局は三月二〇日に決定した。(46)

アンドレーエフ小委員会は、一〇月に議長がルズタークに代わるまで、管見の限り、さらに八回の会議をもったが、これを逐一追うことはせず、同小委員会の役割が明らかになるように整理しよう。まず、最も重要な決定は五月一五日のそれで、特別移住者の経済的・行政的・組織的管理、特別移住に支出される物質的・金銭的フォンドをオゲペウに完全に委譲すること、そのために特別の管理装置をオゲペウ、その地方全権代表のもとに設立することを決定した。これら管理装置は、個々の経済機関と契約を結ぶか、もしくは自ら経済企業を設立して、特別移住者を利用するのだが、そのさい契約当事者たる経済機関は、特別移住者の賃金を季節労働者のそれより低くしてはならない等の義務を課せられた。特別移住者のための供給フォンドは、供給人民委員部からオゲペウ特別移住者本部に移管されることになった。さらに、八月一〇日の政治局決定で、特別移住者の経済的処置(хозяйственное устройство)の機能はオゲペウ・グラーグに移管されることになった。(47)

第二に、アンドレーエフ小委員会は、特別移住者の移送、定住にあたって、交通、供給、保健、教育等の人民委員部に協力を義務づけたが(五月一五日の決定)、逆に、こうした省庁、傘下のトラストから特別移住者の労働力としての割当を要求された。例えば七月八日の決定には、ヴォストーク・ウーゴリ(東シベリアの石炭トラスト)の申請を認め、二つの炭坑にバシキールの特別移住者一〇〇〇家族、東シベリア内部の特別移住者五〇〇家族を充てることが記されている。反対に、中央諸州やドンバスの二つの建設サイトでの泥炭作業にクラークを割り当てることは、これを拒否した。(48)

第三に、アンドレーエフ小委員会は七月二〇日の決定をもって、大量追放の中止を宣言した(即日、政治局決定に)。「クラーク経営の大量追放という政治局の課題は、小委員会によって基本的に履行された」という認識である。今後の追放に関する訓令の作成が、小委員会に委任された。一万―一万五〇〇〇のクラークの追加的移住の許可を求めた西シベリア地方委員会の要請は却下された。しかし他方で、カザフスタンやその他の民族州における今後の追放は予定していた。(49)右の訓令は八月二三日の小委員会で決定され、全面的集団化地区からのクラーク家族の追放は個別的手続きで行われることになったが、(50)大量追放は翌年冬の穀物調達危機の中で復活することになる。

このようにアンドレーエフ小委員会は、単なる政策立案機関ではなく、「特別移住者」の移送、定住を直接に指揮し、経済諸部門・諸機関の利害を調整しつつ、「特別移住者」の労働力としての利用のシステムを確立するうえで、大きな役割を果たした。八月一〇日の政治局決定が「特別移住者」の経済的処置の機能をグラーグに移管することにしたからには、その時点で同小委員会の使命が終わったともいえるが、決定は「アンドレーエフ小委員会の活動を続けるべきである」と明記している。(51)「特別移住者」をめぐっては、経済機関の利害調整のほか、教育、さらには市民権回復の問題もあるので、同小委員会の存続、関与が必要だったと思われる。

(3) 常設小委員会

政治局会議議事録および「特別ファイル」で最も目立つのは「裁判に関する」小委員会の記録である。この小委員会は「政治事件」小委員会(комиссия по политическим делам)とも、単に「政治」小委員会(политкомиссия)ともいい、一九二六年四月二三日の政治局決定で設立された。地方党組織が「社会的＝政治的意義を付与し、あるいは見せしめ裁判に付すべきだとみなす」事件の起訴状を検討し、政治局に報告する、当初は三名からなる小委員会であった。[52] 三二年三月一六日の決定には「最高刑の適用の問題の検討」はカリーニン、ポストゥイシェフ、アクーロフの小委員会に委ねるとあり、[53] 要するに地方の裁判所が死刑判決を出すには政治局の許可が必要だったということに他ならない。例えば三二年七月八日の同小委員会の議事録抜粋によれば、出席者はカリーニンのほか、ポストゥイシェフ、シキリャートフ、アクーロフ、クルィレンコら計七名で、ある事件の「社会防衛最高措置」(即ち銃殺刑)を承認したり、別の事件のそれを自由剥奪一〇年に減刑するよう指示したり、している。[54] 三四年七月一〇日の政治局決定(持ち回り)「裁判所、検察庁の活動」は、共和国最高裁判所、連邦最高裁判所参与会による判決に対する控訴を審理する連邦最高裁判所裁判監督参与会(судебно-надзорная коллегия)が銃殺刑について決定するさいは「政治小委員会の承認を得る」ものと定めている。[55] この小委員会は月に一―二回のペースで開かれていたが、三二年九月以降は、右のような承認または減刑の決定が「特別ファイル」の付録にも掲載されなくなった。

国防小委員会は、一九三〇年三月二五日の政治局決定で設立されたが、決定は「国防にかかわる諸問題は同志ルィコーフ、ヴォロシーロフ、スターリン、クイブィシェフからなる小委員会に検討を委任する」となっていた。[56] ところが、三一年二月二〇日の決定(持ち回り)は、北部沿岸の防備に関するスターリンの提案の検討を「人民委員会議および政治局の国防小委員会」に委任すると述べ、この小委員会の性格を示している。[57] その議事録は「特別ファイル」の付録として一度しか掲載されていないが、三〇年一一月二九日の議事録によれば、出席者はスターリン、ヴォロシーロフ、オルジョニキッゼ、クイブィシェフ、モーロトフ、ルズタークであった。議題は①「一九三一年の赤軍の動員配置計画」、②「一九三一年の陸海軍人民委員部の発注計画」、③「動員計画第一〇号に基づく戦争遂行の年に備えた陸海軍人民委員部の物資予約申請(заявка)」、④「輸入割当」で、①については陸海軍人民委員部の「計画」を承認するというものであった。なお、ウボレーヴィチ、ガマールニクら八人の赤軍幹部も会議に呼ばれている。[58] 国防小委員会は、兵器・兵員の配備・動員や作戦を担当する陸海軍(のち国防)人民委員部と、主として供給・技術面から軍需産業にかかわる労働国防会議との調整をはかるものといってよく、戦争の危険が近づくと軍事技術ビューローを付設するようになる(三六年三月二一日)[59]。

モンゴリア小委員会は一九三二年三月一六日の政治局決定で「モンゴリアにかかわるあらゆる問題の解決のために」設立され、ヴォロシーロフ、カラハーン、ポストゥイシェフ、エリアーヴァからなっていた。[60] 同小委員会の議事録は「特別ファイル」にかなり残されており、三二年六月二六日のそれによれば、この日の会議には右三名のほかピャトニツキー、ベールジンが参加し、さらに貿易人民委員部などから六名が呼ばれた。「穀粉、黍ひきわりのモンゴル人民共和国への搬入」「モンゴル・コンビナートの建設」「共和国への貨物配送、道路建設、輸送を指導、監督する労働国防会議臨時全権代表の任命」「モンゴル街道を経由する貨物の警備」などが議題で、内政に深く関与していたことがわかる。[61] 三三年三月八日の政治局決定は、モンゴリア小委員会にアンティーポフ、カルマノーヴィチを加えるとともに、同小委員会が「国防問題にかかわる」ことを求めた。ちなみに、この日承認された小委員会の決定は「商品供給」「価格政策とトゥグリク〔モンゴルの通貨〕強化」「商品流通網の組織化」「モンゴル人民赤軍の生活保障」「モンゴル人民赤軍のカードル養成」「信用政策」である。[62] モンゴリア小委員会はヴォロシーロフを議長とし、常任責任書記と職員二名をもって活動したが[63]、その活動が必ずしも順調ではなかったことは、三三年一〇月に「スパイ組織の件」が検討され、エリアーヴァを派遣するとの決定がなされた点、三五年六月になって「小委員会の正常な活動を保障する」規程の作成が必要だとされた点から推定できる。[64]

鉄道輸送小委員会は一九三三年八月一八日の政治局決定(持ち回り)で、「人民委員会議・党中央委員会決定の精神で」鉄道輸送の成果を挙げるために「国防小委員会タイプ」の小委員会として設立された。メンバーはモーロトフ(議長)、スターリン、カガノーヴィチ、ヴォロシーロフ、アンドレーエフ、オルジョニキッゼ、ブラゴンラヴォーフ(交通人民委員代理)である。(65)「決定」とは七月三日付人民委員会議・党中央委員会決定「鉄道輸送業務について」のことで、鉄道輸送計画が一貫して達成されず、事故も増加している現状を打破するため、単独責任制を強化し、カードルを現場に配置し、政治部を設立して党の指導を強化するといった内容である。(66)「国防小委員会タイプ」とは、すでにみたように人民委員会議、政治局双方の小委員会だということで、労働国防会議付属輸送委員会(комитет по перевозкам)の廃止に伴って設立されたという見方もある。(67)鉄道輸送小委員会の議事録は「特別ファイル」の付録にはないが、オルジョニキッゼの「個人フォンド」の中に一九三四年四月から約一年分を見出すことができた。(68)

それによれば、鉄道輸送小委員会は月に二―三回のペースで開催され、スターリンはほとんど出席していた。議題は毎月の輸送計画のほか、鉄道の建設、車両や部品の供給、事故対策などであったが、交通人民委員部だけでも処理できそうにみえながら、小委員会が存在したのは、他の人民委員部との調整をとくに必要としたからと思われる。毎月の食糧、原・燃料、工業製品の輸送計画の作成が多くの人民委員部の調整を経るのはもとより、例えば鉄道建設にはレールの生産を管轄する重工業人民委員部の協力が不可欠であり、国防人民委員部による防衛戦略および戦時輸送計画が考慮されるといった調整である。小委員会は、毎月の輸送計画をはじめ多くは交通人民委員部の提案を検討のうえ承認するか、部分修正するかして交通人民委員部決定または交通人民委員命令として出させ、あるいは人民委員会議・党中央委員会決定に格上げした。例えば、一九三五年四月一一日に交通人民委員カガノーヴィチは「運輸」小委員会議長モーロトフに、党中央委員会・人民委員会議決定および交通人民委員命令の草案「車両の運行促進」を、四月一三日の会議の第一議題にとりあげてもらうべく送付した。(69) 小委員会が党中央委員会運輸部の提案を受け、あるいは、これに決定の具体化を委任することもあったが(前者の例としてウスリー、ザバイカル鉄道長の任命、後者の例としてオムスク、トムスク鉄道へ派遣される調査班の任務)、それは党中央委員会運輸部が各鉄道政治部、関連地方・州党委員会を通じて各鉄道を監督していたからである。(70) 鉄道輸送小委員会は交通人民委員部と党中央委員会運輸部双方の上に立つ、機能的にも組織的にも、人民委員会議と政治局共通の小委員会に他ならなかった。

なお、一九三〇年一二月三〇日の政治局決定で設立された外貨小委員会も人民委員会議、政治局共通の小委員会であった。(71)

三　スターリンと側近

さて、以上のような政策決定の組織的枠組みの中で、個々の政治局員、とくにスターリンと彼の側近はどのように活動し、誰がどの程度の権力を有していたのだろうか。その検証のため、まず政治局員、主要中央委員の政治局会議出席頻度をみることにする(表25)。

この表25から明らかなことは、(1)モーロトフ、カガノーヴィチはほとんど出席しており、夏に長期休暇をとるスターリンを回数で上回りさえしたこと、(2)レニングラード在住のキーロフ、ウクライナ在住のコシオールはほとんど、ウクライナ派遣後のポストゥイシェフ、レニングラード派遣後のジダーノフはあまり出席しなかったこと、(3)主要な人民委員は、ヴォロシーロフ、クイブィシェフ、オルジョニキッゼ、ミコヤーンら政治局員、同候補はもとより、中央委員、同候補も出席したこと(重工業人民委員代理のピャタコーフは古参の中央委員だが、外交のリトヴィーノフ、治安のヤゴーダは第一七回党大会から中央委員)、(4)三〇年代後半になるにつれ、スターリンの腹心たる中央委員の出席が際立ったこと(『プラウダ』編集長、ついで赤軍政治総本部長のメーフリス、スターリンの秘書長ポスクリョーブィシェフ、モスクワ、ついでウクライナ党組織のボスたるフルシチョーフ)、以上である。

表 25　政治局員，主要中央委員の政治局会議出席頻度

人名 ＼ 期間と回数	32.1.8 ↓47回 32.12.23	33.1.16 ↓25回 34.1.20	34.2.20 ↓18回 35.1.3	35.2.22 ↓21回 36.7.19	36.9.1 ↓15回 39.1.29
スターリン	35	18	14	19	13
モーロトフ	39	24	15	20	15
カガノーヴィチ	38	23	16	18	12
アンドレーエフ	31	20	13	15	8
ヴォロシーロフ	32	20	14	18	13
カリーニン	39	20	13	15	10
キーロフ	8	5	4	—	—
コシオール	4	1	3	3	4
クイブィシェフ	33	21	14	—	—
オルジョニキッゼ	34	18	11	14	3
ミコヤーン	37	22	16	20	11
ポストゥイシェフ	33	2	1	0	1
ルズターク	33	10	6	7	2
チュバーリ	3	3	11	17	10
ジダーノフ	—	2	12	12	9
エジョーフ	—	—	7	17	15
クループスカヤ	21	18	12	17	11
ピャタコーフ	11	21	12	12	—
リトヴィーノフ	—	—	7	10	8
メーフリス	—	—	16	15	9
ポスクリョーブィシェフ	—	—	14	17	9
フルシチョーフ	—	—	14	20	7
ヤゴーダ	19	19	14	16	1

* キーロフ暗殺(34.12)，クイブィシェフ病死(35.1)，オルジョニキッゼ自殺(37.2)

次に、個々の政治局員、中央委員のスターリンとの近さをはかる指標として、また、スターリンの主要な関心がどの分野にあったかを示す指標として、彼の執務室に出入りする頻度をとってみる(表26)(72)。そこから明らかなことは、(1)モーロトフ、カガノーヴィチがスターリンと会う頻度は抜群に高く、同じ日に二度も会うことさえあり、しかも両名同時に会うことも多かったこと、(2)次に多いのが主要な経済関係人民委員たるクイブィシェフ、オルジョニキッゼ、

表 26　政治局員，人民委員らのスターリン執務室訪問頻度

	32年	33年	34年	35年	36年	37年	38年	39年
モーロトフ	118	144	98	101	110	226	170	281
カガノーヴィチ	108	124	104	91	58	126	77	94
ヴォロシーロフ	42	67	79	72	76	148	96	187
オルジョニキッゼ	48	35	58	77	68	23	—	—
クイブィシェフ	49	24	50	3	—	—	—	—
ミコヤーン	35	40	43	30	31	58	48	142
カリーニン	10	22	31	36	18	20	11	9
アンドレーエフ	15	20	28	24	21	53	33	36
ポストゥイシェフ	55	13	8	11	1	8	—	—
ルズターク	16	6	9	4	2	—	—	—
ジダーノフ	3	0	88	21	16	61	84	99
チュバーリ	2	3	22	24	28	30	6	—
メジュラウク	14	16	10	15	21	12	—	—
ヤーコヴレフ	31	29	13	22	17	33	—	—
エヌキッゼ	12	7	9	8	—	—	—	—
シュヴェルニク	6	6	4	9	1	5	8	7
ヤゴーダ	21	45	53	37	20	—	—	—
エジョーフ	6	8	16	32	32	185	103	—
ベーリヤ	1	2	0	2	2	2	33	106
ローゼンゴリツ	21	26	22	24	24	9	—	—
リトヴィーノフ	27	31	21	39	30	28	24	15
クレスティンスキー	16	35	22	14	17	3	—	—
ストモニャコーフ	4	3	18	21	29	10	2	—
ポチョームキン	0	0	1	0	0	14	8	16
マレンコーフ	0	0	0	0	0	66	72	52
フルシチョーフ	1	1	3	6	5	21	17	24
メーフリス	10	10	11	8	5	35	7	12

ミコヤーンであったこと、(3)同様にヴォロシーロフが多いのは、スターリンが国防に重大な関心を払っていたことを示していること(ガマールニクやトゥハチェフスキーらもしばしば呼ばれた)、(4)外務人民委員リトヴィーノフ、同代理カラハーン、クレスティンスキー、ソコーリニコフらは中央委員候補でさえなくても頻繁に呼ばれ、スターリンが外交政策の決定に大きな役割を果たしていたと推定されること、(5)ヤゴーダら治安関係者も頻繁に呼び出されたこと、(6)カリーニンは政治局会議への出席は多くても、スターリンに疎んじられ、ルズターク、クループスカヤ(レーニン未亡人)も同様であったこと、(7)スターリンは、必要に応じて地方党書記を呼び出し、または中央委員会の折を利用して面談したこと、(8)ス

ターリンは、重要な事件や党員の処分については当事者、関係者を呼び出して事情を聴取したこと、(73) (9)スターリンは、重要な工場指導者や文化人などとも時には面談していたこと、(74) 以上である。

最近死去した歴史家で、大統領アルヒーフを見られる職権を利用してスターリン伝を書いたヴォルコゴーノフは、政治局の中核メンバーをスターリン、モーロトフ、カガノーヴィチ、ヴォロシーロフの四名とし、のちにジダーノフまたはベーリヤが加わったと述べている。(75) しかし、表26には示さなかったが、同一時刻にスターリン執務室を入退室し、最も長く(スターリンは夜に仕事をするタイプだったので、(76) 最も遅くまで)いた人物の組み合わせは、これと多少異なっている。その意味での「側近中の側近」は、一九三四―三六年ではモーロトフ、カガノーヴィチ、ヴォロシーロフ、オルジョニキッゼであった。それ以前はモーロトフ、カガノーヴィチのペアが群を抜いていたが、赤軍と重工業人民委員部の政治的比重の上昇を反映して、ヴォロシーロフ、オルジョニキッゼが加わったと思われる。オルジョニキッゼの自殺と三七年二―三月総会のあとはエジョーフが急速に台頭し、モーロトフ、カガノーヴィチをさしおいて単独でスターリンと会うこともあった。(77) 三七年初めから三八年半ばまでは、モーロトフ、カガノーヴィチ、ヴォロシーロフ、エジョーフが「側近中の側近」であった。エジョーフの凋落とともに、ジダーノフ、ベーリヤが台頭したわけである。ちなみに、三七年四月に設置された二つの常設の政治局小委員会のメンバーは、ほぼ重なるが、チュバーリは「人民の敵」として銃殺され、ミコヤーンはエジョーフ凋落後に台頭する。

このように政治局の中核メンバーは、時期により、また問題に応じても顔触れが変わり、人数も変動したので、フルシチョーフが第二〇回党大会秘密報告で明かしたように「五人組」「六人組」等の呼び方がされたわけである。(78) そして、この最高指導部は当時「インスタンツィヤ」(Инстанция)と呼び慣らされており、従来から知られていた外交文書での用例のほか、内政にかかわる文書にもそのような用例を見出すことができる。(79)

右の「スターリン執務室訪問者記録」を政治局会議議事録および「特別ファイル」とつき合わせると、さらに以下のことがわかる。第一に、スターリンは自分の執務室で政治局会議や小委員会、さらには事実上の人民委員会議まで開くことがあった。例えば三五年六月一日の「記録」には「夜の会議」(二〇時入室、二一時三〇分退室)とあって、モーロトフ、カガノーヴィチ、ヴォロシーロフ、オルジョニキッゼら、主要な政治局員、人民委員二八人の名が残されている。この日は政治局の正規の会議があり、議事録によれば「一九三五年第三・四半期の国民経済計画」のみが議題で、残り(東方条約、各地方・州の畜産振興計画など三〇件)は「持ち回りで」処理されている。このことと、顔触れがほとんど重なっていることから、「夜の会議」とは第三・四半期の国民経済計画を討議した政治局会議であると判断できる。[80] また、三五年一月八日の「記録」には、同じく主要な政治局員、人民委員ら三二人の名とともに、「小委員会は一八時に開始され、二一時に終了した」ことが書かれている。政治局会議議事録には、一月八日の決定として「一九三五年の基本建設〔投資〕リストを承認する」とあり、三日の正規の政治局会議で決定した「リスト」を修正している。おそらく三日に設けられた小委員会が修正の作業を行って、スターリンの執務室で決定したとみられる。[81]

第二に、外交政策の決定に誰が参画していたかがほぼ判明する。三四年一一月二日に政治局は「外務人民委員部の諸問題」の議題のもとに、一連の重要な決定を行った。「特別ファイル」によれば、①大使の異動(ポチョームキンが駐伊大使から駐仏大使へ)、②ルーマニア参事官の任命、③国際連盟について(一一月総会への代表団、事務次長の推薦など)、④ルーマニアとの鉄道便、⑤アビシニアとの復交、⑥フランスとの関係(東方条約をドイツ、ポーランド抜きで締結する用意、仏ソ両国が事前の通報なくドイツと政治的協定を結ばないこと)、⑦アメリカについて(請求権をめぐる交渉)、⑧外交官養成学院について(聴講資格の緩和)、以上である。[82] まさに、この日スターリン執務室に、ヴォロシーロフ、モーロトフ、カガノーヴィチ、ジダーノフが一六時五分から一八時二〇分まで、リトヴィーノフ、ストモニャコーフが一六時二五分から一七時四五分まで、いたのである。[83] いま一つ顕著な例は、仏ソ

表27—1　スターリン執務室にいた外交関係者(1933年1-3月)

1月　1日	モーロトフ,カガノーヴィチ,ヴォロシーロフ,オルジョニキッゼ リトヴィーノフ,カラハーン 　　＊16日政治局決定：ポーランド等
27日	モーロトフ,カガノーヴィチ リトヴィーノフ,クレスティンスキー,カラハーン,ローゼンゴリツ 　　＊27日政治局決定：対伊通商,対英交渉,対加通商,ペルシャ 　　　2月1日政治局決定：オーストリア,オランダ大使
2月13日	モーロトフ,カガノーヴィチ クレスティンスキー,カラハーン,ストモニャコーフ,ヤゴーダ
23日	同上 　　＊23日政治局決定：外国人特派員のソ連国内旅行
28日	モーロトフ,カガノーヴィチ,ピャトニツキー,クノーリン 　　＊27日ドイツ国会放火事件
3月　4日	モーロトフ,カガノーヴィチ,ヴォロシーロフ リトヴィーノフ,クレスティンスキー,カラハーン
6日	同上,ただしヴォロシーロフ不在 　　＊6日政治局決定：国際連盟への回答 　　　8日政治局決定：中国人の越境
13日	モーロトフ,カガノーヴィチ リトヴィーノフ,クレスティンスキー,ヤゴーダ 　　＊17日政治局決定：駐仏武官 　　　21日政治局決定：外務人民委員部の予算
23日	モーロトフ,カガノーヴィチ,ヴォロシーロフ リトヴィーノフ,クレスティンスキー 　　＊25日政治局決定：国際情報ビュローの予算
4月　3日	モーロトフ,カガノーヴィチ,ヴォロシーロフ リトヴィーノフ,クレスティンスキー,(別個に)カラハーン
4日	モーロトフ,カガノーヴィチ,ヴォロシーロフ,オルジョニキッゼ リトヴィーノフ,クレスティンスキー 　　＊3月23日：ドイツ「授権法」通過 　　　　　27日：日本，国際連盟脱退通告

表 27—2　スターリン執務室にいた外交関係者(1936 年 3-4 月)

3月　8日	モーロトフ, カガノーヴィチ, ヴォロシーロフ, オルジョニキッゼ リトヴィーノフ, クレスティンスキー, ストモニャコーフ, ローゼンゴリツ ＊7日ドイツ軍ラインラント進駐 8日政治局決定：海軍協定, エチオピア, 赤軍の在外諜報活動
10, 15日	モーロトフ, カガノーヴィチ, ヴォロシーロフ, オルジョニキッゼ クレスティンスキー, ストモニャコーフ
16日	モーロトフ, カガノーヴィチ, ヴォロシーロフ, オルジョニキッゼ カンデラキ(駐独通商代表)
21日	モーロトフ, カガノーヴィチ, ヴォロシーロフ, オルジョニキッゼ ローゼンゴリツ, カンデラキ, ヤゴーダ, スルツキー(エヌカヴェデ外国部長) ＊21日政治局決定：国防小委員会に軍事技術ビューロー付設, エチオピア
22日	モーロトフ, カガノーヴィチ, ヴォロシーロフ, オルジョニキッゼ クレスティンスキー
23日	同上, ただしオルジョニキッゼ不在, ストモニャコーフ参加 ＊25日：米英仏ロンドン海軍条約
31日	モーロトフ, カガノーヴィチ, ヴォロシーロフ, オルジョニキッゼ クレステンスキー, ストモニャコーフ, フリノフスキー(エヌカヴェデ)
4月　4日	モーロトフ, カガノーヴィチ, ヴォロシーロフ ローゼンゴリツ, カンデラキ, リトヴィーノフ, ストモニャコーフ ＊4日政治局決定：36年対独通商協定の調印
5, 7日	モーロトフ, カガノーヴィチ, ヴォロシーロフ リトヴィーノフ, ストモニャコーフ
13日	同上, ただしカガノーヴィチ不在
15日	同上, ただしローゼンゴリツ参加
22日	同上
25日	同上, ただしストモニャーコフ不在 ＊17日政治局決定：対仏軍事協力 22日政治局決定：世界平和擁護大会 25日政治局決定：対日関係 5月3日フランス総選挙で人民戦線勝利

相互援助条約調印(三五年五月二日)の直前である。四月二三日はヴォロシーロフ、オルジョニキッゼ、カガノーヴィチ、モーロトフとリトヴィーノフ、クレスティンスキーの六人の訪問しかなく、五月二日は、メーデーの翌日のため短時間ではあったが、オルジョニキッゼ、ヴォロシーロフ、モーロトフ、カガノーヴィチとクレスティンスキーの五人だけがスターリンを執務室に訪れた(リトヴィーノフは四月二三日は協議のためモスクワに呼び戻され、五月二日は条約調印にパリに赴いたため不在)。[84]

従来の研究では、外交に関するモーロトフの小委員会があったとされ、政治局会議議事録もこれを裏付けているかのようだが、[85]「特別ファイル」には見出せない。右の二つの事例、および表27―1、27―2(スターリン執務室に同一時間にいた外交関係者を、一定の期間をとってリスト・アップしたもの)から、「モーロトフの外交小委員会」は、そういう呼称が存在したか否かはともかく、「インスタンツィヤ」プラス外務人民委員および代理であるとみてよい。[86]

スターリンが政策決定でも、組織運営でも最終的に判断、裁可する立場にあったことはいうまでもないとして、その方法や回路についてまとめておこう。

第一に、スターリンは政治局に提案したが、常設小委員会の責任をモーロトフ、カガノーヴィチ、ヴォロシーロフら側近に委ね、自らはイデオロギー、治安、そして外交の分野でイニシアティヴをとった。一九三四年二月二〇日の会議における連邦エヌカヴェデ設立の提案、三月五日の「学校における国史教授の方法」(ブーブノフと共同提案、三月二〇日の「祖国裏切り罪」新設の提案、三月二九日の「諸外国によるソヴィエト・スパイに関するキャンペーンについて」、「軍需工場について」などである。[87]「ソヴィエト愛国主義」を理論的に正当化するエンゲルス論文批判のイニシアティヴをとったのも、スターリンである(三四年七月二二日、八月一六日の政治局持ち回り会議[88])。後の時期の例としては、一九三七年四月一六日の「党史教科書」に関する提案などが挙げられる[89]。

スターリンは外交に関しては、早くから最終的決定権を持っていたようで、例えば一九三二年七月三日の政治局決定は、東支鉄道、日本、南京政府のどの議題についても(三月に「満州国」建国宣言)、休暇中の「同志スターリンの意見を求める」ことになった[90]。すでに触れた仏ソ相互援助条約調印へ向けた詰めの段階では、ラヴァルとの交渉の一時的中断とリトヴィーノフの呼び戻しをどう報道するかについての政治局決定は、「同志スターリンの提案を採択した」ものである[91]。スターリンは、先にみたような「インスタンツィヤ」と外務人民委員、代理の協議の場でも主導権をとったものと推定されるが、それは外交ルート以外にも情報源を持っていたからに他ならない。エヌカヴェデや赤軍の諜報機関はいうまでもなく、「公式のものではなく、秘密に活動する」国際情報ビューロー(Бюро международной информации)である(当初の責任者はラデック[92])。

第二に、スターリンは組織局会議にあまり出席せず[93]、政治局会議でさえ夏の長期休暇のため、モーロトフ、カガノーヴィチよりは出席が少なかったが、側近の政治局員には手紙、電話、呼び出しての面談、さらには別荘での夕食会で働きかけ、指示していたのである。執務室に呼び出しての面談はすでにみたとおりだが、電報による指示として最も有名なのが、一九三六年九月二五日にソチで休暇中のスターリンがジダーノフと連名の電報で、モーロトフ、カガノーヴィチ、その他の政治局員に内務人民委員ヤゴーダ更迭、エジョーフ就任を求めたことである[94]。電報による指示が政治局決定として採択された他の例としては、一九三四年九月一五日のドイツとの通商交渉に関するものも挙げられる。長期クレジットの五年、利率六・一%等のソ連側条件を堅持し、焦らず相手の出方を待つべきだという指示で、それは、ドイツこそ東方条約拒否の悪い印象を和らげ、フランスにソ連不信を植え付けようと焦っているという判断に立ったものである[95]。

手紙による指示の一端は、最近公刊されたスターリンのモーロトフあて書簡集に窺うことができる。例えばスターリンは、一九三三年九月一二日付の手紙で、翌年の国民経済計画のうち基本建設を二一〇億ルーブリ以下に、工業生産増加を一五％以下にするよう指示した。また一九三五年七月二一日の手紙では、翌年の基本建設をメジュラウク提案の一九〇億ルーブリではなく、二二〇億ルーブリにするよう指示した。最終的な計画は指示通りにはならなかったが、前者の場合は、投資と生産の抑制という第二次五ヵ年計画の基調に則って抑制され、後者の場合は、スタハーノフ運動による労働生産性の向上というスターリンの期待に沿って引き上げられたのである。(96)

第三に、スターリンは政治局に諮ることなく、中央委員会総会や、これに準ずる会議で中央委員、地方・州委員会書記に訴えることもあった。例えば一九三三年一月中央委員会・中央統制委員会合同総会は、三二年一二月六日の政治局持ち回り会議で開催日時、議題、報告者が決定され、一六日の持ち回り会議で延期、三〇日の持ち回り会議で議題追加、三三年一月三日の持ち回り会議で再延期が決定されたが、結局のところ一度も議案の審議をしなかった。(97)しかしスターリンは一月総会で、「階級闘争尖鋭化」テーゼに「国家の最大限の強化」という論点を新たに加えたのである。三四年六月二九日—七月一日の中央委員会総会に引き続く二日の集団化問題会議でも、スターリンは、事前に政治局会議で検討もせずに、個人農に対する「税の圧力」という集団化促進の新方針を示した。(98)

第四に、スターリンは政治局に諮ることなく、下級党・ソヴィエト機関および指導者に直接的に指示することもあった。全面的集団化の行き過ぎを批判して現場に責任を転嫁した、一九三〇年三月二日付『プラウダ』掲載の「成功による幻惑」論文が最も有名な例である。三三年五月八日の、農民に対する北部追放等の弾圧措置を緩和するよう指示したスターリン、モーロトフ連名の秘密訓令も、政治局持ち回り会議で前日に決定されたにすぎない。(99)三六年七月二九日の「トロツキスト＝ジノーヴィエフ派反革命ブロックのテロリスト活動について」なる中央委員会秘密書簡は、政治局持ち回り審議さえ経ておらず、スターリンがエジョーフら側近数人と相談して決定したに相違ない。(100)

このようにスターリンは政策決定、組織運営の様々な方法、回路を有していたからこそ、一九三七年二―三月中央委員会総会で「党はトロツキスト、スパイに汚染されている」という認識を押しつける(自縛される)と、もはや従来のような構成での政治局会議をやめ、二つの常設小委員会に代えることができたのである。

もっとも、スターリンの意見がすべて通ったわけではない。国民経済計画の目標数字についてはすでに一例をみたが、他の分野でも次のようなケースがあった。スターリンは、一九三五年九月二六日のモーロトフあて手紙で、憲法は七章から構成されるべきであり(総則、国家構造、最高権力機関、行政機関、司法機関、市民の権利・義務、選挙制度)、レファレンダムを導入すべきだと記した。自分が議長である憲法委員会、ことに傘下の小委員会が活動し始めた頃の話で、このスターリンの提言は、憲法委員会で検討されたかは不明だが、結果としては生かされなかった(レファレンダムは導入)。[101] スターリンはイデオロギーと治安の分野では譲らなかったが、経済や法制などでは議論と裁量の余地を残しており、そこに省庁、地方の利益が部分的にせよ反映されたものと思われる。

最後にスターリンと側近モーロトフ、カガノーヴィチ、オルジョニキッゼの相互関係に多少とも触れておきたい。[102] 彼らが政治路線、イデオロギーで一致し、党内闘争を闘い抜いてきた共通体験で結ばれていただけに、個人間の好悪の感情が政策決定や組織運営に微妙に反映したと思われるからである。

一九三三年九月一日付の手紙で、スターリンはモーロトフの休暇が長すぎると非難し、「政治局や人民委員会議をクイブィシェフ、カガノーヴィチに任せることはできない」と記した。続く一二日の手紙では、休暇を切り上げて帰ってきたモーロトフに「気まずい思いがする」と述べつつ、「カガノーヴィチに中央の仕事を長いこと任せるのは軽率だ。地方・中央の活動にはさまれて一度に多くのことをやろうとするから」と自分の主張を繰り返した。[103]

モーロトフの最晩年の回想には、このカガノーヴィチ評と符合する記述がある。すなわち、彼は立派な組織者、す

図 1　政策決定の諸機関

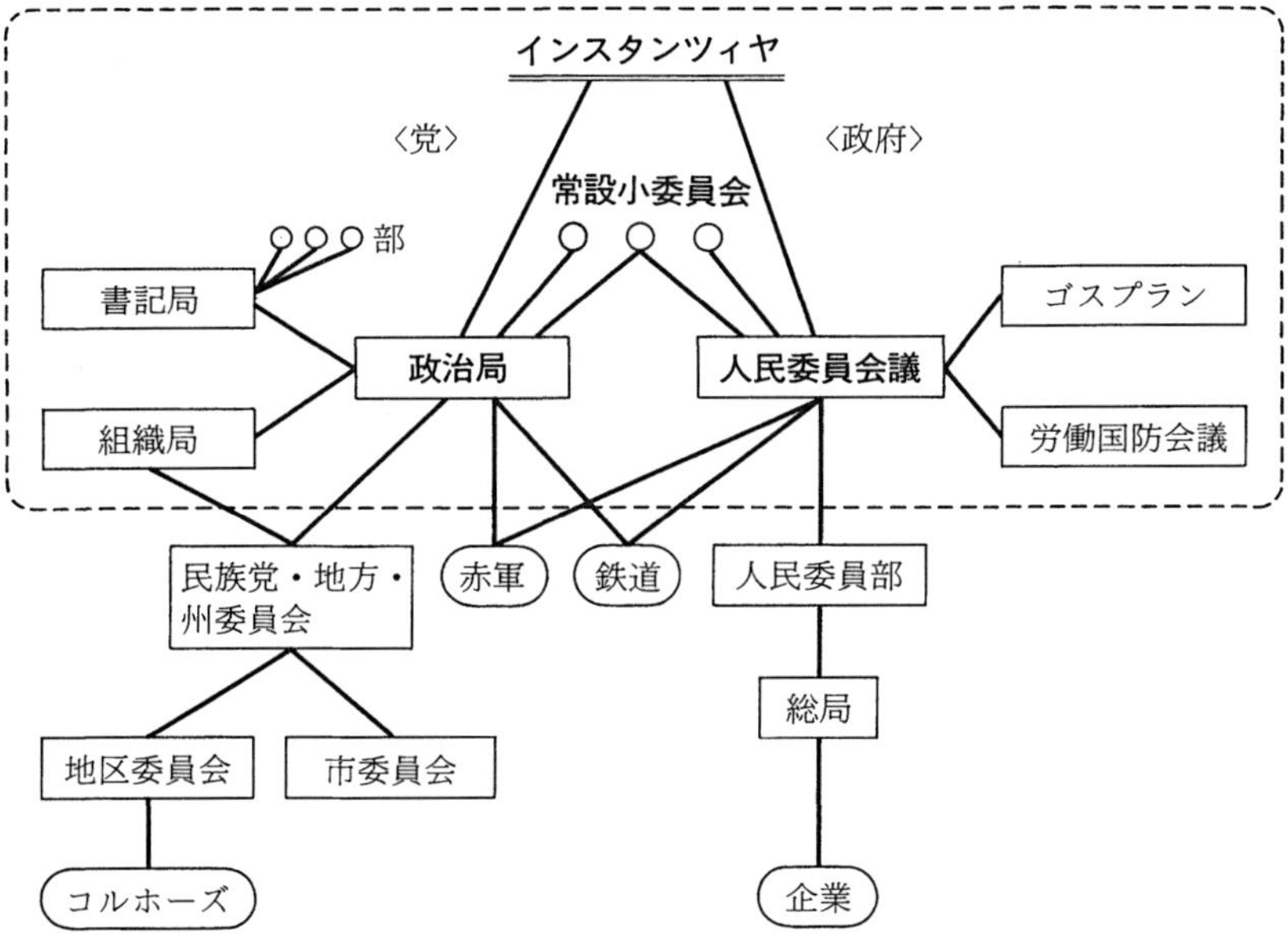

図 2　インスタンツィヤ（1934-36 年）と政治局常設小委員会（1937 年 4 月以降）

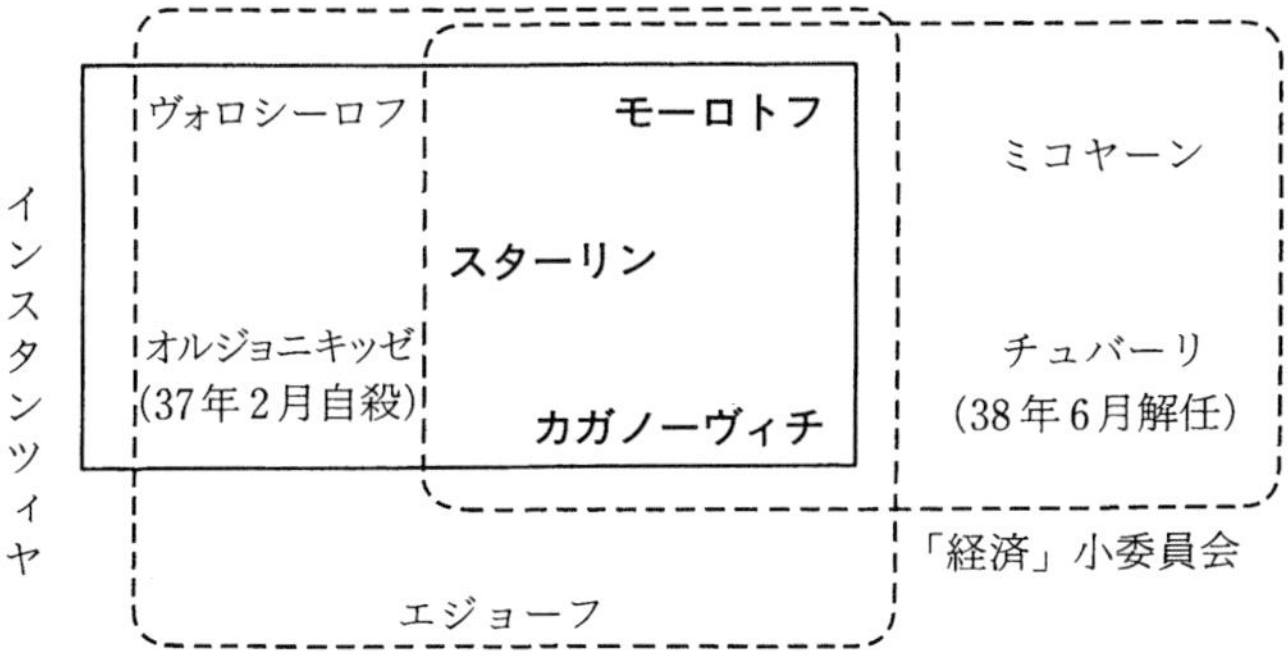

ぐれた演説家だが、「粗野で、何事にも我慢しなかった」という。スターリンに対しては、いくつかの理論的問題では批判したこともあるとしつつも、「政治家として比肩し得る者はいなかった」と敬意を表している。[104] スターリンとオルジョニキッゼとの関係が悪く、後者が三七年二―三月中央委員会総会直前に自殺に追い込まれたことはよく知られていたが、フレヴニュークはアルヒーフ文書に基づいてこれを実証した。オルジョニキッゼがロミナッゼを庇護したこと、キーロフ暗殺前後の期間スターリンに遠ざけられていたこと、工業専門家に対する政治的迫害に反対し、とくに三六年半ば以降は重工業人民委員部の自分の部下をエヌカヴェデの弾圧から守ろうとしたことなどの事実である。[105]

モーロトフとオルジョニキッゼの仲もよくないと従来いわれてはきたが、確たる証拠に欠けていた。ところが、政治局会議「特別ファイル」の一九三一年一二月二三日の決定では、それが示唆されている。この決定は経済関係人民委員部の活動の改革に関するものだが、「同志オルジョニキッゼの引退の申し出を却下する」「同志オルジョニキッゼの同志モーロトフとの相互関係についての表明を検討するため、政治局の特別会議を開く」という項目も含んでいた。[106] オルジョニキッゼのスターリンあて手紙によれば、休暇中のオルジョニキッゼにスターリン、モーロトフが連名で電報を打ち、ヴェセンハ(当時の議長オルジョニキッゼ)を、その輸入が七月二〇日の外貨割当に関する政治局決定に違反しているとの理由で「アナルコ・サンディカリズム」と非難したことに、オルジョニキッゼは腹を立てた。彼はモーロトフを「鈍感な男」(тупой)とみており、「ソーソ」(Coco)と呼び、「君」で呼び合うスターリンがモーロトフに同調したことにショックを受けたのである。オルジョニキッゼは「モーロトフの機嫌をとるためにしたのか」とスターリンを咎め、「限りなく敬愛する君に頼むが、どうか僕の言葉を、腹を立てた人間の引退の脅しと受け取らないでほしい」と結んでいる。[107] カガノーヴィチはオルジョニキッゼに対して、例えば一九三二年八月二日の前者から後者への手紙に示されるように、モーロトフとの対立をめぐって同情的であり、[108] 両者は手紙のや

り取りも多く、かつ、後者の自殺の前日の政治局会議のあと行動を共にしていた。(109)

なお、キーロフについていえば、たしかに第一七回党大会の直後政治局員、組織局員、書記を兼務する点ではスターリンに次いだが、すでにみたように、レニングラードをあまり離れず、中央の政策決定では重きをなしていなかった。ただし、それだけ強権的な農業集団化や穀物調達、治安機関の利用で手を汚していなかったことが、スターリンの対抗馬としてかつがれる理由になり得たかもしれないが、スターリンとの対立を示す史料や説得的な研究はまだない。(110)

（1）Борис Бажанов. *Воспоминания бывшего секретаря Сталина*. Париж—Нью-Йорк, 1983, Санкт-Петербург, 1992 ; Мемуары Никиты Сергеевича Хрущева. *Вопросы истории*, № 2-7, 1990.（大戦開始まで）

（2）Мемуары..., *Вопросы истории*, № 2, 1990 с. 105-108 ; № 3, 1990, с. 63, 72-73.

（3）フルシチョーフがこの期間政治局会議にはとんど出席していたことは、表25からも明らかである。モーロトフが司会を務めていたことを示す記録はないが、出席率はスターリンより高かった。カガノーヴィチが第二書記の役割を果たしていたことは、スターリン欠席のさい議事録末尾に署名していたことから判明する。また、カガノーヴィチ本人とモーロトフの回想にも記されている。Феликс Чуев. *Так говорил Каганович*. М., 1992, с. 73 ; *Сто сорок бесед с Молотовым. Из дневника Ф. Чуева*. М., 1991, с. 260.

（4）РЦХИДНИ, ф. 17, оп. 3, д. 881-1028. この史料のカヴァーする範囲は一九三二年四月から一九四〇年一月までである。政治局が定例会議を月三回開催しようと決定したことは Там же, д. 921, л. 1. また、議題を一五以下に制限するよう書記局に求める決定を三二年九月に行ったが、これも実現できなかった。Там же, д. 898, л. 8. ちなみに、二〇年代は政治局会議は頻繁に開かれており、第一二回党大会（一九二三年）の報告では、年六〇回、つまり月平均五回も開かれていた。Graeme Gill, *The Origins of the Stalinist Political System*, Cambridge University Press, 1990, p. 156.

(5) РЦХИДНИ, ф. 17, оп. 3, д. 913, л. 1-5. 一二月二日の会議は Там же, оп. 3, д. 912, л. 12-13. 二月一日の会議は Там же, оп. 3, д. 914, л. 1-6. なお、採決は行われず、全員一致を原則としたようである。

(6) Там же, оп. 162, д. 14, л. 43.

(7) Там же, оп. 3, д. 935, л. 17-18, 58-59; ГАРФ, ф. 5446, оп. 1, д. 82, л. 24-36.

(8) 陸海軍人民委員部は国防人民委員部と改称され(三四年六月)、労働人民委員部は全連邦労働組合中央評議会と合同した(三三年六月)。人民委員会議は、議長、同代理(ゴスプラン議長)、同代理(労農監察人民委員、のちソヴィエト統制委員会議長)、各人民委員(ゴスバンクは総裁、農産物調達委員会は議長)で構成された。そのインナー・キャビネットともいうべき労働国防会議は右の議長、同代理(二名)、陸海軍・交通・重工業・農業・供給・財務人民委員、ゴスバンク総裁、ゴスプラン議長代理、農産物調達委員会議長からなり、主として供給と技術の諸問題を扱っていた(持ち回り決定の署名欄には「スターリン」の名があらかじめ印刷されているが、管見の限り、サインはなかった)。

(9) 人民委員会議議事録で閲覧したのは、一九三四年一―六月分とその他少々である。四月二〇日付持ち回り決定は、四月二〇日および五月一日の人民委員会議を四月二一日に、四月二三日の労働国防会議を二八日に変更するという内容であった。ГАРФ, ф. 5446, оп. 1, д. 58, л. 290. クイブィシェフはモーロトフの夏期休暇中に人民委員会議の議長を務めたが、一九三四年九月一日から一六日までに七八の議事(заседание)を司会したという。政治局会議と同程度の議題をこなすとすれば、正規の会議は二回はあったことになろう。*Валерий Владимирович Куйбышев*. М., 1988, с. 315. ちなみに、一九三一年一一月二五日の政治局決定では、人民委員会議が三、二一日、労働国防会議が九、一五、二七日に開かれることになった(開始時刻はそれぞれ一八時、一二時。政治局会議は一、八、一六、二三日の一四時、組織局会議は五、一七日の一八時、書記局会議は七、一五、二二、二九日の一八時に開催されることになった)。*Сталинское Политбюро*..., с. 181.

(10) РЦХИДНИ, ф. 17, оп. 3, д. 937, л. 28, 4; ГАРФ, ф. 5446, оп. 1, д. 82, л. 249; д. 83, л. 133.

(11) 鉄道政治部の設立は公式には一九三三年七月一〇日だが、政治局はすでに三月二〇日に決定していた。РЦХИДНИ, ф. 17, оп. 162, д. 14, л. 96. なお、赤軍政治総本部長ガマールニクは組織局員、農業人民委員部政治本部長クリニツキーは組織局員候補であった(第一七回党大会後)。

(12) Там же, оп. 3, д. 909, л. 4; д. 912, л. 4; д. 914, л. 2; д. 917, л. 1; д. 918, л. 2; д. 920, л. 2. なお、四月八日の政治局会議は、石炭問題のみの特別会議であった。

(13) Там же, оп. 3, д. 922, л. 2. 政治局は五月二六日の持ち回り会議で、ドンバスに関する決定を北カフカース炭田に適用することを決定した。Там же, оп. 3, д. 923, л. 21. 六月一五日の正規会議では、同じくウラル、クズバス、極東、モスクワ郊外炭田への適用を決定した。Там же, оп. 3, д. 924, л. 3.

(14) Там же, оп. 3, д. 987, л. 21. 決定は「指導者の命令・支持の不履行、作業中断、勝手な時間内の職場離脱、安全規則違反がしばしば見逃されている」と指摘した。

(15) Там же, оп. 3, д. 929, л. 12.

(16) Там же, оп. 3, д. 959, л. 1-2; д. 961, л. 1-2.

(17) Там же, оп. 3, д. 939, л. 2; д. 942, л. 2-3. 正確には、三月二九日の会議の提案者はスターリンのほか、連邦検事総長アクーロフ、同代理ヴィシンスキー、ロシア司法人民委員クルィレンコであった。なお、決定の中に「司法人民委員部の存在如何は議論しない」とあるが、不要・廃止論があったという意味であろうか。連邦エヌカヴェデ設立の公表は *Известия*, 11 июля 1934.

(18) エヌカヴェデとオソの規程を作成する小委員会は、同じ三四年三月八日に設けられたのに(РЦХИДНИ, ф. 17, оп. 3, д. 941, л. 12)、オソ規程が遅れた理由は不明である。

(19) Там же, оп. 3, д. 940, л. 1; д. 941, л. 3; д. 942, л. 7-8; д. 943, л. 5.

(20) Там же, оп. 3, д. 945, л. 37, 109-111; *Известия*, 16 мая 1935.

(21) РЦХИДНИ, ф. 17, оп. 3, д. 881, л. 6, 22. 芸術団体も同様に改組するとされた。

(22) Там же, оп. 3, д. 881, л. 7, 8; д. 958, л. 35; д. 973, л. 3. 委員会は芸術事業全体を指導し、劇場、映画団体、音楽、絵画、彫刻その他の施設を監督下におくものとされた。

(23) Там же, оп. 3, д. 982, л. 40 ; д. 994, л. 52-53.

(24) Там же, оп. 3, д. 984, л. 18.

(25) Там же, оп. 3, д. 945, л. 1 ; оп. 162, д. 17, л. 134. 前者、つまり三四年五月二六日の政治局会議は、コミンテルン執行委員会幹部会による決定と公表に二日先だっていた。また、議事日程の決定を委任された小委員会はカガノーヴィチ、スターリン、クイブィシェフからなっていた。

(26) 予算(三三、三四年)は Там же, оп. 3, д. 917, л. 10 ; д. 940, л. 35.「特別ファイル」にも総額が示されているにすぎない。Там же, оп. 162, д. 14, л. 70 ; д. 16, л. 29. ディミトロフは、南部で一ヵ月間休暇をとることを「義務づけ」られた。Там же, оп. 3, д. 953, л. 39.

(27) Там же, оп. 3, д. 921, л. 31.

(28) Там же, оп. 3, д. 928, л. 5 ; д. 929, л. 16. トゥヴァに関しては、モンゴルと同じく「特別ファイル」に多数の決定を見出せる。例えば、一九三三年九月三日の政治局決定は、農業集団化およびラマ教との闘争における行き過ぎを是正するよう求めたものだが、トゥヴァ人民革命党指導部がソ連を模倣したことを批判して、自らの責任は回避している(この決定がモンゴリア小委員会の提案に基づくということは、民族的、宗教的に近いとの判断によるものか)。Там же, оп. 162, д. 15, л. 62-63.

(29) 党と政府の癒着は何よりもノメンクラトゥーラによる人事に現われているが、党の予算に政府から補助金が交付されていた点にも明らかである。例えば一九三三年の党予算の収入は党費、出版利益、コムソモール費の合計一億四八〇〇万ルーブリと定められたが、これでは支出をカヴァーできず、「人民委員会議予備フォンド」から補助金二五〇〇万ルーブリを受け取ることになっていた。Там же, оп. 162, д. 15, л. 78.

(30) ヤーコヴレフ小委員会については、第一章第一節註(22)の論文および溪内前掲書第三部、五〇七—五一三頁。カガノーヴィチ小委員会については E. H. Осколков. *Победа колхозного строя в зерновых районах Северного Кавказа*. Ростов-на-Дону, 1973, с. 290.

(31) 一九三一年の「特別移住者に関する」小委員会の史料は、註(45)。一九二〇年代の史料だが、政治局に付設された中国小委員会についてはНовые материалы о Китайской комиссии Политбюро ЦК ВКП(б). *Проблемы Дальнего Востока*, № 4, 1994, с. 85-89. 一九二六年のイギリス問題小委員会については、Всеобщая забастовка в Англии в мае 1926 г. Из «особой папки» Политбюро ЦК ВКП(б). *Исторический архив*, № 1, 1995, с. 5-28.

(32) 議事録にはこのほか外交、通商それぞれにつきモーロトフを長とする小委員会の存在を指摘する叙述がある。РЦХИДНИ, ф. 17, оп. 3, д. 919, л. 22; д. 937, л. 47; д. 944, л. 38; д. 964, л. 16. и т. д. しかし「特別ファイル」では確認できない。

(33) Там же, д. 911, л. 15-41. 国内旅券または、これに代わる一時的身分証明を所持しないと、あるいは、国内旅券または一時的証明の登録なしに居住すると、一〇〇ルーブリまでの罰金を科せられる、などの罰則規定もあった。なお、以下の論文も参照。В. П. Попов. Паспортная система в СССР (1932-1976 гг.). *Социологические исследования*, № 8, 1995, с. 3-14; № 9, 1995, с. 3-13.

(34) РЦХИДНИ, ф. 17, оп. 3, д. 907, л. 9-10.

(35) Там же, д. 907, л. 5.

(36) Там же, д. 909, л. 2.

(37) Там же, д. 911, л. 2-3.

(38) Там же, д. 912, л. 6; д. 913, л. 2.

(39) Там же, д. 915, л. 12.

(40) Там же, д. 916, л. 17. 二月一六日付政治局持ち回り決定「ヴォルガ下流地方委員会の電報」の中にみられる。党中央委員会・人民委員会議決定とあるが、少なくとも政治局会議議事録の一月二二日の分にはない。オスコールコフはスターリン、モーロトフ連名の電報と記しているが、それがおそらく正しい。Осколков. *Голод 1932/1933...*, с. 75.

(41) РЦХИДНИ, ф. 17, оп. 3, д. 918, л. 16, 51-52. 「対象をやや広げる」とは、都市、労働者居住区、交通機関およびソフ

ホーズの所在地、新建設サイトのほか、地区センター、企業およびエムテエスの所在地の住民にも、国内旅券を交付することにしたからである。

(42) 三・一四訓令は、四月二三日の決定の第三項に明記されている(註(43))。

(43) Там же, д. 921, л. 7, 65-66.

(44) Там же, д. 921, л. 30.

(45) Спецпереселенцы—жертвы《сплошной коллективизации》. Из документов《особой папки》Политбюро ЦК ВКП(б). 1930-1932 гг. *Исторический архив*, № 4, 1994, с. 146. 一九三〇年一月三〇日付中央委員会決定(実際は政治局決定)も掲載されている。Там же, с. 147-152.

(46) Там же, с. 152-155.

(47) Там же, с. 155-158, 164-165.

(48) 七月八日の決定は註(45)の史料集に含まれていない。それは大統領アルヒーフに収められた「特別ファイル」から公開したとのことだが、筆者はロシア現代史文書保存・研究センターで、これと重なるが、異なるものを含む別の史料集を見出した。七月八日の決定はРЦХИДНИ, ф. 17, оп. 120, д. 52, л. 1-5.

(49) *Исторический архив*, № 4, 1994, с. 159-160.

(50) Там же, с. 170-172.

(51) Там же, с. 165.

(52) *Сталинское Политбюро...*, с. 58.

(53) РЦХИДНИ, ф. 17, оп. 162, д. 12, л. 7.

(54) Там же, оп. 162, д. 13, л. 27.

(55) Там же, оп. 3, д. 948, л. 95.

(56) Там же, оп. 162, д. 8, л. 121.

(57) Там же, оп. 162, д. 9, л. 111.

(58) Там же, оп. 162, д. 9, л. 88.

(59) Там же, оп. 162, д. 19, л. 123. メンバーはモーロトフ(議長)、スターリン、ヴォロシーロフ、オルジョニキッゼ(代理ルヒモーヴィチ)、ローゼンゴリツ、ピャタコーフ、トゥハチェフスキーら九名。

(60) Там же, оп. 162, д. 12, л. 20.

(61) Там же, оп. 162, д. 13, л. 7-8.

(62) Там же, оп. 162, д. 14, л. 75, 82.

(63) Там же, оп. 162, д. 12, л. 92 ; оп. 3, д. 923, л. 16.

(64) もとより「スパイ組織の件」の内容は記されていないが、エリアーヴァ到着まで人民革命党中央委員会総会開催を延期するよう、チュツカーエフが指示されたことから、大きな事件だったと推定される。Там же, оп. 162, д. 15, л. 108. 小委員会の規程作成の必要についてはТам же, оп. 3, д. 966, л. 5.

(65) Там же, оп. 3, д. 929, л. 11.

(66) *КПСС*, т. 6, с. 74-79. この決定について検討したものに、永綱憲悟「ソヴィエト鉄道管理改革——一九三三年七月三日決定」『経済学紀要』(亜細亜大学経済学会)第一〇巻、第三号(一九八五年一二月)七七—九八頁。三〇年代の鉄道政策をアルヒーフ文書に基づいて分析、記述したのがリーズである。E. A. Rees, *Stalinism and Soviet Rail Transport, 1928-1941*, Macmillan, 1995.

(67) ГАРФ, ф. 7818, оп. 1. この見方は目録(опись)の説明にある。ちなみに、政府のアルヒーフでは「運輸小委員会」(транспортная комиссия)となっており、メンバーにはルズタークが入っている。実務は、モーロトフ事務局の運輸担当がイステルが当たった。

(68) РЦХИДНИ, ф. 85, оп. 29, д. 256.

(69) Там же, д. 284, л. 1.

(70) Там же, д. 256, л. 61, 64. 一九三四年二月一四日付ジーミン(党中央委員会運輸部長代理)の書簡は、一連の経済組織が鉄道輸送計画の遂行に協力しないとスターリン、カガノーヴィチに訴えたものである。Там же, д. 298, л. 2.

(71) *Сталинское Политбюро...*, с. 31. 発足時のメンバーはルズターク(議長)、クイブィシェフ、カルマノーヴィチ、グリニコ、ローゼンゴリツ、アクーロフであった。

(72) Посетители кремлёвского кабинета И. В. Сталина. *Исторический архив*, № 6, 1994, с. 4-44; № 2, 1995, с. 128-200; № 3, 1995, с. 119-177; № 4, 1995, с. 15-73; № 5/6, 1995, с. 4-64. 大統領アルヒーフから公開されたが、一九二四年七月から始まる記録には、最初の方は名のみ、ついで入室時刻、三〇年一二月からは個々人につき入退室時刻が残されている。

(73) ウクライナの教育人民委員スクルィプニクは一九三三年二月二三日にスターリンに呼び出され、二七日に解任された。*Исторический архив*, № 2, 1995, с. 168; РЦХИДНИ, ф. 17, оп. 3, д. 916, л. 29. ヴョーシェンスキー事件(第三章第二節一)では、三三年七月二日に、スターリンから委任されて現地調査したシキリャートフが「告発者」ショーロホフ、同地区の指導に当ったジーミン、オフチーンニコフを伴って、スターリンと面会した。後二者は四日にもう一度呼び出され、それぞれ北カフカース地方委員会書記、ロストーフ市委員会書記を解任された。*Исторический архив*, № 2, 1995, с. 184, 185; РЦХИДНИ, ф. 17, оп. 3, д. 126, л. 5-6. 政治局は三三年一一月二九日に、タジキスタン中央執行委員会議長マクスム、人民委員会議議長ハジバーエフの件につき、スターリンら五名からなる小委員会が意見を聴取して検討のうえ政治局に報告すると、持ち回りで決定した。一二月一日には両名を民族主義的偏向その他の廉で、またタジキスタン党中央委員会書記グセイーノフを集団化および反宗教闘争における行き過ぎの廉で解任することを、持ち回りで決定した。スターリンは二八日に彼らおよび中央アジア・ビューロー書記ピリャールら、オゲペウ関係者と二〇時半過ぎから二時過ぎまで面談し、一日にも同じメンバーと面談した。*Исторический архив*, № 2, 1995, с. 197, 198; РЦХИДНИ, ф. 17, оп. 3, д. 935, л. 19, 21, 67-69.

(74) 例えばスターリンは、一九三三年八月一九日の自動車工業に関する政治局持ち回り決定に先立ち、モスクワ自動車工場のリハチョーフらを呼んだ。*Исторический архив*, № 2, 1995, с. 187. また、三二年五月一一日にファジェーエフ、キルショーンら四名、一〇月二九日にショーロホフ、三三年八月九日にはゴーリキーと面談した。Там же, № 2, 1995, с. 144, 155, 188.

(75) ヴォルコゴーノフ前掲書・上、五〇八頁。

(76) スターリンが毎晩二―三時まで執務していたこと、七月末から一一月三日までソチに休養をとりに行くことなどについては、ボディガードの回想を参照。А. Т. Рыбин. *Рядом со Сталиным. Записки телохранителя.* М., 1992; Его же. *Сталин и Киров. Записки телохранителя.* М., 1995.

(77) スターリンとエジョーフの単独面談は三七年二月一六日、三月一九日、四月二六日、五月五日、五月一九日に行われた。*Исторический архив*, № 4, 1995, с. 44, 46, 50, 51, 52.

(78) *Известия ЦК КПСС*, № 3, 1989, с. 163.

(79) 政治局会議議事録「特別ファイル」に含まれた、出先のリトヴィーノフや各国大使にあてた訓令には、「インスタンツィヤの委任により、クレスティンスキー」という署名がある。РЦХИДНИ, ф. 17, оп. 162, д. 14, л. 166 и т.д. 中には「政府最高首脳」(высшие правительственные инстанции)という表現もある。Там же, д. 17, л. 76. 内政にかかわる文書で「インスタンツィヤ」が用いられたものとしては、オルジョニキッゼあてセレブロフスキーの手紙、同ビルマンの手紙が挙げられる(後者はモーロトフが三七年二―三月総会で引用)。ビルマンの手紙では「党最高幹部」(высшие партийные инстанции)という表現である。РЦХИДНИ, ф. 85, оп. 29, д. 344, л. 1; Там же, ф. 17, оп. 2, д. 612, вып. 1, л. 15.

(80) *Исторический архив*, № 3, 1995, с. 168; РЦХИДНИ, ф. 17, оп. 3, д. 964, л. 1, 50-56.

(81) *Исторический архив*, № 3, 1995, с. 152; РЦХИДНИ, ф. 17, оп. 3, д. 958, л. 7; д. 957, л. 1-2.

(82) Там же, оп. 162, д. 17, л. 75-76.

(83) *Исторический архив*, № 3, 1995, с. 142.

(84) Там же, № 3, 1995, с. 163-164.

(85) 註(32)に同じ。

(86) 表27—2で目立つのが駐独通商代表カンデラキである。当時ドイツとの通商関係は、一九三五年四月に五年間総額二億マルクの信用供与協定が結ばれ、三六年四月にはドイツ側が増額を申し入れ、五月にゲーリング・カンデラキ会談がもたれたという状況であった。しかし、リトヴィーノフは早くから対独通商の拡大に慎重であり(スターリンあて三五年一二月三日付書簡 *Известия ЦК КПСС*, № 2, 1990, с. 211-212)、加えて五月のフランス人民戦線勝利、ことに七月のスペイン内戦勃発とドイツの干渉で、通商拡大は困難になった。カンデラキがスターリンの執務室に呼ばれた回数はたしかに多いが、スターリンのヒトラーへの密使という見方(クリヴィツキー)はもとより、スターリンの二重外交路線の、リトヴィーノフとは別の、もう一枚のカードという見方も成立し難い。Особая миссия Давида Канделаки, *Вопросы истории*, № 4/5, 1990, с. 144-145; Geoffery Roberts, *The Soviet Union and the Origins of the Second World War: Russo-German Relations and the Road to War, 1933-1941*, Macmillan, 1995, pp. 21-40. ちなみに、カンデラキは三七年九月に貿易人民委員代理を解任され、貿易人民委員部評議会から除名されており、この時期の常として弾圧された。РЦХИДНИ, ф. 17, оп. 3, д. 991, л. 13.

(87) Там же, оп. 3, д. 939, л. 2; д. 940, л. 1; д. 941, л. 1; д. 943, л. 2.

(88) Там же, оп. 3, д. 949, л. 18; д. 950, л. 31-32. スターリンは休暇先のソチから、七月一五日にエンゲルス論文に対するコメントを、八月五日に政治局あて書簡を送った。

(89) Там же, оп. 3, д. 986, л. 2. スターリンは党史作成グループ(クノーリン、ヤロスラフスキー、ポスペーロフ)に、自分の案、時期区分を採用するよう求めた。

(90) Там же, оп. 162, д. 13, л. 12, 83.

(91) Там же, оп. 162, д. 18, л. 7. 交渉中断は、リトヴィーノフが一時帰国して人民委員会議に報告するためとされ、これに対する英仏の反応も併せてタスが報道するという決定である。

(92) Там же, оп. 162, д. 10, л. 143-146. 国際情報ビューローは、指導者、補佐(政治、経済の二名)、事務職員からなる常設装置を有し、海外の情報提供者、「特別通信員」からの情報や新聞記事などの分析結果は、毎週中央委員会(実際には政治局、スターリン)に報告されることになっていた。なお、ラデックが責任者であったことは、三六年九月二〇日の政治局決定(持ち回り)で罷免されたことから、わかる。Там же, оп. 3, д. 981, л. 40.

(93) 例えば、党員証点検運動が展開されていた一九三五年三月二七日、六月八日、七月三一日、一〇月一四日の組織局会議のうちスターリンが出席したのは、三月二七日だけである。Там же, оп. 114, д. 580, л. 1; д. 585, л. 1; д. 590, л. 1, д. 595, л. 1.

(94) この電報の件はすでに、一九五六年の第二〇回党大会におけるフルシチョーフ秘密報告で明らかにされた。*Известия ЦК КПСС*, № 3, 1989, с. 138.

(95) РЦХИДНИ, ф. 17, оп. 162, д. 17, л. 42, 49.

(96) *Письма И. В. Сталина В. М. Молотову. 1925–1936 гг.* М., 1995, с. 248–250. なお、一九三四年の国民経済計画は三四年一月三日の人民委員会議決定で確定したが、基本建設は二五一億一八〇〇万ルーブリ、工業生産の増加率が一九%であった。ГАРФ, ф. 5446, оп. 1, д. 82, л. 24–36. 一九三六年の国民経済計画は三五年一二月四、九日の政治局会議で決定されたが(人民委員会議・党中央委員会決定として)、うち基本建設は何と三一六億ルーブリに引き上げられた。РЦХИДНИ, ф. 17, оп. 3, д. 973, л. 18, 23, 43–46.

(97) Там же, д. 910, л. 7; д. 911, л. 15; д. 913, л. 11, 14. 政治局会議議事録を通読すれば、他の中央委員会総会の提案も、いや大会の提案さえも、政治局が検討することはあまりなかったことがわかる(第二節で検討する)。

(98) Зеленин. Коллективизация и единоличник..., с. 40–43.

(99) РЦХИДНИ, ф. 17, оп. 3, д. 922, л. 16.

(100) この秘密書簡に関する記述は、政治局会議議事録および「特別ファイル」に見出しえない。ただし、一九三五年五月一三日の党員証点検に関する中央委員会秘密書簡は、政治局会議で作成をエジョーフに委任した。Там же, д. 963, л. 3. また、三八年一月一二日の「党除名の行き過ぎ」に関する中央委員会秘密書簡は、同日の政治局持ち回り決定で承認された。

Там же, д. 994, л. 61. テロルの絶頂期にはスターリンの独断専行が強まったことの証左である。

(101) *Письма И. В. Сталина...*, с. 253-254. 憲法委員会については、第四章第一節の註(2)の文献が詳しい。

(102) ロイ・メドヴェージェフは側近ヴォロシーロフ、ミコヤーン、スースロフ、モーロトフ、カガノーヴィチ、マレンコーフを論じた。Roy Medvedev, *All Stalin's Men*, Basil Blackwell, 1983.

(103) *Письма И. В. Сталина...*, с. 247, 249.

(104) *Сто сорок бесед...*, с. 319, 261.

(105) Хлевнюк. *Сталин и...*, с. 21-29, 42-47, 83-95.

(106) РЦХИДНИ, ф. 17, оп. 162, д. 11, л. 99.

(107) 手紙はオルジョニキッゼ「個人フォンド」の中に見出した。日付はないが、文脈上一九三一年と解し得るうえ、引退が明示されており、言及された七月政治局決定が外貨問題のそれであることを「特別ファイル」で確認できるので、まさしく一二月二三日の政治局会議の直前の手紙とみてよい。Там же, ф. 85, оп. 28, д. 87, л. 14-15; ф. 17, оп. 162, д. 10, л. 122.

(108) Там же, ф. 85, оп. 29, д. 433, л. 1-4. カガノーヴィチは投資削減の政治局決定につき、財政状態から已むを得ないこと、「大事な友人」(главный друг スターリンのこと)も承認したこと、自分も会議では削減幅を小さくするよう主張したが、うまくいかなかったことを述べ、「君が苛立たないよう、ましてや腹を立てないよう」頼み、同意してくれるものと信ずると記した。

(109) Хлевнюк. *Сталин и...*, с. 114.

(110) むしろ両者の対立はなかったという見方に与する論文が最近出た。Н. А. Ефимов. Сергей Миронович Киров. *Вопросы истории*, № 11/12, 1995, с. 49-67.

第二節　党の中央諸機関

一　中央委員会の部局

スターリンは第一三回党大会(一九二四年)以来唯ひとり政治局、組織局、書記局のすべてにポストを占めていた。モーロトフは第一六回党大会(一九三〇年)まで同様だったが、ルィコーフの後を襲って人民委員会議議長となったため、組織局、書記局からは離れた。第一七回党大会(一九三四年)直後に三つのポストを占めたのは、スターリン、カガノーヴィチ、キーロフである。しかし、キーロフはレニングラードに州・市委員会書記を兼任したまま留まったので、党のナンバー2はカガノーヴィチであった。

第一七回党大会直後に選出された書記はスターリン、カガノーヴィチ、キーロフ、ジダーノフであるが、キーロフを除く三人の任務分担が、一九三四年六月四日の政治局持ち回り会議で決定された。それによれば、スターリンは、①政治局、②文化・宣伝部、③特別課、カガノーヴィチは、①組織局、②工業部、③運輸部、④コムソモール、⑤党統制委員会、ジダーノフは、①書記局、②農業部、③計画・財務・商業部、④政治・行政部、⑤指導的党機関部、⑥総務部を担当した。(1) これは、キーロフ暗殺事件後にジダーノフがレニングラード州・市委員会書記を兼任し、さらにカガノーヴィチが交通人民委員に転出すると(三五年二月二七日の持ち回り決定)、次のようになった。中央委員会書記アンドレーエフは、①組織局(議案準備はエジョーフの補佐を受ける)、②工業部、③運輸部、④総務部を担当し、三五年二月一日の中央委員会総会で選出された書記エジョーフは、①党統制委員会議長、②指導的党機関部長を兼任し、「その他の部、とくに文化・宣伝部の活動の監督は同志スターリンに委ねる」ことが決定されたのである。(2) スターリンが担当した特別課とは、中央委員会総会決定や政治局会議決定の文書作成、そのための連絡業務を行う課で、課長はスターリンの秘書長ポスクリョーブィシェフであった。スターリンは、唯ひとり一貫して書記であっただけではなく(ただし、書記長という呼称は第一七回党大会で外れた)、政治局持ち回り会議決定、それもしだいに増加する同決定を、ポスクリョーブィシェフの補佐で作成する点でも、他の政治局員に優越していたのである。(3)

政治局が政治活動の指導に当るのに対し、組織局は「組織活動の全般的指導」に、書記局は「組織的・執行的性格の日常活動」に当ることになっていた。ところが、議事録をみる限り、両者の違いは判然としない。例えば、一九三三年一月一九日の組織局会議と二月一七日の書記局会議を議題で比べると、前者が組織問題中心(映画産業の管理組織、採炭企業における指導スタッフの流動、工場委員会の改選、北部地方委員会の諸問題など二四)、後者が人事問題中心(エムテエス政治部への軍人派遣に伴う赤軍の追加召集、省庁カードル課長の報告、ヴォルガ中流地方執行委員会議長の人事、中央委員会承認の軍需産業職務のノメンクラトゥーラ、サマーラおよびオムスク市の区委員会設立など四一)と、一応は区別できる。しかし出席者でみると、主催者の組織局員兼書記カガノーヴィチ、組織局員兼書記候補シュヴェルニク、組織局員候補コーサレフ、中央統制委員シキリャートフ、中央委員候補ニコラーエヴァ、エジョーフら中央委員会部長クラスなど、重複も多い(総数は組織局会議五二名、書記局会議四二名)。(4) しかも、三三年の会議数は組織局が一五回、書記局が七回であり、一七回党大会後は書記局会議はほとんど開かれなくなり、組織局会議が人事問題をも扱うようになった。(5)

一九三五年三月二七日の組織局会議をやや詳しくみておく。出席者は、組織局員がアンドレーエフ、ガマールニク、エジョーフ、ジダーノフ、カガノーヴィチ・Л、コーサレフ、スターリン(出席は稀)、ステツキー、シュヴェルニクで一〇人中九人、組織局員候補がカガノーヴィチ・M(兄)で二人中一人、中央委員がブーブノフ、クルジジャノフスキー、クループスカヤ、フルシチョーフの四人、中央委員候補がカミンスキー、メーフリス、ポスクリョーブィシェフら七人、党統制委員がアクーロフ、シキリャートフ、ヤロスラフスキーら二八人、その他合わせて六六人であった。議題は、①市委員会に党カードル部を設立する政治局決定の履行状況、②大学、工科大学、工業専門学校の学生の状態、③一九三五年の党予算、④一九三五年の紙の配分、⑤党員証交換と、少ないが重要なテーマである。①ではモスクワ、レニングラード等における履行状況が報告され、遅れたロストーフ市委員会書記クドリャフツェフらが譴責処分を受けた。「中央委員会指導的党機関部、当該州・地方委員会、民族党中央委員会が提出した市委員会カードル部長候補を承認する」「レニングラード市委員会の組織・宣伝活動強化に関する決定を『プラウダ』に公表する」ことも決定された(後述)。②はアンドレーエフを議長とする小委員会に具体的提案を委任する形で処理されたが、次回の組織局会議で文化・宣伝部の分割の問題を検討することも併せて決定された。③はむろん「決定―特別ファイル」であった。④は一見奇妙だが、新聞、書籍をいっさい文化・宣伝部を通して統制していた以上、当然の議題である。⑤は「地区委員会、州・地方委員会、民族党中央委員会に、党員証の登録、保管、交付の改善に関する特別の書簡」を送るというスターリンの提案を容れ、その草案の作成をエジョーフを議長とする小委員会に委任した。(6)

書記局に統括される部は、第一六回党大会の改組後は、①組織指導部、②カードル配員部、③文化・宣伝部、④煽動・大衆キャンペーン部、⑤秘密部、⑥総務部、⑦レーニン研究所の七つであったが、第一七回党大会でさらに改組され、①計画・財務・商業部、②工業部、③運輸部、④農業部、⑤政治・行政部(赤軍および行政・司法機関を担当)、⑥指導的党機関部、⑦文化・宣伝部、⑧マルクス＝エンゲルス＝レーニン研究所、⑨特別課、⑩官房の八部二課となった。(7) 工業化と農業集団化に対応した、経済部門別省庁を指導しやすい機能重視の改組だったといえる。このうち文化・宣伝部は三五年五月に分割され、①党宣伝・煽動部、②新聞・出版部、③学校部、④文化・啓蒙部、⑤科学・学術的発明・発見部となったが[8]、当時の教育改革、科学振興の政策に対応したものである。第一八回党大会(一九三九年)では、①組織指導部、②カードル部、③宣伝・煽動部、④学校部と、元に近い形で簡素化された。こうしてみると、三四―三八年の党中央装置は、中央省庁を機能別の部で、地方党組織を指導的党機関部でコントロールしようとするものであったといえる。第一七回党大会後に、人民委員部の決定機関である参与会(коллегия)が廃止され、多人数だが権限の弱い評議会(совет)に代えられたのも、これに対応している(三八年三月に参与会は復活)[9]。いくつかの部について、情報は断片的だが、その活動を一瞥しておく。

農業部は一九三二年末に、農業人民委員部、ソフホーズ人民委員部の双方の活動を監督し、農村党組織の活動を改善するために設立された。当時の穀物調達危機、飢饉の状況を反映して、カガノーヴィチが部長に就き、エムテエスおよびソフホーズ政治部のメンバー選抜を最初の仕事とした[10]。州・地方委員会、民族党中央委員会にも農業部(сельхозотдел)が設置され、農業人民委員部系列の農業部(земотдел)とはパラレルな関係にあった。しかしコルホーズに対する指導は、実際には州・地方―地区委員会そのものが(三三―三四年はエムテエス政治部が)行い、農産物調達の実施機関は人民委員会議付属の農産物調達委員会とその全権代表であり、穀物調達計画の増減は政治局が自ら乗り出して決定することもあった。したがって、農業部は人事や組織の点検、やや長期的な政策立案に携わったとみてよい[11]。例えば、一九三五年二月採択の模範アルテリ定款の草案は農業人民委員部が準備したようだが、共和国・地方・州ごとの定款の作成に中央委員会農業部も関与したことは、新聞報道からも明らかで、四月二五日付『プラウダ』記事には、ヴォローネシ州、アゾフ＝黒海地方の執行委員会、党委員会の提案を、農業人民委員部、党中央委員会農業部が修正、承認したとある[12]。三五年一一月二六日の政治局決定(持ち回り)によれば、農業部は農業およびソフホーズ人民委員部などと協力して、非黒土地帯のコルホーズの組織的・経営的強化、農業生産の改善の会議を召集することになった。[13] 三七年四月一三日の政治局決定(持ち回り)は、農業人民委員部、ソフホーズ人民委員部内の「妨害工作者」の逮捕を認め、両機関の組織的構成を見直すことにしたもので、農業部長ヤーコヴレフの提案に基づいていた。[14]

運輸部については第二章第一節で多少触れたが、ここでもみておく。交通人民委員部には一九三三年以降政治部が付設され、各鉄道には鉄道長と政治部長が、あたかも赤軍における司令官とコミッサールのように並存していた。政治部は鉄道運行の軍隊的規律と労働者、職員の動員を保障すべく設立されたが、交通人民委員部機構の一部である(政治本部長は人民委員代理)にもかかわらず、赤軍におけるのと同じく、摩擦が絶えなかった。運輸部は、交通(および水運)人民委員部のカードルの配置・点検業務のほか、半ば国家機関、半ば党機関たる政治部を監督していたようである。三五年一月上旬と思われる運輸部長ジーミン、責任指導員アマトゥーニの書簡は各政治部と政治本部の活動を厳しく批判したものである。「政治本部は交通人民委員部の一部でありながら、経済活動全体から遊離している。……他の部局の指導的職員をむち打ち、中傷している」。他方、現場では「一部の政治部は経済指導部にとって代わり、……鉄道長の命令さえ出している」「実務的活動に干渉し、……二重権力を創り出し、……単独責任制を掘り崩している」。[15] 二月に運輸部長代理エフゲニエフは、スターリン、カガノーヴィチ、エジョーフに鉄道政治部長の書簡の抜粋を資料として送ったが、これは日常的になされていたとみてよい。[16]

三五年五月に文化・宣伝部から分離した学校部が、「初等・準中等・中等学校における授業と内部秩序の組織化」(三五年九月三日付人民委員会議・党中央委員会決定)に続いて、[17]「大学における授業と内部秩序の組織化」の準備に当ったことは、同決定案を学校部長代理マカロフスキーがジダーノフに送るという文書から明らかである。[18] 学校部はさらに「大学の活動、これに対する指導」(三六年六月二三日人民委員会議・党中央委員会決定)も準備した。これは学年暦、授業時間・週コマ数、授業形態など、「組織化」決定と重複する部分もあるが、興味深い相違もある。入学資格の「一七―三五歳の、選挙権を剝奪されていない、すべての市民」から選挙権制限が削除され、入学試験科目がロシア語のみとされ、「民族共和国では母語も可」という但し書きが削除された。[19] 三五年から三六年にかけての政治的変化を反映したものだが、それはともかく、連邦レヴェルに人民委員部のない教育の分野では、それだけ党中央委員会の部が活動しなければならなかった。

指導的党機関部(オルポ)は何よりも、州・地方委員会、民族党中央委員会の活動を監督し、もって中央委員会による統制と活動点検を強化しようとする部である。[20] これは州・地方委員会、民族党中央委員会にも設けられ、市・地区委員会(約三〇〇〇)の活動を監督することが求められた。三四年九月に開かれた地方オルポ部長会議でカガノーヴィチは、多くの生産部(農業部、工業部など)は自分の活動だけして党生活、党内建設の諸問題を放置しているが、オルポは州・地方委員会を援助して、この一面性を正すのだと述べた。党装置の活動の中心は党活動の諸問題であり、国家・経済問題に対しても「党員、アクチーフの組織化」の観点からアプローチするというわけである。[21] 当時、党内活動としては粛清が進行中であったが、これは中央統制委員会(第一七回党大会後は党統制委員会)が責任機関であり、オルポが関与する全党規模の党内活動としては党員証点検が最初であった。三五年九月、中央オルポ部長エジョーフが召集した地方オルポ部長会議の議題は党員証点検である(後述)。[22] ちょうどその頃、中央オルポの構成と定員が組織局会議で決定されたが、それによれば、部長、代理、補佐、書記、書記補佐計七名のほか、指導員三名(責任指導員、党カードル部担当、情報部担当)からなる一一の地方グループと六課(指導カードル登録、カードル教育・再教育、党統計、統一党員証、地域外党組織、情報・アルヒーフ)があり、定員の総計は九六名であった。[23]

二　党の組織活動

第一七回党大会では組織問題が大きな比重を占めたが、カガノーヴィチ報告とこれをめぐる討論で強調されたのは、党の独自の役割、すなわち、党によるソヴィエト等の活動(執行)の点検、大衆に対する政治・教育活動、カードルの選抜、配置や教育である。第一次五ヵ年計画期の党が、とくに農村ではソヴィエト機関を代行し、経済活動に偏していたこと、それゆえ党内外の政治・教育活動を怠り、階級敵の潜入と活動を許したことの反省に立っている。オルポの活動が開始されるわけだが、本格的には三五年一月以降なので、その前に当時進行中だった粛清をみておく。

一九三三年四月二八日付中央委員会・中央統制委員会決定に基づく、より正確には、前年末の穀物調達危機の最中に北カフカース、ウクライナ等ですでに開始されていた党の粛清(чистка)は、第一七回党大会決議によれば一九三四年中に完了するはずであった。[24] 粛清は、同年五月一五日に開始された第二次のそれも含めて、党員の思想的水準を引き上げ、党の大衆の中での権威を高め、生産上の課題達成を促進する成果を挙げたとされた(党員、同候補の除名は第一、二次とも約一八%)。[25] 八月一〇日付中央委員会決定は、一九三三年中に粛清を完了した党組織につき党員証交換を行うことを明らかにし、一一月一七日付決定では、一二月一五日のモスクワ州を皮切りとする共和国、地方、州ごとの日程(完了は一九三五年五月一日)を示した。[26]

ところが、所定の期日になっても党員証交換は行われなかった。一九三五年一二月中央委員会総会後にフルシチョーフ(モスクワ州・市委員会書記、中央委員)が明らかにしたところによれば、「この春」中央委員会組織局で党員証交換の問題が出されたが、スターリンが、党務(партийное хозяйство)がきわめて不十分な状態では党員証交換も、それに続く新規入党もできないと述べたという。[27] たしかに、党員登録業務が悪く、党員証の記載と党委員会保管の登録カードのそれとが一致していないことや、党費の数ヵ月、時には数年にも及ぶ滞納のケースがあることは、第二次粛清の中間総括でも指摘されていた。[28] 一九三四年九月三日の州・地方委員会オルポ会議でも、カガノーヴィチは党員登録業務の「醜態」を批判した。[29] 一〇月一三日付中央委員会決定はすべての州・地方委員会、民族党中央委員会に、党員証および登録カード交付手続の点検活動を組織化し、その結果を一ヵ月後に中央委員会に報告するよう求めた。[30] しかし、それにもかかわらず、中央委員会は一一月一七日付で一二月一五日党員証交換開始を指示したのだから、これを中止した理由は、所定の期限に遅れた報告から党員証登録業務が最悪の状態であると判断されたか、別の重大な政治的事件によるか、である。前者のケースは『党建設』誌での扱い、論調からは考えにくい。やはり一二月一日のキーロフ暗殺事件に関連して中止されたとみてよい。[31] 同事件の真相如何の問題は措くとしても、少くとも事件が「革命的警戒心」の最大限の強調という政治的雰囲気を醸成した以上、すでにその取扱いが「醜態」であることが明白だった党員証交換、まして新規入党開始は中止せざるを得ない、という状況である。

ところで、キーロフ暗殺の犯人がニコラーエフであると発表されて僅か二週間後の一二月一七日付『プラウダ』論説は、その背後にジノーヴィエフがいたことを示唆し、階級敵、党の敵に対する革命的警戒心の向上を訴えた。同紙に掲載されたモスクワ州・市委員会合同総会(アクチーフ参加)決議は「旧ジノーヴィエフ反対派の卑劣なクズどもが、わが隊列から同志キーロフを奪った」とし、「ジノーヴィエフ反党グループの卑劣な反革命的残党を徹底的に狩り出せ、……われらがスターリン万歳」という激越な呼びかけで結ばれていた。[32] レニングラード州・市委員会合同総会(アクチーフ参加)決議も同様であり、これを皮切りに反ジノーヴィエフ・キャンペーンが展開された。

この過程で注目すべきは、一二月一七日付中央委員会決定が、すべての共和国・地方・州都、大工業都市の党組織では中央委員会総会決議の討議にアクチーフが召集されねばならない、としたことである。この決定は当時はしばらく後にその存在が明らかにされたものだが、[33] もとの政治局決定(持ち回り)によれば、「党生活において特別に政治的な意義をもつ」伝統の復活である。[34] これによって中央委員会(政治局)と、工場レヴェルで活動するアクチーフとが直結したことになる。

この頃農村では、一一月中央委員会総会決定によるエムテエス政治部の地区委員会への改組、その前提としての地区の小規模化が進行していた。一九三五年一月二八日付『プラウダ』のマレンコーフ(オルポ部長代理)論文によれば、約八〇〇の地区が新設され、旧来の地区と合わせて二一七四人の第一書記を中央委員会は承認した。エムテエス政治部長二六〇四人中二五三三人が地区指導部に残り、一五〇六人は地区委員会書記になった。これら地区委員会書記と政治部長の多数は中央委員会に呼び出され、面接のうえ承認された。マレンコーフによれば、中央委員会による承認後に配転を申し入れた地方委員会があったが、配転は中央委員会に通知し、その承認を得なければできないことになった。[35] 従来、地区委員会書記は、例えば三三年七月九日の北カフカース地方委員会ビューロー決定にもあるように、地方委員会ビューローのノメンクラトゥーラに入っていたのだから、[36] 中央委員会は、地方・州委員会のエムテエス政治部批判をいわば逆手にとり、政治部改組=地区再編によって地区委員会人事を掌握したことになる。

二月二二日の政治局会議は、市委員会に党カードル部を設立することを決定した。「党カードル部がないことによって、地区レヴェルでも全市レヴェルでも、党カードルの育成、配置の活動が弱まり、市委員会と初級党組織との日常的接触が弱まり、市の農村指導における組織的関係が乱れ、市を武装解除している」という判断に立っている。モスクワなど六三の市委員会に、モスクワ、レニングラード、キーエフ、ハーリコフ、バクー、ゴーリキーについては区委員会にも党カードル部が設立されることになった。[37] この党カードル部は党装置の系列では中央―地方のオルポの下に入ることになり、三月二七日付組織局決定では、市委員会党カードル部長の候補は中央オルポと、州・地方委員会、民族党中央委員会との共同推薦であり、中央オルポは市委員会党カードル部長会議を召集することになった。(38)

このようなスターリン指導部の組織・人事政策は、一〇月一三日付中央委員会決定から約三ヵ月も経っているのに、一部の州・地方委員会は「然るべき措置をとっている」と報告するのみで、若干の党組織は沈黙で逃れていることに対する苛立ち、(39)かかる党組織の状態でキーロフ暗殺が起こったことに対する危機意識に発していると思われる。三五年三月二九日付レニングラード市委員会総会決定「党＝組織および政治教育活動の諸課題」が称揚されたのは、経済活動の後景に押しやられた党の組織活動、党員のボリシェヴィキ的教育を活発にすべきだと主張したからだが、同時に、それをキーロフ暗殺事件の教訓として提起したからである。(40)

ところで、先の三月二七日付組織局決定が作成を委任した書簡が、一九三五年五月一三日付中央委員会秘密書簡であった。それによれば、中央委員会は「特別な点検」(前年一〇月一三日付決定に基づく点検を指す)の結果「党組織は党員証の取扱いにおける甚しい恣意、コミュニストの登録における許し難い混乱(xaoc)に満ちている」ことを確証した。「党と労働者階級の敵が党員証への接近の機会を利用し、党員証を入手し、党とソヴィエト国家の事業を失敗させようとする自己の卑劣な策動を隠蔽する、多数の事実が点検によって明らかになった。」登録カードの記載が誤っており、任務や所属の変更があっても訂正されず、訪問者が誰でも近づける状態であった。また、党費は個々の党員によって納入されるのではなく、「徴収人」、それも時として非党員が集めて回り、しかも党員証をその記載のために預かるという実態も明らかになった。党組織の指導者たちはこうした業務に携わらず、事務職員に委任している。ここ数年、紛失、窃盗による党員証の再交付は二〇万をこえ、空欄のまま盗まれたものは一〇〇〇以上にもなる。こうした状態では入党開始は問題にもなり得ない。むこう二ヵ月、党員証および登録カードの有無、真偽の点検を全党的に実施する。その指導には州・地方委員会、民族党中央委員会の第二書記、オルポ部長が直接にあたり、中央委員会に対し個人責任を負う。同様に、市・地区委員会書記は州・地方委員会、民族党中央委員会に対して個人責任を負う(失敗した場合には、党からの除名に至る規約上の処分を受ける)。(41)

党員証点検活動は、当初の二ヵ月という予定を大幅にこえて一二月中央委員会総会で総括されることになるが、それは地方・州委員会が指示通りには動かなかったからである。六月二六日付中央委員会決定は、西部州、ヴォローネシ州、ハーリコフ州の一地区、ハーリコフ市の一区における秘密書簡の実施状況を点検し、形式的・官僚主義的取り組みを批判したうえで、党員証点検の具体的な手続きを示したものである。(42) 八月一一日付中央委員会決定は、「党組織間の移籍に関する中央委員会規程に違反した党員」「党規約に反して入党した党員」「地区委員会の登録係」といった項目のほか、アゾフ＝黒海地方など四地域の党員証点検活動の評価からなっている。例えばアゾフ＝黒海地方については、点検期間を短縮するなど一連の誤りがあり、地方委員会の指導が不十分だったと指摘し、点検完了期限の延長を認めた。(43) 一〇月一九日付中央委員会決定は、クールスク州では一連の地区委員会書記が「犯罪的な慢心を示し、欺瞞的方法で党員証をもっている党の敵を暴露しなかった」し、州委員会も誤りを正さなかったとして、党員証点検のやり直し、点検期限の一二月一五日までの延期を指示したものである。(44)

一二月中央委員会総会におけるエジョーフ報告によれば、党員証点検は、当初の無理解や形式的・官僚主義的取り組み、これを是正したための遅れにもかかわらず、全体としては成功した(表28)。多くの異質・敵対分子が除去されたが、被除名者のうち目立つのが「もと白衛派、クラーク」(一九・一%)で、ついで「山師、ペテン師」(七・九%)、トロツキストおよびジノーヴィエフ派(二・九%)である。暴露と同時に逮捕した者は、被除名者の八・七%であった。エヌカヴェデ機関は、当該党委員会の委任により敵組織をも摘発したが、それは一〇〇をこえた。党員証点検によって、規律が強化され、新しいカードルが登用され、党装置の活動が改善された。エジョーフが強調したのは、敵が潜入するのは主体の責任、すなわち「ボリシェヴィキ的警戒心の欠如」「組織活動の政治活動に対する

表28　党員証点検の結果(35年12月1日現在)

	在籍(7月1日)	被点検数	割合	被除名数	割合
			%		%
党　　員	1,660,537	1,550,169	93.3	125,262	8.1
党員候補	681,245	365,275	53.7	49,854	13.6
合計	2,341,782	1,915,814	81.1	175,166	9.1

立ち遅れ」であること、これを忘れ、理解しきれず、あるいは慢心、油断から敵の潜入と妨害活動を許してしまうこと、である。敵の潜入を許す組織活動の欠陥としては、党員のキャンペーン的大量採用、党員登録の悪さ、責任活動家の党務に対する無関心が挙げられた。トロツキスト、反革命グループの活動がかなり詳しく紹介された。エジョーフは最後に、次は党員証交換だが、それは党員証点検の結果を固め、点検をくぐり抜けた一部の敵を除去するとともに、いわゆる消極的分子も党から除くものと説明した(新党員証は統一フォーム、統一ナンバー)。そして党員証交換の終了をもって、三六年六月一日から新規入党が再開されることも明らかにされた。(45)

キーロフ暗殺に始まり、エヌキッゼ事件(三五年三―六月)(46)を契機に強められた「警戒心の向上」論は、エジョーフ的な党員証点検総括で一段と強められつつあった。もとより、一二月総会では異論があり、『プラウダ』にはエジョーフ報告が公表されず、かえって穏健なエイヘ、ハタエーヴィチ論文が掲載された(47)(第三章第一節三)。しかし、党員証点検活動が、粛清とは異なって、粛清委員会の類を設けずオルポを通じて実施されたことにより、エジョーフ率いるオルポの権力が強まり、また、自ら認めたように、エヌカヴェデとの協力関係を深めたことは見逃し得ない。のちにマレンコーフが三七年二―三月総会で明らかにしたところによれば、中央委員会のノメンクラトゥーラ五八六〇人のうち市委員会・地区委員会書記は五二七五人であったが、承認されなかったのが党員証交換前までに一四〇〇人にものぼった。(48)

一九三六年六月一―四日の中央委員会総会は憲法草案、農産物の収穫・調達のほか、二月から始まった党員証交換についても討議した。これに先立ち五月二三日付で中央委員会決定が出されたが、それは一部の地方、地区における交換の不当な引き延ばし、十把一からげの「消極分子」の名による除名を批判し、交換期限を八月一日まで延期する内容であった。総会でもスターリンが「消極分子」の名による忠実な党員の除名を批判したといわれ、エジョーフ路線に一定のブレーキがかけられた。一二月総会決議第三項「交換に当っては、党に入り込んでしまった、党員の高貴な名に値しない消極的な連中に、主要な注意を向けるべきである」の拡大解釈というわけである(49)。だが、こうした除名は警戒心向上キャンペーンのもとではむしろ当然で、六月八日の『プラウダ』論説は「党員証点検も交換も、党内に敵が残らない一〇〇%の保証にはならない」と述べ、「警戒心を、さらに一層の警戒心を」で結ばれていた(50)。

すでに第一章でみた「合同本部」裁判から三七年二―三月総会への過程における党内活動は、旧反対派摘発に集中したといって過言ではない。しかしながら、憲法草案の「全人民討議」が、少なくともソヴィエト選挙の民主化についての議論が、党内民主主義と党機関選挙の現状に人々の目を向けさせたことも事実である。「党内民主主義が侵犯されている党組織が、労働組合およびソヴィエト民主主義を、スターリン憲法草案が教えている精神で実現できるのか」と、ある地区委員会書記は主張した(51)。ソヴィエト組織について選挙人に対する報告の不十分さや執行機関の自己補充が批判されたのと同じく、党機関の報告制と選挙制の侵犯が規約違反として批判され、党内民主主義が地方・州委員会書記クラスから語られるようになった(52)。これへの回答が三七年二―三月総会におけるジダーノフ報告であった。すなわち、勤労者のソヴィエト機関の活動の欠陥、歪曲に対する不満を「敵対的な批判」と取り違えてはならないとし、党内では自己補充が広がり、選挙があっても形式化している規約違反、民主主義の侵犯を正すよう主張したのである(53)。

しかし、スターリン指導部にとって、党員証交換を経てもなお党中央に従順でない地方党書記たちが「党内民主主義」を語るのは、我慢ならないことであった。一〇月一五日の組織局会議決定のうち「党機関の報告制」(カガノーヴィチ、ジダーノフ、エジョーフ、アンドレーエフ、マレンコーフ提案)は、多くの州・地方委員会、民族党中央委員会が中央委員会に対し、ビューロー会議、総会の議事録を不定期的に、適宜にでなく提出しているのは、基本的な義務の不履行だと批判したものである。[54] ジダーノフ報告に込められた真の狙いは、党内民主主義を逆手にとって「ボス支配」を攻撃し、地方・州委員会書記たちを追い落とすことにあった。スターリンが自分の報告で示した軍隊的党観(最高指導者三―四千を「将官団」、中間指導者三―四万を「将校団」、下級スタッフ一〇―一五万を「下士官団」と呼んだ)は、[55] およそ党内民主主義とは相容れない。また、彼の強調した「ボリシェヴィズムのマスター」も、かかる党観を前提とするかぎり、党史の学習に矮小化されざるを得ない。[56]

三　中央委員会総会の役割

最後に、中央委員会総会の役割を整理しておく。表29は、その開催日と議題を示したものだが、ここから気づく点は、第一に、開催が比較的に年末と年央に集中していることである。これは農業のサイクルに規定されたもので、年末は越冬の準備が終了して一段落した時点、年央は穀物の収穫と調達を前にした時点である。年末はまた、中央執行委員会(のち最高ソヴィエト)の会期を控えた時点で、これに先立って年次国民経済計画および予算を検討し得たからである。第二に、議題では収穫・調達など農業問題が最も多く、五ヵ年計画が進展した三〇年代後半になっても必ず取り上げられた。工業化、都市化が進んでも人口の過半数はいぜんとして農村に住んでおり、中央委員の多数を占める地方・州委員会書記は農業に対する指導を最優先していたからに他ならない。第三に、中央委員の除名は本来は党大会で行うことだが、実際には中央委員会総会でなされた。ブハーリン、ルィコーフの除名は総会を二度も要し、大量除名も三七年六月、一〇月のように総会の場でなされたが、「持ち回り採決」で決定される場合

表 29　党中央委員会総会と議題（中央統制委員会との合同総会含む）

30.6.26-7.13	第 16 回党大会：工業，コルホーズ，労働組合
12.17-21	合同総会：31 年計画，食肉・野菜供給，消費協同組合，ソヴィエト改選
31.6.11-15	総会：播種・収穫，鉄道，モスクワ市
10.28-31	総会：鉄道，ソヴィエト商業
32.1.30-2.4	第 17 回党協議会：31，32 年の工業，第二次五ヵ年計画
9.28-10.2	総会：ソヴィエト商業，日用品生産，冶金
33.1.7-12	合同総会：33 年計画，エムテエスおよびソフホーズ政治部，粛清，反党グループ
34.1.26-2.10	第 17 回党大会：第二次五ヵ年計画，組織問題
6.29-7.1	総会：穀物・食肉納入，畜産
11.25-28	総会：配給制廃止，政治部改組
35.2.1	総会：憲法改正の発議
6.5-7	総会：収穫・調達，エヌキッゼ問題
12.21-25	総会：スタハーノフ運動，党員証点検
36.6.1-4	総会：憲法草案，収穫・調達
12.4，7	総会：憲法最終草案，ブハーリン問題
37.2.23-3.5	総会：党の改革，妨害活動との闘い，ブハーリン問題
6.23-29	総会：中央委員の除名，最高ソヴィエト選挙規程，種子改良，輪作，エムテエス
10.11-12	総会：最高ソヴィエト選挙キャンペーン，中央委員の除名と補充
38.1.11，14，18，20	総会：最高ソヴィエト会期，除名の行き過ぎ，38 年の農業，食肉，鉄道，共和国最高ソヴィエト選挙
39.3.10-21	第 18 回党大会：第三次五ヵ年計画，規約改正
5.21-24，27	総会：コルホーズの土地，収穫・調達，地方ソヴィエト選挙

も少なくなかった（表20）。

ところで、中央委員会総会は政策決定・履行の過程で、いかなる役割を占めたのか。二〇年代末までの中央委員会総会は政策論争の場であり、党装置を掌握し、政策決定の主導権をもっていたスターリン派も、実施した措置につき総会で追認を求め、反対派との論争を通じて多数を確保し、党内世論に訴えていた。スターリンの権力確立後は、公然たる反対派も政策論争も消滅し、総会は翼賛的な性格を帯びるようになった。総会の規模も、例えば三三年一月合同総会の場合、中央委員六七人、中央委員候補五八人、中央統制委員一六八人、中央監査委員一三人、合計三〇六人では、論争には適さないものになっていた[57]。総会議事録だけをみても、政治局の主導は一目瞭然である。

三三年一月合同総会の場合、次のように記録されている。(1)「第一次五ヵ年計画の結果、第二次五ヵ年計画初年たる一九三三年の国民経済計画」(報告：同志スターリン、モーロトフ、クイブィシェフ)――ⓐ政治局による決議案を基本的に採択する。ⓑ決議の最終的成文化は政治局に委任する。(2)「エムテエスおよびソフホーズ政治部の目的と任務」(報告：同志カガノーヴィチ・Л)――政治局による決議案を承認する。(3)「エイスモント、トルマチョーフ、スミルノーフ・A・Пらの反党グループについて」(報告：同志ルズターク)――中央統制委員会幹部会による決議案を承認する。(4)「党の粛清について」(報告：同志ポストゥイシェフ)――政治局、中央統制委員会幹部会による次の決議案を承認する(略、ⓑ項では、粛清の具体的方針を政治局、中央統制委員会幹部会に委任)。[58]

それでは、中央委員会総会が単なるセレモニーに堕していたかといえば、そうした見方は誤っている。第一に、農業に関しては、農業人民委員部や農産物調達委員会の出先機関より地方・州委員会の方が現地の実情に明るく、集団化の促進であれ、穀物調達であれ、中央委員たる有力な地方・州委員会書記の協力が不可欠で、総会は一種の支持獲得の場であった。たとえ、一九三二年冬の北カフカースのようにカガノーヴィチ小委員会を派遣して穀物調達を強行させた場合でも、一月合同総会でシェボルダーエフをして「中央委員会の援助で危機を克服した」「穀物調達のサボタージュに対しては国家的強制を用いてもよいし、用いるべきなのだ」と正当化せしめる必要があった。[59]また、同じ一月合同総会で設立が決定されたエムテエス政治部について、ハタエーヴィチ(ヴォルガ中流地方からウクライナに転出)が「新しい組織＝政治センター」にするためには、地方の土壌、気候、その他の特質に注意し、現地の資源、余力の活用に関心を払うべきであり、それはコルホーズ員大衆の積極化のもとで初めて可能であると述べたが、これは農業に疎い政治部活動家による行政的指導に釘をさしたものとみられる。[60]

このように有力な地方・州委員会書記が総路線の枠内で、政策履行の方法にクレームをつけることはその後もみられ、スターリン指導部からすれば一種のガス抜きにもなった。三四年六―七月総会でクレイネル(農産物調達委員会議長)が「政治部長を含む多くの地方活動家」が穀物義務納入の削減を要求したと批判したとき、地方党書記たちはこれをかわすべく、政治部に責めを負わせようとした。コシオール(ウクライナ)は、政治部は、収穫を過小評価するコルホーズの志向がわからず、「現地の人々と癒着し……、政治部を設立した時に課せられたものから大きく遠ざかったようにみえる」と述べた。ヴァレイキス(中央黒土州)は、一部の政治部は「自分のコルホーズ、エムテエスと利益を完全に同じくするようになり、国家に対する直接の請願者に転化して」種子・食糧貸付を求めていることを批判した。(61)

第二に、スターリン指導部は総会を反対派断罪の場とするのみならず、旧反対派の自己批判の場としても活用し、忠誠の証を示させた。三三年一月合同総会はエイスモント、トルマチョーフ、スミルノーフの反党活動を断罪したが、決議の第二項はトムスキーらにかかわるものであった。「同志トムスキー、ルィコーフ、シュミットは、党の総路線と実際の政策を擁護して反党分子と積極的に闘うことをしなかった。むしろ、スミルノーフ、エイスモントとの連絡を維持し、もって彼らの反党活動を励まし、……旧右翼反対派指導者の支持をあてにする口実を与えた」として、態度を改めなければ処分すると警告した。(62) ルィコーフ、トムスキーは討論では各二回発言し、第一次五ヵ年計画の総括では自分たちの右翼的誤りを再確認し、ルィコーフはスミルノーフらの厳しい処分を要求した。(63) カバコーフ(ウラル地方)は「中央委員会を一枚岩(монолит)にしなければならない」「過度の寛容(чрезмерная терпимость)を除去しなければならない」といい、ルィコーフ、トムスキーを中央委員会から除名するよう求めたが、さすがに受け入れられなかった。(64) しかし、このような不寛容の雰囲気のもとでブハーリンも、「内外情勢が、鉄の規律を少しでも緩めることを許さない」「あらゆるグループは仮借なく切除しなければならない。過去や個人的友情などセンチメンタルな考慮を意に介さずにだ」と述べたのである。(65)

このように旧反対派をスケープゴートに仕立て、彼らに自己批判させ、彼らに対する一部の過激な批判をも利用して、全体の忠誠を確保するスターリンの総会運営は、三七年二―三月総会でもみられた。もっとも、ブハーリンおよびルィコーフ問題の討論は、エジョーフ報告が、ブハーリンらが一九三二年にリューティン政綱の作成をリードし、トロツキストをも合流させ、クラーク蜂起を準備し、イヴァノヴォ食糧暴動を組織したという、供述に基づく告発であったため、かかる運営にはなじまなかった。発言者は、ブハーリンとピャタコーフ、ラデックらとの対審に参加したモーロトフ、カガノーヴィチ、ヴォロシーロフ、ミコヤーンといった政治局員や党統制委員が中心だったのである。[66] スターリン報告をめぐる討論ではシェボルダーエフ、ポストゥイシェフがスケープゴートとされ、とくに後者はコシオール、リュプチェンコらウクライナの同志がいわば競うように批判した。ジダーノフ報告をめぐる討論では「寛容」を説いたハタエーヴィチまでが、ポストゥイシェフは自己批判が足りないと批判したのである。[67] この総会の「不寛容の一枚岩」ぶりは、ウリヤーノヴァがモーロトフ結語のあと発言して、鉄道を解雇された人物の名を新聞で公表しないよう(就職が困難になるから)提案したが、賛成〇で否決された点に端的に現われていた。[68]

もとより、三七年二―三月総会でさえ不協和音は存在したのだが、それは政策論議の問題として第三章第一節で扱う。本節の最後に、政治局による中央委員会総会準備について一瞥しておく。総じて、政治局会議議事録には、中央委員会総会の日程、議題、報告者を決定したあと、準備の討議をしたことを示す記録が少ない。とはいえ、三〇年代初期ほど準備が慎重になされたようである。例えば三二年九―一〇月総会の場合、六月二三日の政治局会議で九月末召集と議題(表29)が決定され、八月二八日付政治局決定で召集日、議題と報告者が確定し、報告者は九月一五日までに草案を提出することになった。九月一六日の政治局会議では決定案の作り直し、一九日までの提出、二〇日の政治局特別会議召集が決定された。その二〇日の会議は「ソヴィエト商業の振興」に関する二つの草案を統一し、三つの議題とも政治局提案を確定すべく小委員会を設けることを決定した。小委員会はモーロトフ、スターリン、カガノーヴィチ、クイブィシェフ、ポストゥイシェフ、ミコヤーン、オルジョニキッゼらからなり、二四日に召集されることになった。「スターリン執務室訪問者記録」は、この会議が一四時すぎから一九時近くまで行われたことを証明している。(69)

農業問題を議題とする三四年六―七月総会の場合、六月二六日の政治局会議が「政治局員の特別会議を二七日に二時間もつ」ことを決定したが、「スターリン執務室訪問者記録」によれば、この会議がもたれたことは確実である。二七日一四時一〇分頃から一七時四〇分頃まで、ジダーノフ、クイブィシェフ、ヴォロシーロフ、カリーニン、チュバーリ、モーロトフ、ミコヤーン、カガノーヴィチ、アンドレーエフのほか農業部長ヤーコヴレフが同時に在室し、やや遅れて農業人民委員チェルノーフ、農産物調達委員会議長クレイネルらも入室したからである。(70) 三五年一二月総会の場合、一六日の政治局会議はその準備を第一議題として扱い、「スタハーノフ運動にかかわる工業、運輸の諸問題」の骨子を基本的に承認し、小委員会およびモーロトフ、スターリンに最終的成文化を委任した。「党員証点検の結果」の骨子は修正を付して採択した。(71)

三七年二―三月総会の場合、まず一月二八日に日程と議題が決まった。二月二〇日召集、議題は、第一「ブハーリン・ルィコーフ問題」、第二「新選挙制度に基づくソ連邦最高ソヴィエト選挙への党組織の準備、これに応じた党=大衆活動のペレストロイカ」、第三「トロツキストの妨害活動、後方攪乱、スパイ活動の教訓」である。三一日に報告者が、第一議題エジョーフ、第二(もと第三)議題オルジョニキッゼ(重工業人民委員部)、カガノーヴィチ(交通人民委員部)、エジョーフ(エヌカヴェデ)、アンドレーエフ(党)、第三(もと第二)議題ジダーノフに、提出期限が二月五日に決められた。その二月五日、第二議題から「党カードルの政治教育、党組織内のトロツキストその他の面従腹背者との闘いの方策」が分離して(第三議題)、スターリンが報告することになった。以上三回の決定は持ち回りだったが、一七日の政治局会議は、ジダーノフ報告に基づく決議案(第一議題に)、エジョーフ報告に基づく決議案(第二議題の三)、スターリン報告に基づく決議案(第三議題)を基本的に承認するとともに、オルジョニキッゼ、カガノーヴィチの報告に基づく決議案については、基本的に承認するが、政治局会議で採択された修正、補足をふまえ、最終草案を確定するよう両名に委任した。(72) スターリンがアンドレーエフに代わったのは、事態の重要性を判断したため、ブハーリン・ルィコーフ問題の決議案が一七日の時点で用意されていなかったのは、彼らの抵抗が強く、スターリン指導部の中でも二人の処置をめぐって意見の相違があったため(のち総会「小委員会」で判明)、である。なお、オルジョニキッゼが、スターリンのいう重工業人民委員部内の妨害活動を肯んじ得ず、独自に調査を行いつつ、報告作成を引き延ばして抵抗したことは、フレヴニュークの著作が明らかにしている。(73)

(1) РЦХИДНИ, ф. 17, оп. 3, д. 946, л. 20.
(2) Там же, оп. 3, д. 960, л. 7 ; д. 961, л. 16. なお、ジダーノフは月三〇日のうち一〇日はモスクワで書記局の活動を行うものとされた。Там же, оп. 3, д. 962, л. 37.
(3) ポスクリョーブィシェフは第一七回党大会で中央委員候補に選出され、政治局会議にも正式に参加するようになったし、出席率も高かった(表25)。なお、一九三二年一〇月一六日のスターリンの要請に基づく政治局会議決定は興味深い。政治局会議の最中は持ち回り採決を中止するよう秘密部に指示したものだが、これは政治局がいかに膨大な議事を処理していたかを示すとともに、ポスクリョーブィシェフの秘密部(のち特別課)の重要な役割、これを掌握するスターリンの他の政治局員に対する優越を示唆している。Там же, оп. 3, д. 903, л. 2.
(4) Там же, оп. 114, д. 332, л. 1-10 ; д. 334, л. 1-9.
(5) その後の組織局会議と書記局会議の回数は、三四年が各一二、〇、三五年が各一二、一、三六年が各一一、〇であった。
(6) Там же, оп. 114, д. 580, л. 1-3. 四頁以降に「持ち回り決定」事項が六〇記録され、最後にアンドレーエフの署名がある。なお、組織局会議に出席できるのは中央委員、同候補、監査委員会議長、党統制委員会ビューローおよびグループのメンバー、ソヴィエト統制委員会ビューロー・メンバー、中央委員会部長および代理、コムソモール中央委員会書記などであった。Там же, оп. 3, д. 963, л. 11.

(7) 一九三〇年の党装置の改組については、溪内謙「ソ連邦の党官僚制――一九三〇年の改組を中心として――」『現代行政と官僚制』(東京大学出版会、一九七四年)、一八三―二一九頁。なお、マルクス＝エンゲルス＝レーニン研究所は、三一年一一月にマルクス＝エンゲルス研究所とレーニン研究所が合体したものである。また、三二年六月二三日の政治局決定(持ち回り)で登録部が設立された。Там же, д. 889, л. 21.

(8) Там же, д. 963, л. 2-3.

(9) Там же, д. 997, л. 28.

(10) Там же, д. 911, л. 12.

(11) Там же, д. 954, л. 26.

(12) *Правда*, 25 апреля 1935. 模範アルテリ定款違反を指摘して批判するのも農業人民委員部、党中央農業部連名であった。*Правда*, 22 июля 1935.

(13) РЦХИДНИ, ф. 17, оп. 3, д. 972, л. 90.

(14) Там же, оп. 3, д. 986, л. 12; оп. 162, д. 21, л. 18. なお、ヤーコヴレフは、第一七回党大会後の三四年三月一〇日から短期間在職したジダーノフの後を襲って、四月一〇日に農業部長になった(農業人民委員はチェルノーフに)。

(15) Там же, оп. 120, д. 158, л. 5-23.

(16) Там же, л. 69-85. ドネツク鉄道政治部長の報告のうち「政治的気分について」は興味深い。とくに「階級的異分子の明らかに敵対的な行動」として記録された労働者の言葉。「労働者階級は略奪され、くたばっている。……私は六人家族で二〇〇ルーブリ、暮していくのが大変つらい」「配給制は廃止されたが、パンは商業価格だ。いつか賃上げしてくれるのを待っても、話だけのこと。稼ぎの多い奴はいいだろうが、一〇〇ルーブリの者には、パンは高すぎてあきらめざるを得ない」等々。

(17) *Известия*, 4 сентября 1935. 政治局決定としては八月三一日。РЦХИДНИ, ф. 17, оп. 3, д. 970, л. 86, 172-176.

(18) Там же, оп. 120, д. 166, л. 1-20. これがいつ正式に人民委員会議・党中央委員会決定となったかは不明。

(19) Там же, д. 225, л. 16-34.

(20) *XVII съезд ВКП(б). Стенографический отчёт*. М., 1934, с. 562.

(21) *Партийное строительство*, № 22, 1934, с. 4-5. 初代オルポ部長はブラートフである。РЦХИДНИ, ф. 17, оп. 3, д. 941, л. 14.

(22) *Партийное строительство*, № 17, 1935, с. 79-80.

(23) РЦХИДНИ, ф. 17, оп. 114, д. 595, л. 8, 59-62.

(24) *КПСС*, т. 6, с. 45-50.

(25) *Партийное строительство*, № 21, 1933, с. 1-4; № 14, 1934, с. 1-5.

(26) Там же, № 19, 1934, с. 44; № 22, 1934, с. 48.

(27) *Правда*, 20 января 1936.「この春」の組織局会議が、先述の三月二七日の会議であることは疑いない。

(28) *Партийное строительство*, № 14, 1934, с. 1-5.

(29) Там же, № 22, 1934, с. 6.

(30) Там же, № 21, 1934, с. 62.

(31) 三ヵ月後の『党建設』誌の一論文は、キーロフ暗殺を実行したトロツキスト＝ジノーヴィエフ派残党の党内潜入を援助したのは、党員証登録・点検の問題に対する一部の活動家の無責任な態度であると述べ、来るべき党員証点検活動の目的が旧反対派摘発にあることを示唆した。Там же, № 5, 1935, с. 8.

(32) *Правда*, 17 декабря 1934.

(33) *Правда*, 11 июня 1936.

(34) РЦХИДНИ, ф. 17, оп. 3, д. 955, л. 43.

(35) *Правда*, 28 января 1935.

(36) РЦХИДНИ, ф. 17, оп. 21, д. 3378, л. 161.

(37) Там же, оп. 3, д. 959, л. 4, 33-34.

(38) 註(6)に同じ。地区委員会、市委員会、地方委員会、共和国党中央委員会の指導員の登録のさい中央オルポは忌避することができると、三四年九月一九日の中央委員会決定は定めた。*Партийное строительство*, № 20, 1934, с. 46.

(39) Там же, № 1-2, 1935, с. 38.

(40) Там же, № 8, 1935, с. 7-9.

(41) SA, WKP499, l. 308-309 ; РЦХИДНИ, ф. 17, оп. 3, д. 963, л. 38-43.

(42) Там же, оп. 3, д. 966, л. 12, 22-26.

(43) Там же, оп. 3, д. 970, л. 36, 152-157.

(44) Там же, оп. 3, д. 973, л. 37, 137.

(45) Там же, оп. 2, д. 561, л. 127-141.

(46) エヌキッゼが三月三日に中央執行委員会書記を解任され(ザカフカース連邦中央執行委員会議長就任の要請があるとされて)、六月五—七日の党中央委員会総会で議論ののち、「政治的・道徳的堕落のゆえ」に、中央執行委員会および同幹部会から除名された。真相は不明だが、同じグルジアのベーリヤの台頭、古参ボリシェヴィキ協会の解散(三五年五月)と関係があるとみてよい(七月二一—二二日のトビリシ・アクチーフ集会におけるベーリヤ報告が『プラウダ』に掲載され、ザカフカース党史のスターリン的再解釈版となった。*Правда*, 29 июля 1935)。

(47) *Правда*, 23, 24 декабря 1935.

(48) РЦХИДНИ, ф. 17, оп. 2, д. 612, вып. 3, л. 72.

(49) *Большевик*, № 13, 1936, с. 9-10 ; *КПСС*, т. 6, с. 300.

(50) *Правда*, 8 июня 1936.

(51) *Правда*, 12 августа 1936.

(52) *Правда*, 6 сентября; 3 ноября 1936. それぞれイヴァノヴォ州委書記ノーソフ、西シベリア地方委書記エイヘの論文。

(53) РЦХИДНИ, ф. 17, оп. 2, д. 612, вып. 1, л. 3–9.

(54) Там же, оп. 114, д. 614, л. 3–4.

(55) Там же, оп. 2, д. 612, вып. 3, л. 10.

(56) 事実、スターリンは四月一六日の政治局会議で「全連邦共産党(ボ)史の教科書」について提案した。Там же, оп. 3, д. 986, л. 2.

(57) Там же, оп. 2, д. 501, л. 1.

(58) Там же, д. 501, л. 2–3.

(59) Там же, д. 514, вып. 1, л. 80–83.

(60) Там же, д. 514, вып. 2, л. 31–32.

(61) Там же, д. 525, л. 14, 22, 38.

(62) Там же, д. 501, л. 16–17.

(63) Там же, д. 514, вып. 1, л. 45–50, 101–104; вып. 2, л. 50–53, 61–62.

(64) Там же, д. 514, вып. 2, л. 49–50.

(65) Там же, д. 514, вып. 2, л. 65–66.

(66) *Вопросы истории*, № 4/5, 1992, с. 3–36; № 6/7, 1992, с. 3–29; № 8/9, 1992, с. 3–29; № 10, 1992, с. 3–36; № 11/12, 1992, с. 3–19; № 2, 1993, с. 3–33.

(67) РЦХИДНИ, ф. 17, оп. 2, д. 612, вып. 3, л. 10–15, 26–29, 75–79, 88–89, 91–92. ハタエーヴィチのポストゥイシェフ批判の動機には、前者が三二年一〇月一日付政治局決定でウクライナ共産党中央委員会第二書記に任命されたものの、三三年一月二四日付政治局決定でポストゥイシェフに取って代わられたことに対する遺恨があったかもしれない。ハタエーヴィチは三七年三月八日付政治局決定で第二書記に帰り咲いた。 Там же, оп. 3, д. 902, л. 9 ; д. 914, л. 13 ; д. 984, л. 85.

(68) Там же, оп. 2, д. 612, вып. 2, л. 91.

(69) Там же, оп. 3, д. 889, л. 1 ; д. 898, л. 8-9 ; д. 900, л. 4-5 ; д. 901, л. 5 ; *Исторический архив*, № 2, 1995, с. 149-150.

(70) РЦХИДНИ, ф. 17, оп. 3, д. 947, л. 1 ; *Исторический архив*, № 3, 1995, с. 137.

(71) РЦХИДНИ, ф. 17, оп. 3, д. 973, л. 1.

(72) Там же, д. 983, л. 51, 54, 56, 1.

(73) Хлевнюк. *Сталин и...*, с. 111-118.

第三章　政策論議と政策履行

第一節　政策論議の推移

「上からの革命」過程における総路線の確立と党の一枚岩化により、もはや一九二〇年代におけるような政策論争は存在しなくなった。政治局会議や中央委員会総会を舞台とし、時には党員大衆に訴えもする政策・路線論争は分派活動として断罪され、スターリンに対する反対派はいずれも、あるいは追放され、あるいは沈黙し、あるいは協力に転ずることで解体した。リューティン事件とエイスモント＝トルマチョーフ＝スミルノーフ事件を断罪し、[1]旧ブハーリン派にあらためて警告した一九三三年一月中央委員会・中央統制委員会合同総会以降は、この程度の潜在的反対派さえ感知されない。第一七回党大会の舞台裏でスターリン更迭、キーロフ擁立の動きがあったという説は、いぜんとして実証されていない。三三年一月以降の政策論争は、もとより総路線を前提として、特定の政策につき、これを急進的に進めるか、穏健に進めるか、指導者個々人がスターリンに対する影響力を行使しようとして行ったもので(グループが更迭をめざして、ではなく)、論争といっても必ずしも相対ではなく、かつ強調点やニュアンスの差で違いを判断できる性格のものである(そこで「政策論議」と呼ぶ[2])。

本節で検討するのは、(1)エムテエス政治部をめぐる議論(一九三三―三四年)、(2)スタハーノフ運動をめぐる議論(三五―三六年)、(3)敵の認識と党の役割をめぐる議論(三三―三七年)である。ここで(3)をあえて設定したのは、大テロルそのものをめぐっても議論があったことを示すためであり、さらには(1)、(2)と併せて、一貫した急進論者と穏健論者の存在を浮き彫りにしたいからである。

一　エムテエス政治部をめぐって

(1)　政治部の設立と活動

一九三二年の穀物調達においてコルホーズ員大衆、それに農村党組織までもの激しい抵抗に直面したスターリン指導部は、北カフカース、ウクライナ等で赤軍兵士の動員を含む苛酷な弾圧を強行するとともに、それを制度化するものとしてエムテエスおよびソフホーズに政治部を付設することを、三三年一月の中央委員会・中央統制委員会合同総会で決定した。

政治部の任務はすでに第一章でみたが、エムテエス政治部の組織は次のようであった。各政治部は部長(エムテエス所長代理)、「一般党活動」担当の部長代理二名、コムソモール活動担当の部長補佐一名からなる。のちに婦人活動担当の補佐一名と新聞編集者一名が加えられ、合計六名となった。政治部の上級機関は、地方・州農業部および共和国農業人民委員部に付設された政治支部(политсектор)であり、最上級機関は、連邦農業人民委員部に付設された政治本部(Политуправление)であるが、各レヴェルの党委員会にも従うものとされた。政治部長は政治支部、政治本部に従うとともに、当該地区委員会メンバーであり、当該地方・州委員会ないし民族党中央委員会の上申に基づいて連邦党中央委員会が任命する。(3)「一般党活動」担当の部長代理は実は、「党=大衆活動」担当の第一代理と、オゲペウ活動担当の第二代理からなっていた。第二代理にはチェキストが充てられ、政治部長に従うとともに、オゲペウ上級機関にも従うものとされた。(4)

政治部の設立と充員はまずウクライナ、北カフカース、ヴォルガ下流、つまり穀物調達への抵抗が最も激しかった地域から始まり、六月半ばまでに基本的に完了した。もとよりエムテエス自体が増設されていたから、その後も設立・充員は続き、廃止直前の一九三四年秋には三五〇〇エムテエスのうち三三六八(九六・二%)に政治部が設立された。派遣、充員された政治部員は最終的には一万七〇〇〇名に達した。その中核となったのは最も堅固な、体制の支柱たるモスクワ、レニングラード、赤軍の党組織出身者で、政治部長(調査対象二四八〇名)の五八%を占めていた(うち軍コミッサール出身は八・一%)。党歴でいえば、一九二〇年までの入党者が七八・八%を占めており、革命と内戦を経験した生え抜きのボリシェヴィキが派遣されたことがわかる。(5)

政治部の最初の活動は、飢えに苦しみ、人々が無力になっていた農村、とくに穀物地域での春播きであった。政治部はまず、トラクター修理、牽引用馬の世話、種子収集の指導に乗り出した。それら仕事の遅れは、苛酷な穀物調達の結果としての種子不足、また飼料不足による馬の大量斃死(массовый падёж)および栄養失調、そして飢饉による人々の無力化の帰結であるにもかかわらず、クラークの策動のためと把えられた。そこで政治部の指導は、トラクター手をはじめとするエムテエス職員やコルホーズの馬丁、さらにはコルホーズ議長、作業班長、また装置全体(経理主任、会計係、倉庫係など)の粛清を伴い、むしろ先行させるものであった。(6)しかも、政治部は一月二三日付人民委員会議・党中央委員会決定「北カフカースにおける春播き組織化について」の「断固たる実施を保障する」とされた。この決定は、種子収集を「必要な場合は穀物調達と同じ方法で実施する」と述べていたが、(7)それは「ブラックリスト(чёрная доска)掲載」措置、すなわち、種子・食糧貸付を停止し、コルホーズから粛清されたサボタージュ組織者および個人農のサボタージュ者を北方へ追放する措置に他ならない。一月総会決定がいかに「むき出しの圧迫や行政命令的方法」に警告しようとも、政治部が右の措置に傾斜するのは不可避だったといってよい。農業に疎いことに加えて、「軍隊では客観的原因をあげつらうことは禁じられている」と、作業の遅れに対する弁明を許さなかった一政治部長の言葉に象徴される政治部活動家の軍人的メンタリティが、行政命令的方法、それに従わない者の粛清を増幅させたものと思われる。(8)

しかも、政治部の活動を支え、粛清された者に代わって仕事を積極的に行うべきアクチーフを見い出すのは、容易ではなかった。アクチーフとは「作業日(трудодень 労働の評価点数)が多く、昨年の穀物調達を突撃的に闘ったうえ、春播きを立派に準備する」先進的コルホーズ員のこととされ、しかも、個人として働き者であるだけではなく、「各人が隣人、仲間の少なくとも十人に責任をもつ」ことを求められた。(9) アクチーフを見出すのが困難なのは、政治部活動家が苛酷な穀物調達を強行した党・政府の全権代表であり、しかも他所者であることにコルホーズ員大衆が不信を抱いていたからに他ならない。政治部の初期の活動に関する報告は、コルホーズ員大衆が政治部召集の会議で沈黙を守ったこと、さらにはコミュニストの中にさえ「政治部はゲペウ機関だと思っている」者がいたことを指摘している。(10)

もとより、政治部は「コルホーズからコルホーズへ、馬舎から馬舎へ、農戸から農戸へと巡り、昼夜をわかたず活動した」(北カフカース地方クルガンナヤ村)。(11) 飢饉で、しかも春だけに宅地付属地(приусадебный участок)からの収穫で代替できない状況では、食糧援助を「怠け者」には停止し、突撃作業員(ударник)にはよい食事を別のテーブルで供するという差別待遇は、かなり効果的であった。(12) 政治部は、このような食糧の差別的配分を梃子として、一部は復員兵士および旧赤色パルチザンの参加も得てアクチーフを結集しつつ、(13) エムテエスとコルホーズを粛清し、コミュニストを生産現場に配置し、労働規律の導入をはかった。例えば、北カフカース地方ウスチ・ラビンスキー地区では、政治部は「怠け者」追放キャンペーンを行ったが、そこでは「怠け者集会」(代表を選ばせ、演説させる)が見せしめのために開かれたり、「怠け者」に対する罰金が「時には過度でさえあった」といわれるほど乱用された。(14) ウクライナ共和国オデッサ州ラズジェリニャンスキー地区では、コルホーズ議長の約半数を更迭した。(15) 北カフカース地方クルガンナヤ村では、政治部は「〔馬の準備への〕妨害工作者に対する見せしめ裁判(показательный процесс)」を行った。(16)

より包括的に共和国・地方・州レヴェルでみると、ウクライナの政治支部長の報告によれば、政治部はエムテエスとコルホーズを粛清し、コルホーズ員大衆に作業日の意義、労働に応じた分配の原則を説明し、アクチーフと協力して労働規律の「急速な向上」に成功した。春播きが始まると、多くのコルホーズで仕事に出るものの割合は一〇〇%に達した。(17) 政治部への充員が三月下旬だったヴォルガ中流では、同地方政治支部長の報告によれば、政治部はエムテエスとコルホーズを粛清し、アクチーフを結集した。コミュニストの点検も厳しく行い、ある政治部は、春播きの作業ノルマを達成しないコミュニストのリストを細胞会議、非党員コルホーズ員集会の討議にかけ、一貫してノルマを達成しない者を党から除名した。(18)

このように、政治部はコルホーズ粛清や「怠け者」追放を含む抑圧的手段で労働規律を導入し、春播きを成功裡に進めたが、党・政府としてはその行き過ぎは抑制せざるを得ない。先述の五月八日付モーロトフ・スターリン秘密訓令である。五月一四日に公表された、七日付の北カフカース地方党統制委員会・労農監察部決定も、一月中央委員会・中央統制委員会合同総会決定に基づくコルホーズ粛清の過程で、貧・中農出身者を除名した点でも、管理部が総会にはからずに除名した点でも、一連の地区に個々の行き過ぎがみられたことを認めた。(19)

しかし、五・八秘密訓令はあくまで、「クラーク」の大量逮捕および追放、「ブラックリスト掲載」措置という大量弾圧の停止を定めたもので、「階級闘争尖鋭化」論を維持している。それゆえ、「怠け者」に対する罰金やコルホーズからの除名までも禁じたものではなく、収穫・調達の中で政治部は再び抑圧的な手段に訴えた。「怠け者」に対する罰金賦課は、「コルホーズ員の実際の稼ぎが三分の一ないし半分、否それ以上も減ってしまうほどの重大な行き過ぎもある」と、のちに批判されるほど乱用された。(20) また「怠け者」に対する辱め、コルホーズ員大衆への見せしめの手段として「怠け者勲章」や「怠け者集会」が広く用いられた。(21) 穀物窃盗に対する裁判所の処罰は「多くの事件で十分に果断だった」とされたが、他方では「弾圧措置の機械的な適用」も指摘され、(22) のちには、「社会主義財産保護法」(違反の最高刑は死刑)の適用は減じたものの、窃盗の首謀者でない者に適用したり、些細な盗みを同法違反としたりする誤りが指摘された。[23] そこでの政治部の役割は、一〇月九日付ソ連邦検事・農業人民委員部政治本部長・ソフホーズ人民委員部政治本部長代理連名の秘密命令からも明らかである。「検察機関は、階級敵と代理人に容赦ない打撃を与えるべきであるのに、弾圧措置の適用が許し難いほど弱いと、多くの政治部が訴えている。」「他方では、一部の政治部長が裁判・検察機関の実務的活動に干渉し、根拠のない予防拘禁を提議したり、ソフホーズに拘禁施設を設けるなどの正しくない行動が報告されている。[24]」

このように、政治部による階級闘争の強化の主張が是認されると同時に、その「行き過ぎ」が批判されたのは、当初から党中央の政治部に対する位置づけ、指針が曖昧であり、現場では解釈、適用に幅があったことを示唆している。

(2)　政治部をめぐる議論

まず、一九三三年一月中央委員会・中央統制委員会合同総会では、政治部に関する報告者カガノーヴィチ自身が「一部の地区委員会書記は政治部の設立に不安をもっている」ことを認めたうえで、政治部は地区委員会に対立するものでも、とって代わるものでもないと述べた。[25] エムテエス政治本部長に就任するクリニツキーも、「一部の政治部活動家がもっぱら行政的方法をとる危険がある」と指摘した。[26] このことだけでも、赤軍政治部に範をとる非常機関を農政に設けることに対する危惧の大きさが推定されるが、総会では遠回しに政治部にクレームをつける中央委員がいた。ハタエーヴィチには、すでに触れたが(第二章第二節)、ポストゥイシェフは、発言全体としてはカガノーヴィチに同調しつつ、農村における活動の困難をもっぱら「クラーク」の妨害に帰することを批判し、政治部を設けて良い人物を送り込んでも、古い方法で活動するのでは問題を解決できないと強調した。[27]

六月一五日付中央委員会決定「エムテエス政治部、コルホーズ細胞、および政治部・地区委員会の相互関係について」は、政治部の組織化がほぼ完了した段階で、従来の農村党組織のあり方を変えようとしたものである。すなわち、農村党組織を地域原則に基づく編成から生産原則に基づくそれへと移行させることで、具体的にはコルホーズ生産細胞の設立、常設作業班(постоянная бригада)における党グループの設立であった。そして、こうしたコルホーズに対する指導を、それから遊離している地区委員会にではなく、すでに実績を示した政治部に委ねようとしたのである(エムテエスのサーヴィスを受けているコルホーズについて)。これは、政治部の組織化の過程で生じた地区委員会の不満、抵抗を反党的として退けながら、政治部長が地区委員会ビューローのメンバーになる(政治支部長も州・地方委員会および民族党中央委員会ビューローに入る)ことで、両者の調整をはかろうとしたものである。[28] その不満、抵抗としては、「政治部は経営の組織にすぎないから、コルホーズ細胞は地区委員会に従う」との主張、ある地区委員会が政治部活動家を「キャンペーンに全権を持つ補助的グループ」とみていること、別の地区委員会は、エムテエスのサーヴィスを受けているコルホーズの議長を政治部の同意なく解任したこと、などが指摘された。[29]

しかしながら、六・一五決定は政治部と地区委員会の対立を解消しなかった。地区委員会は、エムテエスのサーヴィスを受けていないコルホーズや地域細胞(村ソヴィエト、協同組合、学校、病院等のコミュニストで構成)はもとより、村生活の諸問題(ソヴィエト建設、財政、教育、医療等)も指導するとされたが、政治部との権限争いの余地は残されていた。政治部によるコルホーズ細胞指導の範囲とされた「一月総会決定の定めるエムテエス活動の諸問題」の解釈に幅があったからである。そして何よりも、地区委員会が既得権を剥奪されたという不満を抱いたはずで、六・一五決定にもかかわらず北カフカースの一部の地区委員会活動家が「政治部が地区委員会になるか、地区委員会が政治部になるか」と考えていると、クリニツキー自ら認めた。[30]

この問題の立て方は、第一七回党大会(一九三四年一月二六日―二月一〇日)直前の『プラウダ』討論欄におけるテレショフ対アンフィロフィエフ論争で再登場した(ともに地方の政治部長)。テレショフは、コルホーズ細胞に対する「二重の党指導」を解消するには、政治部の指導が地区委員会のそれに優っている事実を踏まえると、(全面的集団化地区では)政治部の機能を拡大して地区委員会を廃止する必要があると主張した。アンフィロフィエフは、大会提案のカガノーヴィチ組織テーゼ草案を支持する立場から、政治部の活動方法が優っているなら、地区委員会のそれを近づけ、これに応じて政治部を通常の党機関に変えるべきだと反論した。この論争は、テレショフに再反論の機会が与えられたことから、党指導部が必ずしも一致していないことを示唆しているが、その論点は政治部と地区委員会の「二重権力状態」をどうみるか、政治部の主要な役割が「階級敵根絶」にあるか否かであった。(31)

大会の議論は活発だったとはいえない。カガノーヴィチ・テーゼ草案が政治部の通常党機関への改組を打ち出したために、政治部批判の矛先がかわされた格好になったからである。主だった地方党指導者のうち政治部を賞賛したのは、エイヘ、ニコラーエヴァ(いずれも西シベリア)、コシオール(ウクライナ)くらいで、ポストゥイシェフ、ハタエーヴィチ、シュリーフテル、ペトロフスキー(いずれもウクライナ)、ヴァレイキス(中央黒土州)、プトゥーハ(スターリングラード)は一言も触れなかった。シェボルダーエフ(アゾフ=黒海)は、政治部をコルホーズ員とともに現場で生産に従事する点で評価し、自分の地方で最も際立っていたはずの弾圧的・抑圧的役割には触れなかった。シューブリコフ(ヴォルガ中流)は、自己の省庁の欠陥を是正するうえで政治部および中央委員会農業部が果たした役割を評価したヤーコヴレフ(農業人民委員)の発言につき、「政治部への過信」と釘をさした。また、しばしば農民への融和策を説くカリーニン(ソ連邦中央執行委員会議長)は、エムテエスとコルホーズとの関係を「安定させる」必要があり、何らかの「審判的形態(процессуальная форма)」を設けるべきだと述べた。口をはさんだカガノーヴィチが「適法性を確立する(Законность установить)?」と尋ねたのに対し、これを肯定したが、政治部によるコルホーズへの過度の干渉を暗に認めたやりとりといってよい。(32)

第一七回党大会に続く春播きキャンペーンでは、もはや前年のように政治部の役割が強調されることはなくなった。それどころか、春播きの順調な進展に応じて、村ソヴィエト強化論とセットで政治部批判が高まってくる。すでに前年九月に『イズヴェスチヤ』で村ソヴィエト強化論を打ち出したカリーニンは、四月二〇日の『プラウダ』に論文を寄せた。彼は「日常の実際活動では、村ソヴィエトと他の組織との間に少なからぬ衝突がある」と指摘し、「他の組織」として全権代表、(地区委員会)指導員(инструктор)を挙げた。「むき出しの行政命令的方法と、大衆の中での政治=組織活動との深い違いがしばしばわかっていない」というのである。政治部については、あくまで村ソヴィエトが依拠すべきものとしているが、政治部は「村ソヴィエト議長とコルホーズ議長とのジンテーゼのようなもの」という性格規定は微妙である。コルホーズが経営組織として確立し、村ソヴィエトが真に「ソヴィエト権力の代表者」としてこれを指導できるようになれば、政治部は不要になるという含意を読み取れなくもないからである。[33] 他方、四月一五日付『プラウダ』のアゾフ=黒海地方における春播きについての論文は、前年より順調なことを認めたうえで、コルホーズの仕事に出ない者の割合が増したことを指摘し、しかもこれへの対策としての、前年に政治部が普及させた「怠け者会議」を初めて批判した。[34] この批判はついに、五月三日付中央委員会決定となって現れた。チェチェノ=イングーシ自治州(北カフカース)委員会による「怠け者大会」召集、アゾフ=黒海地方テムリュクスカヤ・エムテエス政治部による「怠け者および仮病使いの葬式」実施を、コルホーズの規律強化活動、コルホーズ員の間での政治活動の歪曲と非難し、責任者を処分したのである。[35]

党・政府がどの時点で、政治部の通常党機関への改組、農村におけるソヴィエト制度の正常化を判断したのかは定かでない。しかし、ハタエーヴィチは三月一四日付中央委員会あてメモで、地区委員会と政治部の「パラレリズム」を指摘し、一部の政治部を地区委員会に改組するよう主張した。[36] 五月一五日付『プラウダ』論説は政治部の評価を相対化し、すすんでコルホーズへの行政命令的指導をとりあげた点で注目に値する。「農村党組織は〔地区委員会はもとより、政治部さえ」もっぱら経済問題に没頭し、この問題の成功裡の解決のためには、党内活動の活性化がきわめて大きな意義をもつことを忘れている。」つまり、農業キャンペーン遂行に傾いて「系統的な党＝大衆活動」を十分に保障せず、コルホーズで「〃突然〃失敗や何らかの〃事件〃が起こると、人々に正しく活動するよう教えるより、むしろ罷免し、除名し、行政的に命令する方を選ぶ」というのである。(37) このコルホーズへの行政命令的指導について、より率直な意見を表明したのがハタエーヴィチである。「今春の教訓」と題する論文は、とうもろこしの播種のような問題は州レヴェルから指示すべきものではないが、コルホーズ指導者による下からのイニシアティヴは発揮されていないと指摘した。彼らによる物事への「お役人的アプローチ」はしかし、われわれに責任があろう。なぜなら「いたずらに人々を処罰してきた(наказывали людей зря)」ため、彼らは罰せられることを恐れて何もしようとせず、命令どおりに動くようになっているからである。論文は「われわれ」を特定しておらず、命令どおりに動く人物として作業班長を挙げているだけだが、これは政治部への暗黙の批判であるといってよい。(38)

六月二九日―七月一日の中央委員会総会で、クレイネルが「政治部長を含む多くの地方活動家」が穀物調達計画の非現実性を主張し、義務納入の削減を申請、要求したと批判したのに対し、この批判をかわすべく地方党書記たちが政治部に責めを負わせようとしたことは、すでにみた(第二章第二節三)。この総会に引き続いて開かれた、集団化問題を議題とする指導的党活動家会議は、党大会より一歩進めて「政治部を年内に廃止できるか」を論じた。(39) そして、一一月二五―二八日の中央委員会総会はエムテエス政治部廃止、正確には、地区の小規模化を伴う政治部の地区委員会への改組(およびエムテエスに、これに対する政治的統制機能をもつ所長代理を引続きおくこと)を正式に決定した。カガノーヴィチは報告の中で、政治部が生産機関に傾斜し、村ソヴィエトから遊離し、個人農への関与が弱かったことを認めたが、この認識は右の指導的党活動家会議において集団化の停滞の原因として示されたものである。ヴァレイキスとポストゥイシェフは、全体としては政治部の活動を肯定的に評価しつつ、従来からの批判を付け加えるのを忘れなかった。すなわち、前者は「二重権力状態」を指摘し（スターリンが「一時期は必要だったのだ」と、口をはさむ）、後者は政治部長によるエムテエス所長への干渉、その代行、また一部の政治部（および地区委員会）の命令的方法を指摘したのである。[40]

二　スタハーノフ運動をめぐって

(1)　スタハーノフ運動の展開

一九三五年八月三〇日から三一日にかけてドネツ炭田（ドンバス）ツェントラリナヤ・イルミノ坑で、アレクセイ・スタハーノフは一交替のノルマ七トンをはるかに上回る一〇二トンの採炭量を記録した。徹底した分業（この場合は先山（забойщик）と支柱夫（крепильщик）の分業）に基づく作業ノルマの超過達成運動は、九月一〇日付『プラウダ』で初めて「スタハーノフ運動」と呼ばれ、石炭産業から主要な産業部門に、全連邦に広がっていった。[41]

スタハーノフ運動は、ドンバスを管轄するドネツク州委員会と重工業人民委員部石炭総局（Главуголь）が準備し、指導したもので、党・政府中央ではオルジョニキッゼがイニシアティヴをとった（九月一二日付『プラウダ』に、オルジョニキッゼの同州委員会書記サルキーソフおよび石炭総局長代理バジャーノフあての電報が掲載された）。[42]工業の成功（第一章第二節）に自信をもったオルジョニキッゼが、しかし燃料面からその足を引っ張りかねない石炭産業の停滞を打破するために、新たな労働生産性向上が必要であると判断して発動したものと思われる。サルキーソフは九月二八日の州委員会総会における発言で、三五年初頭から採炭量が低下し始めたこと、対策として労働者の大量徴募、専門の混合（先山と後山（навальщик）との間など）等が試みられたが、いずれも奏功せず、とくに後者は労働者の大量逃亡、熟練の低下をもたらしたことを指摘している。ここから徹底した分業による労働生産性向上の実験が試みられ、周到な準備の上に達成されたスタハーノフの成功が、「技術をもったカードルがすべてを決める」というスターリンの言葉(五月赤軍アカデミー卒業式で)と一体に喧伝されるようになったと思われる。(43)

スタハーノフに続く他産業でのノルマ達成記録は、九月下旬から次々と報道された。ゴーリキー市のモーロトフ記念自動車工場ではブスィーギンが、クランク・シャフトの鍛造で一交替のノルマ六七五個を大きく上回る九六六個をマークした。レニングラードの〃スコロホート〃製靴工場ではスメターニンが、靴の皮張り固定作業で一交替のノルマ六八〇足を大きく上回る一四〇〇足をマークした。ドネツク鉄道スラヴャンスク—ロゾヴァイヤ線ではクリヴォノースが、貨物の平均運行速度の二倍、四六—四七キロ／時を記録した。イヴァノヴォ州ヴィチューガの織物工場ではヴィノグラードヴァ姉妹が、自動織機の受持ち台数を七〇から一〇〇に増やした。

こうした運動を意義づけ、加速し拡大すべく、一一月一四—一七日に全連邦スタハーノフ労働者会議が開かれた。三〇〇〇人ものスタハーノフ労働者、突撃作業員が参加したこの会議では、本人をはじめ右のスタハーノフ労働者が発言したが、いうまでもなくスターリンの演説が最も重要であった。

スターリンは、第一に、スタハーノフ運動が「社会主義的競争の新段階」であるとし、一九二九年以来の労働生産性向上運動の一環であること、しかし第一次五ヵ年計画を経て新技術と結合している点で「新段階」であることを明らかにした。第二に、スタハーノフ運動は労働者の文化=技術水準を向上させ、肉体労働と精神労働との差異の解消へと近づく、この意味で資本主義から共産主義への移行の条件を準備するものであると、イデオロギー的な位置づけを与えた。第三に、スタハーノフ運動は現行の「計画生産能力(проектная мощность)」を、古いノルマを打破することによって克服しようとする運動であると述べ、設備・技術の新規導入ではなく、そのマスターによって労働生産性を向上させる第二次五ヵ年計画の路線に沿ったものであることを明らかにした。第四に、スタハーノフ労働者の革新性と「一部の」技師(инженер)、技手(техник)、経営担当者(хозяйственник)の保守性とを際立

表 30　シャフタントラツィトの採炭量(トン)

坑の名称	1936 年			1937 年		
	12 月 17 日	18 日	19 日	1 月 1 日	2 日	3 日
アルチョム	3,000	4,445	2,578	2,879	3,619	3,334
十月革命	1,654	2,315	1,771	1,622	1,955	1,492
プロレタリア独裁	1,560	2,255	1,317	1,427	2,091	1,621
オゲペウ	3,706	5,477	4,657	—	4,016	5,005

* 「スタハーノフ昼夜」は 12 月 18 日，1 月 2 日(オゲペウ坑のみ 3 日)

(出典) 註(46)の文献，260 頁.

たせつつも、当面の課題として「スタハーノフ運動の普及」と並んで「経営担当者、技師、技手を助けてスタハーノフ運動の先頭に立たせること」を挙げた。[44]

スターリン演説は、イデオロギー的位置づけ(第二点)や、当初からこの運動に伴う「経営担当者、技師、技手のサボタージュ」批判の行き過ぎに歯止めをかける点(第四点)では妥当であったとしても、そもそも「スタハーノフ的作業方法」とは何かを示さず、「新技術との結合」や労働生産性の向上を語る点で、一二月中央委員会総会に議論の余地を残すことになる(後述)。

さて、スタハーノフ運動は最初から順調に進んだわけでは必ずしもない。一〇月九日付『工業化のために』紙によれば、ツェントラリナヤ・イルミノ坑の最も先進的な作業区(участок)で、スタハーノフやデュカーノフの作業班の健闘にもかかわらず、平均採炭量はスタハーノフ的作業方法への移行以前と同じ程度にすぎなかった。その「唯一の」原因は石炭搬出の遅れであり、とくにトロッコ待避線(разминовка)が短いことが指摘された。[45] 一一月スタハーノフ労働者会議後には、スタハーノフ交替勤務(стахановская смена)が導入された。ドンバスのジェルジンスキー坑で一一月三〇日に最初に実施されたもので、「期末突貫作業(штурмовщина)の要素がある」と評されたが、日程からして期末突貫作業そのものであろう。スタハーノフ的方法による作業を一交替から一日に拡大したのが、「スタハーノフ昼夜」(стахановские сутки)であるが、これも当日だけ突貫作業で、前日と翌日は組織的のんき(организационная безработность)の状態であった。このことをよく物語るのは、トラスト〃シャフタントラツィト〃(アゾフ＝黒海地方)各坑の採炭量の推移を示した表30で、「スタハーノフ昼夜」だけ増えて残りの日は減ってしまう様子が一目瞭然である。こうした現象は石炭産業に限らず、ゴーリキー自動車工場などでも広くみられた[46]。

スタハーノフ運動の進展を妨げたのは、一つは作業組織の欠陥、いま一つは労働規律の弱さや労働力「流動」(текучесть)であった。作業組織の欠陥というのは、石炭産業でいえば、切羽での採炭が順調でも右の事例のように搬出が追いつかないことのほか、切羽の支柱となる木材の供給が遅れること、空気ハンマーへの圧搾空気の供給が不調なこと、さらには事前の作業指示に時間を食われること(当日配分制 нарядная система)などである[47]。

「期末突貫作業」も、単なる労働者の気まぐれではなく、過度に集権的な計画経済特有のアンバランスの一つである原材料の供給中断に加えて、労働力の不足と流動ゆえに労働者が手抜きして働くことが許容される状態、それでも経営者、労働者ともに最低限の目標とノルマを達成する共通の利益をもつこと、といったシステムに根ざす問題である。さすがに、システム・レヴェルの認識に至る者はいなかったが、労働力の不足と流動に関する一定の認識は存在した。やや後の一九三六年四月の報道だが、「ドンバスにおける〔労働力〕流動について」という記事は、上旬の離職一万一〇〇〇、入職七〇〇〇という数字を示したうえで、「坑やトラストの指導者は余剰人員を解雇せず、定員以上の労働者を予備として確保する。ここ数年、余剰人員は流動を強める一方であった」ことを認めた[48]。またサルキーソフは、ノルマを達成しない者の過半数が補助的労働者であり、中には仕立屋、靴屋、家具職人、大工など「アパートが欲しくて働いている」者がいること、この意味で石炭産業に著しい流動を認めた[49]。

しかし、現場・中央の指導部は、こうした作業組織の欠陥や労働力問題への対策を講ずることなく、「スタハーノフ五日間(стахановская пятидневка)」「スタハーノフ旬間(стахановская декада)」、さらには「スタハーノフ月間(стахановский месяц)」と運動を拡大し、一九三六年二月から作業ノルマを大幅に引き上げた。

表31　ドンバスの採炭量(トン)

年月	ツェントラリナヤ・イルミノ坑(一昼夜)	ドンバス全体(月　産)
35. 8	982	—
9	1,030	—
11	1,163	—
12	1,261	228,670
36. 1	1,436	221,840
2	1,386	219,380
3	1,380	209,340

(出典) *Правда*, 1, 29 апреля 1936.

一九三六年二月一日からのノルマ引き上げ以降、スタハーノフ運動の停滞が指摘されるようになった。ノルマ引き上げは石炭産業の場合二八—三〇%、その職種別では二〇—四〇%の幅があり、例えば、スタハーノフの職種である先山は三六%であった。(50) ツェントラリナヤ・イルミノ坑、これを含むドンバス全体で一九三六年一月から採炭量が落ち始めた(表31)。

三月一六日付『工業化のために』紙は、分業の廃止や長い階梯の短縮など、「あちらこちらでスタハーノフ以前の作業方法に戻っている」と指摘した。(51) 二六日付『プラウダ』論説は、スタハーノフ運動が「最近いくらかペースが落ち、一連の部門では停止さえした」こと、一部の経営指導者、党組織がスタハーノフ運動への「意欲(вкус)を失った」ことを認めた。そこではウラルの冶金・石炭工業の「スキャンダラスな事実(скандальные факты)」が指摘されたが、スタハーノフ的分業が廃止されたこと、スタハーノフ労働者が生産組織が悪いため労働時間の大半をぶらぶらして過ごしたこと、坑内労働者の相当数が今日まで時間給に甘んじていること、などの事実である。(52)

四月一八日付『プラウダ』論説は、スタハーノフ的分業および作業方法が縮小し、ノルマを二倍以上達成するスタハーノフ労働者が減少したことを認め、これを保守主義者、サボタージュ分子の策動に帰した。(53) 二九日付『プラウダ』のサルキーソフ論文は、採炭計画超過達成の「客観的困難は一つもない」とし、保守主義者、サボタージュ分子の策動を強調しつつも、作業班出来高払い制から個人別出来高払い制に移行する困難を問題点として指摘した。前者は「小ブルジョワ的・悪平等主義的」であり、スタハーノフ労働者はみな後者に賛成するというわけである。(54)

スタハーノフ労働者の賃金については、さしあたりアメリカの研究者シーゲルバウムの研究に従うほかない。九の工業センターの七一三八人の青年を対象にした調査によれば、一九三五年一二月の平均賃金は二七九ルーブリ、うちスタハーノフ労働者は三二五ルーブリであった。スタハーノフ労働者の中には、三六年二月のノルマ引き上げの後でさえ二〇〇〇ルーブリ近く貰う者があったが、熟練労働者の中にも六〇〇—七〇〇ルーブリ貰う者もあった。賃金は累進的出来高払い制(当時三〇%の労働者に普及)、熟練の等級制(四対一の格差)によって決まり、主要産業か否かでも格差がつくのであって、スタハーノフ労働者だから自動的に高くなるわけではない。それにもかかわらず、スタハーノフ労働者は、累進的出来高払い制の、しかも個人別のそれの普及によって高賃金を保障されるのであって、これに対してアルテリ的その他の伝統的な集団主義に基づく抵抗があり、それが作業班出来高払い制保持の主張になっても不思議はない(55)。

シーゲルバウムは、スタハーノフ労働者に対する一般労働者の反感の要因として、①スタハーノフ的作業方法の採用による技能および地位の格下げの恐れ、②サーヴィス上の不平等、③補助的労働者の疎外感、を挙げている。スタハーノフ労働者がサーヴィス上で受ける特典とは、アパート割当の優先、ラジオ、自転車、布地などの褒賞、劇場や映画、また別荘やサナトリウムの優待券のことである(56)。こうした特典は高賃金とともに、そして一九三七年春から大規模に始まる登用(выдвижение)も合わせて、一般労働者を反発させると同時に魅惑することになる(57)。

スタハーノフ運動は、労働生産性向上運動としては、労働者の労働・生活態度や労使関係の現実(アブセンティズム、手抜き労働、労働力流動など)を踏まえた根本的対策を立てなかったために、また一段と新しい技術革新を伴わなかったために、失敗せざるを得ない。スタハーノフ労働者が若く、技術も学習中であるだけに、経営担当者や技師、技手の生産上の指導的地位を保障しなければならなかったのに、後者の「サボタージュ」を攻撃することによって前者を動員する、という二律背反をスタハーノフ運動は孕んでいたのである(58)。

(2) スタハーノフ運動をめぐる論争

スタハーノフ運動は、スタハーノフの作業が国際青年デー前日に設定されたこと、わずか五日間に次々と記録が更新されたこと(スタハーノフ一〇二トン、デュカーノフ一一五トン、テリョーヒン一二二トン、カムチャダーロフ一二五トン強)から推定されるように、[59]ドネツク州委員会と石炭総局によって周到に準備された。しかし、多くのトラスト、傘下の坑の指導者にとっては唐突であり、抵抗が予想されたために、運動は当初から反サボタージュ・キャンペーンを伴っていた。オルジョニキッゼは、サルキーソフおよびバジャーノフあての電報の中で「実際にはサボタージュを意味する、一部の遅れた指導者による俗物的な懐疑論」を指摘し、「かかるヘボ指導者は即座に解任しなければならない」と指示した。[60]九月二八日付『プラウダ』のサルキーソフ論文は、スタハーノフ的作業方法の登場の「翌日から」サボタージュ分子、反機械化論者(антимеханизатор)の反対の叫びがあったと指摘している。最も悪質なのは「クラーク的・反革命的分子(民族主義者、トロツキスト等の残党)」で、彼らは事故を仕組み、機械を故障させ、スタハーノフ労働者を脅迫するという露骨な妨害活動に出る。サボタージュ分子はこのほか、この作業方法は多くの仕事場で採用できるのかという疑念を表明する、「準備」と称して実施を先延ばしする、作業ノルマが明日には二倍になるとの噂を流す、さらには、自己流に採用して労働生産性を引き下げる、などのやり方をとっているという。[61]

一〇月二一日付『プラウダ』に掲載されたバジャーノフ論文は、あらためてスタハーノフ的作業方法とは何か、本人の事例や他の坑の他の作業のケースを引いて説明したものである。ここでも、スタハーノフ運動がドンバスで実現されたとは到底いえないとし、「サボタージュ・官僚主義分子の抵抗」を克服しなければならないと述べられている。しかし、スタハーノフ的作業方法の導入に抵抗する技術人員(ИТР)に対する態度は慎重である。それによれば、抵抗する技術人員には三タイプあり、第一は旧来の専門家の中の「旧慣墨守の人(рутинёр)」で、学習させるか交替させるかである。第二に、「有利な」作業計画表で楽に働きたいと思っている連中がいるが、「密度の高い(уплотнённый)」作業計画表にいま移行すべきである。第三は、スタハーノフ的な労働生産性向上に「侮辱された(обиженный)」と感じているグループで、誤りを認めようとせずサボタージュを続ける者は解任し、そうでない者は援助してスタハーノフ運動に引き入れる、というのである。(62)

このような、スタハーノフ運動における反サボタージュ闘争の重視と専門家への配慮という二つの傾向は、一二月中央委員会総会の議論でもみられた。この総会の前半の議題「スタハーノフ運動に関連した工業・運輸の諸問題」で報告に立ったのは、重工業人民委員オルジョニキッゼ、軽工業人民委員リュビーモフ、食品工業人民委員ミコヤーン、木材工業人民委員ローボフ、交通人民委員カガノーヴィチである。すべての報告で強調されたのは、生産拡大を追加投資によってではなく、現有設備の有効利用ではかること、スタハーノフ運動はノルマを引き上げ、労働組織を改善することによって設備本来の生産能力を引き出すはずであること、である。(63)しかし、カガノーヴィチはこの論点を「限界論者(предельщик)」批判という形で、きわめて政治的に押し出した。すなわち、交通人民委員部の学者グループは、スピードの出しすぎ(罐の焚きすぎ)は燃料の無駄であり、ゆっくり走らせて多く運んだ方がよいという口実で、運行速度を落とし、輸送総量も少なくしようとした。彼らは自分たちの運行計画、時間表に基づいて、一昼夜六万三〇〇〇トン以上を輸送できない、それが限界であると主張した。こうした「限界論」は四月の中央委員会主催の会議で、クリヴォノースが従来の二倍の速度で列車を運行させた事実の指摘によって、打破された。この会議でカガノーヴィチが強調した教訓とは「いっさいの実務上の闘争は、一定の政治的観点からなされる」ことであった。スタハーノフ運動にとっての障害は、一部の経営担当者による保守主義に基づく抵抗、(労働者の)後進分子からのあからさまな侮辱、そして若干の階級敵による急襲(вылазка)なのである。(64)

反サボタージュ闘争への傾斜が目立つ、いま一人はアンドレーエフ(中央委員会書記)である。彼は、現行ノルマがいかに容易に超過達成できるかを、中央委員会工業部による一〇企業の調査結果に基づいて示し、またスタハーノフ的作業方法の導入でいかに各作業工程がスピード・アップされ、合理化されたかを具体的に示した。同時に、アンドレーエフは政治的で、彼によれば、スタハーノフ運動は「社会主義経済における資本主義の最後の残滓」、すなわち、古い技術ノルマと低い労働生産性を打破するものだから、「階級敵の激しい抵抗は避けられない」。企業における妨害活動、スタハーノフ労働者が働いている機械装置の破損、スタハーノフ労働者へのテロルや脅迫である。また、技術者のスタハーノフ運動への参加について「一部の同志は若干美化し、あまりにも楽観視している」。経営担当者、技術人員の保守的分子からも抵抗はあり、「暴露されたサボタージュは少なくないが、おそらく未だ暴露されていないものの方が多い」。革命的警戒心を高めよというのである。(65)

これらとは強調点、トーンが異なる発言もあった。チュバーリ(人民委員会議議長代理)は、一一月全連邦スタハーノフ労働者会議におけるスターリン演説の意義をまず説いたうえで、軽工業、建設工業の遅れをスタハーノフ運動によって克服すべきことを主張した。しかし、彼の言いたい点は、スタハーノフ運動は参加者の数やパーセントではなく、経済的結果、しかも生産物の量だけではなく、その質や原価引き下げによって評価されねばならないということであり、原価引き下げこそがスタハーノフ運動の「中心環」だということである。(66) コシオール(ウクライナ)も、問題は個々のスタハーノフ労働者の成果、経験を全企業に広げ、「具体的な経済的結果」(生産の増大、原価引き下げ、生産物の質の向上)を獲得できるか否かにある、「スタハーノフ運動が発展しても価格が下がらなければ、企業では運動がはかばかしく進んでいないことを意味する」と主張した。彼は、経営担当者は計画が達成できないことを「いわゆる客観的条件のせいにする習慣が残っている」が、あくまで教育すべきこと、ノルマ見直しが労働者の間に「否定的な気分、疑問を数多く生み出している」事実を隠すべきではなく、率直に提起すべきことに注意を払っている。コシオールは一見、労働者に理解があるようだが、「ノルマ見直しのさいの決め手の一つは、価格引き下げの問題でなければならない」という言葉は、賃金コストを下げるようにノルマを見直す(引き上げる)としか解し得ない。[67] スタハーノフ運動をチュバーリ、コシオールのように「経済合理化」の観点で推進する方が労働者に対しては厳しく、カガノーヴィチ、アンドレーエフのように「階級闘争」的に推進する方が労働者に対してポピュリスト的で甘いのである。

多くの地方党書記は、サルキーソフ(ドネツク)、ルィーンジン(ウラル)、エイへ(西シベリア)など、重要鉱山・工場を抱えているだけに、スタハーノフ運動と経済の実態に即して発言し、反サボタージュ闘争に言及はしても、カガノーヴィチ、アンドレーエフほど高いトーンではなかった。[68] ハタエーヴィチ(ドニェプロペトロフスク)は、スタハーノフ運動についてはドンバスをもっと模倣すべきであったといい、作業班出来高払い制から個人別出来高払い制への移行を唱え(サルキーソフに同調)、ノルマ見直しを急ぐべきだと主張した。しかし彼は同時に、「スタハーノフ労働者は賃金を増やし、生活条件を改善し、居住条件を向上させ、よいものを着たいなどと思っているのだから、これに応えねばならない」として、住宅建設、食品の品揃えを力説した。そのためにも地方工業の振興を訴え、「日用品生産、福利向上および生活施策における州の権限を若干拡大して然るべきである」と主張した。ハタエーヴィチは、女性労働者、スタハーノフ労働者の妻が子供の世話や夫にとってのよい家庭環境づくりを理由に退職願いを出す事実の多さにまで関心を払っている。[69]

一九三六年前半は、二月に作業ノルマが引き上げられたこともあって、運動サボタージュ批判の方が強かった。四月二一三日に中央委員会工業部で開かれた会議で、四地方組織(スターリングラード地方委、北部地方委、タタール州委、西部州委)各二本の報告のあと結語を述べたアンドレーエフの論調がそれである。[70] しかし、六月二日付『プラウダ』に掲載されたウクライナ党中央委員会総会(五月二三日)におけるポストゥイシェフ報告は、反サボタージュ闘争を批判した。ドンバスでなされた、坑の新聞による、坑長に対するカリカチュアを含むサボタージュ非難を「政治的フーリガン行為」と断じ、十把一からげに保守主義者、サボタージュ分子のレッテルを貼らないよう求めた。技術者を助けてスタハーノフ運動の先頭に立たせるというスターリンの指示を守ること、労働者、スタハーノフ労働者の技術教育を活発にすること、スタハーノフ運動の経験交流を推進すること、などが強調された(71)。実は、この総会に約一ヵ月ほど先立って、ウクライナ党中央委員会はドネツク州委員会の報告を聴取し、十把一からげのサボタージュ非難を批判しており(72)、おそらくコシオール、ポストゥイシェフのイニシアティヴをスターリン指導部が容認したことになる。同様な動きは省庁にもあったはずで、六月二五—二九日の重工業人民委員部評議会でバジャーノフは、保守主義者、サボタージュ分子との闘争で「遺憾ながら行き過ぎがあった」こと、ある坑では技師・技手グループが不当にもサボタージュの廉で非難されたことを認めた(73)。

こうして、スタハーノフ運動自体が停滞する(この種の運動は拡大すればインパクトが弱まる)とともに、その階級闘争的トーンも低下し、三七年二—三月総会では妨害活動と闘う主要な手段ではないとされ(74)、政治的意義を失ったが、運動の中で形成された「自分の不成功の責任をもっぱら指導者にかぶせようとする」態度が(75)、二—三月総会後の「妨害活動の結果克服」なる下からの省庁・企業幹部批判に資したことは疑いない。

三　敵の認識と党の役割をめぐって

以上のように、政治部をめぐる論点は、地区委員会とのパラレリズム、弾圧・懲罰の是非と程度の二点に、スタハーノフ運動をめぐる論点は、英雄的労働か技術革新か、反サボタージュ闘争か専門家に対する配慮かの二点に、それぞれ集約される。両者の共通項は「経済活動と階級闘争の相互関係」で、三三年一月合同総会では次のように説明された。社会主義建設(工業化、集団化)が前進すると、公然たる抵抗を打破された階級敵の残党は工場などに、一部は党に潜入し、内部からサボタージュ、妨害活動を行う。階級闘争は消滅するどころか、階級敵の残党は、追い詰められただけに従来にもまして激しく抵抗する(それゆえ、国家権力を最大限に強化しなければならない)。革命的警戒心がすべての党員に求められる。

このような階級闘争の強調は、党内では粛清が続いている限り、一定のレヴェルで維持されたが(先にみた三三年五月八日の秘密訓令など)、「勝利者の大会」たる第一七回党大会以降はあまり語られなくなった。むしろ、農村における階級闘争の「行き過ぎ」がコルホーズの活動を萎縮させているという批判が登場したことは、すでにみたとおりである。ところが、キーロフ暗殺事件が起こると、再び警戒心が強調され、党の組織活動と党員教育を重視するよう求められた。これが実務的・経済的・ソヴィエト的活動の後景に追いやられたことが党の戦闘性を低下させ、党組織の役割を弱めたというのが、先にみた三五年三月二九日付レニングラード市委員会総会決定の認識である。この党の経済活動への埋没という論理は、実はエムテエス政治部に対する批判の論理を借用したものに他ならず(三四年五月一五日付『プラウダ』論説、一一月総会におけるカガノーヴィチ報告)、粛清の総括にはみられなかった。そして、三五年は工業生産が順調で、それに弾みをつけるべくスタハーノフ運動が発動され、他方ではジノーヴィエフ派弾圧と党員証点検が開始されたが、一二月総会では、階級闘争としてのスタハーノフ運動という主張と、党員証点検総括を警戒心向上に集約する主張が同時に登場したわけである。

三五年一二月総会における党員証点検総括の討論は、先にみたエジョーフ報告にリードされた(第二章第二節二)。ベーリヤは、ザカフカースにはメンシェヴィキ、ダシナキ、ムサヴァトの残党がおり、ペルシャ、トルコと国境を接しているため党組織が汚染されやすいことを強調し、コミュニストの一七・四%を除名し、三〇をこえる反革命グループを摘発したと述べた(エヌカヴェデによる逮捕は一〇六二人)。続くウガーロフは、レニングラードがジノーヴィエフ派の拠点だったこと、国境から遠くないことを指摘し、ジノーヴィエフ派＝トロツキストの面従腹背

(двурушничество)を暴露し、スパイとその組織を摘発することの重要性を強調した。ラーズモフ(東シベリア)、ポストゥイシェフ(ウクライナ)、ギカーロ(ベロルシア)も同じく、外国から送り込まれるスパイの摘発を党員証点検の一環として語った。エフドキーモフ(北カフカース)は、スパイ、その疑いがある者を除名したが、これは粛清においてはなかったことだと指摘した。また、ポストゥイシェフは、エヌカヴェデと緊密に連絡して活動したことを認め、ガマールニク(赤軍政治総本部長)は、党員証点検をオルポ、エジョーフと緊密に連絡して進めたと述べた。比較的穏健なのはプラームネク(ゴーリキー)で、小さな党組織、一部の農村党組織における活動の弱さ、読み書きできない、あまりできないコミュニストの存在にも注意を払っている(76)。

これらとコントラストをなすのが、総会中の『プラウダ』に掲載されたエイへ(西シベリア)、ハタエーヴィチ(ドニェプロペトロフスク)の論文である(二三、二四日)。エイへは、西シベリアでは点検による除名が一一%であったこと、被除名者のうち最も多いのが旧クラーク・白衛派で、トロツキスト=ジノーヴィエフ派がこれに次ぐこと、多くの市委員会および地区委員会装置が異分子に汚染されていたことを指摘するとともに、成果を強調した。地区委員会が、従来は経済問題が中心で党内問題を後回しにしていた点を改め、党員との結びつきを強め、教育活動を活発にするなど、「一七回党大会の党活動ペレストロイカの決定は、党員証点検の過程で初めて実現された」というのである(77)。ハタエーヴィチは、点検の結果を述べたあと(除名八%、トロツキスト=ジノーヴィエフ派も暴露されたこと)、成果をいっそう強調した。党と大衆の結びつきが強まり、指導者の責任感が増し、地区委員会の運営が改善され、コミュニストが新たに登用されるなど、第一七回党大会でのスターリンの指示「組織活動を政治的要請に追いつかせること」の実現に大きく踏み出したという。地区委員会の運営の改善とは、行政命令的方法が減り、「党内民主主義と指導の合議制原則が広く導入されつつあり」、「持ち回り」が少なくなり、総会の役割が高まったことを指している(78)。

ハタエーヴィチは、先にみたようにスタハーノフ運動についても穏健な発言をしていたから、右の論文と合わせると、階級闘争推進、警戒心向上のエジョーフ路線とは明らかに異なった立場をとっており、スターリンもこれを承知で、エジョーフ路線に一定のブレーキをかけていたと思われる（ハタエーヴィチ論文はエジョーフ報告の前日の『プラウダ』に掲載された）。しかしながら、「合同本部」裁判以降ブレーキは外され、三七年二―三月総会ではスターリンはエジョーフ路線をほぼ採用する。

三七年二―三月総会における「経済活動と階級闘争の相互関係」についていえば、経済活動は後者に従属させられ（「妨害活動の結果克服」が最優先課題）、階級闘争は党内の旧反対派・スパイ摘発運動にとって代えられた。新憲法採択で社会主義が宣言された以上、敵は国内に存在根拠をもたない、帝国主義、ブルジョワ国家から送り込まれたスパイと、これと結託する旧反対派だけとなる（人民の敵）。しかも、彼らは党に潜入し、立派な党員に見せかけながら妨害活動を準備するという面従腹背を行っている（「妨害活動の主要な力は党員証にある」）。従って、「人民の敵」摘発は党内に的を絞り、それも粛清や党員証点検・交換でも暴露されなかった者、つまりは高級幹部たる党員に照準を合わせることになる。しかも、トロツキスト（実際には、これと連携している旧反対派すべて）はもはや労働者階級の政治的潮流の一つではなく、帝国主義の手先なのだから、肉体的に絶滅してもよいとされる(79)。

こうした論理に対抗し得るものはなかった。グレーヴィチ（重工業人民委員部冶金工業総局長）は総会で「世界最高水準の設備利用のための闘いが組織的＝経営的指導の分野での重要な方法となり、今後あらゆる妨害活動を予防するに違いない」と述べて、スターリンに「それでは不十分だ」と口をはさまれた。そこで「スタハーノフ労働者たちが大きく援助してくれれば、ファシスト＝トロツキストのゴロツキども（сволочи）は決して入ってこない」と加えたが(80)、スターリンはのちに自分の報告で、スタハーノフ運動は妨害活動一掃の主要な手段だという「第四の腐った理論」を批判した(81)。グレーヴィチとしては、カードルが鍛えられ、日常的に自己批判して欠陥を是正していれば、妨害活動は不可能だったはずだという、一〇日前に自殺したオルジョニキッゼの言葉を紹介するのが、せめてもの抵抗であった。「グレーヴィチは自己批判の立場でもっと語れたはずだし、そうすべきだった」と述べたエイへは、西シベリアにおける妨害活動摘発が不十分だったと自己批判し、「事故の一つひとつ、〔機械の〕不調の連続の一つひとつの背後に階級敵の手を探さねばならないことを忘れていた」と語った。(82) あとの地方党書記、人民委員も大同小異で、違いといえばむしろ、総会以前に批判を受けていたシェボルダーエフ、ポストゥイシェフが懺悔ともいうべき自己批判をしたことである。(83) 唯ひとりハタエーヴィチは、ジダーノフ報告をめぐる討論(ブハーリン・ルィコーフ問題は済んでいた状況)ではあったが、自分の意見、わからないこと、不満を勇気を持って公然とさらけ出せるような「寛容」(терпимость)を要求した。(84)

ブハーリンも、三六年一二月総会でエジョーフ報告、とくにソスノフスキーを介してトロツキスト=ジノーヴィエフ派と連絡をとり、少なくとも彼らのテロ計画を知っていたという、供述にのみ基づく告発に反駁したが、トロツキストは弾圧されて然るべきだという前提に立っていた。ブハーリンは、他人を陥れ、自分の利益をはかる「政治的遊戯」を批判し、「誠実な人々を陥れる……のは、別の方から党を壊すことにならないのか」と問いかけたが、「あらゆるテロリスト、後方攪乱者に制裁を加え、これを絶滅することは正しく、必要だと絶対に、一〇〇%思っている。……私がこうしたゴロツキ〔トロツキスト=ジノーヴィエフ派〕の仲間であると、どうしていえようか」とも述べている。(85) 先に、三三年一月総会でブハーリンが「内外情勢が鉄の規律を要求する」論理を受け入れていたことを指摘したが(第二章第二節三)、このように彼は右翼反対派としての過去の自己批判を重ねるたびに、しだいにスターリンの論理を受け入れ、自ら破滅への道を用意したわけである。このことは、もとトロツキストのサルキーソフにも該当する。彼は三六年一二月総会で、「旧反対派の三重の義務」を語ったが、それは、①警戒心を持つこと、②トロツキストおよびジノーヴィエフ派を暴露すること、③旧反対派メンバーを党活動はもとより、いかなる

活動にも取り立てないこと、である。(86)

もし抵抗の論理があるとすれば、階級闘争の行き過ぎは経済活動を損ない、経済を破局に陥れるという論理しかない。しかし、文化革命、専門家迫害を停止した時、農村における大量弾圧を停止した時と同じく、ここでも、かかる論理を用いるのはスターリンの方であった。彼は二―三月総会における自分の報告の結語で、「経済活動と党＝政治活動」について、一部の同志は「経済活動から完全に離れるべきだ」と誤解しているが、党組織が経済機関にとって代わり、その責任を解除することを禁止しているのだと、言及するのを忘れなかった。(87) 四月二〇日付『プラウダ』は、採炭量の低下し続けるドンバスに関する論文で、ドネツク州委員会が、ここ数年経済指導部にとって代わっていたが、批判されると別の極端に走り、経済問題を放棄したことを批判した。第一・四半期に州委員会ビュローは(大半の鉱委員会も)、主要な経済・技術問題、スタハーノフ運動の問題を一つも検討、決定しなかったという。(88)

経済問題を放棄する「別の極端」に対する批判は、四月二八日付人民委員会議・党中央委員会決定「ドンバス石炭業の活動」に端的に現われている。いわく、「ドンバスの経済・党・労組組織は、諸坑にはびこる妨害工作者に長年気づかず、今日まで妨害活動の結果克服のための真の活動を展開しておらず、その具体的計画さえ持っていない。……アクチーフ集会などで展開される批判と自己批判を利用して欠陥を是正し、官僚主義的歪曲を一掃し、活動を改善するのではなく、茫然自失となり、指導放棄にまで至った」。と同時に「多くの党・労組組織が……技師、技手の十把一からげの非難に走り、……党、労組からの除名、解雇、起訴といった十把一からげの抑圧に訴えている」。(89) つまり、スターリン指導部も「人民の敵」摘発運動が経済を破綻させかねないから停止するとまではいえず、しかし専門家迫害は止めさせなければいけないという矛盾に逢着したのである(サルキーソフはまもなく解任され、七月州委員会総会で除名された)。

このディレンマを党レヴェルで把え返し、不当な除名を重視すれば、挑発者との闘争こそ主要な任務という三八年一月総会決定の論理が導かれる。

（1）両事件については、ペレストロイカ期に史料が出された。*Известия ЦК КПСС*, № 6, 1989, с. 103-115; № 11, 1991, с. 63-74. なお、リューティン事件の党規上の処分は一九三二年一〇月九日付中央統制委員会幹部会決定でなされた（翌日の政治局決定で承認）。РЦХИДНИ, ф. 17, оп. 3, д. 903, л. 9, 38-39. ジノーヴィエフ、カーメネフ、ウグラーノフ、スレプコーフ以下「ブハーリン学派」も除名された。

（2）アルヒーフが利用できなかった頃の先駆的な仕事として評価されるのが、塩川伸明「一九三〇年代ソ連における政策論争に関する一試論——第一七回党大会前後（一）（二）——」『社会科学研究』（東京大学）第三二巻第一号（一九八〇年七月）三八—八二頁、第二号（八月）一〇八—一六四頁。

（3）*КПСС*, т. 6, с. 29-31. 二名の追加は後述の六・一五決定に基づくが、その充員、派遣はさらに遅かった。*Правда*, 15 августа 1933.

（4）И. Е. Зеленин. Политотделы МТС (1933-1934 гг.). *Исторические записки*, № 76, 1965, с. 45. 第一、第二代理の呼称は、三三年七月一〇日付オゲペウ次官・農業人民委員部政治本部長・ソフホーズ人民委員部政治本部長代理連名の秘密命令による。SA, WKP253, l. 3-4.

（5）*Материалы о работе политотделов МТС за 1933 г.* М., 1934, с. 204-206. なおエムテエスのサーヴィスは三三年末でコルホーズの四一・二%、同播種面積の五八・七%をカヴァーしていた。

（6）コルホーズ装置の粛清を一九三三年中に行うべきことは、一月三〇日付ソ連邦中央執行委員会決定「コルホーズの強化」でも指示された。*Коллективизация*, № 151.

（7）*Правда*, 25 января 1933.

（8）*Социалистическое земледелие*, 26 февраля 1933. 政治部長たちは派遣前モスクワで、自分の任地を「トーチカ」

と呼んでいた。П. Филеев. *Записки начальника политотдела.* Ростов-на-Дону, 1934, с. 6.

(9) *Социалистическое земледелие*, 24 июня 1933; *Первый всесоюзный съезд колхозников-ударников передовых колхозов, 15–19 февраля 1933 г. Стенографический отчёт.* М.-Л., 1933, с. 298.

(10) *Известия*, 11 апреля 1933; *Правда*, 19 мая 1933; *Коллективизация сельского хозяйства на Северном Кавказе, 1927–1937 гг.* Краснодар, 1972, с. 531; *Історія колективізації сільського господарства Української РСР, 1917–1937 рр.* Київ, 1971, т. 3, с. 226.

(11) *Социалистическое земледелие*, 10 июля 1933. この村については他にも報道記事が多い。*Правда*, 18 апреля; 28 августа 1933 и т. д.

(12) *Молот*, 23 апреля; 18 июня 1933. この方法は、次にみるウスチ・ラビンスキー地区で実施され、効果的であることが判明したので、北カフカース地方委員会の公式の方針になったものと思われる。ヴォルガ中流、ヴォルガ下流でも実施された。*Коллективизация сельского хозяйства в Среднем Поволжье, 1927–1937 гг.* Куйбышев, 1970, с. 422; *Большевик*, № 15–16, 1933, с. 66.

(13) *Известия*, 9 мая 1933; *Молот*, 18 июня 1933 и т. д.

(14) Михаил Каравай. *Политотдел.* М., 1934, с. 54-55. なお、ウスチ・ラビンスキー地区は北カフカースでも有数の穀物地域クバン諸地区に属する。

(15) *Известия*, 11 апреля 1933.

(16) 註(11)に同じ。

(17) *Социалистическое земледелие*, 24 июня 1933.

(18) *Известия*, 12 мая 1933.

(19) *Молот*, 14 мая 1933.

(20) *Советская юстиция*, № 11, 1934, с. 3. これは三四年末の第一回全連邦裁判・検察職員会議におけるアクーロフ(ソ連邦検事)報告で，五・八訓令以降も大量逮捕が続いたことも認めている。

(21) *Молот*, 21 июня 1933 ; *Социалистическое земледелие*, 23, 26 августа 1933 ; *Правда*, 1 декабря 1933.

(22) *Советская юстиция*, № 15, 1933, с. 6-7 ; № 16, 1933, с. 4-5.

(23) Там же, № 2, 1934, с. 10 ; № 13, 1934, с. 2-10.

(24) SA, WKP253, l. 12. 見せしめ裁判の実施は政治部の任務とされている。

(25) *Большевик*, № 1-2, 1933, с. 34-35.

(26) РЦХИДНИ, ф. 17, оп. 2, д. 514, вып. 2, л. 23.

(27) Там же, л. 32-36.

(28) *КПСС*, т. 6, с. 55-58.

(29) *Правда*, 12 июня 1933. この無署名論文は，「政治部に対する反動的な態度の責任が地方・州党組織にあることは疑いない」とまで述べた。

(30) *Правда*, 20 июня 1933.

(31) *Правда*, 4, 10, 20 января 1934. アンフィロフィエフはテレショフに反論して，地区委員会を解消して政治部が自ら地区委員会になると「階級敵根絶の主要な任務から離れてしまう」と述べたが，これはからずも政治部の実態を語ったものといえる。

(32) *XVII съезд*..., с. 43-201, 571, 585.

(33) *Правда*, 20 апреля 1934. なお，指導員は一七回党大会における党装置改組により，地区委員会(および市委員会)から派遣された。

(34) *Правда*, 15 апреля 1934.

(35) *Правда*, 4 мая 1934.

(36) И. Е. Зеленин. Политотделы МТС—продолжение политики《чрезвычайщины》(1933-1934 гг.). *Отечественная*

история, № 6, 1992, с. 57.

（37）*Правда*, 15 мая 1934.

（38）*Правда*, 17 июня 1934.

（39）Б. А. Абрамов. К изучению истории коллективизации сельского хозяйства. *Вопросы истории КПСС*, № 8, 1982, с. 45-54. シェボルダーエフは六月二〇日のアゾフ＝黒海地方政治部長会議で，秋までの改組を語った。註（36）に同じ。

（40）РЦХИДНИ, ф. 17, оп. 2, д. 536, л. 21-35.

（41）*Правда*, 10 сентября 1935. スタハーノフの作業については Lewis H. Siegelbaum, *Stakhanovism and the Politics of Productivity in the USSR, 1935-1941*, Cambridge University Press, 1988, pp. 69-71.

（42）*Правда*, 12 сентября 1935.

（43）*За индустриализацию*, 29 сентября 1935. サルキーソフも，このスターリンの言葉を引用している。

（44）会議の報道は *Правда*, 15-21 ноября 1935. スターリン演説は *Правда*, 22 ноября 1935.

（45）*За индустриализацию*, 9 октября 1935.

（46）О. А. Ерманский. *Стахановское движение и стахановские методы*. М., 1940, с. 257-262.

（47）*За индустриализацию*, 5 февраля, 22 марта 1936 ; *Правда*, 29 апреля 1936.

（48）*За индустриализацию*, 23 апреля 1936.

（49）*За индустриализацию*, 21 января 1936.

（50）*Правда*, 14 февраля 1936. トラストごとのノルマ引き上げは Ерманский. *Указ. соч*., с. 248.

（51）*За индустриализацию*, 16 марта 1936.

（52）*Правда*, 26 марта 1936. ノヴォストロイ機械・レンガ焙焼職場では，党オルグでもある職場長の「スタハーノフ旬間」導入の提案は，出席者の絶対多数の「当惑した沈黙で」迎えられた（それでも二時間半後には，採択されたことになった）。Ерманский. *Указ. соч*., с. 266-277.

(53) *Правда*, 18 апреля 1936.
(54) *Правда*, 29 апреля 1936.
(55) Siegelbaum, *op. cit*., pp. 184, 185, 89, 93.
(56) Siegelbaum, *op. cit*., pp. 198, 186-190.
(57) Ерманский. *Указ. соч*., с. 342. シーゲルバウムはスタハーノフ運動の「文化的神話」(cultural mythology)を検討していて、興味深い。Siegelbaum, *op. cit*., Chap. 6.
(58) スタハーノフ労働者は大多数が二〇—二五歳で、第一次五ヵ年計画期に農村からやってきたばかりだったという。Ерманский. *Указ. соч*., с. 283.
(59) サルキーソフのインタヴュー。*Правда*, 5 сентября 1935.
(60) *Правда*, 14 сентября 1935.
(61) *Правда*, 28 сентября 1935.
(62) *Правда*, 21 октября 1935.
(63) РЦХИДНИ, ф. 17, оп. 2, д. 561, л. 3-54.
(64) Там же, л. 38-44.
(65) Там же, л. 102-109. オルジョニキッゼ「個人フォンド」には、一二月総会用に資料提出を求めた総局長あて指示、提出された資料の一部が収められている。重工業人民委員部傘下の工業では、三五年上半期から一〇月までに、賃金コストは三四・四四%から三二・八八%に低下し、平均賃金は二〇〇・六ルーブリから二三二・七ルーブリに上昇した。РЦХИДНИ, ф. 85, оп. 29, д. 117, л. 103.
(66) РЦХИДНИ, ф. 17, оп. 2, д. 561, л. 111-115.
(67) Там же, л. 74-79.
(68) Там же, л. 54-60, 61-64, 69-71.

(69) Там же, л. 66–69. ハタエーヴィチは、総会での発言に先立つ『イズヴェスチヤ』紙上での論文でも、スタハーノフ運動に対する穏健な理解を示した。*Известия*, 22 декабря 1935.

(70) 彼が強調し、警告したのは「放任」、つまり「スタハーノフ運動に対する信じられないほどの抵抗が、明らさまな敵、階級敵の側からのみならず、コミュニスト＝官僚主義者、非党員の技術・経営担当指導者からもあるのに、これと闘わないこと」である。РЦХИДНИ, ф. 17, оп. 120, д. 252, л. 134.

(71) *Правда*, 2 июня 1936.

(72) *Вісті*, 28 квітня 1936.

(73) *Совет при НКТП 25–29 июня 1936 г. Стенографический отчёт*. М., 1936, с. 38.

(74) РЦХИДНИ, ф. 17, оп. 2, д. 612, вып. 3, л. 8.

(75) スタハーノフ運動一周年の『プラウダ』論説で、そのようなスタハーノフ労働者は悪いと批判された。*Правда*, 30 августа 1936.

(76) РЦХИДНИ, ф. 17, оп. 2, д. 561, л. 141–144, 145–147, 151–154, 161–163, 163–165, 154–158, 158–160, 150–151.

(77) *Правда*, 23 декабря 1935.

(78) *Правда*, 24 декабря 1935.

(79) РЦХИДНИ, ф. 17, оп. 2, д. 612, вып. 3, л. 3–10.

(80) Там же, д. 612, вып. 2, л. 40–42. オルジョニキッゼの部下、周辺には経済の現実を直視する者がいたことは、党統制委員ソローキンが「来るべき総会に向けて」オルジョニキッゼあてに書いた意見書(三七年二月一五日付)からも窺える。製品の質の「技術的近代化」のための投資および既存の企業における「生産のテクノロジー」にもっと関心を向けるべきこと、わが国の企業では当面の合理化策でさえ然るべき規模で実施されていないこと、「去年、とくに最近」党統制委員会には少なからぬ企業、省庁の技師がやってきて、装置があれこれの企画、措置を握りつぶしてしまうと不満を述べていること、などである。РЦХИДНИ, ф. 85, оп. 29, д. 511, л. 1–3.

(81) 註(74)に同じ。「第一」は、経済的成功に伴って階級闘争が衰退するという考え。「第二」は、必ずしも妨害せず、時には成果も挙げる者は妨害工作者になるはずがないという考え。「第三」は、経済計画の系統的な達成は妨害活動とその結果を無にするという考え。「第五」は、トロツキスト妨害工作者にはもはや予備がなく、最後のカードルも殲滅したという考え。「第六」は、ボリシェヴィキが多数で妨害工作者が少数だから、注意しなくてよいという考え。

(82) РЦХИДНИ, ф. 17, оп. 2, д. 612, вып. 2, л. 63-65.

(83) Там же, д. 612, вып. 3, л. 24-26, 26-29.

(84) Там же, д. 612, вып. 1, л. 21-23.

(85) Там же, д. 575, л. 69-93. ブハーリンの抵抗については、アンナ・ラーリナ『夫ブハーリンの思い出』(和田あき子訳、岩波書店、一九九〇年)。ブハーリン裁判については、当時公表された記録の偽造をアルヒーフ文書を用いて明らかにした次の論文も参照。Ю. Г. Мурин. Как фальсифицировалось 《дело Бухарина》. *Новая и новейшая история*, № 1, 1995, с. 61-96.

(86) РЦХИДНИ, ф. 17, оп. 2, д. 575, л. 139.

(87) Там же, д. 612, вып. 3, л. 92.

(88) *Правда*, 20 апреля 1937.

(89) *КПСС*, т. 6, с. 388-391.

第二節　党中央・地方党関係――アゾフ＝黒海地方を例に

一　党中央の介入と危機打開（一九三二―三三年）

周知のように、大飢饉は一九三二―三三年冬に、夏からの苛酷な穀物調達、これに対する農民の激しい抵抗の結果として惹起された。政治局が北カフカースにカガノーヴィチを長とする小委員会を派遣した一九三二年一一月上旬から、スターリン、モーロトフが農民に対する大量弾圧を停止する秘密訓令を出した一九三三年五月上旬に至る時期は、スターリン体制の歴史の中でも最も危機的な時期の一つであった。三三年一月中央委員会・中央統制委員会合同総会は、工業に関しては柔軟な路線をとりながら、農民とコルホーズについては、エムテエスおよびソフホーズに政治部を付設し、農民の都市への移動を禁止する（国内旅券制を導入する）など、厳しい政策を打ち出した。スターリン指導部は、地方党機関に穀物調達を促進する、いかなる措置をも許可するとともに、特別な決定をもって地方の事柄に直接に干渉した。そして、かかる干渉がスターリン指導部により多くの地方の情報を与え、その政策を再検討させることにもなったのである。後にフルシチョーフがスターリンによる農民弾圧の典型例として、もっぱらその視点から暴露したヴョーシェンスキー事件こそ、そうしたケースに他ならない(1)。

ここでは、党中央による地方党への介入と危機打開のあり方を、政治局のアド・ホックな小委員会（クバン事件）およびスターリンの個人的イニシアティヴ（ヴョーシェンスキー事件）の実例に即して検討する。

(1)　クバン事件

一九三二年の穀物調達は三〇年、三一年より芳しくなかった。一〇月末における年間計画の達成率は五二・七％で、三〇年の六四・八％、三一年の五五・三％を下回っていた。とくに北カフカースは悪く、一〇月二五日時点での年間計画達成率はわずか三七・八％であった。[2] 政治局は一〇月二二日、この北カフカースにカガノーヴィチを長とする小委員会、同様に調達成績の悪いウクライナにモーロトフを長とする小委員会を派遣することを決定した。[3] その日スターリンは、北カフカース地方委員会書記シェボルダーエフをモスクワに呼び、種子貸付の要請を拒否するとともに、穀物調達の「サボタージュ」に対して弾圧を加えるよう説得した。[4] 一一月一日、政治局は北カフカース情勢を検討し、カガノーヴィチ小委員会の任務と構成を決定した。メンバーは既定のチェルノーフ(農産物調達委員会議長)、ユールキン(ソフホーズ人民委員)に、ミコヤーン(供給人民委員)、ガマールニク(赤軍政治総本部長)、シキリャートフ(中央統制委員)、ヤゴーダ(オゲペウ長官)、コーサレフ(コムソモール第一書記)を加えたものである。[5]

その一一月一日から二日にかけて、北カフカース地方委員会ビューローはカガノーヴィチ小委員会メンバーを加えて会議を開き、二日の農村地区委員会書記会議、四日のソフホーズ所長会議をふまえて三つの決定を採択した。[6] 地区委員会書記はみな、穀物調達計画は実現できない、実現すれば種子も飼料も食糧も残らないと訴え、穀物調達に対する抵抗が大きいことをほのめかしたが、聞き入れられなかった。シェボルダーエフは、地区委員会書記たちを、調達量と収穫高を比較する「クラーク的統計」にかかずらい、収穫を隠し、事実上「クラークの依頼で行動している」(выступают от имени кулака)と非難した。カガノーヴィチは、地区委員会書記の言い分をある程度容れ、地方の穀物調達年間計画をさらに二〇〇〇万プード(約三三万ツェントネル、当初の計画は二九六〇万ツェントネル)引き下げる小委員会の決定を伝えざるを得なかったが、引き下げられた計画は「残忍に闘って」(зверски драться)履行するよう訴えた。「階級敵はコルホーズを一種の農民同盟に作り替え、われわれに反対する統一戦線を作り上げようとしている」という認識であった。(7) 一一月四日の政治局決定で党組織の粛清が三年ぶりに北カフカースで実施されることになったのも、こうした認識に基づいている。(8)

「クバン諸地区の穀物調達と播種の経過」に関する決定は、ティホレツキー地区ノヴォロジェストヴェンスカヤ村、ティマシェフスキー地区メドヴェードフスカヤ村、クルガネンスキー地区テミルゴーエフスカヤ村を「ブラックリストに掲載する」ことを定めたものである。すなわち、①商品搬入の即時中止、協同組合および国営商業の完全停止、協同組合商店からの全商品回収、②コルホーズ、コルホーズ員、個人農のためのコルホーズ商業の完全禁止、③あらゆる信用供与の停止、信用その他金銭上の債務の期限前取り立て、④労農監察機関はコルホーズ、協同組合、国家装置を点検し、異質的・敵対的分子を一掃する(очистить)こと、⑤オゲペウ機関は反革命分子、穀物調達および播種サボタージュ組織者を排除すること、以上の措置をとることに他ならない。そして「ブラックリスト掲載」措置を受けた村は、さらにサボタージュを続けると、北部諸州へ追放され、他の地方からの移住で埋め合わされるよう、地方組織が政府に提起するとの警告をも受けたのである。このほか、播種を拒む個人農から宅地付属地を剝奪し、彼らを地方外、北部諸州に追放することも決定された。(9) 従来も穀物調達不履行に対して取られた商品供給および信用供与停止に、クラーク清算・追放を組み合わせて復活させた最も強硬な措置である。

テミルゴーエフスカヤ村では、一一月六日の朝コルホーズ市場が閉鎖され、国営および協同組合商業が停止され、商店からは商品が撤去された。コルホーズ、個人農からの貸付・信用債務の取り立てが始まり、アクチーフは公共の建物、コルホーズ員の家屋を捜索し、発見された穀物を押収した。六日、七日で五〇〇プード以上の穀物が発見され、これを隠匿した二人が一〇年の自由剝奪刑を出張法廷で宣告された。八日に村ソヴィエトは、サボタージュの廉で六〇人を村から追放することを決定した。九日までに一四〇人が逮捕された。アクチーフ、武装した民警および赤軍兵士の集中的な圧力のもと、仕事に出るコルホーズ員が増えた。「ブラックリスト掲載」一〇日後には「きわめて不十分ながら、若干の転換をかちとった」と報告された。(10)

ところが、メドヴェードフスカヤ村では「ブラックリスト掲載」措置は激しい抵抗を受けた。村ソヴィエト議長は、地区委員会が採択した穀物調達年間計画の最終数字を承認せず、「年間計画など知るものか。地区の全権代表がほとんど毎日のように数字を変えるから……」と言ってはばからなかった。一一月半ばの集会では、その日に圃場に出た者が一三〇人以上の集会参加者中わずか八人であることがわかった。コルホーズ〝クラスノアルメーツ〟議長代理は「もし計画を履行したら飢饉を招く」と述べ、他のコルホーズからの計画履行要求には「コルホーズ員を穀物なしにするわけにはいかない」と答えた。〝ソツィアリスティーチェスコエ・ゼムレジェリエ〟議長は「コルホーズにクラークはいない。管理部にクラークの息子はいても……」と語り、村には「クラークなんていやしない」という言葉が大いに広がっている。こうしたメドヴェードフスカヤ村の抵抗は一二月末になっても強く、村委員会書記、村ソヴィエト議長、地区統制委員会全権代表を先頭に「党とソヴィエト権力の政策に頑強に抵抗している」と報告された。(11)

このかん、カガノーヴィチをはじめ小委員会メンバー、地方委員会ビューロー・メンバーは各地区を回って穀物調達を督励し、会議を召集した。(12) 一一月二三日には、ロストーフ市委員会および市党アクチーフも参加する地方委員会拡大ビューロー会議が開かれ、カガノーヴィチが報告した。翌二四日のビューロー会議は、右の三村におけるサボタージュ粉砕の措置が不十分だとしたうえ(三村に派遣されている地方委員会の全権代表が厳しく批判された)、新たにスラヴャンスキー地区ポルタフスカヤ村、パヴロフスキー地区ネザマエフスカヤ村を「ブラックリスト掲載」処分にした。(13)

スターリン指導部は、こうしたカガノーヴィチ小委員会を先頭とする活動の結果になお満足せず、いっそう強硬な方針に傾斜した。一一月二七日に開かれた政治局・中央統制委員会幹部会合同会議は、直接はエイスモント=トルマチョーフ=スミルノーフ事件を議題とするものだったが、これとからめて穀物調達の緊迫した情勢が論じられたのはむしろ当然である。三三年一月中央委員会・中央統制委員会合同総会でカガノーヴィチが明らかにしたところによれば、スターリンは次のように発言した。「わが村、地区のコミュニストはコルホーズを極端に理想化している。彼らはしばしば、コルホーズは早くも社会主義的経営形態になり、反ソヴィエト的行動はあり得ない、コルホーズに対しては説得のみが有効で、強制的措置は用いないから、これらの事実(穀物調達の妨害、サボタージュ)をやりすごすべきだと考えている。」「コミュニストが、コルホーズは社会主義的経営形態だとして、これら個々のコルホーズ員、コルホーズに断固たる打撃を与えないのは愚かなことだ。(14)」コルホーズには「小ブルジョワ的な所有者意識」があるし、その基盤には党・政府も譲歩、公認した宅地付属地および個人所有家畜があるわけで、これを克服するには長い年月を要するし、その方法はアルテリ経営の強化と教育である、というのが従来の公式見解であった。コルホーズを敵・味方に分け、敵側のコルホーズには打撃を与えてよいとする主張は、これを一歩踏み越えたものといわねばならない。

強硬方針は、一二月一四日の政治局決定「ウクライナ、北カフカース、西部州の穀物調達」となって現れた(党中央委員会・人民委員会議決定として公表)。それは三地方につき穀物調達の最終期限を示すとともに、ウクライナ、北カフカースの反革命分子(クラーク、旧将校、ペトリューラ派など)を「逮捕、収容所への長期拘禁によって、最悪の分子に対しては最高刑(死刑)の適用も躊躇せずに、断固として根絶する」よう指示した。決定によれば、最悪の敵は「ポケットに党員証をもった穀物調達サボタージュ分子」であり、彼らは収容所に五—一〇年間拘禁し、「一定の条件のもとでは銃殺する」べきである。決定は、ウクライナにおける「機械的なウクライナ化」、北カフカースにおける「安易なウクライナ化」が反革命分子の策動を許したと、やや強引に説明している。決定にある具体的措置としては、ポルタフスカヤ村民の大部分の北部諸州への追放と赤軍兵士コルホーズ員による入植を承認する、ウクライナの地区委員会書記ら計一五人を裁判にかけ、五―一〇年の収容所拘禁とする、穀物調達および播種サボタージュで除名されたコミュニストはすべて、クラークとともに北部諸州へ追放する、などである。(15)

北カフカース地方委員会ビューローは一二月一六―一七日の会議で、テミルゴーエフスカヤ村、ノヴォロジェストヴェンスカヤ村が穀物調達計画を達成したので「ブラックリスト掲載」措置を解除し、メドヴェードフスカヤ村、ネザマエフスカヤ村については同措置継続とした。ポルタフスカヤ村については、一四日の政治局決定を追認し、併せて同村党組織の解散を決定した。(16) 一二月一九日政治局はカガノーヴィチ、チェルノーフをウクライナに派遣する決定を行ったが、(17) これは北カフカースにおける穀物調達に目途が立ち、ウクライナのそれに重点を移すという判断によるものと思われる。

一九三三年一月二六―二九日に開かれた北カフカース地方委員会・地方統制委員会合同総会は、スターリンに電報を打って穀物調達計画の完遂を報告したが、(18) カガノーヴィチ小委員会の派遣以降払った犠牲は大きかった。すなわち、「ブラックリスト掲載」措置を受けた村は一五、北部へ追放された村は二、追放された住民は六万三五〇〇人以上、オゲペウに逮捕された者はクバンだけで一万六〇〇〇人、銃殺された者は一一月八日から一五日までだけで四三人、であった。(19)

こうして政治局は危機の打開のイニシアティヴをとり、アド・ホックな小委員会を設け、非常措置をとらせた。小委員会は政治局決定を、当該地方の条件を考慮に入れつつ、地方党機関に押しつけることによって実行に移した。モーロトフ、カガノーヴィチを長とする小委員会は、一方では中央委員会農業部に、他方ではエムテエスおよびコルホーズ政治部に改組されたとみることもできる。中央委員会農業部は、一二月一五日の政治局決定(持ち回り)で「ソフホーズ系列、コルホーズおよびエムテエス系列の農業機関の活動を監督し農村党組織の活動を改善するために」「中央委員会装置の一つとして」設立され、部長にはカガノーヴィチが任命された。[20] 政治部は、すでにみたように、カガノーヴィチ小委員会がもっていた統制・弾圧機能を継承し、しかも遍在する、ただし長期的には存続しない機関として設立されたのである。

(2)　ヴョーシェンスキー事件

一九三三年三月末、北カフカース地方ヴョーシェンスキー地区に住む著名な作家ショーロホフは『プラウダ』編集部に電報を送った。春播き用種子の隣接ミレロフスキー地区への輸送が雪解けの出水、泥濘で困難となり、多数の馬を怪我させたが、今後も輸送を続けるとすれば馬をさらに引き抜いてヴョーシェンスキー地区の春播きを脅かしかねない、との趣旨であった。[21] 地方委員会ビュローは三月二七日の会議で(持ち回り)、特別な会議を開き、輸送促進の措置もとったにもかかわらず、種子搬出が遅れたのは一部の地区組織の「鈍さ」(неповоротливость)のためだと主張し、さらには、ショーロホフが(『プラウダ』に打電する前に)地方組織に何の警告もしなかったことを指摘して不快感を露わにした。[22]

ショーロホフがこの決定を読んだという確証はないが、彼は今度はスターリンにあてて長文の手紙を送った。手紙はまず、ヴョーシェンスキー地区では他の地区と同じく、コルホーズ員と個人農が飢饉で死んでいる事実を指摘し、その原因である一九三二年の穀物調達を批判した。すなわち、収量確定地区間委員会(межрайонная комиссия по определению урожайности)による総収穫高の過大評価、地方全権代表オフチーンニコフによる強引な指導――作業日に応じた前渡し分までの調達、各コルホーズ農戸にまで及ぶ納入割当、また「行き過ぎ」批判の禁止――とその結果を詳細に示した。地区の農戸一万三八一三、人口五万二〇六九人のうち、オゲペウ機関や民警、村ソヴィエトに拘禁、逮捕された者三一二八人、銃殺された者五二人、人民裁判所の判決やオゲペウ参与会の決定で有罪とされた者二三〇〇人、コルホーズからの除名一九四七戸、罰金の賦課三三五〇戸、住居追い出し一〇九〇戸、という結果である。ショーロホフは、自分がスターリンに手紙を書くのは、オフチーンニコフが「行き過ぎ」を自ら指示したにもかかわらず、最近の地方委員会総会でビューロー員候補に選出され、ロストーフ市委員会書記に推挙されたため、しかも、ヴョーシェンスキー地区委員会では「行き過ぎ」に触れてはならないとされ、資料も地方委員会に送られてしまったためであることを明らかにしている。(23)

スターリンは四月一六日、ショーロホフに特別至急電(молния)を送り、知らせに感謝するとともに、飢えている住民にどれくらい援助すべきかを問い合わせた。(24) ショーロホフはその日のうちに返書をしたため、まずはスターリンの質問に答えて、必要穀物はヴョーシェンスキー地区一二万プード、ヴェルフネ=ドンスコイ地区四万プードであると述べた。ついで彼は、三月二七日の地区委員会ビューロー決定に初めて触れ、一部の地区組織の「鈍さ」、ショーロホフが地方組織に警告しなかったことにつき反駁した。そして、ヴョーシェンスキー、ヴェルフネ=ドンスコイ両地区に、すべてを本当に調査できるコミュニストを派遣するよう求めた。ショーロホフは、自分の電報には直ちに反応、決定しながら、地方委員会・地方統制委員会の責任指導員が「行き過ぎ」を指摘した報告メモについては決定せず、沈黙している地方委員会ビューローに対する不信を露わにし、あらためて穀物調達に伴う弾圧の実態を指摘した。コルホーズからの不当な除名、コルホーズ員に対する不当な罰金(経営の二五%をこえる)、「穀物隠匿」の廉での有罪判決(ヴョーシェンスキー地区だけで一七〇〇人)、そしてオゲペウ地区本部の専横である。(25)

このかん政治局はどうしていたか。四月一日に「北カフカース地方委員会問題」、二日に「北カフカース地方委員会の二月二二日の決定について」という持ち回り決定がなされたが、双方の内容は一見矛盾している。前者は、播種を拒否する個人農や社会的財産を侵害するコルホーズ員三〇〇〇戸を四月中に追放するシェボルダーエフ、ラーリンの提案を容れるというものであった。(26) 他方、後者には、個人農の穀物義務納入基準につき一月一九日法を遵守して再検討するよう地方委員会ビュローに求める、とあった。[27] 政治局が、右の追放は認めたうえで、穀物調達遂行上の地方の「行き過ぎ」を抑制するよう転換したと解釈することもできる。北カフカース地方委員会ビュローもそれを察知してか、四月一日の決定(持ち回り)で、個人農やコルホーズ員の住居からの追い立て、宅地付属地の剝奪、また「ブラックリスト掲載」措置についての恣意的な決定が地区レヴェルでなされていることを批判した。[28] これは自己の責任を棚上げしたもので、おそらく政治局に批判され(文書上の根拠は今のところない)、四月二一日北カフカース地方委員会ビュローは、「ヴョーシェンスキー地区における党路線の歪曲について」の提案を基本的に採択する、という形で自らの誤りを認めたのである。[29] その二日後の政治局会議は、スターリンの提案に基づき、「現地活動家、地方機関代表によってなされた穀物調達における許しがたい行き過ぎ」の原因を現地で調査するため、ヴョーシェンスキー地区にシキリャートフを派遣することを決定した。[30] なお、ヴョーシェンスキー、ヴェルフネ＝ドンスコイ両地区に対する穀物援助は要求通り、ただし「食糧貸付」の形でなされた(四月一九、二二日の政治局決定)。[31]

こうしてみると、スターリンは、四月二二日のショーロホフあて特別至急電で穀物援助要請に応ずると回答したことも含めて、[32] 一貫してショーロホフを支持してきたようにみえるが、五月六日の手紙では別の態度を示した。すなわち、「貴兄の手紙は若干偏った印象を与える」と述べ、党・ソヴィエト活動家の欠陥は指摘しても、ヴョーシェンスキー地区農民のサボタージュ(イタリア式ストライキ)、ソヴィエト権力に対する「静かな」戦争を見逃していたではないか、と批判したのである。[33]

四月二三日の政治局会議で、同じくスターリンの提案に基づき、オゲペウ全権代表会議の五月三日召集が決定され、五月七日に政治局が、オゲペウ・トロイカによる銃殺刑判決を禁止するとともに、「監獄の負担軽減」なる議題のもとに、農民に対する一九二九年末以来の大量弾圧の停止を討議、決定したことは偶然ではない。[34] 翌日モーロトフ・スターリン連名の秘密訓令として下部におろされる、この決定は、まさにショーロホフが指摘した逮捕、有罪判決、銃殺がいぜんとして全連邦的に大規模に行われていたことを非難したのである。

約二ヵ月後の七月四日、政治局はシキリャートフ報告を聴取したうえで、以下の決定を行った(持ち回り)。すなわち「穀物調達をサボタージュするコルホーズ員に対する、全く正しい、絶対に必要な圧力の政策が、地方委員会による十分なコントロールが欠けていたため、ヴョーシェンスキー地区で歪曲され、傷つけられた」ので、ジーミンを地方委員会第二書記から、オフチーンニコフをロストーフ市委員会書記から解任する、というものである。[35] 一〇日の地方委員会ビューロー会議は、この政治局決定を全面的に受け入れ(「行き過ぎの主たる責任が地方委員会にある」ことも承認)、併せてヴョーシェンスキー地区委員会書記および統制委員会議長も解任した。[36] さらに半年後の第一回アゾフ＝黒海地方党協議会で報告に立ったシェボルダーエフは、誤った「左翼的」指導の実例としてヴョーシェンスキー事件を挙げた。必要な抑圧的措置が乱暴な行政命令的方法となって、クラークにではなくコルホーズ員や貧農に向けられたこと、この問題では中央委員会が特別決議をもって介入したこと、を認めたのである。[37]

以上のヴョーシェンスキー事件も、党中央による危機打開の事例であるが、クバン事件と異なるのは、大量弾圧、非常措置の緩和による危機打開であり、それだけにスターリン個人の強いイニシアティヴを必要とした点においてである。スターリンは、中央ないし地方新聞の通信員あるいは寄稿者からのシグナルをとらえ、事実の調査のために自己の全権代表を派遣し、農業政策(集団化、穀物調達など)の「行き過ぎ」を、その責任を地方活動家に転嫁しつつ、抑制した。ヴョーシェンスキー事件では、ショーロホフがシグナルの送り手であり、ジーミンとオフチーンニコフがスケープゴートだったのである(それにしても、ショーロホフのスターリンあて手紙は、いかに特別待遇の作家とはいえ、党員候補にすぎないのに、地方委員会の内情まで通じすぎている印象がする)。

クバン事件、ヴョーシェンスキー事件に共通していえる点は、政治局が少なくとも農業政策では地方党機関に対して強力な指導権を有していたことである。しかし、地方党機関が政治局に対して絶対服従かといえば、そうではない。北カフカース地方委員会は、一九三三年の国家予算案に不満で、同地方への配分を拡大するよう財務人民委員部に要求した(一九三二年一二月七日)[38]。また、二月の穀物供給を減らす供給人民委員部の計画に反対して、従来の供給水準を維持するよう中央委員会(事実上は政治局)に訴えた(一九三三年一月二五日)[39]。これらは、北カフカース地方委員会が穀物調達の失敗のゆえに政治局に対して最も弱い立場にあった、まさにその時に起こったのである。

二　地方党の〝自立〟(一九三四―三五年)

一九三三年の飢饉を何とか乗り切った北カフカース地方は、三四年一月一日をもって北カフカース、アゾフ＝黒海の二地方に分割された(表32)。一月二二日の第一回アゾフ＝黒海地方党協議会は、シェボルダーエフの報告に基づく決議を採択した。それは、農業については春播きと穀物調達が成功し、工業については全体としては好調だが、石炭、石油が立ち遅れ、運輸も停滞していると、経済の現状を描きながら、「地方委員会の政治方針は正しく、組織活動も十分である」と自信を示した。決議は第二次五ヵ年計画、農業、工業、鉄道、商品流通、文化・教育の六項にわたって三四年の目標を示したが、文化・教育のウエイトには、また「三四年五月一日までに文盲を一掃する」という意気込みにも注目させられる。第七項「組織問題」は、第一七回党大会カガノーヴィチ・テーゼを完全に支持して、全権代表派遣を最小限にすること、カードルの流動を阻止すること、粛清をごく近いうちに完了すること、エムテエス・ソフホーズ・鉄道政治部の過小評価と闘うこと、コミュニストの思想的＝政治的および技術的教育のための措置をとること、などを定めたものである[40]。

表32　旧北カフカース地方(ダゲスタン除く)

	アゾフ＝黒海	北カフカース	計	前者の比　重
面積(km²)	181,162	112,831	294,493	61.7
人口(千人)	5,192.2	2,743.1	7,935.3	65.4
工業労働者(千人)	124.4	20.6	145.0	85.8
工業総生産(百万ルーブリ)	1,071.9	633.2	1,705.1	62.9
コルホーズ	3,415	1,651	5,066	67.4
播種面積(千ヘクタール)	7,794.6	3,362.0	11,156.6	69.9
羊(千頭)	1,299.4	1,720.0	3,019.4	43.0

(出典) *Молот*, 28 февраля 1934.

協議会中に開かれた地方委員会総会で、第一書記シェボルダーエフ、第二書記マリーノフ、ほか三名の書記が、二月一六日のビューロー会議でビューロー員一一名、同候補九名が選出された(地方委員の持ち回り採決に付された)。ビューロー会議は月に四回、公開、非公開(正しくは拡大、正規か)交互に開かれることになった。地方委員会装置、すなわち、農業部、工業・運輸部、ソヴィエト商業部、オルポ、文化・宣伝部、特別課の定員が定められた(41)。書記間の任務分担については記録が残されていないが、旧北カフカース地方委員会の先例(三三年二月一日のビューロー決定)から推定すれば(42)、シェボルダーエフがビューロー、農業、ロストーフ市等を、マリーノフが書記局、工業等を担当したはずである。

地方委員会は農業を最も重視し、春播き、収穫・調達、秋播きなどのキャンペーン、畜産や工芸作物生産、コルホーズの運営、組織化をも指導していた。アゾフ＝黒海地方は穀物地域なので、穀物調達は地方委員会の最大の任務であり、三二年のようにネックでもあったが、三三年の成功で自信をつけた地方委員会は、すでに同一二月に「受領した穀物のうち、地方のための計画ミニマムを越える分を地方管理下におく」許可を中央委員会に求めた(43)。このように、穀物調達をめぐっては党中央と地方党との間に一種の駆け引き、取り引きがあり、党・政府が義務納入やエムテエス現物支払いなどを高めに設定すると、地方から切り取り要求が出され、不作になりそうなら要求は一定に満たされ、そうでなくても数年後に滞納分が帳消しにされたのである。三五年五月一五日の政治局決定(持ち回り)によれば、アゾフ＝黒海地方のコルホーズの三四年の穀物義務納入の滞納分、三三、三四年のエムテエス現物支払いの債務、合計一八三二万一〇〇〇プードが免除された。さらには、三二、三三年に受けた食糧・種子・飼料貸付債務、合計一一七七万一〇〇〇プードも免除され、また、三四、三五年の貸付債務は三五、三六年に返済を猶予された(44)。同地方委員会は、旱魃の三五、三六年には秋播き種子の貸付要請をして受け入れられた(ただし、返済は一〇%プラス輸送料を上乗せしなければならなかった)(45)。

地方委員会ビューロー員、地方農業部政治支部長ベレージンは『党活動家』誌三四年七月号に寄せた論文で、「政治部構成の若干の変更」を主張した。一部の政治部はエムテエスの経済問題には全面的に関与するが、コルホーズにおける大衆＝政治活動、コミュニストの教育には取り組んでいないからというのだが、すでにみた連邦規模での政治部批判を意識しての主張とみてよい。ベレージンは、政治部が関心を集中すべきこととして、コミュニストの生産現場への配置、その思想的＝政治的水準の向上、初級党組織への援助などを挙げたが、従来と代り映えしないのは、政治部の存廃を問わない中途半端さゆえであろう(46)。

地方党委員会は地方執行委員会とともに、農業アルテリ定款の作成に携わったが、ここでも党・政府と摩擦を起こした。三五年二月の全連邦コルホーズ突撃作業員大会で定められた模範アルテリ定款の、いわば共和国・地方・州ヴァリアントを作成したのだが、四月二二日付『プラウダ』によれば、アゾフ＝黒海地方の案は菜園用付属地の面積を上限しか示していないと批判された(模範アルテリ定款では〇・二五―〇・五ヘクタール)。そして、例えばアルマヴィール地区なら「一ヘクタール以下」ではなく、「〇・七五―一ヘクタール」とするよう求められた(47)。右の大会では、草案報告者のヤーコヴレフが、菜園用付属地が二―三ヘクタールもあるコルホーズ員は「実際には、古い個人農が隠れている」とみるべきだと述べたためもあって、発言者の大多数は制限論で、スターリンが「コルホーズ員を締め上げたがっている」と批判して、是正させた経緯があった(48)。アゾフ＝黒海地方党委員会および地方執行委員会は制限論をとっていたようで、六月末の地区党委員会・地区執行委員会あて指示では、いくつかの地区では下限しか示していないと批判した。(49)

工業企業は、大部分が人民委員部の管轄下にあり、地方委員会の関与する余地は少なかった。しかし、賃金、労働条件、また企業内党活動の諸問題は地方委員会の日常的関心事であった。例えば、三五年一月二〇日のビュロー決定(持ち回り)は第一〇一番コンビナートの賃金遅配問題に介入したものである。プロムバンク地方支店に一二月分の給与を直ちに支払うよう指示するとともに、重工業人民委員部化学工業総局には、同コンビナートの予算承認問題を直ちに解決するか、承認を猶予するかを求めた。労働国防会議(チュバーリ)には、建設現場に耐え難い状態が生じた(労働者が分散し始め、パン、昼食の代金がまったく支払えない)ので、地方委員会がプロムバンクに未払い賃金を支払わせたことについての理解と、同コンビナート建設予算の承認を遅らせた責任者の処分を求めた。(50) 三月二三日のビュロー決定は、ノルマ見直しに関する中央委員会決定(三月一〇日)の実施が〃ロストセリマシ〃など四工場で不十分であると判断し、これら企業長にノルマ改訂の提案や労働生産性向上策を求めたものである。ビューローは、「工業大企業に関する提案を検討する常設小委員会」を設置するとともに、重工業人民委員(オルジョニキッゼ)に対して、ノルマ見直しのより具体的な指示を速やかに与えるよう求めた。また、党組織がノルマ見直しを広範に討議するよう求め、中央委員会決定を市委員会、工業地区の区委員会に送付することにした。(51) 地方委員会は、三五年四月から党の組織活動、政治教育活動を重視し始めたが(後述)、それを工場レヴェルで実施する措置をとった。四月一九日のビュロー決定がそれで、市委員会、区委員会は第一書記をはじめ全装置を企業に派遣し、活動家を実際の党運営で援助することにした。任務をいかに割り振るか、集会をどのように組織、実施するか、等々の点においてである。このためビュロー員も工業都市に派遣することを決定した。(52)

地方委員会はまた、お膝元ロストーフ市の最有力工場〃ロストセリマシ〃(ロストーフ農業機械工場)に対しては、ドネツク州委員会がドンバスを指導したように、日常的に指導した。三五年三月一〇日の地方委員会決定「ロストセリマシの活動」によれば、同工場の現状は芳ばしいものではなかった。三四年は三三年より悪化し、一六五〇万ルーブリもの赤字を出した。一―二月の計画履行状況では、コンバイン三五〇〇台、無蓋貨車三〇〇〇両を生産するという年間計画はとても達成できない。工場指導部、党組織は「同志スターリンの六ヵ条」、とくに「技術をマスターせよ」という指示をボリシェヴィキ的に実践できず、第一に、労働者、技術人員の「大きな流動」(огромная текучесть)をもたらした。三四年の入職者一万二七三〇人、離職者一万一九九七人である。労働力の流動は、賃金の悪平等、労働者、技術人員に対する官僚主義的態度とも相まって、よく働いて技能を向上させたいという意欲を奪っている。第二の欠陥は、期末突貫作業(штурмовщина)、仕事の季節性と手工業性である。期末突貫作業の予兆が大量の不良品生産であり、製作したばかりのコンバインの修理の「野戦病院」(госпиталь)である。設備は放置され、工場は汚れ、がらくたで一杯、労働保護の初歩的な要求さえ無視された状態である。こうして指導者も労働者も計画履行に不信を抱くようになる。こう述べて地方委員会は、①労働者カードルの工場への固定と技能向上、②単独責任制と規律の強化、③技術指導、供給、計画化の改善、④プログラムの当面の課題の遂行につき、詳しく指示した。(53)

スタハーノフ運動については、地方委員会ビューローは、ドンバスの一部〝シャフタントラツィト〟(シャフトゥイ無煙炭トラスト)に即して、三六年二月二六日、五月三一日に持ち回り決定を行った。前者は、スタハーノフ旬間の失敗を、「坑の作業に然るべき技術的・組織的条件が整っていない」ことを口実とする公然、隠然のサボタージュに帰し、石炭総局の定めた計画に合致した坑ごとの計画をスタハーノフ的作業方法に則って超過達成するよう求めたものである。後者は、トラスト指導部が運動のサボタージュ分子に融和的で、採炭計画を達成していないこと(五ヵ月で三六万トン不足)、スタハーノフ運動を期末突貫作業で代替することを批判したものである。(54)

地方委員会が力を入れたのは、地方工業(местная промышленность)の振興である。それは第一七回党大会で提唱されたが、地方管轄の工業はアゾフ＝黒海地方では工業生産全体の一五・三％に過ぎず、その振興は連邦、ロシア共和国の管轄権拡大と闘いながら進めねばならなかった。(55) 三四年一二月末の地方委員会総会は、地方工業の振興に日用品生産の拡大、地方原料の活用、生産の地方の需要への適応という意義があり、その意義は配給制廃止でいっそう高まったことを強調し、振興策を決定した。(56) 三五年七月二〇日付『モーロト』に掲載された地方執行委員会地方工業部長の論文によれば、地方工業はこの半年間に計画の一〇一・五％を達成し、前年に比して二三・三％伸びた。労働生産性では計画の一〇四・二％を達成し、前年同期の一三・六％増であった。織物では品目を増やし、食品では衛生状態を改善する成果を挙げた。地方工業の主要な部門は、織物、食品、家具、レンガといった日用品中心だが、国有企業から譲り受けた坑を再建して、石炭業にも進出した。こうした成功はまだ第一歩とはいえ、企業に対する実務的指導の改善の、また、カードルを大事にし、技能を向上させる「同志スターリンのスローガン実現の闘い」の成果である。(57)

地方委員会の第三の課題は都市整備であった。例えば三五年二月一三日のビューロー決定によれば、当年のロストーフ市の整備計画は予算小委員会に委任するが、以下のことから始める。①駅から〝ロストセリマシ〟までの大通りの整備、②道路のアスファルト化、③未完の住宅の建設、④市内および外環の緑化であり、とくに、劇場から〝ロストセリマシ〟までのトロリーバス運行、劇場周辺広場の整備の検討である。(58)

地方委員会の第四の課題は保健、教育であった。いずれも三二―三三年の飢饉に起因するマラリヤなど伝染病の対策、浮浪化した児童の対策を出発点としていた。マラリヤは「最近二年で病人が著しく増え、国民経済にも住民の健康にも大損害を与えた」といわれ、(59) 三四年一二月の第三回地方委員会総会の議題として、地方工業、党教育と並んだほどである。後者については、「三三年一―二月から生徒の大量落ちこぼれ(массовый отсев)があり、一連の地区では四〇―五〇%にも及び、事実上義務教育を崩壊させた」といわれた。[60] 児童の鉄道におけるフーリガン行為については、三四年六月一日付人民委員会議・党中央委員会決定は直ちに地区レヴェルまで下ろされ、地方としては、かかる浮浪児を教育人民委員部の孤児院に収容し、オゲペウの管轄下におくことを決定した。[61] 児童の街頭での物売りに対しては、三四年一〇月二日のビュロー決定(持ち回り)で、ソヴィエト、コムソモール等のアクチーフを動員して二〇―三〇日のうちに一掃し、その後も定期的に排除して「両親の監督下に戻す」ことにした。[62] 三五年三月一三日のビュロー決定(持ち回り)は、児童の課外教育が弱いため「反ソヴィエト的・フーリガン的分子の影響が強まっている」場合があるとして、サークル、記念日の催し、映画やコンサートなどの組織化を提唱したものである。[63]

三五年九月三日付人民委員会議・党中央委員会決定「初等・準中等・中等学校における授業と内部秩序の組織化」のロストーフ市での実施状況に関する地方委員会ビュロー決定(三六年一月三日)は、若干の改善とともに、基本科目が時間割で週の後半におかれている、授業の質が向上していない、生徒の規律が弱い、等の欠陥を指摘し、是正を求めた。[64] また、ビュローは三四年六月五日の決定で、ノヴォチェルカッスク工業大学で党組織に風紀の乱れ(разложения)、学生に退廃的気分(упадочные настроения)、すなわち、ポルノグラフィー、エセーニンかぶれ、反革命的トロツキスト・イデオロギーがみられるとして、学長を罷免した。[65]

このように地方委員会は党・政府の決定を具体化して履行し、地方工業や都市整備では独自性を持とうとしたが、その財政的裏付けはどうであったか。表33は一九三五年予算の統制数字の一部だが、歳出では教育、保健が抜群に多く、この二項目で三分の二弱を占めており、歳入では「連邦人民委員会議からの補助金」がそう多くはないことが注目される。[66] 地方委員会が予算を増額しようとすることは、すでに一九三三年のそれでみたが、三五年の国民経済計画をめぐっては、次のような働きかけを行うことが一月一三日にビュローで持ち回り決定された。ノヴォロシ

表33　1935年のアゾフ＝黒海地方予算（統制数字）

（千ルーブリ）

歳　入		歳　出	
取引税	91,110	教　育	140,873
住宅・公共事業	44,785	保　健	89,605
社会保険収入	34,500	行　政	64,308
国債償還	27,210	農　業	15,171
所得税（個人）	26,520	住宅・公共事業	14,795
地方税	22,400	公債支出	12,240
農業税	21,688	工　業	11,480
連邦補助金	16,000	商　業	7,770
文化税（農村）	14,230	道　路	5,180
⋮		⋮	
合　計	376,441	合　計	376,441

（出典）РЦХИДНИ, ф. 17, оп. 120, д. 2204, л. 10.

ースク市の市電、排水設備、洪水対策は「何よりも重工業人民委員部傘下の工業企業に益する」ことに鑑み、すべての経済組織を実現に引き入れること、ロシア共和国および連邦人民委員会議には、同市にある企業の管轄人民委員部が以下の投資額（各額は省略、合計一三七万ルーブリ）を一九三五年の統制数字に含めることを義務づけるよう要望すること、である。(67) 他方では、ロストーフ市に関する補正予算（一〇六〇万ルーブリ）が投資割当を越えているとして、地方執行委員会幹部会がロシア共和国人民委員会議に批判されるケースもあった。(68)

それでは、党の組織活動をめぐる中央—地方関係はどうであったか。まず、一九三四年一二月二二—二三日に開かれた地方委員会総会の決議「党教育活動の展開」は、粛清の結果をふまえて党員の理論的水準を高め、イデオロギー教育を強めるというもので、ごく平凡な内容であった。(69) 三五年四月二日のビューロー決定は、三・二九レニングラード市委員会総会決定にいち早く呼応したもので、警戒心の向上、党の組織活動と政治教育の強化を説いたものである。多くの党委員会は「ソヴィエトおよび経済の諸問題を自己の活動の第一におき、しばしばソヴィエトおよび経済諸機関にとって代わり、会議をやりすぎ、書類に埋まり、初級党組織から遊離した」という。(70) 五・一三中央委員会秘密書簡で党員証点検が開始されると、地方委員会も二一日に書簡を送り、点検期間を地区ごとに、しかも短めに定めたが、それがキャンペーン方式でやれるという誤った考えを引き起こした。地方委員会ビューローは七月五日の決定で、五・二一書簡を廃棄するとともに、点検期限を八月一五日まで延期するよう中央委員会に申請したのち、七月二九日の決定で正式に自己批判した。党員証点検は「党務」にボリシェヴィキ的秩序をもたらすのみならず、党の組織活動、政治教育をも点検し、強化するものでなければならない。[71] 地方委員会はすでに六月一六―一九日に総会を開いて四・二ビューロー決定を承認しており、党員証点検と党の組織活動、政治教育の強化を一体のものと捉えていた。[72]

アゾフ＝黒海地方における党員証点検は、一二月中央委員会総会に先立って一五―一八日に開かれた第五回地方委員会総会で総括された。報告者のマリーノフによれば、除名は五一三一人、八％で、内訳は、もと白衛分子、クラーク一三三三人、道徳的に堕落した者五八六人、ペテン師五三〇人などであった。被逮捕者は、トロツキスト六四人、反革命・反党分子四三人を含む五七四人であった。報告は点検のほか、党務、会議、党教育、カードル登用、初級党組織やコムソモールに対する指導など党活動全般に及び、今後も党活動のペレストロイカを推進していくという内容であった。ただし、全五項目のうち第三項「警戒心向上と資本家階級残党の絶滅」はやや異質であった。エヌカヴェデが七四地区の指導スタッフ、一〇一二のコルホーズを点検し、一八一二人の指導スタッフが異分子であることを発見した。八〇村ソヴィエトの一三八人が経歴に問題があったという。このあとベレージン（オルポ）、コロティーリン（ロストーフ）、ルジ（エヌカヴェデ）、ブリーケ（党統制委員会全権代表）、シェボルダーエフが発言した。ブリーケが地方委員会ビューローについて「このかん党員証点検に携わったが、他の党活動の諸問題が不十分だった」と述べ、他方、地方執行委員会は経済・行政問題の検討が活発でないと指摘したのに対し、シェボルダーエフが議事録をみれば違うと反論した。彼は、抽象的ながら、党は経済活動も党組織活動もともにするのであって、バランスを失してはならないと語った。「われわれには、統治党として、国家および経済組織を指導する党として、解決すべき問題のワン・セットがある。[73]」

ここでは、主として反革命との闘争、警戒心の向上を語ったルジ、党員証点検による敵の暴露を強調し、経済問題への埋没を批判したブリーケと、党内民主主義とそのための党機関改選を主張したコロティーリン、バランス論のシェボルダーエフとが明らかに異なる傾向を示した。それは、シェボルダーエフが三二―三三年のカードル入れ替え後は地区委員会書記人事を掌握し、安定させようとしてきたのに対し[74]、中央から派遣されたルジ、ブリーケがそうした〝地方の利益〟を疑いの目で見るという違いでもあったが、この違いは中央委員会総会後に顕在化する。

なお、右のコルホーズ・カードルの点検は実は、おそらく六月二日に地方委員会が決定し(ルジの提案―決定は特別ファイル)、一一日に政治局が持ち回り採決で承認したものである。「一連のコルホーズで指導的および技術的カードルが、クラーク的・反革命的分子に著しく汚染されていることが明るみになった」という理由で、議長から会計係に至る指導機関の点検を、地方委員会の特別委員会が行うことになった。しかも、ポストの如何を問わず、コルホーズのクラーク＝反革命分子一五〇〇人を地方から追放することも併せ決定された[75]。これを一二月地方委員会総会におけるルジの発言に照らし合わせると、コサックを通敵の恐れから予防追放したものとみられる。

三　党中央の再介入とテロル(一九三六―三七年)

さて、一九三五年一二月中央委員会総会のあと、三六年一月三日にロストーフ市党アクチーフ集会が開かれ、シェボルダーエフが総会の結果について報告した。彼は何故か総会で発言しなかったので、ここでやや詳しくみておくと、スタハーノフ運動については、技術のマスターと不可分であること、労働生産性向上や原価引き下げをもたらすべきこと、したがって経営担当者や技師の協力が不可欠であること、を強調した(総会に三〇〇〇人の経営担当者を呼んだことを明らかにした)。また、近く行われるノルマ改訂にかかわって、労働者の間にみられる賃金引き下げの恐れに対しては、労働生産性向上をつうじて原価引き下げ、賃金上昇がもたらされる点を強調した。党員証点検については、対照的にややエジョーフに近いスタンスをとり、党組織がいかに異分子に汚染されていたかを説き、警戒心の向上、党建設の土台たる規約の遵守、党活動の改善と活性化を訴えた。シェボルダーエフが最後に、アゾフ＝黒海地方が農業でも、工業と運輸でも先進的地方に入り、数年前までの遅れを「永久に克服した」(кончили навсегда)と宣言したことが注目される。(76)

このシェボルダーエフ報告が『モーロト』に公表されたのは一月一三日であるが、二二日にはシェボルダーエフ、ブリーケ連名の二〇日付決定が唐突にも公表された。一月一七、一八日に党統制委員会アゾフ＝黒海地方全権代表(ブリーケ)が行った点検によれば、ロストーフ市の大多数の党組織で、市委員会、区委員会の指導が「完全に欠如しているため」一二月中央委員会総会決議の討議、学習に入っていない。地方委員会、とくにオルポが総会決議の討議、学習の過程をコントロールせず、ロストーフ党組織を総会決議履行へと動員しなかったことは完全に正しくない。このような認識に立って、地方委員会、党統制委員会全権代表は四項目の指示を行ったが、その第一項は、ロストーフ市委員会書記コロティーリンおよびビューローに対する注意である。中央委員会総会決議を今日まで初級党組織に伝達せず、討議させていないことは重大な政治的誤り、中央委員会決定違反であり、最大の党組織に対するまったく無責任な態度であるという。(77) ロストーフ市委員会ビューローは、その日のうちに「重大な政治的誤り」「党員証点検の成果をまったく不十分にしか固めていないこと」を認め、区委員会等に討議を一月末までに行うよう指示した。(78)

追い討ちをかけるように『プラウダ』二月三、八、一〇日号に、ロストーフ市、〃ロストセリマシ〃の党組織における規約違反、党内民主主義の侵犯を批判する記事が掲載された。これは異例なことだが、とくにマリーノフの党籍がある〃ロストセリマシ〃のコンバイン職場の党活動の混乱(非党員が党オルグを務める等)が指摘され、工場全体、市全体の党活動の端的な現われにすぎないと批判された。(79) 二月一〇日市委員会ビューローは批判の正しさを認め、〃ロストセリマシ〃党委員会、書記ゴゴベリッゼに、職場党組織の指導で大きな誤りをおかした点で注意した。[80] 一一日地方委員会ビューローは、『プラウダ』で言及された企業における党活動の実態調査をオルポ部長、工業・運輸部長に委任し、一五日には報告を受けて正しさを認めるとともに、市水道局に関する別の記事の批判も受け入れた。[81] 一五―一六日には市委員会総会が開かれたが、その決議によれば、党員証点検がロストーフ市党組織の党活動の放置を暴いたことを指摘した一月三一日付中央委員会決定は正しい、市委員会は、一二月中央委員会総会決議の討議を適時に組織しなかっただけではない、党員証点検からすべての教訓を引き出さず、下級党組織に対する指導の弱体化、〃ロストセリマシ〃など一連の初級党組織における党規および党内民主主義違反を招いたという。総会は、市水道局の件も含めて、それらが市委員会、区委員会の活動における「実務性の不足」、初級党組織からの遊離の結果であるとし、七項目の指示を定めた。カルポーフを市委員会に自己補充したうえでビューロー員、第二書記にすること、市委員会、区委員会の指導的活動家は自分の時間の半分以上を企業、初級党組織に充てることなどで、結びでは、市委員会、区委員会が「敵、党と無縁の人物を完全に一掃する」ことを義務づけられた。[82]

この市委員会総会の一部が『モーロト』に報道されたが、それは何よりも〃ロストセリマシ〃指導者の評判をおとしめるものであった。書記代理のエレメーエフの自己批判については「こんなに自分の誤りがわかっているなら、なぜ市委員会総会まで待つのだろう」といわれた。書記ゴゴベリッゼについては、新聞を読みながら労働者党員の話を聞いているといわれた。[83] ゴゴベリッゼは、工場における党活動の放置を認め、欠陥の原因を、政治活動を犠牲にして経済的諸問題にかかりっきりになったことに求めたが、それは不正確で、不十分だと論評された。党委員会が悪いのは、工場長、職場長、技師を通した指導ばかりで、党組織をスタハーノフ運動に動員しなかったように、置いてきぼりにした点である。党委員会の主要な役割は、党員を生産現場に正しく配置し、その前衛的役割を高め、各生産部署にボリシェヴィキ的影響を確保することにあるのに、というわけである。[84]

しかしながら、この件はいちおう落着したようである。三月二三日付『モーロト』に、ゴゴベリッゼがスターリン区委員会書記の肩書きで論文を寄せ、〃ロストセリマシ〃では、党員証点検後に慢心のため重大な誤りをおかしたこと、『プラウダ』の批判はまったく正しく、いまや誤りは是正されたことを認めた。それが証拠に、最近の報告・党委員改選キャンペーンの出席率は九五―九八％であり、工場党協議会では、スタハーノフ的作業方法のサボタージュ、保守主義、作業場の混乱、労働者の提案に対する無視などの事実、交替班で古参の職長四〇〇人のうちスタハーノフ運動に二〇人しか参加していないことが明らかにされるなど、活発であった。[85] 二二―二三日のロストーフ・アクチーフ集会で報告したブリーケは、ロストーフ党組織の誤りは「重大な政治的スキャンダル」にまで至ったが、その是正は「最初の結果」をみたと評価した。もっとも、ブリーケによれば、市委員会の最初の誤りは、初級党組織への援助に代えて実施した「相互点検」なるアンケート調査で、これは彼が三五年八月に暴露し、廃棄させた。第二に、一二月の地方委員会総会でロストーフの党活動の「極度の不振」を提起したが、この警告も聞いてもらえず、一月二〇日のシェボルダーエフとの連名の決定が必要になったという。[86]

一二月地方委員会総会の速記録のブリーケ発言には、「相互点検」の八月時点での廃止はあるが、ロストーフ党組織の「極度の不振」という指摘はない。ブリーケがいつ、いかなる動機でロストーフ党組織――シェボルダーエフが管轄――批判に踏み切ったか、文書上の証拠は見出せていない。すでにみた一二月総会における傾向の違いのほか、上司のエジョーフに示唆された可能性、あるいは第三回党統制委員会総会(三六年三月七―一〇日)に向けた何らかの「実績づくり」も、状況的に考えられる。

ところで、ブリーケは右の報告の中で、ロストーフ市委員会の中央委員会に対する活動報告は四月になされると述べていたが、実際にはなかった。四月一六日の地方委員会ビュロー決定(持ち回り)には、活動報告の七―八月への延期を中央委員会に要請するとあった。[87] その市委員会側の理由も、地方委員会ビュローの承認の理由も、中央委員会(組織局)が要請に応じた理由も不明だが、八月まで事態に変化はなかった。ただし、地方委員会ビュローは六月二一日の時点で、ロストーフ党組織の活動を点検する調査班を設け、八月前半までに報告、提案を提出させることを決定している(持ち回り)[88]。お膝元の党組織とは日常的に接触しているはずだから、調査班設置は奇異に映るかもしれないが、党員証点検・交換の時期は、点検証書の作成、除名された者の訴願の審査などに地方委員会ビューローは追われていたのである(三六年一月の正規会議は一四回)。

さて八月に入って、ロストーフ市委員会総会(一二日)、第六回地方委員会総会(二六—二九日)が相次いで開かれたが、政治的気象は明らかに変化し始めていた。トロツキスト=ジノーヴィエフ派に関する七・二九中央委員会秘密書簡が党内に配布され、八月一九—二四日には「合同本部」裁判が一大キャンペーンを伴って行われたからである。そこで、市委員会書記コロティーリンも、一・三一中央委員会決定で党活動の混乱を克服したと述べつつも、真のボリシェヴィキ的警戒心が未だないこと、党の不倶戴天の敵が暴露されず、卑劣な挑発活動を続けていることを強調した[89]。八月二二日付地方委員会ビューロー決定「ロストーフ党組織における党員証交換の結果」によれば、一・三一決定後にとった措置により、市委員会、区委員会は初級党組織との結びつき、これに対する指導を改善し、一連の組織の病的現象を暴露、除去した。党員証点検・交換の結果、市委員会、区委員会、多くの初級党組織の党務に初歩的な秩序がもたらされた。しかし、中央委員会秘密書簡配布ののち、点検と交換をかいくぐった反革命グループを組織したトロツキスト=ジノーヴィエフ派地方本部が暴露されたことは、ロストーフ党組織には依然として警戒心が不足していることを示している。この決定は「トロツキスト=ジノーヴィエフ派残党、面従腹背の徒、融和論者等の暴露、一掃」など一二項目の指示を含んでいた[90]。

八月二九日付地方委員会総会決議「党員証交換の結果」は、いっそう反トロツキスト的色彩が濃かった。決議はまず、「合同本部」裁判被告の銃殺を全面的に支持し、ルィコーフ、トムスキー、ブハーリン、ピャタコーフ、ラデックとの関係、また「地方との関係」を徹底的に調査することを要求した。アゾフ＝黒海地方では、三二年にムラチコフスキーによって作られたトロツキスト＝ジノーヴィエフ派組織の地方本部があり、大学、地方計画部にグループを作ったという。決議によれば、党員証交換の結果から導かれる第一義的任務は、党組織のボリシェヴィキ的警戒心の向上、トロツキスト＝ジノーヴィエフ派残党の暴露と放逐である。敵に対する融和的な態度は敵を利するがゆえに、最も厳しい党規上の処分をすべきである。地方委員会が、警戒心不十分のために訴願審査で復党した、偽装したトロツキスト＝ジノーヴィエフ派をあらためて審査、除名したことを記録に留める(評価する)。決議は前文後半でようやくコミュニスト、党組織の政治的・文化的水準の低さ、とくに党教育、入党準備の遅れを指摘し、消極性ゆえに除名された者を復党させるよう指示している。決議は全体としては厳しいトーンだが、一三項目の指示の第一〇項「ロストーフ党組織」は、右八・二二ビュロー決定を継承しながらも、簡略化して具体的指示を省略してある。[91] ちなみに、この地方委員会総会でエヌカヴェデ地方本部長リュシコーフが地方委員に自己補充され、ビュロー員に選出された。

このようにシェボルダーエフ指導部はエジョーフ路線に摺りよったにもかかわらず、一一月一四日付中央委員会決定は右の八・一二市委員会総会決議、八・二九地方委員会総会決議をともに廃棄するものであった。前者は、「一・三一決定履行の点で顕著な実際的活動を市委員会が行ったかのような誤った決議」であり、後者は「党活動の状態についての肯定的評価を機械的に承認した決議」であるからだという。かなり強引な論法で、党中央を怒らせる何らかの事情があったものと推測される。実は、八・二二ビュロー決定が議事録では一〇月二七日のビュロー会議に記録されており、この日シェボルダーエフは、前回二三日のビュロー会議の決定でモスクワに派遣されていて欠席だったこと、一一・一四決定は実は書記局持ち回り決定で、これに先立って一〇月三一日付組織局会議決定があることとを考え併せて、次のように解釈できる。シェボルダーエフ指導部は八・二二決定を内部了解に留めておいたものの、九月二四日に〃ロストセリマシ〃工場長で、もとトロツキストのグレーボフ＝アヴィーロフが逮捕され、状況が自分たちに不利になりそうなので、シェボルダーエフがモスクワに持参し、八・二九決議より厳しく批判していたと証を立てようとして、かえって組織局の怒りを買い、批判されたのである。(92)

一一月二〇日地方委員会ビューロー会議は、一一・一四中央委員会決定を正しいとして受け入れ、地方委員とロストーフ市の初級党組織に知らせるとともに、ロストーフ市委員会には総会を一一月三〇日から一二月一日にかけて召集するよう指示した。(93) 実際に総会が開かれたのは一二月五―九日であった。総会決議は一一・一四決定を完全に承認し、市委員会は党活動に対する指導改善、ボリシェヴィキ的警戒心向上のために必要なあらゆる措置をとらず、その結果グレーボフ＝アヴィーロフ、ゴゴベリッゼらトロツキストが新党員証を入手し、党に敵対する活動を許したと自己批判した。とくにひどく汚染されたのが〃ロストセリマシ〃で、自己批判の抑圧、党組織の生産活動からの遊離、スタハーノフ運動のサボタージュが生じた。市委員会の指導は形式的・官僚主義的で、初級党組織から遊離しているが、とくに一・三一決定にもかかわらず自己批判の先頭に立たなかったことが根本的誤りである。(94) シェボルダーエフ指導部は、ビューロー員候補でもあるコロティーリンを何とか擁護しようとしてか、『モーロト』に彼の総会における報告をも掲載し、「中央委員会の批判で初めて誤りを認識できた」という態度を印象づけようとしたが、(95) コロティーリンは三一日に逮捕される。

地方委員会ビューローは一一日の会議で、二五日に第七回地方委員会総会を「党員証交換に関する中央委員会決定」「ロストーフ市委員会の報告」の議題で召集することを決定した。(96) しかし、次のビューロー会議は二三日まで開かれず、二一日には持ち回り決定で、総会が一月二日に延期され(二八日にさらに延期と決定され)、「諸企業における妨害活動の結果克服のための小委員会」がシェボルダーエフを召集者として設置された。(97) 重工業人民委員部と傘下企業で、連邦規模で始まった旧反対派狩りの一環に他ならず、シェボルダーエフ包囲の環が狭められつつあった。三一日シェボルダーエフはモスクワに呼び出された。のちにアンドレーエフは、政治局がシェボルダーエフを呼んで会議したと述べたが、「スターリン執務室訪問者記録」によれば、一三時三〇分から一五時一〇分までモーロトフ、カガノーヴィチ、ヴォロシーロフ、アンドレーエフ、ジダーノフ、エジョーフ、コーサレフとともにシェボルダーエフは同室していた。(98)

一九三七年一月五日、アンドレーエフ、マレンコーフも参加した地方委員会ビューロー会議は、一月二日付中央委員会決定「アゾフ＝黒海地方委員会書記同志シェボルダーエフの誤り、地方委員会の不十分な政治指導」に関するアンドレーエフの報告を聴取し、中央委員会決定は全面的に、完全に正しいと認めた。シェボルダーエフを第一書記から解任し、エフドキーモフ(北カフカース地方委員会第一書記)を後任とすること、六日に地方委員会総会を召集することも併せ決定された。(99)その総会におけるアンドレーエフ報告で明らかにされたのは、①ロストーフにはトロツキスト本部があり、同市と地方都市の主要なポストを掌握したこと(ロストーフ市委員会第一書記コロティーリン、同市ソヴィエト議長オフチーンニコフ、タガンローグ市委員会第一書記ヴァルダニャーン、〃ロストセリマシ〃工場長グレーボフ＝アヴィーロフ、同党委員会書記ゴゴベリッゼら)、②地方委員会指導部はボリシェヴィキ的警戒心を失い、「経済活動に極端に熱中し、政治的指導者たることをやめてしまった」結果、党活動を二義的人物に委任し、遂には敵の手にさえ明け渡したこと、③ロストーフ党組織は、八月の市委員会および地方委員会決定のあと、人物を派遣して点検させたら「相変わらず、いや崩壊といっても過言ではない状態だった」ので、組織局に市委員会、地方委員会の活動家を呼んで議論し、八月の決定を取り消したこと、④シェボルダーエフは人を信じやすく、地方委員会に「古くからの知り合い」ということで人を取り立てたこと、以上である。シェボルダーエフはコロティーリン、オフチーンニコフ、ゴゴベリッゼらといつ知り合ったかを明かしつつ、ひたすら自己批判し、マリーノフも、シェボルダーエフに次いで責任があると自己批判した。ブリーケも、党統制機関としてロストーフなどの党組織の崩壊を知りながら、これを批判しきれなかったことを自己批判した。[100]

右の「経済活動に極端に熱中し、政治指導者たることをやめてしまった」というレッテルは、一二月三一日にスターリンが述べた言葉「〔シェボルダーエフは〕政治指導者から経営担当者になってしまった」に由来する。[101] すでにみたように、シェボルダーエフは、いわば「紅」と「専」のバランス論をとり、〝ロストセリマシ〟党委員会の活動の欠陥について「政治活動を犠牲にして経済的諸問題にかかりっきりになった」とするゴゴベリッゼの論法を批判していた。そのシェボルダーエフも、スターリンの権威には、たとえ内心ではかかる単純な論法に批判的であっても、屈せざるを得なかった。また、経済が悪化し、対外的緊張が増し、一種のスパイ・ヒステリーが生じている状況では受け入れざるを得なかったともいえる。また「知り合いの取り立て」という論法は、形式上は市委員会、地区委員会メンバーのノメンクラトゥーラを中央委員会に渡しても(一九三五年初め)、実際には自分たちの推薦した人物を承認させていた地方委員会第一書記の人事権を突き崩そうとするものである。

こうした「階級闘争の忘却、警戒心の喪失」「縁故主義、派閥づくり」という論点は、そのまま三七年二―三月総会に持ち込まれ、民族党中央委員会、地方・州委員会書記全体に対する批判の論理となった。その意味で、シェボルダーエフ批判は、地方党書記たちに対するテロルの先駆をなしたのである。[102]

(1) *Правда*, 10 марта 1963.

(2) 富田前掲論文(第一章第一節註(34))、九頁。政治局はすでに八月二三日の時点で、北カフカースの穀物調達に関する決定の中で、「調達計画を遂行できない可能性がある」というシェボルダーエフの認識を厳しく批判した。РЦХИДНИ, ф. 17, оп. 3, д. 897, л. 19.

(3) Там же, д. 904, л. 11.

（4）Осколков. *Голод 1932/1933*..., с. 27–28.

（5）РЦХИДНИ, ф. 17, оп. 3, д. 905, л. 12.

（6）Там же, оп. 21, д. 3377, л. 82–87.

（7）Осколков. *Голод 1932/1933*..., с. 31–37. 一一月三日の政治局決定（持ち回り）によれば、北カフカースの穀物調達計画はさらに二二〇〇万プード引き下げられることになった（カガノーヴィチと北カフカース地方委員会の提案を容れた）。РЦХИДНИ, ф. 17, оп. 162, д. 14, л. 2.

（8）Там же, оп. 3, д. 906, л. 10.

（9）Там же, оп. 21, д. 3377, л. 84.

（10）Осколков. *Голод 1932/1933*..., с. 41–42 ; *Социалистическое земледелие*, 12 ноября 1932.

（11）*Социалистическое земледелие*, 30 ноября 1932 ; *Правда*, 29 декабря 1932.

（12）Осколков. *Голод 1932/1933*..., с. 43–45.

（13）РЦХИДНИ, ф. 17, оп. 21, д. 3377, л. 104. カガノーヴィチ、シェボルダーエフは「故意に播種を失敗させる」クラーク＝富農経営二〇〇〇を二〇日以内に追放すると政治局に提案し、承認された。Там же, оп. 162, д. 14, л. 16.

（14）*Большевик*, № 1–2, 1933, с. 19.

（15）РЦХИДНИ, ф. 17, оп. 3, д. 911, л. 42. なお、作成に当ったのはモーロトフ、スターリン、カガノーヴィチ、コシオール、シェボルダーエフなどである。Там же, оп. 3, д. 910, л. 3.「ウクライナ化」中止に関して、地方委員会ビューローの決定がある。Там же, оп. 21, д. 3377, л. 126.

（16）*Партработник*, № 29–30, 1932, с. 34. シェボルダーエフは二三日付で政治局に電報を打ち、ポルタフスカヤ村の二〇〇〇家族を含む五〇〇〇家族を追放すると提案し、承認された。РЦХИДНИ, ф. 17, оп. 162, д. 14, л. 42.

（17）Там же, оп. 3, д. 912, л. 11.

（18）*Партработник*, № 4, 1933, с. 29.

(19) Осколков. *Голод 1932/1933...*, с. 50, 52, 55, 56.

(20) РЦХИДНИ, ф. 17, оп. 3, д. 911, л. 12.

(21) *Правда*, 23 марта 1933.

(22) РЦХИДНИ, ф. 17, оп. 21, д. 3378, л. 63.

(23) Шолохов и Сталин. Переписка начала 30-х годов. *Вопросы истории*, № 3, 1994, с. 7–18.

(24) Там же, с. 18.

(25) Там же, с. 18–21.

(26) РЦХИДНИ, ф. 17, оп. 162, д. 14, л. 108.

(27) Там же, оп. 3, д. 919, л. 27.

(28) Там же, оп. 21, д. 3378, л. 68.

(29) Там же, оп. 21, д. 3378, л. 79.

(30) Там же, оп. 3, д. 921, л. 4.

(31) Там же, оп. 162, д. 14, л. 124, 126.

(32) Шолохов и Сталин..., с. 22.

(33) Там же.

(34) РЦХИДНИ, ф. 17, оп. 3, д. 921, л. 16.

(35) Там же, оп. 3, д. 926, л. 5.

(36) Там же, оп. 21, д. 3379, л. 4. さらに七月二二日には「ヴョーシェンスキー地区のコルホーズ員、個人農の訴えを検討する」小委員会を地方執行委員会に付設すると決定した。Там же, л. 24.

(37) *Молот*, 23 января 1934.

(38) РЦХИДНИ, ф. 17, оп. 21, д. 3377, л. 105.

(39) Там же, оп. 21, д. 3378, л. 21.

(40) *Партработник*, № 1-2, 1934, с. 29-38.

(41) РЦХИДНИ, ф. 17, оп. 21, д. 2200, л. 44, 48-49. 四月三日に部課の定員が，中央委員会決定に従って正式に定められた。農業部一四，工業・運輸部一三，ソヴィエト商業部一二，オルポ一〇，文化・宣伝部二九，計八七名である。Там же, оп. 21, д. 2200, л. 140.

(42) Там же, оп. 21, д. 3378, л. 28.

(43) Там же, оп. 21, д. 3379, л. 256.

(44) Там же, оп. 162, д. 18, л. 38.

(45) Там же, оп. 162, д. 18, л. 137 ; д. 20, л. 69.

(46) *Партработник*, № 14, 1934, с. 36-37.

(47) *Правда*, 22 апреля 1935.

(48) *Второй Всесоюзный съезд колхозников-ударников. Стенографический отчёт.* М., 1935, с. 13 и т. д. スターリンが決議案編集委員会で発言したことを紹介したのは，ヤーコヴレフである。*На аграрном фронте*, № 2-3, 1935, с. 9-10.

(49) *Молот*, 27 июня 1935.

(50) РЦХИДНИ, ф. 17, оп. 21, д. 2203, л. 101. 地方検察局に対しては，同コンビナート指導部にも責任がないか，調査するよう求めた。

(51) Там же, д. 2204, л. 38.

(52) Там же, д. 2204, л. 175.

(53) *Молот*, 11 марта 1935. 地方委員会は，レーニン機関車修理工場についても「労働力流動」「期末突貫作業」の欠陥を指摘した。*Молот*, 8 октября 1935.

(54) РЦХИДНИ, ф. 17, оп. 21, д. 2207, л. 47 ; д. 2209, л. 55.
(55) *Молот*, 10 апреля 1934. 連邦のゴム工業総局が、もっぱら地方の需要のために稼働している小工場〝オクチャブリスカヤ・レヴォリューツィヤ〟を管轄下に収めようとしたという。
(56) РЦХИДНИ, ф. 17, оп. 21, д. 2193, л. 6–8.
(57) *Молот*, 20 июля 1935.
(58) РЦХИДНИ, ф. 17, оп. 21, д. 2203, л. 220.
(59) Там же, д. 3379, л. 191.
(60) Там же, д. 3378, л. 144.
(61) Там же, д. 2001, л. 19.
(62) Там же, д. 2202, л. 76.
(63) Там же, д. 2204, л. 51.
(64) Там же, д. 2206, л. 2.
(65) Там же, д. 2201, л. 4.
(66) 一九三四年の予算執行に関する地方財政部長の論文によれば、賃金未払いが一五六万ルーブリもあるが、地方工業から取り立て損ねたのが一五〇万ルーブリだったという。*Молот*, 23 мая 1935.
(67) РЦХИДНИ, ф. 17, оп. 21, д. 2203, л. 87.
(68) *Молот*, 2 декабря 1935.
(69) РЦХИДНИ, ф. 17, оп. 21, д. 2193, л. 9–10.
(70) *Партработник*, № 5–6, 1935, с. 13.
(71) РЦХИДНИ, ф. 17, оп. 21, д. 2205, л. 148 ; *Партработник*, № 9–10, 1935, с. 27–28.
(72) Там же, с. 41–44.

(73) РЦХИДНИ, ф. 17, оп. 21, д. 2194, л. 27–105.

(74) 三三年七月九日のビュロー決定は、地区委員会書記、地区執行委員会議長をビュローのノメンクラトゥーラに含め、ビュローの許可なき配置転換はいっさい禁止するとした。Там же, д. 3378, л. 161. 三五年六月の第四回地方委員会総会決議の一つ(スターリン演説「カードルがすべて」に寄せた決議)の中に、地区委員会第一、第二書記は「当該地区に長期間固定する」ことが含まれていた。*Партработник*, № 9–10, 1935, с. 24.

(75) РЦХИДНИ, ф. 17, оп. 21, д. 2205, л. 4；оп. 3, д. 162, л. 55. このコルホーズ・カードル点検は三六年三月三一日まで続けられた。Там же, оп. 21, д. 2206, л. 242.

(76) *Молот*, 13 января 1936.

(77) *Молот*, 22 января 1936.

(78) Там же.

(79) *Правда*, 3, 8, 10 февраля 1936.

(80) *Молот*, 11 февраля 1936.

(81) РЦХИДНИ, ф. 17, оп. 21, д. 2206, л. 189, 197；*Правда*, 14 февраля 1936.

(82) *Партработник*, № 2, 1936, с. 32-34. 一・三一中央委員会決定は、実際には、シェボルダーエフも呼ばれた組織局会議の決定であった。РЦХИДНИ, ф. 17, оп. 114, д. 601, л. 1.

(83) *Молот*, 15 февраля 1936.

(84) *Молот*, 16 февраля 1936.

(85) *Молот*, 23 марта 1936.

(86) *Молот*, 2 апреля 1936. この「相互点検」なるアンケート調査は市委員会傘下一六八党組織で実施されかけたが、その質問は、不必要な統計資料から、専門家の技能資格の程度を問う複雑なものまで二〇〇余りに及び、しかも数日間で実施することになっていた。*Молот*, 24 августа 1935.

(87) РЦХИДНИ, ф. 17, оп. 21, д. 2208, л. 63.

(88) Там же, д. 2209, л. 148.

(89) *Молот*, 14 августа 1936.

(90) РЦХИДНИ, ф. 17, оп. 21, д. 2212, л. 134.

(91) Там же, оп. 21, д. 2195, л. 110-112.

(92) *Молот*, 24 ноября 1936 ; РЦХИДНИ, ф. 17, оп. 21, д. 2212, л. 134 ; оп. 114, д. 618, л. 22-23. この一〇月三一日付組織局決定に先立って一五日に組織局会議があり、その決定の中で、ビューロー会議議事録の提出がきちんとしていないことが批判された点はすでに触れた(第二章第二節二)。なお、グレーボフ=アヴィーロフは九月三日付『モーロト』で、工場における生産計画未達成、期末突貫作業、作業中断、ずる休みなど、あらゆる欠陥に責任があるとされた。*Молот*, 3 сентября 1936.

(93) РЦХИДНИ, ф. 17, оп. 21, д. 2212, л. 264.

(94) *Молот*, 12 декабря 1936.

(95) *Молот*, 14 декабря 1936.

(96) РЦХИДНИ, ф. 17, оп. 21, д. 2213, л. 47.

(97) Там же, л. 73.

(98) *Исторический архив*, № 4, 1995, с. 37.

(99) РЦХИДНИ, ф. 17, оп. 21, д. 2214, л. 5.

(100) Там же, д. 2196, л. 10-305.

(101) シェボルダーエフが地方委員会総会における発言で、明かした。Там же, л. 8.

(102) シェボルダーエフ指導部の罷免の一つの背景として一九三六年の農業不振を強調したのが、内田健二「大テロル下ソ連農村の政治過程——一九三六年の農業不振とアゾフ=黒海地方——」『スラヴ研究』第三八号(一九九一年)九一—一二〇頁。

エフドキーモフらによる前指導部批判——事後的で、政治的に誇張しがち——に依拠しすぎた感があるが、アルヒーフ文書が利用できなかった以上やむを得まい。アルヒーフ文書を一部利用した私も、「アゾフ＝黒海地方における三七年初頭の政変の背景はまだ十分に解明されたとはいえない」という内田の言葉を繰り返さざるを得ない。党中央と地方党の対立を重視する私とは別に、スターリンとオルジョニキッゼの対立の文脈でも考えるべきことを示唆しているのがフレヴニュークの新著である。スターリンはヴァルダニャーン、ゴゴベリッゼの逮捕命令を自筆で書き、「ヴァルダニャーンは隠れたトロツキストか、トロツキストの庇護者」「ゴゴベリッゼはロミナッゼと非常に親しく、党の隠れた敵」と記した。オルジョニキッゼ系統のザカフカース人脈（ヴァルダニャーンはアルメニア、ゴゴベリッゼはグルジア）を排除する意図があったことになる。Хлевнюк. *Политбюро...*, с. 172-173.

第四章　政治動員と政治意識

第一節　憲法草案「全人民討議」

一　憲法改正と民主化の契機

一九三六年一一月二五日から一二月五日にかけて開かれた第八回臨時ソ連邦ソヴィエト大会で、一九二四年制定のソ連邦憲法が改正された。いわゆるスターリン憲法の成立である。

憲法改正は一九三五年一月二八日から二月六日の第七回ソ連邦ソヴィエト大会で発議され、(1)選挙制度のいっそうの民主化、すなわち平等・直接・秘密選挙への変更、(2)「ソ連邦の現在の階級諸勢力の関係に合致して憲法の社会的＝経済的基礎を正確化すること」を基本方針とした(1)。同大会設置の憲法委員会(議長スターリン(2))が起草し、承認、公表された草案は、(1)に普通選挙を付加し、(2)については第一章として「社会体制」をおき、原則的な諸規定を定めた。すなわち、ソ連邦が「労働者・農民の社会主義国家」であること(従来の「社会主義」は宣言的性格)、その経済的基礎が「社会主義的経済制度と生産用具・手段の社会主義的所有」であること、経済は「国家的な国民経済計画」によって導かれることが述べられている。労働については「働かざる者、食うべからず」の原則(一九一八年ロシア共和国憲法に規定)とともに、「各人からはその能力に応じ、各人にはその労働に応じて」という分配の社会主義的原則も規定された(3)。

もとより、改正内容は右の二点にとどまらない。とくに重要なのは、第一〇章として「市民の基本的権利・義務」がおかれ、一九一八年ロシア共和国憲法、一九二〇年代諸共和国憲法(一九二四年ソ連邦憲法に対応)にはない諸権利が規定されたことである。労働、休息、老後・疾病・労働能力喪失時の保障という社会権的諸権利、また人身・住居の不可侵、信書の秘密という自由権的諸権利である。こうした普通・平等・直接選挙および秘密投票への移行、権利規定の包括化が、立法権のソ連邦最高ソヴィエトへの集中(従来はソ連邦中央執行委員会幹部会も立法権を有した)等の規定と合わせて、憲法改正の民主的性格を示すものと一般に指摘されてきた。

しかし、ソヴィエト制度はプロレタリア＝多数者のための民主主義の形態であり、選挙人の代議員に対する指示(ナカース наказ избирателей)、リコール(отзыв)というコントロールを保障する点でも、欧米議会制よりはるかに民主的であると観念されていた。普通・平等選挙への移行は、工業化、農業集団化によって旧搾取階級が消滅し、農民がコルホーズ農化して労働者に接近したことの政治的帰結であるといえるし、直接選挙・秘密投票への移行も、大衆によるコントロール強化というソヴィエト制度固有の論理で説明し得た。(4) また社会権的諸権利も、同じく社会主義経済の基礎建設によって保障できるようになったと説明された。(5) しかも権利といっても、欧米諸国の人権宣言における自然権的・社会契約論的なそれとは異なる。E・H・カーが一九一八年憲法について評したように、「マルクス主義は、個人の自由は国家が個人の行動に何ら介入しないことによって保障されるというブルジョワ的見解を認めない」のであって、「労働者の自由は、国家に対してではなく、国家の行動を通じて主張されるべきであった」。(6) それゆえ、一九三六年憲法における言論・出版等の自由には「勤労者の利益に合致し、社会主義体制強化の目的で」という条件が付されたのである。(7) また義務に関する規定が、従来の労働、祖国防衛・兵役に、憲法遵守、社会主義財産保護を加えて整序されたが、これもソヴィエト国家独特のものといえよう。

それにもかかわらず、憲法改正にあたって党・政府指導者が民主化を強く意識していたことは否定し得ない。モロトフは第七回ソ連邦ソヴィエト大会における憲法改正に関する報告で、ブルジョワ諸国家における民主主義の否定、ファシズムへの移行を指摘し、ソヴィエト権力は「現代国家における良きもの」をとりあげ、勤労者の利益のために結実させるという側面からも、平等・直接選挙、秘密投票への移行を説明した(8)。これに普通選挙を明示的に付加したスターリンの、米国ジャーナリスト、ロイ・ハワードとの会見(一九三六年三月一日)も、平和共存、個人の自由等を語り、「平和の友」イメージを強調する、明らかに反ファシズム国際世論を意識したものであった(9)。

このように憲法改正の動機の一つに、反ファシズム人民戦線への転換(公式には一九三五年七月二五日―八月二一日のコミンテルン第七回大会で)に伴うブルジョワ民主主義の見直しがあるとすれば、それがひとり選挙制度改正にとどまらないことは容易に推察されよう。個人財産の規定(第一章第一〇条)、人身・住居の不可侵および信書の秘密の導入という自由権的諸権利の拡充がそれであり、後者の導入は「ソヴィエト市民の人格(личность)の成長」によるものと説明された(10)。また、権利規定の表現は「勤労者に……の自由を保障するために、ロシア社会主義連邦ソヴィエト共和国は……する」から、「市民に……の権利が保障される」に、一部は「市民は……の権利を有する」に改められた(傍点引用者)。欧米憲法に近似した法理といってよい。一九一八年および二〇年代諸共和国憲法の根本原則であるプロレタリア独裁の法理がやや後退したといってもよく、権力機関たるソヴィエトの呼称も「労働者・農民・赤軍兵士代議員ソヴィエト」から「勤労者代議員ソヴィエト」へと改められた。

しかし同時に、次の点にも注目しておかねばならない。一つは、結社の自由(свобода союза)の言論・出版等の自由と区別された独自な位置である。一九三六年憲法では「諸社会団体に団結する権利」(право на объединение в общественные организации)とされ(これも「勤労者の利益に合致し……の目的で」という条件付き)、列挙された社会団体の中に、その「指導的中核」としての共産党が明示されたことに他ならない。二つは、ソヴィエト代議員候補の推薦組織として共産党、労働組合、協同組合、青年組織、文化団体が明示されたことである。従来の憲法にはこの種の規定がなく、選挙法では個人にも推薦権が認められ、また党、労組も社会団体と一般的に表現されていたから、推薦資格者は制限、限定されたことになる(11)。もとより、共産党の人事権を含むソヴィエトに対する指導権はすでに確立していたので、憲法の右規定は既成事実の追認にすぎないが、それでもこれを国家基本法に規定したことの意味は小さくない。

さらに、一九三六年憲法は国家の中央集権的な権力構造を何ら変えるものではなかった。すなわち、下級ソヴィエト機関の上級のそれへの従属、諸共和国ソヴィエト機関の連邦のそれへの従属の原則は継承された。立法権はソ連邦最高ソヴィエトに集中されたが、他方ではソ連邦人民委員会議の権限が明確にされ、法学者パシュカーニスによれば、国家行政という委任された分野では「独立に行動する」とされた。一方は法の安定性を保障し、「社会主義法」を確立するという要請に応えるが(12)、「社会主義建設が前進するほど敵の残党が絶望的に抵抗し、階級闘争が尖鋭化するから、国家を最大限に強化しなければならない」というスターリン・テーゼを前提とする以上、他方で現実に進行していた行政権の優越を追認せざるを得ないのである。スターリン・テーゼはまた、「労働者・農民の社会主義国家」(傍点引用者、本質はプロレタリア独裁)という国家の性格規定にも、市民の義務規定に持ち込まれた「人民の敵」(враги народа)、「祖国への裏切り」(измена родине)という概念にも直接的に反映している。

以上のように、憲法改正は「国家の最大限の強化」というスターリン・テーゼと、国際的には反ファシズムの旗手として振舞い、国内的には国民統合をはかるため一定の民主化を迫られる現実的要請とのアマルガムであったといってよい。もとより、このことは党・政府の一部指導者に自覚されていたとしても、全人民討議においてはとうてい理解されなかったものと思われる(13)。

二　全人民討議の様相と焦点

(1)　討議の経過と方向

憲法委員会作成の草案は一九三六年六月一日の党中央委員会総会、一一日のソ連邦中央執行委員会の承認を経て、一二日中央・地方の新聞に公表され、全人民討議に付された。『プラウダ』、『イズヴェスチヤ』などの中央各紙は、また地方各紙も特設欄を設けて連日討議の様相を報道した。その大多数は、工場、コルホーズ等で草案が歓迎され、ほぼ完全に支持されたというもので、「作成者」スターリンへの感謝、忠誠を表明する手紙も数多く掲載された。しかし、討議がどのように組織されたのか、参加者の割合はどのくらいで、いかなる反応、態度を示したか、実態は必ずしも明瞭に浮かび上がってこない。各紙の個別的記事を総合し、アルヒーフ文書、スモレンスク文書で補強すると、およそ次のような様相であった。

まず工場、コルホーズでは草案に対する質問が出された。「ソヴィエト大会はどうなるのか」、「選挙はどうやるのか」、「聖職者にも選挙権を与えるのか」、「コルホーズ員には社会保険がないのか」(老後等の保障を定めた第一二〇条後段には「労働者・職員のための社会保険」とある)、「第一条で労働者・農民とあり、他では勤労者となっているが、どう違うのか」(第一条は国家の性格規定)などである。[14] これに回答を与え、草案を説明するのは市ソヴィエト、地区執行委員会から派遣された話し手(беседчик)で、事前に講習を受けた党・コムソモールのアクチーフであった。草案討議は、工場なら職場、コルホーズなら作業班(бригада)というように多人数でない単位で、逐条ごとに、実際には章を句切りに何回かに分けて行われた。[15] 六月一四日のアゾフ=黒海地方党委員会ビューロー決定には、草案討議が勤労者すべての参加のもとに「高い水準で、わかりやすく」、また作業班、職場、街区(участок)などを単位とする集会で行われなければならないこと、煽動担当者(агитатор)、宣伝担当者(пропагандист)、読み手(чтец)、話し手に対する指導は市委員会・地区委員会書記個人の義務であること、党アクチーフむけの憲法講習をすべての地区で八月半ばまでに行うこと、市委員会、地区委員会は草案討議の経過に関する簡単なメモを一〇日ごとに地方委員会に送ること、などの指示があった。(16)

草案討議の初期の新聞報道は概して工場、コルホーズにおける集団討議の、それも紋切り型の報道であった。モスクワ市の〝クラースヌィ・プロレタリー〟工場の一職場では、スターリンへの感謝、忠誠の意が表明され、警戒心を維持して階級敵の残党と闘うこと、権利ばかりでなく、義務についても語るべきこと、などが述べられた。(17)レニングラード市のキーロフ記念(旧〝プチーロフ〟)工場の代議員集会では、選挙人による代議員リコールへの賛意、女性のソヴィエト活動への参加を保障するために主婦組織に代議員候補の推薦権を認める提案、などがみられた。(18)しかし、アゾフ＝黒海地方北部ドン管区のヴォロシーロフ記念コルホーズにおける討議の全体としては肯定的な報道の中には、「聖職者は選挙権を得るのか」という質問に地区執行委員会議長が沈黙した、との指摘もあった。(19)ヴィンニツァ州の一連の地区では、討議といっても昼休みに草案を読み上げるだけの工場、コルホーズがあり、未組織の住民、とくに主婦の間での説明が弱いと報道された。(20)

次に地方、州、市レヴェルの討議状況の報道(七月末－八月初)をみる。ドニェプロペトロフスク州の討議は、参加者が一六〇万選挙人のうち一一〇－一一六万人、発言者が一二－一五％にものぼる、積極的なものであった。ソヴィエト活動は著しく改善され、ソヴィエト機関は市民の要求、申請にいっそう関心を払うようになった。草案に対する提案、補足は三〇〇〇をこえ、なかでも聖職者に対する選挙権付与の是非にかかわるものが多い。聖職者、旧憲兵、旧警官に選挙権を与えるが、被選挙権は与えないという提案も少なくない。人民判事(地区レヴェルの判事、普通・平等・直接選挙、秘密投票で選出)は法律の素養を資格要件とすべきこと、選挙人によってリコールされ得ることを求めた提案も多い(21)。

クイブィシェフ地方でも、草案討議は市・村ソヴィエト代議員の著しい活発化を呼び起こした。市・地区の新聞には代議員によるナカース履行の報告、これに対する選挙人の批判が掲載され、最近一ヵ月間に代議員リコールもあった。コルホーズ総会は「聖職者、旧クラークの選挙権をめぐって大論争になった」。人身の不可侵(何人も裁判所の決定ないし検事の許可なく逮捕されない)をめぐる論争もあり、現行犯は村ソヴィエト幹部会令で逮捕できるという補足を定めた総会も多い(22)。

レニングラード市の討議も活発で、ヴィボルグ区だけですでに二三二四の集会が開かれ、九万人以上が参加し、約五〇〇の補足、修正があった。最も多かったのは兵役義務、祖国防衛に関するもので、これは「祖国とその首領(ВОЖДЬ)、憲法作成者〔スターリン〕への愛情」の現れである。第一条の国家の性格規定に共産主義社会建設の目的を入れる、との提案も少なからずあった。代議員の選挙人に対する報告の問題にも大きな関心が払われ、年に二―三回報告することを義務づけるという提案もあった。選挙人による代議員リコールの制度を人民判事にも拡張すべきである、との提案もあった(23)。

ゴーリキー地方執行委員会議長の報告によれば、討議はすべての企業、コルホーズ、村で行われ、すべての発言に首領スターリン、ボリシェヴィキ党、社会主義祖国への献身と愛情の表明があった。提案、補足、修正は数千に及んだが、うち相当数を占めたのが社会主義財産保護、祖国防衛に関するもので、犯罪者当人のみならず、その隠匿者にも厳罰を要求し、革命的警戒心の必要を強調する意見であった。判事・検事の任期、人民判事のリコール、また老後等の保障に関する提案もあった。この草案討議をつうじてソヴィエト活動の欠陥、とくにナカース履行の弱さが明らかになり、その是正が開始された(24)。

表34はソ連邦中央執行委員会による全人民討議の最終的集約のうち、補足・修正の多い章・条を示したもので

ある。[25] たしかに市民の権利・義務、選挙制度が討議の中心を占めてはいたが、それは右の報道のように権利を制限し、義務を強調する方向であったことがわかる。

もとより、労働、休息、老後等の保障、教育の権利について多くの補足、修正があった。①労働の権利に関しては不法な解雇、就業拒否等への規制[26]、②休息の権利に関しては七時間労働日、年次休暇等をコルホーズの常勤労働者(馬丁など)、協同組合加入家内工業者、家事労働者にも及ぼすべきこと、将来六時間労働日に移行する展望を規定すること[27]、③老後等の保障に関しては年金受給年齢を定めるべきこと、コルホーズ員にもコルホーズのフォンドで保障されると明記すべきこと、などが要求された[28]。④教育を受ける権利に関しては、中等教育までの義務化、大学入学の年齢制限撤廃の要求が非常に強かった[29]。これらは労働者、コルホーズ員の要求や不満の反映に他ならないが、コルホーズ員の社会保険、中等教育までの義務化の要求以外は個別的な意見にすぎなかった。しかも、これら要求と並んで、労働規律強化を(第一三〇条から独立させて)特別の条項にすべきであるとの主張[30]、読み書きできることを義務にすべきだという主張もあり、国家と個人

表 34　全人民討議における補足，修正(上位の数，割合)

	件	%
1　市民の権利・義務(10 章)	23,098	53.7
①老後等保障(120 条)	4,966	11.4
③休息の権利(119 条)	4,060	9.3
④教育の権利(121 条)	3,400	7.8
⑤人身の不可侵(127 条)	3,216	7.4
⑥兵役義務(132 条)	2,416	5.6
⑩社会主義財産保護の義務(131 条)	942	2.2
⑪女性の同権(122 条)	888	2.0
⑭祖国防衛の義務(133 条)	654	1.5
2　選挙制度(11 章)	6,369	14.2
②普通選挙(135 条)	4,716	10.9
⑧代議員の報告義務・リコール(142 条)	1,048	2.4
3　社会体制(1 章)	3,412	7.9
⑨コルホーズ地の永代利用(8 条)	1,026	2.4
⑫国家の性格(1 条)	877	2.0
4　裁判所と検察庁(9 章)	3,210	7.3
⑦人民判事の選挙(109 条)	1,551	3.6
5　連邦の国家統治機関(5 章)	1,243	2.9
6　連邦の最高権力機関(3 章)	1,241	2.8
計	43,427	100.0

＊ 1-6 は章別順位，①-⑭は条別順位を示す

を一体化するソヴィエト国家特有の義務意識が現れている。[31]

ソヴィエト活動の現状に対する批判も両義的であった。たしかに、次の意見からは人々の不満が窺える。「わが工場にも代議員が少なからずいるが、彼らは時々選挙人に報告しているか。代議員ソコローフが市ソヴィエトで何をしているのか、知らない。ソ連邦およびウクライナ共和国中央執行委員会のメンバーもいるが、その報告を一度でも聞いたことがあるか。否、労働者たちはもう彼らの多くを忘れてしまった。……」(ドニェプロペトロフスク市)[32] 代議員、ソヴィエトによるナカース履行が不十分である、との指摘も多かった。[33] また、地区執行委員会幹部会、市ソヴィエト幹部会による、総会にはからない欠員補充、いわゆる自己補充(кооптация)が「多くのところでシステム化している」ことや、地区執行委員会による村ソヴィエト議長の恣意的な任免に対する批判も聞かれた。[34] しかしながら、これらは官僚主義批判を政治動員の常套手段とするスターリン指導部を利するものでもあった。[35]

このような全人民討議の基本方向は、八月中旬からの「合同本部」裁判とそのキャンペーン以降とくに顕著になった。九月五日付『イズヴェスチヤ』には、「最近の事件に照らして」という理由で、第一三〇条(憲法遵守等の義務)に対する次のような修正案が登場した。「祖国の敵、公然たる、ないし仮面をつけた面従腹背の徒との仮借なき闘い、ありとあらゆる敵の陰謀に対する警戒心は、ソ連邦市民の第一級の義務である。[36]」

全人民討議のスケジュールは九月から村・市ソヴィエト総会、一〇月上・中旬に地区ソヴィエト大会、一一月一五日までに州・地方・共和国ソヴィエト大会を開くというものであった。しかし、各級ソヴィエトの報告と(上級)代議員選出のための集会は成功裡に行われたとは必ずしもいえない。ベロルシアの首都ミンスク市ソヴィエト総会でさえ、チェルヴャーコフ(ソ連邦およびベロルシア共和国中央執行委員会議長)の報告が終わると数百人の代議員が帰り、ホールはがらがらになった。討議における発言者はわずか五名、選挙のさい残っていた代議員は八〇〇人のうち二〇〇人以下であった。[37] エヌカヴェデ・イヴァノヴォ州およびヴォローネシ州本部の特別報告(極秘)は、村ソヴィエトの報告・選挙集会の出席率の悪さ、そこでの憲法草案批判などの「反ソヴィエト的」発言を指摘したものである。[38]

それにもかかわらず、全人民討議は権利制限、義務強化、警戒心と愛国心の醸成の基本方向で集約されていった。一連の地方・州での討議集約を報道した一〇月一三日付『プラウダ』によれば、ゴーリキー地方、ヴィンニツァ州、キーロフ州の補足・修正のうちとくに多いのが社会主義財産保護義務、兵役義務、祖国防衛義務にかかわるものであり、「人民の敵」を隠匿ないし幇助する者をも厳罰に処すべしという要求を伴っていた。[39] 一一月四日付『モーロト』が紹介したアゾフ=黒海地方における討議集約も同様で、兵役義務にかかわる提案がとくに多く、社会主義財産保護など市民の義務にかかわる提案も、祖国防衛にかかわって警戒心の向上を求める意見も多かった。[40]

ついで、こうした基本方向に沿った論点として、①普通選挙権、②人身の不可侵、③党とスターリンへの評価をとりあげ、もう少し立ち入って検討する。①②は老後等の保障、休息、教育の権利とともに補足、修正の上位を占め、かつその討論の中に独特の権利観が現れているからである。

(2)　討議の焦点

①　普通選挙権をめぐって

すでにみたように、旧クラーク、聖職者等への選挙権付与に対する反発は強かった。六月二四日付『イズヴェスチヤ』はこの問題について、編集部への手紙を紙上論争の形で紹介した。そこでも「聖職者を辞めて五―六年社会的有用労働に従事すれば付与する」、「選挙権のみ与える」等々と、反対論が強い。もっとも、白海=バルト海運河の叙勲された労働者まで、旧クラークというだけで被選挙権を奪うのか、ソヴィエト政権によって再教育された真面目な勤労者は多いのだ、という反論もあった。[41]「旧体制の人々」(бывшие)を差別する理由はないし、全市民の同権は、ブルジョワジーとそのみじめな「民主主義」に対するソ連邦の道義的な優越を示すものであり、しかも「人民の敵」に対する警戒は別の条文に述べられている、という議論もみられた。[42]

旧クラークの市民権回復にむけた措置をすでに一九三四年にとっている党・政府の意を体して、『プラウダ』等は労働移住者(трудпереселенцы)[43]自身の声を掲載した。白海=バルト海運河建設に従事した「六年前クラーク経営を清算されてベロルシア、ウクライナ等からやってきた」移住者たちは、憲法草案を討議して地方新聞に共同書簡を送った。そこには「〃各市民は社会的出自……の如何にかかわりなく、選挙し選挙される権利を有する〃という、輝かしいスターリン的章句を読んだときの感動、限りない喜びを伝える。われわれを再教育したソヴィエト政権、エヌカヴェデ職員に感謝する」(傍点引用者)[44]とあった。モスクワ=ヴォルガ運河建設に従事し、「突撃的労働」のゆえに刑期を半減され、市民権を回復して自由雇用者(вольнонаёмный)として働いている技師の声も掲載された。[45]

党・政府にとって聖職者への選挙権付与の方が説得がより困難であった。旧クラークは勤労者として再生し得るし、現にしているからよいとして、聖職者はいぜん寄生者だから付与すべきでない、との意見も強かったためである。[46]聖職者に選挙権を与えるべきでないのは、その選挙参加が選挙結果に影響するからではなく(「大海の一滴」ゆえ影響するはずない)、勤労者の名誉ある権利だからである、と元聖職者は主張した。[47]また法律論としては、取るに足らない層のために「完全な民主主義を制限する但し書き」を憲法に導入すべきではないという賛成論もあれば、社会的有用労働に従事しない聖職者に選挙権を付与することは第一二条(労働の義務)に反するという反対論もあった。[48]モーロトフが「聖職者が選挙権を得ることを考えておびえる臆病なコミュニスト」を嘲笑して、聖職者に対する選挙権付与はわが国の力の証左であり、ソヴィエト政権の威信を高めるとともに、警戒心を強める義務を課すものだと七月初めに述べたにもかかわらず、[49]こうした議論は続き、クイブィシェフ地方で「大論争になった」ことは先にみたとおりである。

党の宗教問題責任者ヤロスラフスキーは一〇月一二日付『農民新聞』で、聖職者に対する選挙権制限の主張に逐一反論した。すなわち、この主張はむしろ敵の手にソヴィエト政権に敵対する煽動の武器を与えるし、現にローマ法王などはソヴィエト政権は聖職者に何の権利も与えないと言っている。また、聖職者への選挙権付与は教会による国家活動への干渉を意味しない。そうだとすると、信徒もその熱心さに応じて選挙権を制限しなければならなくなる。憲法草案は選挙権を全市民に与える立場をとっており、社会的有用労働に従事する者と限定しているわけではない。もとより、われわれは宗教、教会と闘うが、あくまで啓蒙、教育によるのであって、行政的手段は用いない。(50)

この説得の論理はもはや以前のような階級闘争、プロレタリア独裁の論理ではなく、国際情勢への配慮を優先させたものである。結局のところ、聖職者の選挙権制限の主張はソヴィエト大会で斥けられたが、(51)モーロトフの言葉にもあるように、いわば普通選挙権と引き換えに「警戒心の向上」が強調されたことに注目する必要がある。(52)

② 人身の不可侵をめぐって

人身の不可侵をめぐる討議も、草案作成者の意図(「市民の人格の成長」)とは異なる文脈でなされた。すなわち、官憲による権力の濫用を基本的人権の原則によって禁止したものが、先のクイブィシェフ地方の例のように、現行犯にどう対処するかという刑事訴訟法上の問題として把えられたのである。

もとより、本来の趣旨に沿った見解も、なくはなかった。七月一三日付『イズヴェスチヤ』の一論文は、人身の不可侵の実現の義務は裁判所、検察庁にあること、判事、検事は「まず捜査せよ、然る後に逮捕せよ」を原則に慎重に捜査し、逮捕は最後の手段とすること、判事、検事が人身の不可侵を侵犯した場合は刑法典、民法典の規定により責任を負うこと、現行犯またはその容疑者の逮捕については刑事訴訟法典に正確かつ明解な規定があること、を指摘した。(53)逮捕は裁判所の決定に基づくのみとし(「または検事の許可で」を削除)、しかも「取調べ機関が提出し、逮捕の完全な根拠となる書類に則って」と条件を厳しくする修正案さえ現れた[54]。

裁判所の決定ないし検事の許可なく逮捕できるケースとして主張されたのは、現行犯のほか、「社会的に危険なことが明白な犯罪行為」、反革命分子ないしギャング(бандит)一味であることが明らかな場合、あるいは、スパイ、ギャング行為(бандитизм)、テロルのような犯罪を行った者、である[55]。農村部からは「地方当局の誤った行動から市民を守るという趣旨はわかるが、わが村のように裁判所もなく、検事もいない場合はどうするのか」、「うちではフーリガン行為や窃盗があるのに、村ソヴィエトないし民警が逮捕できないのか」という意見もあった[56]。都市部からも「社会の安全を脅かす場合」として、フーリガン行為、刃物の振り回し、酔って通行人を襲うこと、強盗などを挙げ、草案修正を求める意見があった[57]。

当時の犯罪の状況は、未だ民警関係の史料にアクセスしていないので論じられないが、政治局会議議事録でもその一端を窺うことができる。一九三五年三月一三日の決定は、モスクワ、レニングラードなど大都市における強盗事件を迅速に(三—五日で)審理し、銃殺に処し、かつ新聞に公表するよう、裁判・懲罰機関に求めているが、こうした重罪と見せしめを必要としたほどに強盗事件が多かったものと思われる[58]。四月二〇日には、四月七日付中央執行委員会・人民委員会議決定「未成年者の犯罪対策」についての裁判・検察機関むけ秘密説明書が承認された。一二歳以上の未成年者で、窃盗、暴行傷害、殺人または殺人未遂で摘発された者は刑事裁判にかけられ、あらゆる刑事罰の適用を受けるのだが、そこには新たに銃殺刑が加わるというのである[59]。五月三一日には「児童の浮浪児化、孤児化の一掃」なる決定(人民委員会議・党中央委員会決定として公表)が採択された。「児童のフーリガン行為、児童・未成年者の中の犯罪分子との闘いがきわめて不十分か、まったく欠如している」との認識に基づいて、収容施設の改善、民警による取締り強化、両親の責任強化(行政的手続きによる罰金)などを定めたものである[60]。これらは憲法草案の全人民討議の一一一年半前のことだが、犯罪状況がこの短期間に急速に改善されたとは考えにくいの

であって、議論が犯罪対策に偏したのも無理はない。(61)

こうした意見は刑法・刑訴法レヴェルのそれであることから、草案第一二七条は何も修正されなかった。解釈論としては、盗みの現行犯やフーリガンは民警が拘束した(задержать)うえで検事に逮捕の許可を求めるというモスクワ市裁判所所長代理の見解が、すでに七月末には提示されていた。(62)しかしながら、問題は討議の過程で「社会的危険」、「反革命」といった曖昧かつ政治的な指標に基づく逮捕を容認するような主張がまかりとおったことである。「ソ連市民の自由と尊厳を傷つける者は人民の敵である」との一文を補足するよう求める意見は、私刑(самосуд)などの旧慣を除去するためという動機は理解できるにしても、まさに両刃の剣といわねばならない。(63)信書の秘密をめぐっても、反革命的な手紙を書く者は処罰される、外国あて手紙は検閲されるべきである、という意見があった。(64)ここに、「合同本部」裁判に始まる旧反対派へのテロルを容認ないし支持する政治的土壌があったといわねばならない。

③　党とスターリンの評価

全人民討議はいうまでもなく党によって指導され、「党と同志スターリンの決定的役割」を強調するよう留意され、(65)草案公表のその日から「スターリン憲法」の呼称が用いられた。

すでに述べたように、草案第一二六条には諸社会団体の「指導的中核」としての共産党が明示されていた。もとより、この規定は他の政党を明示的に禁止していない以上、「共産党以外の政党を組織できるのか」という質問が出たのも当然であるが、それは不健全な発言とされた。(66)レニングラードの一医師は憲法委員会への手紙の中で、「普通選挙権は、強力に組織された政府にも影響を与え得る。立法機関の庇護のもとに、共産党とは別の政党をつくるのは有益だ」と主張したが、公表されるはずもなかった。(67)憲法委員会の中で最も欧米民主主義に通じたブハーリンも、「憲法は他の政党を認めていない」が、一党制と社会団体の複数制とを結びつける適合的な形態が後者によるソヴィエト代議員候補の推薦制である、と説明した。[68] 他方では、「ソ連邦にあっては政党は唯一つ、労働者階級、農民を幸福な生活に導いたレーニン＝スターリンの党、全連邦共産党（ボリシェヴィキ）である」と規定するよう求める提案もあった。[69]

ソヴィエト選挙について、代議員に誰を推薦すべきか、誰に投票すべきか、ということも草案討議の中で語られた。「ボリシェヴィキ党が推薦した候補に投票する義務がある。なぜなら、同志スターリンに率いられた党は常に、われわれを勝利につぐ勝利に導いてくれるから」というのが、いわば模範解答であった。[70] 最高ソヴィエト代議員候補リストの第一位にはスターリンと書こう、と話された。[71] 同時に、コミュニストではなく、非党員、「われらの側の人物」（свои люди）を選ぼうという声もあったと、先にみたエヌカヴェデ特別報告書が記録している。[72]

こうして党とスターリンへの評価が高められ、スターリン崇拝が助長されたが、それは「合同本部」裁判キャンペーンでいっそう昂進した。八月二一日にモスクワの〝クラースヌィ・ボガトゥイリ〟工場で開かれた集会では、すべての発言が「人民の敵に対する憎悪と、党および偉大なスターリンに対する熱烈な愛情、献身に貫かれていた」と報道された。[73]

以上三つの焦点をめぐる討議が示していることは、アクチーフが憲法制定の趣旨、党・政府指導部の意図をもこえて急進化し、警戒心の培養とスターリン崇拝の昂進に資したこと、抑圧的・非寛容的な雰囲気を醸成し、憲法の理解、解釈を権利制限、義務強化に方向づけたことである。もとより、普通選挙権や人身の不可侵を制限する要求は、ソヴィエト大会では容れられなかった。しかし、その理由は後者の場合は示されず、前者の場合も改正理由を繰り返したものにすぎず、しかも、これらの要求を政治的に有害であると批判しての却下ではなかった。[74] 討議を急進化させたアクチーフの役割は党・政府の許容範囲内であったといえる。

最後に、一部は新聞報道にもみられ、アルヒーフ文書で確認できる少数意見をみておく必要がある。このうち農民、宗教、女性にかかわるものは「三　全人民討議にみる社会状況」で扱うこととする。

(3)　注目すべき少数意見

①　民族関係

草案の連邦制度にかかわる討議は概して、レーニン、スターリンの民族政策の成功、連邦構成共和国(союзные республики)をはじめとする民族的構成体の経済的・文化的発展を称揚したものである。また、補足・修正案の数でも上位を占めてはいなかった。にもかかわらず、連邦ソヴィエト大会におけるスターリン報告でも明らかなように、いくつかの重要な修正がなされた。

最も重要な修正は、二院制の最高ソヴィエトの一院たる民族ソヴィエトを選挙制に改めたうえ、その構成において民族管区も単位に加え(一名ずつ)、自治州、自治共和国、連邦構成共和国の割当を増やし(各二→五、五→一一、一〇→二五)、かつ代議員の総数を連邦ソヴィエトと同数にしたことである。[75] ネネツ人、コミ＝ペルミャーク人など二〇—二五万以下の少数民族は、連邦ソヴィエトに代議員を選出できないし(第三四条の規定では人口三〇万人につき一名)、民族ソヴィエトにも代表を送れないので(第三五条)、第三五条を改正して民族管区の代表一名を認めよという要求を受け入れたものと思われる。[76] また、最高ソヴィエト幹部会議長代理は四名から一一名に増員された(共和国数に対応)。[77] これらは、連邦構成共和国のソ連邦からの脱退権を削除する提案、民族ソヴィエト廃止の提案を斥けた点と合わせて、[78] スターリン指導部が民族問題に一定の配慮をしていたことを示している。

もとより、受け入れられない純然たる少数意見もあった。自治州、民族地区の設立手続きや自治州、自治共和国の昇格手続きを憲法に規定する要求がそれである。[79] スターリンは、自治共和国の「経済的・文化的発展に応じた」

連邦構成共和国への昇格を規定する提案を、両者の区別はかかる発展の差によるものではないと斥け、区別の指標を三点にわたって挙げた。すなわち、連邦構成共和国は、①辺境にあって、脱退権を行使できなければならない、②タイトル民族が多数を占めている、③人口が一〇〇万以上である、と。[80] このほか、ロシア連邦共和国の構成(第二二条)にかかわって、ユダヤ人自治州をユダヤ人自治共和国に昇格させる提案、自治的ツィガーン(いわゆるジプシー)地区を設立する提案があった。[81] また、少数民族の言語が公的機関で使われていないという指摘もあり、言論・出版等の自由にかかわって母語の使用を求める意見があった。[82]

② ソヴィエト制度の改革

ソヴィエト活動の現状に対する批判、新選挙制度における有資格者をめぐる議論はすでにみたが、積極的な改革の提案としては、どんなものが出されたであろうか。

まず第一に、代議員候補を推薦できる組織を、草案第一四一条の共産党、労働組合、協同組合、青年組織、文化団体から拡大しようという提案が多かった。科学・技術団体、スポーツ団体、民間防衛団体にも推薦権を認めよという主張は、これらが第一二六条「社会団体」に列挙されているためか、直ちに登場した。[83] さらにコルホーズ、ソフホーズ、エムテエスにも認めよという主張もあった[84](この主張は、コルホーズが協同組合の範疇に入り、ソフホーズ、エムテエスはその労働組合が推薦できると解釈されて受け入れられなかった)。また、女性のソヴィエト活動への参加を促進するために、主婦組織にも推薦権を与える提案があった。[85] 最大の論点は個人が推薦できるか否かで、例えば次のような論争があった。モスクワの一教授が、「何らかの理由で、望ましい人物を当該団体をつうじて適時に推薦できない場合もあるから」という慎重な言い回しで、個人の推薦権を提唱したのに対し、キーエフのある人物は、「第一二六、一四一条に挙げられた団体のどれか一つに加入していないソヴィエト市民、自分の集団に相談しないで候補推薦のような重要なことに踏みきるソヴィエト市民は想像できない」と反対した。[86] この反論にみられる集団主義は、「集団でこそ互いによく知り合える」という論法にも現れ、個人の推薦を排除する有力な根拠とされた。(87)

第二は、ソヴィエト制度の根幹ともいうべきナカースを憲法に規定せよとの提案である。レニングラードのモーロトフ記念工場の各級ソヴィエト代議員たちは、第一四二条の補足として、代議員による選挙人に対するナカース履行の報告義務を具体化するよう求めた。(88) 第三に代議員の権利については、最高ソヴィエト代議員に免責・不逮捕特権(第五二条)、政府に対する質問権(第七一条)だけでなく、幹部会に対する法案提出権を認めよという意見があった。この免責・不逮捕特権を下級ソヴィエト代議員にも拡大し、「代議員の不可侵」として第一四二条に規定するよう求める提案もあった。(89)

第四に、村ソヴィエト議長につき直接選挙を求め、また地区執行委員会による罷免を制限する提案があった。(90) 村ソヴィエト議長が大衆と直接に接し、その要求や不満をある程度は反映するとみられていたからだが、同時に第五に、ソヴィエト代議員、執行機関メンバーを含む「公職者」(должностные лица)に関する規定を求める意見もあった。「公職者は人民の奉仕者であり、その活動につき選挙人ないし任命者たる機関、また法の前に責任をとる」との案文が提案され、あるいは、公職者の行政的恣意や侮辱的態度による損害の責任を「人身の不可侵」の条に規定する要求があった。(91)

③　一連の自由権

すでにみたように、憲法草案では言論・出版・集会・デモンストレーションの自由に、これとは別に規定された「結社の自由」にも「勤労者の利益に合致し……」という条件が付され、また、信仰の自由も「反宗教宣伝の自由」と抱き合わせになっている。また、人身・住居の不可侵、信書の秘密が付加されたとはいえ、なお欧米憲法には保障されている若干の権利が欠けていた。それゆえ、以下のような主張が、非公開の少数意見ながら出てくるのは当然である。

まず第一に、移動・居住の自由が主張された。ごく一部は新聞の投書に、多くはソ連邦中央執行委員会あての手紙の中にみることができる。それは、移動・居住を制限している国内旅券制、これに付随するプロピスカ(居住許可証)の廃止の要求に他ならない。移動・居住の自由は職業選択の自由、また出入国の自由とセットでも主張された。[92]

第二は言論・出版の自由の要求である。スモレンスク文書には、その理解について「何でも次々に書いてよいのか、政権の政策に適うものだけか」という不健全な質問があったと記録されている。[93] また、キーロフ地方の一コルホーズ員は『農民新聞』への手紙で、第一二五条の補足として次の一文を提案した。「すべての市民に、自己の意見を出版物で、いっさい検閲されることなく、何の妨害もなく表明し、また外国から様々な政党、色合いの新聞、雑誌を購入する権利が与えられる。[94]」

実は、このコルホーズ員は他に死刑の廃止、出入国の自由、ソヴィエト代議員候補の推薦権を個人にも与えることを求めていた。しかも、一七八九年のフランス憲法〔人権宣言〕など先進諸国の憲法はほとんど理解されていないから、これを広く読者に知らせるよう同紙編集部に要望すると書いていた。署名には「平コルホーズ員」(рядовой колхозник)メーリニコフ某とあるが、当時のコルホーズ員としては相当に知的水準が高い。この人物がネップ期に教師をしていたか、そもそも旧体制下で知的職業に就いていたかは知る由もないが、かかる自立した、公的イデオロギーから自由な考えが潜在していたことに注目すべきであろう。

三　全人民討議にみる社会状況

(1)　農民の状態

先にみたように、農民は労働・休息の権利、老後等の保障において労働者、職員と平等でないことに不満を抱いた。スモレンスク文書は、農民が憲法草案に対する不満を述べただけではなく、農業政策全体、コルホーズ制度そのものを批判したことを示している。

西部州イリインスキー地区では、地区委員会書記の州委員会書記への八月五日付報告によれば、草案討議の過程で「激しい階級闘争」があった。コルホーズ員集会でなされた「反ソヴィエト的発言」には次のようなものがあった。「われわれが憲法を討議する必要はない。みな等しく意見を求められているわけではない。頭を悩ますだけだ。」「コルホーズ員の暮しが良いといっても、労働はみな最低だ。職員(служащие)の賃金をコルホーズ員の稼ぎと等しくすべきだ。」「国家に食わせ、着せなければならない。食肉・牛乳義務納入を廃止すべきだ。〔国家は〕農民を奴隷(раба)にしたし、今もしている。」「憲法は憲法、だが牛乳を出せ、穀物を出せ、飢えのままでいろ、ということか。」「コルホーズ員に労働者、職員と同様の休みを与えると憲法に規定すべきだ。」もとより、報告は「上記おしゃべりにはコルホーズ員たち自身が断固たる打撃を与えた」としているが、同時に、こうした「反ソヴィエト的発言」のあったコルホーズに党アクチーフ、党オルグ、村ソヴィエト議長らを送り込んで、もう一度集会を開かせるとも述べている。(95)

二ヵ月半後の一〇月二二日付報告では、集会の出席率が八〇%をこえ、議論も活発で「コルホーズ員の政治的気分は良好」と指摘される一方、旱魃で穀物が大いに不足しているコルホーズの個々のメンバーの中には「不健全な気分がみられる」ことが注目された。「工業製品が高く、われわれの生産物は国が安くしている。穀物を非常に安く持っていって、われわれには一〇倍高くして売っている。これは国家による投機だ。」「まもなく破局がやってくる。若者はみな真っ黒になって働き、苦労しているが、圃場には何もなく、われわれはみな飢えるだろう。」「このコルホーズで暮らしてこのかた、あたしらは一度も穀物を確保したことがない。一部のコルホーズ員は今でも自分の分さえ足りない。」この気分は個々的なものではなく、「一連の政治的に有害な〔草案に対する〕補足」となって現れた。すなわち、①コルホーズへの八時間労働日導入、超過労働分への支払い、②コルホーズ員の食肉・牛乳義務納入の免除、を要求し、③わが国を「労働者・農民の社会主義国家」とみず「勤労者の社会主義国家」とみる、というのである。(96)

エヌカヴェデ・イヴァノヴォ州本部の特別報告によれば、ある村ソヴィエト・メンバーは憲法草案第一二〇条の討議のさい、こう述べた。「われわれコルホーズ員は労働者より〔暮しが〕悪いが、新憲法によれば、労働能力を失ったとき国は何の援助もしてくれない。この憲法は労働者にだけ良くて、われわれ農民は昔の二倍も圧迫されるだろう。」別のコルホーズ議長は村ソヴィエト総会で、「コルホーズでは暮していけない。うんと働いても何も貰えないからだ。あんた方が議長を辞めさせて〔工業〕生産に行かしてくれないなら、自分から放り出して、おさらばだ」と語った。(97)

たしかに、農村は一九三二―三三年冬の大飢饉を脱し、三五年にかけて農業生産は回復しつつあったが、都市との生活水準の格差は大きかった。残念なことに、当時の都市・農村の生活水準を比較した実証研究は未だ現れていないが、ここでさしあたり確認しておけばよいのは「格差イメージ」、農民の被差別感覚である。一九三七年五月のキーロフ州の一農民のカリーニン(ソ連邦中央執行委員会議長)あて手紙も、これを補足説明することになろう。「〔新聞に書かれている〕コルホーズの達成は表面的なものでしかない」のであって、コルホーズ員のすでに半数がコルホーズ生活が嫌で去ってしまったし、今も去り続けている。コルホーズを離れて二年たち、工場や企業に勤めた者が書いてよこすには、一日にいくら貰えるかがわかっているし、一五ルーブリ以上稼ぐこともできるし、織維製品その他をいくらでも買えるのだから、コルホーズの時より「はるかに良い」暮しをしている。コルホーズ員の暮しが悪いのは農産物の国家への義務納入制のためで、例えばライ麦粉は小売価格が一キロ八五コペイカであるのに対し、納入価格はわずか六・五コペイカなのである[98]。

農民は概して全人民討議にあまり熱心ではなかったようだが、それでも社会保険をはじめ労働者との格差是正を訴えた。中には、現在のコルホーズ管理部、村ソヴィエトが官僚主義的だから、コルホーズ員、個人農が農民同盟を結成する権利を第一二六条に含めるという要求さえあった[99]。

(2)　宗教をめぐる状況

全人民討議における宗教と教会の問題はほとんど、聖職者に選挙権を付与すべきか否かの論点に絞られ、その文脈で宗教の有害さが述べられるというものであった。数少ない第一二四条(信仰の自由と反宗教宣伝の自由)にかかわる意見も、信仰の自由は施設閉鎖で制限すべきであるとか、子供の宗教教育を法で処罰すべきであるという、権利制限的な主張であった[100]。そして、宗教と教会の実態は、聖職者に選挙権を与えても実害はないことを強調したいためか、ほとんど報道されなかった。稀に報道される場合は、ベルゴーロド市で、憲法草案公表とともに僧侶が台頭し、諸派五〇人の僧侶が自分たち流に草案を説明して失地回復をはかり、教会再開の請願署名を開始した、というように警戒心を喚起するものであった[101]。

しかし他方では、ノヴォチェルカッスク市では市民の一〇人に一人が規則的に教会に通い、日曜には市に二つしかない教会に集まっているという報道もあり[102]、宗教活動が必ずしも低調ではなかったことを窺わせる。これを裏付けるのが、ソ連邦中央執行委員会幹部会付属・宗教問題小委員会が憲法草案の全人民討議と同時期に開催した定例会議、協議会の議事録である。

まず、一一月一日の宗教問題協議会(小委員会のほか、科学アカデミー、エヌカヴェデ、戦闘的無神論者同盟、中央執行委員会民族会議から参加)は、決議で次のような認識を示した。「ソヴィエト機関は、教会を閉鎖するさい然るべき大衆活動を行わず、むき出しの行政的方法をとった。」「閉鎖された教会は、倉庫として使われるか、まったく利用されていないか、いずれにせよ正しくない。」「一連の地方では、労働組合・コムソモール組織が反宗教活動から手を引き、国民教育機関は最近、学校教育における反宗教活動を極端に弱めた。戦闘的無神論者同盟は……事実上活動を停止した。」「一連の地方で反宗教活動が弱まり、むき出しの行政的方法がとられたことにより、信徒団(религиозные общины)が活発になり、ありとあらゆるセクト、グループ、様々な反ソヴィエト分子や反革命団体と結託した地下宗教団体(религиозные организации)が形成される条件が生まれている。[103]」

このような認識は、小委員会の二月の会議で西部州、五月の会議でヴォローネシ州、八月の会議でクイブィシェフ地方と、各地の宗教団体の活動を検討して打ち出されたものである。前二者の議事録には、現に活動する教会の宗教別内訳が報告されていて興味深く、後者の議事録には次のような発言が残っている。「宗教問題に関する苦情(жалоба)は、新憲法草案公表後とくに増えた。今年は旱魃もあって、宗教団体の活動がさかんになった。地区レヴェルでは、ほぼ毎日のように雨乞い(моления о дожде)が行われた。」「教会の倉庫への転用が住民の間で不満を呼び、あらゆる反ソヴィエト的煽動の温床となっている。」「宗教が完全に除去されたとみるわけにはいかない。むしろ宗派活動(сектантство)は増えている。[104]」

エヌカヴェデ・ヴォローネシ州本部の特別報告も、「最近、教会および各種セクトの反革命分子がとくに活発になってきた」として、選挙のさいはコミュニスト候補を落とそうという呼びかけ、閉鎖中の教会、礼拝堂を勝手に開く試み、「新憲法を利用して直ちに教会を開かせよ」という煽動があったことを指摘している。(105) 党・政府にとっては、親体制派の育成も含めてコントロールしやすい正教会と比べて、個々バラバラのセクトは扱いにくかったものと思われる。(106)

憲法草案の全人民討議終了からほどなく、一九三七年一月に行われた国勢調査の記入項目には「宗教」が含まれていた(結果は表35)。国勢調査地区全権代表の報告によれば、様々な噂が流れた。「信者はクラークとみなされるので、この項目には答えないか、国勢調査そのものを逃れるように。」「すべての信者が記入すれば、教会は開放されよう。なぜなら、この調査は国際連盟が検討し、信者が多いのに教会を閉鎖するのは何故かと、同志リトヴィーノフに質問するからだ。」「宗教の項目があるのは、諸外国に信者の存在を示し、わが国では宗教が迫害されていないと言いたいためである。(107)」この最後のような意図があったか否かはわからず、たんに宗教の実態を正確に把握したかったのかもしれないが、当時の党・政府が国際世論を気にしていたことは、先にみたヤロスラフスキー論文でも明らかである。(108) そして表35が示すのは、「上からの革命」後の宗教信仰の根強さである。首都モスクワでさえ「多くの子供が、信心深い両親、叔母、祖母の影響で教会に通い、儀式に参加している」と、数ヵ月後の新聞記事は指摘している。(109)

表35　1937年国勢調査の「宗教」項目(16歳以上)

	読み書きできない人	読み書きできる人
信じない	4,632,012	37,611,202
ロシア正教	17,173,336	24,448,236
アルメニア正教	89,784	52,315
カトリック	157,838	326,893
プロテスタント	54,070	403,815
その他のキリスト教	124,447	268,492
ユダヤ教	92,207	183,905
イスラム教	5,797,492	2,459,058
仏教，ラマ教	50,068	22,071
シャーマニズム	16,652	4,292
その他	—	—
計	29,937,843	68,473,289

(出典) *Всесоюзная перепись...*, c. 106-107.

(3)　「家族関連法」と女性の状態

憲法草案討議では男女平等規定(第一二二条)は支持表明されるだけで、ほとんど討論されなかった。女性と家族をめぐる問題は、一ヵ月前の「家族関連法」案の全人民討議でほぼ尽くされていたからである。

「家族関連法」(筆者の略称)とは、一九三六年五月二五日に公表され、全人民討議を経て六月二七日に採択された中央執行委員会・人民委員会議決定で、その正式名称は以下のようであった。「中絶禁止、産婦への物質的援助の拡大、多子家族への国家的扶助の制定、産院・託児所・幼稚園の拡充、養育費不払いに対する刑事罰強化、離婚法制の一部改正について」である。まず「中絶禁止」とは、病院、医師宅、自宅等での中絶手術を禁止するもので、例外的に許可されるのは「妊娠の継続が妊婦の生命を脅かし、健康を著しく損ねる恐れがある」場合で、それも病院または産院においてのみである。これに違反して中絶手術を行った医師は一―二年の禁固に処せられ、手術を受けた妊婦も「社会的譴責」(общественное порицание)を受け、再犯の場合は三〇〇ルーブリまでの罰金を課せられる。これは一九二〇年以来公認されてきた中絶を禁止することによって出産を奨励し、ソヴィエト国家の人口(労働力・兵力)基盤を強化しようとする政策であり、産婦への物質的援助の拡大(具体的には出産手当、育児手当の増額など)、多子家族への国家的扶助の制定(多子家族手当の新設)、産院・託児所・幼稚園の拡充(むこう三年間の建設計画)を伴っている。

この法案はまた、たんに出産を奨励するのみならず、離婚の登録のさいの両当事者の戸籍登録課への呼び出し、離婚事実の国内旅券記載を義務づけ、かつ離婚登録料を引き上げて離婚を困難にし、もって家族の強化をはかろうとしたものである。[110] それは、第二六条(離婚の登録)に「家族と家族の義務に対する軽率な態度と闘う」という目的を明記したことからも明らかだが、先にみたような孤児・浮浪児の存在、少年犯罪の多発、また「非常にしばしばみられる性的放縦(сексуальная распущенность)」[111]に悩まされた党・政府が、国民統合の単位として家族を重視するようになったということに他ならない。

さて、「家族関連法」案の全人民討議の様相をみると、驚くほど多様で率直な意見が新聞に掲載されたことにまず気づかされる。中絶禁止に対する強力な反対論そのものは後にみるとして、中絶の実情について一女性の投書は「子供を持たないために、健康だけではなく生命までも賭けようという女性が少なくない。いわんや、罰金など恐れてはいない。しかも彼女たちには、ヤミ中絶という手段がある」と指摘した。[112] 中には、頻繁な出産を、スタイル、美容に悪影響を及ぼすという理由で恐れる風潮に対し、「ソヴィエト女性が美しくなろうとする努力を全面的に支持しなければならない」と述べ、妊婦のスタイル維持のためのコルセット等に関心を払うよう訴える意見もあった。[113] また、討議のあり方についての次のようなコメントも注目に値する。「中絶の問題をめぐる会合、集会では参加者の本当の意見が必ずしも出されていない。[114]」「〔中絶禁止に対する〕反対意見を、それが少数であっても考慮しなければならない。単純な多数決で決定してはならないほど重要な問題である。[115]」さらには、中絶の「十把一からげの」禁止に対して個別的対応の必要を説き、離婚制限にも次のような理由で反対する意見があった。「人生には誤りがあり、軽率ではない、より深い、きわめて重要な理由で人は離婚せざるを得ない。こうした人生の誤りを法で規制することはできない。[116]」

ついで討議の内容を検討するが、ここでは紙幅の都合により「中絶の是非」論に絞ることにする。この議論だけでも、当時の女性と家族をめぐる基本的な問題が浮かび上がってくるからである。そのさい、①健康論、②生活条件レヴェルの議論、③女性の役割という本質論と、三つのレヴェルに分けて検討する。

まず第一の健康論では、中絶が女性の身体、母性機能を損なうから、これを完全に禁止すべきだという主張があり、それは法案の立場でもあった。しかし同時に、「頻繁な妊娠は有害である」として中絶を例外的に許可する、具体的には二歳以下の乳幼児を持つ妊婦には許可するという意見があった。[117] また、中絶を完全に禁止するとヤミ中絶が横行して、女性の健康にとってかえって危険だという、健康論を逆手にとった有力な法案反対論もみられた。[118]

第二に、法案は、中絶は本来良くないものだが、一九二〇年当時は「過去のモラルの残滓と困難な経済的条件のために一部女性が余儀なくされた」状態を法的に承認したのであって、社会主義建設が成功した現在、母性保護と育児の条件も整備されたから、これを完全に禁止することができるし、禁止しなければならない、という立場である。法案支持の意見もこれをなぞったもので、帝政ロシアや資本主義諸国と比較した「社会主義の優越」という理念論とないまぜになっていた。これに対しては、妊娠、出産、育児の諸条件は現実には未整備であり、中絶もやむを得ない、中絶の完全禁止は時期尚早だという意見がかなり有力であった。

とくに育児の条件のうち住宅の狭さを挙げる次のような意見が典型的であった。「通り、市電、商店、劇場で会話を小耳にはさんだ。多くの人と話し合った。みな異口同音に繰り返すように、現在の住宅状況では中絶を禁止することは不可能だ。[119]」また、レニングラードの女性労働者は、夫と子供二人とで一部屋に住んでいるが、「部屋は散らかり、子供は食事をせがむし、頭がおかしくなる(Голова идёт кругом)。こんな条件で三人目、四人目をもっていいものか」と、切々と中絶禁止反対を訴えた。[120] 託児所、幼稚園については法案の約束もあったが、それでも要求が、とくに農村部で強かった。開設時間を夜間にまで延長すべきだという要求や、今日でいう学童保育を求める声もあった。[121] 託児所、幼稚園は「配慮、愛情、注意が未だ著しく欠けている」と批判され、職員の不足や質の低さが指摘された。[122]「もうすぐ子供が生まれるが、託児所に預けるのが不安である」として、乳幼児が病気にかかってしまうこと、職員が少なく子供はしばしば十分なケアを受けていないこと、とくに「預かっている子供に対する責任感が不十分であること」を指摘する投書もあった。[123] また、乳幼児用品の不足を指摘し、その増産、供給を求める声もあった。[124]

第三のレヴェルの議論では、まず「生まない自由、権利」という、マルクス主義からすれば明らかにブルジョワ的な主張があったことが注目される。[125]「出産の喜びを法に基づく義務に転化すべきではない」として、中絶の完全禁止に反対する意見も、[126]出産を個人的なものとみる点では同じである。これは、「女性は誰でも母親になる気持ち(чувство материнства)が非常に強い」から、女性に義務、権利を詳しく説明し、権利を行使するのを援助すれば中絶を拒むようになる、という法案支持の一法律家の立場とは好対照をなす。[127]ついで「仕事と家庭の両立」をめぐる議論では、「度重なる妊娠と育児の初期は自分たちを仕事、学業、社会生活から切り離す」し、子供は一人か二人で十分だから、中絶の法による禁止には反対である、という意見があった。[128]ロストーフ技術大学の女子学生六人連名の意見は、「在学中に子供を一人もうけたら、一年は失う」などの理由から中絶の完全禁止に反対したものだが、これへの反論は、国家が託児所、幼稚園等を増設し、育児が楽になっているのだから、「立派な専門家であることと、良き母親であることとは両立する」という一般論でしかなく、説得力に欠ける。[129]最後に、家事、育児の意義を問う議論も第三のレヴェルだが、ある主婦は「もし家事労働が職員、労働者の労働と同じように評価されるなら、女性は家庭に魅かれ、中絶もしなくなるだろう」と述べた。[130]この、主婦の仕事は「社会的有用労働」であるという主張は、憲法草案の全人民討議でも引き続き現れ、[131]主婦にも老後保障を与えるべきだとの意見や、家政婦の仕事も「社会的有用労働」であるとの主張をも伴った。[132]

「家族関連法」案の全人民討議は、憲法草案のそれがまもなく始まったため、実質的には二週間ほどで終了した。中絶禁止の条項には修正はなく、多子家族手当の支給開始が、二〇〇〇ルーブリの場合「第八子目から」が「第七子目から」に、五〇〇〇ルーブリ(二年目から三〇〇〇ルーブリ)の場合「第一二子目から」が「第一一子目から」に改められ、また養育費の給与に対する割合も改められた。[133]修正はわずかで、あれほど多様な意見、強い要求が反映されなかったことになるが、党・政府指導部の公式宣伝と家族強化の狙いも必ずしも貫かれたわけではない。例えば、ロストーフ農業機械工場の女性技師は憲法草案第一二二条について、男女平等が実現されていない実情をこう訴えた。女性は従業員の三三%を占めているのに、指導的職務にはわずか九%しか就いておらず、「工場組織には、女性があれこれの仕事をこなせるか否か、確信をもてない現実がなおある」。「女性が理由もなく、責任のより少ない仕事に回される。」「若い女性技師は男性技師よりも給与が少ない。」[134]

他方、党・政府の家族強化の狙いに適った、援護射撃的な意見もあるにはあった。「母親の最大の喜びは子供」「母親になる幸せを知らない女はむだ花(пустоцвет)」という伝統的な意見がそれである。[135] しかし、党・政府としても、あまり伝統的な意識に依りかかるわけにはいかない。中絶禁止をめぐる議論は、高齢者と農村住民がより伝統的な女性・家族観を持っていることをも示したからである。[136] しかも複雑なことには、一般には進歩的とみられる中絶禁止反対論者が、「いかに児童館、託児所が整備されても、母親の代わりにはなれない」と、[137] 伝統的な意識にも訴えようとしたのである。党・政府としては、「家事・育児の社会化」を基本としつつも、施設や人員、また予算の点で社会の要請に追いつかない部分を、女性と家庭に補完してもらうという立場だったと思われる。「託児所、幼稚園を増設すれば育児問題が完全に解決するというのは誤っている。さしあたりは家庭も、幼児の成長、教育に決定的な影響を与える」という意見は、中絶禁止反対論者のものだが、[138] 党・政府の本音に近いといえよう。

(1) C3, ст. 69, 1935.

(2) 憲法委員会は、正確には、大会選出の中央執行委員会の第一回会議で選出された。旧反対派のブハーリン、ラデックを含む三一名からなり、七月七日に最初の会合をもった。カリーニン、モーロトフを議長代理、アクーロフを書記に選出し、一二の小委員会を設立した。一般的問題(スターリン)、経済(モーロトフ)、財政(チュバーリ)、権利(ブハーリン)、選挙制度(ラデック)、司法機関(ヴィシンスキー)、中央・地方権力機関(アクーロフ)、国民教育(ジダーノフ)、労働(カガノーヴィチ)、国防(ヴォロシーロフ)、外交(リトヴィーノフ)、そして編纂小委員会(スターリン)である。この会合と小委員会(議長)については公表された。*Известия*, 8 июля 1935. これら小委員会の作業を集約して、素案の作成が始まったのが一九三六年初め、素案の完成は四月であった。この素案が四月に集中的に審議され、途中で第一次草案と改められ、さらに編纂小委員会によって予備草案とされたものが、五月一五日の憲法委員会総会にかけられた。ここで採択された最終草案が、六月一日の党中央委員会総会での検討を経て、一一日の中央執行委員会幹部会でスターリンによって報告されたのである。И. Б. Берхин. К истории разработки Конституции СССР 1936 г. в кн. *Строительство советского государства* (сб. статей к 70-летию доктора исторических наук, профессора Э. Б. Генкиной). М., 1972, с. 63-80. これは当時としては稀な、アルヒーフ文書を用いた論文である。

(3)　この草案のテキストは А. А. Липатев(под ред.). *История советской конституции в документах 1917-1936*. М., 1957 による。以下とくに出典を注記しない。一九一八年ロシア共和国および一九二四年ソ連邦・諸共和国憲法も右資料による。

(4)　パシュカーニスは選挙制度改正について「プロレタリア独裁強化の観点からであって、何らかの抽象的な民主主義優越論によるものではない」と強調した。秘密投票については「〔公開投票なら不信任しにくいと〕安心しきっている官僚主義分子に打撃を与えるもの」と説明した。Е. Б. Пашуканис. Об изменениях советской конституции. *Советское государство*, № 1-2, 1935, с. 26-32. なお、パシュカーニスは憲法委員会下の権力機関に関する小委員会に入る。

(5)　従来の憲法は労働の義務しか規定せず、「完全・全面的・無料教育」もソヴィエト政権の課題として規定したにすぎなかったが、経済発展によって労働・教育の機会を保障できるようになった、という論理である。Н. И. Бухарин. Конституция социалистического государства. *Известия*, 14, 15 июня 1936.

(6)　E・H・カー『ボリシェヴィキ革命　一九一七—一九二三』第一巻(宇高基輔訳、みすず書房、一九六七年)、一二〇—一二一頁。

(7)　ソヴィエト法における自由権の理解については、森下敏男「社会主義的基本権の論理と体系」『社会主義法研究年報』第四号(一九七七年)一五〇—一六〇頁、同『ソビエト憲法理論の研究』(創文社、一九八四年)第二章「ソビエト憲法と基本権概念」参照。また、藤田勇編『社会主義と自由権——ソ連における自由権法制の研究——』(法律文化社、一九八四年)、大江泰一郎『ロシア・社会主義・法文化——反立憲的秩序の比較国制史的研究——』(日本評論社、一九九二年)も参照されたい。

(8) *Власть советов*, № 4-5, 1935, с. 44. 報告は普通選挙に対するいっさいの制限の廃止へ進んでいるとしながら、大会への提案としては平等・直接選挙、秘密投票であった。

(9) *Большевик*, № 6, 1936, с. 1-8. 同誌の憲法草案公表直前の一論文は「議会主義の最良のものは今やソ連邦のものになった、ソヴィエト国家は真の人民的民主主義(народная демократия)を展開している」と述べるにいたった。Н. Челяпов. Всеобщее, прямое, полное избирательное право при тайном голосовании. *Большевик*, № 11, 1936, с. 75.

(10) 註(5)の論文に同じ。なお、ブハーリンは社会権的諸権利を「社会主義社会の市民の〝自然権〟」と呼んだ。このアナロジー自体がブルジョワ民主主義の見直しを示唆している。

(11) 一九二四年ソ連邦憲法下の選挙訓令は *СЗ*, ст. 55, 1925 ; ст. 501, 1926 ; ст. 524, 1930 ; ст. 395, 1934.

(12) Е. Б. Пашуканис. Сталинская конституция и социалистическая законность. *Советское государство*, № 4, 1936, с. 24.

(13) なお、欧米憲法のように権利規定を権力規定に先行させる提案、選挙制度や国家構造を権利行使の手段として規定するという考え方が、ごく少数ながら登場した。*Правда*, 5, 15 июня 1936.

(14) *Известия*, 15 июня 1936 ; *Труд*, 29 июня 1936 ; *Комсомольская правда*, 14, 23 июня 1936 и т.д.

(15) *Правда*, 27 июля 1936 ; *Труд*, 12 июля 1936 ; *Комсомольская правда*, 26 июля 1936 и т.д.

(16) РЦХИДНИ, ф. 17, оп. 21, д. 2209, л. 127. 西部州につき同様の指示は SA , WKP 499, l. 108-109.

(17) *Правда*, 18 июня 1936.

(18) *Правда*, 26 июня 1936.

(19) *Молот*, 24 июня 1936.

(20) *Известия*, 30 июня 1936.

(21) *Правда*, 22 июля 1936.

(22) *Известия*, 27 июля 1936.

(23) *Правда*, 1 августа 1936.

(24) *Правда*, 7 августа 1936. ただし、ゴーリキー市ソヴィエト幹部会が七月初めに憲法草案を討議した時は、まともな議論にならなかったと報じられた。*Известия*, 12 июля 1936.

(25) Е. Б. Пашуканис, П. В. Туманов (под ред.). *Всенародное обсуждение проекта Конституции СССР*. М., 1936, с. 9. この資料集は逐条的に補足・修正案の総数と事例を示したものだが、事例の配列はアトランダムで、新聞を出典とするもの以外は日付が欠落している。なお、連邦ソヴィエト大会直前にソ連邦中央執行委員会書記アクーロフが補足・修正案につき、どの条項が多いか、どれが受け入れ不可能か、大まかに説明した。*Известия*, 24 ноября 1936.

(26) *Правда*, 18 июля 1936; *Известия*, 1 августа 1936 и т. д.

(27) *Правда*, 3, 15, 18 июля 1936; *Труд*, 12, 27 июля 1936 и т. д. また、七時間労働日を「大多数の労働者」(草案)ではなく、全労働者に及ぼすべきだとの意見もあった。*Всенародное обсуждение*..., с. 166.

(28) *Правда*, 12, 13 июля 1936; *Крестьянская газета*, 18 июня 1936; *Вісті*, 16 липня 1936 и т. д. コルホーズ員等に労働者、職員並の保障を及ぼすべきことはロシア共和国社会保障人民委員も主張した。*Всенародное обсуждение*..., с. 169-170.

(29) *Известия*, 30 июня 1936; *Труд*, 22, 28 июня 1936; *Крестьянская газета*, 26 июня 1936; *Вісті*, 27 червня, 16 липня 1936 и т. д.

(30) *Правда*, 25 сентября 1936.

(31) *Крестьянская газета*, 22 июня 1936; *Труд*, 15 июля 1936. 「国家統治への積極的参加の義務」として選挙、レファレンダム(第四九条)等を明記すべきであるとした主張も、欧米流の個人主義的権利意識・国家観とは異なっている。

Крестьянская газета, 26 июня 1936 ; *Комсомольская правда*, 16 июня 1936.

(32) *Правда*, 22 июля 1936. 同様な例として、ノギーンスクの一工場につき *Труд*, 28 июня 1936.

(33) *Власть советов*, № 9, 1936, с. 1–4.

(34) Там же ; *Правда*, 23 июля 1936. こうした現象が例外的でないことは、選挙人集会はもとより、執行委員会総会の手続きさえ経ない「自己補充」や「任期内改選」でソヴィエトおよび執行委員会メンバーを補充することがしばしばあった、とパシュカーニスが批判したことからも明らかである。Е. Б. Пашуканис. О стиле советской работы. *Правда*, 3 октября 1936.

(35) 選挙人の信任にたえない代議員のリコールはソヴィエト民主主義の重要な構成要素だが、他方では、党派闘争の手段としてソヴィエト政権の当初から用いられた。См. Сб. статей. *Борьба за победу и укрепление советской власти*. М., 1966. また全面的集団化のさいは「官僚主義との闘争」の名によるソヴィエト粛清の手段ともなった。溪内前掲書第二部、五九六頁。

(36) *Известия*, 5 сентября 1936.

(37) *Правда*, 19 сентября 1936.

(38) *Неизвестная Россия*. XX *век*. т. 2. М., 1992, с. 272–281.

(39) *Правда*, 13 октября 1936.

(40) *Молот*, 4 ноября 1936.

(41) *Известия*, 24 июня 1936.

(42) *Труд*, 29 июня 1936.

(43) 労働移住者(трудпереселенцы)は労働居住者(трудпоселенцы)ともいい、一九三四年までは特別移住者(спецпереселенцы)、一九四四年以降は特別居住者(спецпоселенцы)と呼ばれた。В. Н. Земсков. 《Кулацкая ссылка》 в 30-е годы. *Социологические исследования*, № 10, 1991, с. 3.

(44) *Правда*, 29 июня 1936. 同様な記事は *Труд*, 24 июня 1936 ; *Известия*, 27 июня 1936.

(45) *Вечерняя Москва*, 14 июля 1936. クラークの息子の同様な例は *Правда*, 12 июня 1936.

(46) *Правда*, 19 июня ; 18 июля 1936 и т. д.

(47) *Правда*, 18 июля 1936. 同様な例は *Известия*, 8 июля 1936.

(48) *Молот*, 28, 30 июня 1936 ; *Вечерняя Москва*, 26 июля 1936.

(49) *Правда*, 6 июля 1936. カリーニンも同趣旨の発言をした。

(50) *Крестьянская газета*, 12 октября 1936. もとより、聖職者にはムラー(イスラム教)、ラビ(ユダヤ教)等も含まれ、「宗教的残滓の強い民族地方・共和国」では選挙権を付与しないという意見もあった。*Комсомольская правда*, 27 июня 1936. まさしく当の地域に属するダゲスタンでは、「最も悪質なクラーク、ムラー、カーディー」には選挙権を与えないという主張がみられた。*Известия*, 27 октября 1936.

(51) スターリンは、聖職者、旧白衛軍人などに選挙権を与えないという提案を受け入れない理由として「選挙権制限の時期は過ぎた」こと、彼らのすべてがソヴィエト政権の敵ではないこと、を挙げた。*Власть советов*, № 22, 1936, с. 27.

(52) このほか *Правда*, 16 июня 1936 и т. д.

(53) *Известия*, 13 июля 1936.

(54) *Молот*, 28 июля 1936.

(55) *Правда*, 19 июня, 18 июля 1936 ; *Известия*, 22 июля, 12 августа, 1936.

(56) *Крестьянская газета*, 24 июня 1936.

(57) *Труд*, 16 июня 1936.

(58) РЦХИДНИ, ф. 17, оп. 3, д. 961, л. 21.

(59) Там же, д. 962, л. 32, 57.

(60) Там же, д. 964, л. 50, 115-119 ; *Известия*, 1 июня 1935.

(61) 四月七日法一周年に寄せた記事によれば、未成年者の刑事犯罪はかなり減少し、モスクワ州では三五年五月に五四件、一二月に二〇件だったという。ただし、教育より懲罰に重点がおかれたことは認めている。*Правда*, 8 апреля 1936.

(62) *Труд*, 26 июня 1936.

(63) *Труд*, 18 июля 1936.

(64) 他方、第一二八条に「電信・電話の秘密」を加える提案があったことは注目に値する。*Известия*, 20 июля 1936.

(65) SA, WKP499, l. 109.

(66) SA, WKP357, l. 11.

(67) РЦХИДНИ, ф. 17, оп. 120, д. 232, л. 52.

(68) 註(5)に同じ。

(69) *Крестьянская газета*, 8 августа 1936.

(70) *Правда*, 7 августа 1936.

(71) *Известия*, 28 июня 1936 и т. д.

(72) *Неизвестная Россия...*, с. 279–280.

(73) *Известия*, 22 августа 1936.

(74) この点では、ソヴィエト大会におけるスターリン報告も、大会直前に討議を集約したアクーロフ論文も同じである。*Известия*, 24 ноября 1936.

(75) *Власть советов*, № 22, 1936, с. 25–26. 民族ソヴィエトを選挙制に改める提案、代議員数を連邦ソヴィエトと同数にする提案は *Всенародное обсуждение...*, с. 81.

(76) *Правда*, 3 августа 1936. ただし、どのような議論を経て憲法委員会がこの種の修正案を受け入れたか、そのプロセスは不明。少数民族に民族ソヴィエトへの代表権を保障するよう求める意見は他にもあった。*Вечерняя Москва*, 29 сентября 1936. また、連邦ソヴィエトの選出基準(選挙人三〇万人につき代議員一名)を緩和して、そこに少数民族の代表を送ろうとする提案もあった。*Правда*, 24 июля 1936 ; *Вісті*, 10 липня 1936.

(77) *Комсомольская правда*, 17 июня 1936 ; *Всенародное обсуждение...*, c. 90. なお、最高ソヴィエト幹部会議長を「大統領」と呼ぶよう求める提案もあった。

(78) *Власть советов*, № 22, 1936, c. 23, 24. この二点はすでに、大会直前の討議集約でアクーロフが述べていた。*Известия*, 24 ноября 1936.

(79) *Правда*, 25 июня 1936 ; *Ленинградская правда*, 23 июля 1936.

(80) *Власть советов*, № 22, 1936, c. 23-24. なお、新聞紙上での、かかる提案は *Комсомольская правда*, 18 июля 1936.

(81) ユダヤ人自治州の格上げの提案は *Труд*, 1 августа 1936 ; *Молот*, 18 июля 1936. 自治的ツィガーン地区設立の提案は *Ленинградская правда*, 2 июля 1936. 当時の都市におけるツィガーンの状態はほとんどわからないが、一種の犯罪対策的な隔離策の提案ともとれる。ちなみに、一九三四年末モスクワ市にはツィガーンが約四〇〇〇人住み、大半は食品や銅製食器の製造、運送業に従事し、アルテリを組織していた。市ソヴィエトの特別な対策により彼らは独自の劇場をもち、保育、学校の面でも配慮されていたという。*Вечерняя Москва*, 25 ноября 1934.

(82) *Известия*, 6 августа 1936. スターリングラード地方のタタール人民族管区では、言語使用でもソヴィエト機関への選出という点でも差別があると報道された。*Известия*, 9 октября 1936. 同地方にはこのほかカザフ人、ドイツ人、ツィガーンなど総計一六万人以上の少数民族(民族管区二、民族村ソヴィエト九八)がいるが、彼らの間でのソヴィエト活動は「なお著しく遅れている」ことが全ロシア中央執行委員会でも問題になった。*Известия*, 11 октября 1936.

(83) *Известия*, 14, 16 июня 1936. なお、条文の団体名が限定的か、例示的かという法律論はなかった。

(84) *Известия*, 22 июня 1936.

(85) *Правда*, 26 июня 1936 ; *Вісті*, 15 вересня 1936.

(86) *Известия*, 17, 23 июня 1936.

(87) *Молот*, 9, 16 августа 1936.

(88) *Труд*, 27 июня 1936 ; *Известия*, 28 августа 1936.

(89) *Правда*, 13 августа 1936 ; *Всенародное обсуждение*..., с. 205.

(90) 村ソヴィエト議長の公選論は*Правда*, 2, 7 августа 1936 ; *Известия*, 27 сентября 1936. その罷免は、地区執行委員会が上級執行委員会の承認なく行い得ないことを求める意見もあった。*Правда*, 25 июня 1936.

(91) *Труд*, 9 июля 1936 ; *Известия*, 21 июля 1936.

(92) *Вечерняя Москва*, 9 июля 1936 ; *Труд*, 20 июля 1936. 移動の自由と職業選択の自由を併せ求めたものは*Всенародное обсуждение*..., с. 165. また、移動の自由と出入国の自由を併せ求めたものはГАРФ, ф. 3316, оп. 41, д. 195, л. 1-2, 22.

(93) SA, WKP357, l. 11.

(94) РЦХИДНИ, ф. 17, оп. 120, д. 232, л. 83-85.

(95) SA, WKP499, l. 125-128.

(96) SA, WKP499, l. 181-185.

(97) *Неизвестная Россия*..., с. 274-275.

(98) Письма из деревни. Год 1937-й. *Коммунист*, № 1, 1990, с. 101.

(99) РЦХИДНИ, ф. 17, оп. 120, д. 232, л. 79.

(100) *Правда*, 29 июня 1936 ; *Труд*, 17 июля 1936.

(101) *Известия*, 12 августа 1936. カリーニン市では僧侶が、コルホーズ員会館に泊まりにきた者を集めて憲法を「説明」し、信仰の自由は宗教を開花させると主張した。*Правда*, 16 июля 1936.

(102) *Комсомольская правда*, 27 июня 1936.

(103) ГАРФ, ф. 5263, оп. 1, д. 46-1, л. 73.

(104) Там же, л. 45, л. 79–80, 58–62, 33–35.

(105) *Неизвестная Россия...*, с. 280–281.

(106) ロシア正教会は一九二九年頃から、農業集団化と軌を一にして激しい迫害を受け、三〇年代前半までに多くの教会建物を破壊された。内部分裂の画策により、体制寄りの革新派シノド(обновленческий синод)が形成されたが、これも一九三五年には廃止され、一九四三年には正教会に復帰することになる。Васильева. Указ. статья, с. 35–46. 十月革命期のロシア正教会、とくに「良心の自由」をめぐるソヴィエト政権への対応については、小杉末吉『ロシア革命と良心の自由』(中央大学出版部、一九九二年)。また廣岡正久『ソヴィエト政治と宗教――呪縛された社会主義――』(未来社、一九八八年)第三章も参照。諸セクトについては情報が少ないが、ヴォローネシ州ではモロカン派を始め一五〇にものぼるセクトがあると指摘された。ГАРФ, ф. 5263, оп. 1, д. 45, л. 61. アゾフ=黒海地方には、モロカン派とドゥホボール教徒からなる「宗派集落」(сектантский массив)をもつ地区があった。РЦХИДНИ, ф. 17, оп. 21, д. 2208, л. 140 ; д. 2210, л. 242. ゴーリキーおよびキーロフ地方でのエヴァンジェリスト(福音主義教会)等の活動は『プラウダ』でも取り上げられたことがある。*Правда*, 21 июня 1935. なおドゥホボール派、モロカン派は一八世紀にロシアで成立した「聖霊キリスト教」の一派で、教会制度や典礼に反対し、帝国に迫害された。

(107) *Всесоюзная перепись...*, с. 220–223. ちなみに、表35には諸セクトが示されていないが、ヴォローネシ州については宗教問題小委員会の会議(三六年五月)で報告された数字がある。教会の総数六九七の内訳は、正教会伝統派(староцерковные направления)五八〇、革新派(обновленческие направления)九五、古儀式派(старообрядцы)九、モロカン派二、などである。ГАРФ, ф. 5263, оп. 1, д. 45, л. 59. 古儀式派は分離派とも呼ばれ、一七世紀後半にニコン改革を拒否して正教会から分離した宗派。詳しくは、中村喜和『聖なるロシアを求めて――旧教徒のユートピア伝説――』(平凡社、一九九〇年)。

(108) この点に関しては、宗教問題小委員会メンバーの間で交わされた興味深いメモがある。一九三五年一二月フランス人のアドヴェンティスト(キリスト再臨派)、生理学者ヌスバウム博士の入国が認められたが、博士は翌年五月にサンフランシスコで開かれる国際「信仰の自由」大会に向けて、ソ連における信仰の自由についての情報を求め、小委員会に七項目の要望・質問書を提出した。宗教団体各派の、信徒数を含む統計資料を示してほしい、海外で流布している迫害の話を反駁するような宗教的寛容(веротерпимость)の資料を示してほしい、などである。メモを記した委員は、三点につき回答して残りを議長との会見に委ねたが、彼は「ソ連では、宗教に関する統計記録は行われていない」「約半数の教会が、大衆の要求に基づいて閉鎖された」と語った。ГАРФ, ф. 5263, оп. 1, д. 46-2, л. 20-21.

(109) *Вечерняя Москва*, 28 апреля 1937. ここでも、宗教団体の活動が新憲法制定後、来るべき選挙に向けて活発になったことが指摘されている。聖職者がスタハーノフ運動に反対する発言をしたというのも興味深い。

(110) 「家族関連法」案は*Правда*, 26 мая 1936. この「家族関連法」に事実婚主義からの転換をみ、また、これ以降の家族強化論を概観したものとして、森下敏男『社会主義と婚姻形態――ソヴィエト事実婚主義の研究――』(有斐閣、一九八八年)二三五―二五八頁。

(111) *Ленинградская правда*, 4 июня 1936.

(112) *Правда*, 29 мая 1936. この女性は中絶の禁止ではなく、制限を提言した。

(113) *Правда*, 28 июня 1936.

(114) *Правда*, 1 июня 1936. 例えば、レニングラード市の〝クラースヌィ・トレウゴールニク〟工場では、中絶の完全禁止に賛成する者が三五〇人、制限で可とする者が二五人であった。*Ленинградская правда*, 8 июня 1936. しかし他方では、「子供を二、三人持つ女性の声に耳を傾ければ、少数の例外を別として、みなが中絶の完全禁止に反対している」という投書もあった。*Заря Востока*, 9 июня 1936.

(115) *Вечерняя Москва*, 2 июня 1936.

(116) *Вечерняя Москва*, 31 мая 1936.

(117) *Правда*, 30 мая 1936; *Заря Востока*, 18 июня 1936. その根拠の一つとして、妊娠中の授乳は乳幼児に良くないことが挙げられた。*Заря Востока*, 5 июня 1936. 中絶を行うか否かは妊婦の健康状態如何によるとして、一律禁止に反対する意見もあった。*Вісті*, 3 червня 1936.

(118) *Известия*, 28 мая 1936; *Правда*, 29 мая 1936 и т. д. グルジアの首都ティフリスでは「家族関連法」案公表以降むしろヤミ中絶が増加したと、産婦人科医が指摘した。*Заря Востока*, 5 июня 1936.

(119) *Вечерняя Москва*, 1 июня 1936. ドンバスにおける討議では、住宅建設促進を法案に盛り込むという主張もあった。*Вiстi*, 5 червня 1936.

(120) *Известия*, 3 июня 1936. ちなみに、夫は学生で奨学金一一〇ルーブリ、二人の月収は合計五〇〇ルーブリであった。この女性はスタハーノフ労働者のようで、そのため劇場のチケットを入手できるが、子供をおいて行けないので他人に売ってしまうとも書いている。

(121) 前者は *Вечерняя Москва*, 31 мая 1936; *Ленинградская правда*, 22 июня 1936; *Заря Востока*, 27 июня 1936. 後者は *Вечерняя Москва*, 31 мая 1936; *Молот*, 6 июня 1936; *Ленинградская правда*, 10, 18 июня 1936.

(122) *Правда*, 30 мая 1936; *Молот*, 8 июня 1936.

(123) *Ленинградская правда*, 8 июня 1936. これには、自分と周辺の託児所の例を挙げ、専門教育を受けた職員の方が乳母よりすぐれていると論じ、杞憂だとする反論があった。*Ленинградская правда*, 11 июня 1936.

(124) *Правда*, 27 мая 1936; *Молот*, 8 июня 1936.

(125) *Правда*, 27 мая 1936; *Ленинградская правда*, 29 мая 1936; *Вечерняя Москва*, 2, 3 июня 1936.

(126) *Правда*, 1 июня 1936. 中絶禁止は、子供を生みたくない女性に対する出産強制であるという反対論もあった。*Известия*, 30 мая 1936.

(127) *Вечерняя Москва*, 3 июня 1936.

(128) *Ленинградская правда*, 29 мая 1936. 「ソヴィエト女性は子供にだけ満足を見出すわけにはいかない」、「当人が望まないなら、母になることを強制してはならない」という明解な主張を伴う中絶禁止反対論もあった。*Правда*, 27 мая 1936.

(129) *Молот*, 2, 6 июня 1936. 両者は男女の「予期せぬ結合」(неудачные встречи)をめぐっても論争した。なお、女子学生たちが避妊薬の質の向上と大量生産を強調しているのは、これに触れる意見が少ないだけに、注目に値する。

(130) *Правда*, 1 июня 1936. この主婦は、子供が三人いて仕事を辞めざるを得なかったという。自分は技能も健康も失って、もし離婚したらどうすればよいのかと、不安をのぞかせている。

(131) *Известия*, 11 июля 1936 ; *Труд*, 18 июля 1936 ; *Молот*, 28 июля 1936 ; *Правда*, 13 октября 1936.

(132) 前者は *Труд*, 18 июля 1936. 後者は *Труд*, 27 июня 1936 ; *Известия*, 13 июля 1936.

(133) *Правда*, 28 июня 1936.

(134) *Молот*, 24 июня 1936.

(135) *Вечерняя Москва*, 29 мая 1936.

(136) 中絶の完全禁止に賛成しているのは、「年配の人、世帯を持ったばかりの若者、子供のない女性」であるという。*Заря Востока*, 9 июня 1936. 農村では、未婚女性の妊娠は「家族を汚した」とされ、しばしば悲劇に至っているとティフリスの産婦人科医が指摘した。*Заря Востока*, 5 июня 1936. イスラム教と明示してはいないが、タタールの一部の農村では「宗教上・生活上の偏見」が一掃されておらず、未婚女性の出産は不名誉とされるため、中絶が禁止されると「呪術祈禱師」(знахарка)のところへ行かざるを得ないという指摘もあった。*Известия*, 2 июня 1936.

(137) *Заря Востока*, 27 июня 1936.

(138) *Вечерняя Москва*, 1 июня 1936.

第二節　スペイン人民連帯運動

スペイン内戦(一九三六年七月―一九三九年三月)に対するソ連の関与については未だ解明されていない部分が多い。従来もっとも関心を引いてきたコミンテルンおよびソ連政府顧問団の活動、とくに共和国軍部・政治警察におけるそれはもとよりのこと、ここで取り上げるソ連国内の連帯運動もその一つである。西側では、それがスターリン独裁下で組織されたためであろう、一顧だにされなかった。[1]

実はスペイン連帯運動こそ、「プロレタリア国際主義」を標榜するソ連共産党・政府が組織した、三〇年代ではほとんど唯一の大規模な国際連帯運動であった。もとより、コミンテルンの系列団体たる国際革命戦士救援会(略称モップル)の国内支部が、ナチによる弾圧の犠牲者のための義捐金募集やその子弟の受け入れ、あるいはディミトロフらライプツィヒ裁判被告の救援等の活動を行ってはいたが、国民的規模の運動とはいえない。[2] スペイン内戦とドイツ、イタリアの公然たる干渉はコミンテルンの反ファシズム人民戦線運動にとっても、これと一体に進められてきた集団安全保障・対英仏協調を基調とするソ連外交にとっても重大な脅威であったがゆえに、ソ連党・政府としてもスペイン連帯を国民に訴えざるを得なかった。[3] しかも、前節でみたように、スペイン内戦勃発の約一ヵ月前から国内では、民主化と権利拡充を謳った新憲法草案の全人民討議が展開されており、世論動員の条件も整っていたのである。

本節ではさらに、スペイン連帯運動の実態をふまえつつ、反ファシズムの世論と外交との関係を検討する。外交政策と世論動員、広くは政治教育が反ファシズムの基調で一致していたかにみえながら、スペイン戦争の推移、ソ連国内の動向に応じて矛盾を孕み、反ファシズムの論理がしだいに変質していく点が、ソ連のスペイン内戦関与を解明するうえで重要と思われるからに他ならない。[4]

なお、本節の叙述の範囲は、紙幅その他の都合により、内戦勃発から約一年の一九三七年六月までに限定される。三七年六月は、北部戦線で戦況が悪化するとともに、フランスではブルム内閣が退陣し、ソ連ではトゥハチェフスキー裁判が行われ、内戦とその国際環境が共和国側に不利となり、ソ連の関与も消極的になり始める転換点ゆえ、そこで区切ることは許されよう。

一 ソ連国内のスペイン連帯運動

スペインにおけるフランコ将軍らの共和国政府に対する反乱は、ソ連の中央各紙に直ちに報道された。『プラウダ』、『イズヴェスチヤ』、『トルード』、『コムソモーリスカヤ・プラウダ』は連日、特集欄を設けてニュース、解説記事を掲載した。それでも七月中の報道はやや抑制気味で、『プラウダ』は第五面に掲載し、国際情勢・外交に力点をおく『イズヴェスチヤ』も、フランスおよびイギリスの動向を注視するという姿勢であった。しかし、七月末日にドイツ、イタリアの反乱軍に対する軍事援助が明らかになるや(5)、折しも国際反戦デーだった八月一日、右四紙とも論説で反戦・反ファシズムを主張した(6)。

ソ連におけるスペイン共和国連帯の行動が報じられるのは八月三日の各紙で、モスクワ、レニングラードの集会の報道が最初だった(7)。四日の各紙には、「赤の広場」一二万人集会におけるシュヴェルニク(全連邦労働組合中央評議会議長)の演説が掲載された。スペイン内戦はファシズムと民主主義との闘いであること、国際連盟は共和国側に立つべきことを主張し、ソ連の勤労者はスペイン人民に物質的援助を行うべきことを訴えたものである(8)。この訴えに応えて各工場、コルホーズ等で集会が開かれ、例えばモスクワのカガノーヴィチ記念第一国営ベアリング工場の労働者・技術者・職員集会は、各人が義捐金として月給の〇・五%を拠出すると決議した(9)。

このキャンペーンは六日まで続き、いったん中断した——一九一二四日に「合同本部」裁判——のち、九月一二日公表のモスクワ市ジェルジンスキー記念〃トリョフゴールナヤ〃織物工場の婦人労働者によるスペイン婦人・児童への食糧援助、そのための義捐金募集の呼びかけをもって再開され、今度は持続的なものとなった。この呼びかけは、スペインにおけるファシズムの蛮行を糾弾し、人民の英雄的闘い、とくに婦人たちが「自分の息子、夫、兄弟を助け、励ますだけではなく、自由のための英雄的闘いに自ら直接に参加している」ことに共感して、食糧援助の組織化をソ連のすべての婦人に訴えたものである。(10)

実は一一日に政治局が、この義捐金募集と、送付すべき食糧の種類および量(砂糖一五〇〇トン、バター五〇〇トン、クッキー二五〇トンなど)、これを一八日までにオデッサに集中すべきことを決定していた。(11) この政治局決定の執行を委任されたアンドレーエフは、フルシチョーフ(モスクワ市党)、シュヴェルニク、コーサレフ(コムソモール)、ターリ(中央委員会新聞・出版部長)、クノーリン(コミンテルン)らを召集し、以下のことを決定した。①九月二一日モスクワのスターリン記念自動車工場、カガノーヴィチ記念〝モジェレス〟工場でスペイン連帯集会を開くこと、②連帯集会はレニングラードからヴラジヴォストークに至る二一都市でも開くこと、③賃金日額の四分の一を控除すること、④労働組合の取り組み、⑤コムソモールの取り組み、⑥連帯コンサートの実施、⑦『プラウダ』『トルード』『コムソモーリスカヤ・プラウダ』および地方紙での報道(「一頁以上を割く」こと)、⑧『プラウダ』等の九月二二日号の論説でスペイン内戦と人民連帯のテーマを扱うこと、等々である。このほか州・地方委員会に対する指示も決定された。(12)

〝トリョフゴールナヤ〟織物工場婦人労働者の呼びかけは大きな反響を呼び、募金運動はグルジアのトビリシ、中央アジアのアルマ・アタ、シベリアのノヴォシビルスク、極東のハバロフスク等々と、津々浦々まで広がっていた。また、労働者ばかりでなく、コルホーズ農民、知識人、主婦も加わり、生徒・児童の拠金さえみられた。ある五歳の子は「いまスペインでは、子どもたちが食べるものを手に入れるために闘っているのよとママに言われ、僕と同じようにいっぱい食べてほしいと思って」五ルーブリを拠金したという。(13) 著名な文化人による多額の拠金の例としては、演出家スタニスラフスキーの一五〇〇ルーブリ、作家ショーロホフの一〇〇〇ルーブリが挙げられる。(14) 募金の方法も多彩で、音楽家はチャリティ・コンサート、画家はチャリティ絵画展、学者は公開有料講義、スポーツ功労者はチャリティ・フットボール試合を呼びかけた[15]。こうして義捐金は九月二〇日時点で約七一〇万ルーブリ、一〇月二七日時点で約四七六〇万ルーブリに達した[16]。これに応じて、スペイン児童のための衣服・履物生産が関連工場の婦人労働者によって「スタハーノフ的に」なされたことも報道された[17]。

この募金運動にみられる国民の意識は、新聞記事によるかぎり、次のようなものであった。まず言えるのは、一九一八―二〇年のロシア内戦・干渉戦争がしばしば想起されたように、連帯意識が反ファシズムの論理だけではなく、体験の共有という実感に支えられていたことである[18]。最も先進的とされていたモスクワ市〝セルプ・イ・モーロト〟工場の集会では、内戦期に外国の勤労者が援助し、港湾労働者は白軍へ引き渡される武器の積み荷を拒否したこと等を想起してスペイン連帯の拠金がなされたように、「プロレタリア国際主義」の精神はなお息づいていた[19]。とはいえ他方では、スペインの悲惨さとソ連の「幸福な生活」とを対比し、後者にスペイン勤労婦人が自分たちの未来をみているのだとする表明に、イデオロギー色を薄めた愛国心も窺われる[20]。それは、折しも組織されていた新憲法草案の討議の方向と軌を一にしたものである。

右の義捐金で購入された食糧、衣服、医薬品は海路スペインへ輸送された。食糧二〇〇〇トンを積んだ第一船ネヴァ号は九月一八日、歓送集会ののちオデッサを出港した。ネヴァ号は黒海、エーゲ海、地中海を航行して二五日にアリカンテに入港、食糧を陸揚げし、現地代表団の訪問を受けた。船長によれば、ドイツ戦艦が砲塔を回転させながら監視していたという[21]。二七日には第二船クバン号が、一〇月四日には第三船ズィリャーニン号がオデッサを、九日にはトゥルクシブ号がレニングラードを出港した[22]。一日にはネヴァ号が帰港し、その歓迎集会の模様とアリカンテ港湾当局による食糧受領証が『イズヴェスチヤ』に掲載された[23]。

ところで、義捐金募集から始まったスペイン連帯運動は、九月二四日モスクワ、二五日レニングラードの各一〇万人集会と盛りあがりをみせ[24]、一〇月一五日公表のスターリンのディアス(スペイン共産党書記長)あての電報でいっそう昂揚した。それはスペイン共産党中央委員会による、援助への感謝と連帯を表明する電報に応えたもので、次のような簡潔かつ控え目な内容であった。「ソ連の勤労者は、スペインの革命的大衆に対して応分の援助をすることによって、自分の義務を果たしているだけである。ファシスト反動の抑圧からのスペインの解放は、ひとりスペイン人の事業ではなく、すべての先進的で進歩的人々の共同の事業である。兄弟の挨拶を！」と。ここで重要なのはしかし、すでに憲法草案討表の中で個人崇拝が助長されていたスターリンその人が、スペイン連帯運動にいわばお墨つきを与えたことなのである。(25) 一一月七日はいうまでもなくロシア革命記念日であり、スペインをはじめ外国代表団が訪ソしたが、反乱軍はこの日にマドリードを陥落させようと攻勢をかけ、激しい攻防戦が展開されていたから、連帯運動はこの頃キャンペーンとしては頂点に達した。(26)

ここで注意しておきたいのは、ソ連はこうした「国際主義的」援助をしつつも、スペイン政府との関係では冷静な経済的・外交的計算を働かせていたことである。例えば、一一月一五日の政治局決定(持ち回り)は、銅、マンガン、ニッケル、タングステンなどを売却してほしいとのカタロニア政府の要請を断わったものだが、(27) これらは、国防工業を強化しつつあるソ連にとっても重要な戦略物資だからであったとみてよい。ところが、同じカタロニア政府の要請でも、食糧なら売却してよいと政治局は貿易人民委員部に指示している。(28) また、一一月一一日の政治局決定(持ち回り)による駐スペイン大使ローゼンベルグへの指示では、モロッコ人に自治を与えてナショナリスト側から切り離そうというカバリェロ首相の方針と、ローゼンベルグのこれへの同調は正しくないと批判された。「モロッコ人匪賊(бандиты)がフランコを支持している方が、共和派にとって政治的に好都合である」という判断に基づいていたのだが、(29) およそコミンテルンの民族解放の建て前とは裏腹に、スペイン人の排外主義的気分を利用しようという計算である。さらに、スペイン政府が援助に対する感謝の意を表明すべく代表団を派遣することについても、「騒ぎが起こらないように」、つまり「ヨーロッパ大国」を刺激しないようにと、ローゼンベルグを通して注文を

つけた。(30)

ところで、スペイン内戦がいかにソ連国民の関心を引いたか、一〇—一一月の新聞記事にみる。キーエフ市のゴーリキー記念縫製工場では、スペイン問題の掲示板が仕事場にあり、寮では新聞の切り抜き帳が作られた。娘たちは毎日新聞を読み、「戦死したスペイン青年同盟員・機関銃手の英雄的行為に鼓舞されて、機関銃を習う気になった」。工場の図書室では、スペインに関する本が先を争って読まれている。(31) レニングラード市クラスノグヴァルジェイスキー区のコムソモール委員会は、工場諸組織の提案に基づいてスペイン問題で総会を開いたところ、「きわめて緊張して聴いた」という決まり文句も今回は模様を的確に表現していると報じられた。(32) スターリングラード・トラクター工場の鋳造職場では、スペイン問題の討論の活発さは際立っていた。あるコムソモール員は「私はこれほど関心をもって集会に臨んだことはない」と述べ、別の非コムソモール員は「こういうコムソモール集会なら喜んで参加しよう」と語った。(33) 以上の記事は多少の誇張があるとしても、これほど関心が呼び起こされ、さらには人々が行動に駆り立てられることはなかった——イタリアのエチオピア侵略(一九三五—三六年)の場合も、地理的に近いうえ相互援助条約を結んでいたチェコスロヴァキアに対するナチ・ドイツの解体工作(一九三八年)の場合も。『プラウダ』のコリツォーフ、『イズヴェスチヤ』のエレンブルグによるルポルタージュ、内戦に関する本の刊行、ニュース映画上映、演劇公演なども、国民の関心を高めるのを助けたと思われる。(34)

もとより、スペイン連帯運動は自主的な団体によるものではなく、工場、地域等の党・コムソモール・労組の委員会やモップル支部が行う宣伝・煽動活動の一環であった。そこで、全連邦的なキャンペーンがピークに達した一一月を過ぎると、これら委員会、直接には煽動担当者の活動如何によっては連帯運動が低調になることもあった。義捐金募集運動を先導した〃トリョフゴールナヤ〃織物工場の新聞は早くも一二月末に、スペインに関して最近はいくつかの小記事しか載せていないと批判された。(35) その半年後には『プラウダ』によってコムソモール活動の弱さが批判され、スペインの現状報告は一五〇〇人中わずか五〇人しか聴かなかったと指摘された。[36] イヴァノヴォ市の紡績コンビナートのある職場で国際情勢の報告が行われたが、退屈で内容のない話だったため、三〇〇をこえる参加者が終り頃には半減してしまった。別の職場で煽動担当者がスペイン情勢を説明したが、「スペイン政府側には軍需工場があるのか」「いま政府側はいくつの県をおさえているのか」「政府軍はどんな将軍が指揮しているのか」などの多くの質問に、その場で答えられなかった。これはコンビナート党委員会が煽動活動を指導していないからで、上級の区、市、さらには州の党委員会にも責任があるという。[37]

一九三七年二月九日付『プラウダ』無署名論文は、労働者、農民が当然のことながら何よりもスペインの事態に関心をもっているにもかかわらず、煽動担当者がキャンペーンを消化する活動しか行わず、メーデーや革命記念日、その他記念行事の前に集まるだけだと批判した。[38] 四月一五日の中央各紙には、ウクライナ共産党中央委員会決定「国際問題の宣伝・煽動について」が掲載された。大衆がスペイン情勢、コミンテルンの統一戦線戦術、ポーランド、日本その他ファシスト諸国における労働者、農民の闘い、帝国主義者の対ソ戦準備、わが国の平和政策に関心をもっているのに、これらの宣伝・煽動活動に州・市・地区委員会書記、指導的な党およびソヴィエトのアクチーフはほとんど参加していない。州・市委員会および書記は国際情勢の説明を日常的に直接に指導し、全工場集会、市集会の定期的開催を復活しなければならない。[39] ほぼ同じ頃『コムソモーリスカヤ・プラウダ』は論説「政治教育」で、アルベルティ、レオン(スペインの詩人で夫妻)訪ソのさいに示されたスペインへの関心の高さに応えてコムソモール組織が活動しているわけではないと指摘し、国際問題に関する定期的講習を奨励した。[40]

宣伝・煽動活動の模範とされたのが、モスクワ市のスターリン記念自動車工場である。一九三六年一二月九日に、第八回全連邦ソヴィエト大会の報告集会がもたれた。発言者たちはスターリン憲法を讃え、誇りつつも、国際情勢の複雑さを強調した。ドイツ、イタリアのスペイン干渉、日独防共協定、イギリス、フランスがファシズムの脅威を認識しておらず、スペイン問題で「控え目な態度」をとっているが、それは両国の利益にならないこと、われわれは祖国の力を信じ、赤軍とくに空軍力を強化すること、等が語られている。[41] スペイン連帯については『トルード』が、〝トリョフゴールナヤ〟織物工場と対比して賞賛した。工場機関紙は大きなスペースを割き、軍事情勢、興味深い外電、ファシストに破壊されたマドリードの街路、広場の写真を系統的に掲載している。外人部隊とは何か、マドリード防衛はいかに組織されたかという読者の質問にも、きちんとした資料に基づいて答えている。しかも、ドロレス・イバルリ(スペイン共産党政治局員、女性で内戦のシンボル的人物)の同工場で働く息子への手紙など、オリジナルな記事もある。[42]

ここで注意すべきは、スペイン連帯運動が持続するのは、当然にも両都やオデッサなど国際都市、スペインとの往来、通信が頻繁だった都市においてであった点である。[43] 首都モスクワにはスペイン代表団が頻繁に訪れるうえ、コミンテルン本部、郊外には「反ファシズム戦士子弟の家」があり、学校にはスペイン難民児童を受け入れていた(後述)。例えばテールマン記念レース工場は、一九三七年三月八日(国際婦人デー)にアルベルティ、レオン夫妻を集会に招き、翌日も訪問を受ける機会に恵まれた。アルベルティが帰国にあたって『イズヴェスチヤ』に寄せた一文の中で同工場訪問の感動を述べたことも契機となって、その後スペインの労働者との文通がなされた。[44] また〝エレクトロ・ザヴォート〟は、一九三四年にスペイン代表団が訪問したところで、〝トリョフゴールナヤ〟織物工場婦人労働者の呼びかけにも直ちに反応して一〇〇〇ルーブリを集め、実に一九三八年に入ってもスペイン兵士との文通を続け、毎日昼休みにスペイン情報を討論する部があった。[45] 副都レニングラードでは、連帯運動が低調になり始めた一九三七年八月の時点でも、公園や並木通りで「フランコ将軍が勝っていたら、フランスとの関係はどうなっていたろうか」等の会話が交わされ、国際情勢への関心が際立って高いと指摘された。[46] さらに一年後の新聞報道によれば、同市のキーロフ記念文化宮殿はスペイン語学習サークルを組織し、付近の学寮に住むスペイン人児童を招いて「友好の夕」を催したという。[47]

この項の最後に、スペインからの難民児童受け入れに触れておかねばならない。中央紙にみえる最初の記事は一九三七年四月二、八日の『イズヴェスチヤ』であるが、政治局はすでに一月七日に「八〇―一〇〇人」受け入れを決定している。[48] この数字は四月七日に「一〇〇〇人」にまで引き上げられたが、[49]『イズヴェスチヤ』記事に戻れば、次のような様子であった。クリミアの「アルチョク」(全連邦ピオネール・キャンプの支所)には七二人のスペイン人児童が暮しているが、彼らは三月末に教師、看護婦に伴われ、ファシストの攻撃を避けるため隠密の船旅でやってきた。中には、二月七日に陥落したマラガを逃れ、徒歩でバレンシアまで来た五人兄妹もいる。子どもたちはバレンシアでフランス、ベルギー、ソ連のいずれへ行きたいか、尋ねられたとのことである。[50] 六月一九日のビルバオ陥落前後に大量の難民が発生し、イギリス等へ脱出したが、ソ連とフランスへ向う児童を乗せたハバナ号はイギリス軍艦に護衛されて一四日に出港、いったんフランスの港に入った。ソ連行きの児童一五〇五人は七五人の教師とともにサンタイ号に乗り換えて船旅を続け、レニングラードには二三日に着いた。さらにモスクワを経由し、あるいは直接にオデッサ、クリミアなど南方の保養地へ向った。[51] そこで彼らがどういう暮しをしていたかは知りえないが、同じく亡命したバスク政府の視察団によれば、「戦争の傷跡を癒すバスク人児童を本当の母親のように世話してくれる。医者も保母も、職員は子どもたちに大変親切である」。[52] なお、ソ連が受け入れたスペイン人児童は、一九三八年二月時点で二一六七人、最終的には約三〇〇〇人になった。[53]

二　不干渉委員会とソ連の世論動員

フランコらの反乱が勃発するやスペイン政府に軍事援助を求められたフランス政府は、イギリス政府と協議のののち中立方針を決め、八月一日に不干渉協定をヨーロッパ諸国に提議した。[54] スペインに対して武器、弾薬、その他軍需物資を輸出しないという協定は、すでに七月末にドイツ、イタリアが反乱軍に対する軍事援助を開始していただけに、また正統政府を反乱側と同等に扱うことを意味するだけに、ソ連政府としても苦慮したと思われるが、相互援助条約の相手国フランスの立場を考慮して、これへの加入を決定した。政治局は、フランス政府の提案に対する修正(一七日付、ただし内容は不明)を取り下げて、不干渉宣言に署名することを二三日に決定した。[55] その日に仏ソ両国の覚書交換が行われたが、[56] 二六日付『イズヴェスチヤ』の解説記事はソ連の苦しい立場を窺わせる。合法的に成立し、諸国に承認された政府が法律上も事実上も反乱者と同時にされた先例はないし、かかる政府の発注に応じて物資を納入することが内政干渉とみなされるケースもなかった。このたびの中立論は本質的には、ファシスト諸政府と各国の亜流に対する当座の譲歩である。しかし、フランス政府が用意した「中立」宣言は、ファシスト諸国の反乱軍に対する援助を停止させ、スペイン問題への他国の真の不干渉を保障しようとするものであることは明らかゆえ、「この動機を理解し、それに導かれてソ連政府も宣言に加わる」。[57]

こうして英、仏、独、伊、ソなど、スペインを除くヨーロッパ二六ヵ国からなる不干渉委員会が成立し、九月一〇日に第一回会議がロンドンで開催された。しかし、反乱軍への主要補給基地となっていたポルトガルの加入が遅れ(二七ヵ国に)、その後は手続問題で手間どっている間に、[58] 独伊の増援に助けられた反乱軍は二七日にトレドを攻略し、マドリード包囲の環を狭めていった。スペイン政府は、早くも八月一五日にヒラール首相がフランスの立場、その中立論は理解しがたいと表明していた。[59] 九月二五日に国際連盟総会で演説したアルバレス＝デル＝バーヨ外相はより率直に、不干渉政策は「スペイン政府に対する事実上の封鎖である」と批判した。[60] これに応じて、二八日の総会で演説したリトヴィーノフは、不干渉宣言へのソ連の参加を「そうしない場合に生ずる国際紛争を友好国〔単数、フランスのこと――引用者〕が恐れたという、ただそれだけの理由による」と説明し、スペイン政府の立場には完全に同意できると表明した。[61]

一〇月四日クレスティンスキーは、カーガン(不干渉委ソ連代表＝駐英大使マイスキーを代行した参事官)あてに訓令を送った。そこにみられる基本認識は、①英仏はマドリード政府を援助する気がなく、不干渉協定の提議は世論対策だったこと、②マドリード政府は、反乱軍への援助を停止させるか否かよりも、自分が外部から武器を入手する可能性をいっさい奪われないかどうかに関心をもっていること、③スペインの現状では、政府援助に対するこれ以上の制限は何であれ、これにソ連が署名することは、「政府側で闘う勢力に非常に悪い印象を与え、その不屈の精神と戦闘能力を弱めるであろう」こと、以上である。[62] おそらく九月二七日(トレド陥落)からこの日までの間に、ソ連党・政府の最高レヴェルが右の認識に至り、秘密裡に軍事援助を開始するとともに、強硬な態度に出て不干渉委員会を有利に機能させると判断したように思われるが、政治局会議議事録「特別ファイル」には記録されていない。[63]

軍事援助について触れておくと、八月三一日に大使としてマドリードに着任したローゼンベルグに随行した武官、専門家は別として、少なくともパイロットは九月からスペイン入りしたことが義勇将兵の回想からわかる。[64] しかし、戦車、大砲、戦闘機、爆撃機などは一〇月に入ってからコムソモール号、クールスク号などによって分解、擬装して輸送された。[65] 先の「秘密裡に」とは、反乱軍と独伊はもとより、不干渉委員会の他の参加国に対しても、そして自国民に対しても秘密だったという意味である。[66] すでにみたネヴァ号、クバン号、ズィリャーニン号、トゥルクシブ号には武器が積まれておらず、武器輸送船の方は報道しなかったとみてよい。「一〇月に入ってから」という時期については、マイスキー論文が裏付けている。「九月はわれわれにとって試練の月だった。この月ソ連からスペインへ武器、弾薬はまったく送られなかった。……一〇月にスペイン共和国に対する武器援助が決まった。一〇月七日の声明はすべての〝不干渉〟協定署名国に、ソ連政府は邪悪な事業の実現に利用される三枚目の役を演じたくないと警告したのである。[67]」

一〇月七日カーガンはプリマス卿(イギリス外務次官、不干渉委員会議長)に書簡を送り、ポルトガルの協定違反について検討するよう提議してきたのに実現されていない、ソ連政府は不干渉協定が「反乱軍援助を隠蔽する衝立」となることを認めるわけにはいかない、協定違反が直ちに中止されないなら「協定の義務に拘束されない」ことを表明せざるを得ない、と伝えた。[68] この声明は九日の不干渉委員会で議論を呼んだが、カーガンはさらに一二日にも書簡を送り、「最小限、緊急の措置」としてポルトガル港湾をイギリスまたはフランス、あるいは双方の艦隊で査察すべきことを提案し、委員会開催を要求した。[69] プリマスは、ポルトガル政府の協定違反に関する回答が未だないことを理由に開催を拒否したが、[70] 同じ一四日にカバリェロ(スペイン首相)―カリーニン(ソ連邦中央執行委員会議長＝元首)の、一六日にはディアス―スターリンの交換電報がソ連各紙に掲載された。[71] 一〇月一七日付『プラウダ』論説は、これまでの不干渉委員会の活動と議長の言動を厳しく批判し、「不干渉のコメディーを最大限引き延ばそうとする志向」を非難した。[72] 不干渉委員会はようやく二三日に召集されたが、開会に先立ってマイスキーはプリマスに書簡を送り、次のように表明した。「ソ連政府は、現状打開の唯一の道はスペイン政府に外国から武器を購入する権利と可能性を与えることと考える」「ソ連政府は、いかなる協定加入国よりも強くは協定に拘束され得ない」。[73] これらカーガン書簡、マイスキー書簡がすべて政治局の指示に基づいていたことはいうまでもない。[74]

こうしたソ連政府の強硬な態度は、イギリスに対する不信、これに追随するフランスへの疑念から発しているだけではなく、[75] マドリード防衛に臨むスペイン政府・人民に呼応したものである。しかも、第二およびアムステルダム・インターナショナルもこの頃不干渉協定の失敗を認め、スペイン政府の武器購入権の回復を主張するに至った。[76] そして国内では、九月一二日から続く連帯運動がカガーン声明、マイスキー声明支持の形で現われた。たとえば一〇月一五日付『プラウダ』には、ファシスト諸国が反乱軍援助を直ちに停止するか、スペイン合法政府が反乱軍との闘いに必要ないっさいを入手する権利と可能性を与えることを要求する、という一工場の集会決議が掲載された[77]。一六日付には、ポルトガル港湾の査察実施提案を支持する集会決議が現われ、一九日付には、一七日の論説の表現をさっそく取り入れた「不干渉のコメディーを止めよ」という決議文が掲載された[78]。

もとより、ソ連政府としても不干渉委員会の活動を放棄したわけではない。一〇月二三日の声明の二日後リトヴィーノフはマイスキーへの訓令で、ソ連政府の立場は声明と同じであるとしつつも、「協定加入国の全政府による効果的な査察が実現されれば話は別である」と、プリマス提案の討議に直ちに入るよう指示した[79]。この提案は、ポルトガルだけでなく、スペイン港湾・国境をも査察の対象にしようというもので、一一月二日の訓令によれば「われわれと対立するものではなく、補完するもの」とされた[80]。カーガン声明が反乱軍への補給を問題にしていたのに対し、プリマス提案は反乱軍・政府軍双方への補給を査察するものだから、これは明らかに譲歩である。

ここでは不干渉委員会――実際は総会と、九ヵ国からなる小委員会の方式で運営[81]――の活動を逐一追うことはしないが、その後の経過は、ソ連が協力的であり、むしろ積極的に活動して英仏のソ連離反、独伊に対する宥和への傾斜をチェックしようとしたことを示している。一一月四日の総会では、プリマス、コルバン(フランス代表、駐英大使)の行動に不信を抱きつつも[82]、協定違反の申し立てにつき委員会として是非を判断し得るためにも査察制度の樹立を急ぐべしとするプリマスの主張、これへのコルバンの支持にマイスキーは同調した(プリマス案は一二日の総会で承認され、技術的検討に入った[83])。政治局は一一日にマイスキーに「ポルトガル港湾査察の提案をしなくてよい」と指示し、これを「譲歩」と呼び、二一日には査察の技術的問題にも立ち入る指示を行った[84]。さらに、不干渉委員会にとどまりながら、これを隠れ蓑としてフランコへの増援をはかるイタリアの政策をあらためて確認しつつも[85]、一二月四日付マイスキーのプリマスあて書簡は、不干渉協定の対象を義勇兵派遣にまで拡大することを提案した[86]。この問題は九日の総会で決定をみ、二二日の小委員会ではプリマスが一九三七年一月四日から実施すると提案した。[87] 一二月二〇日、政治局は「スペインの軍事行動に加わる市民の出国を禁止する協定」を結ぶという英仏提案に合流する用意があると、決定した。[88] リトヴィーノフはガーイキス（ローゼンベルグの代理）への一二月二七日付電報の中で、査察がなければ独伊は禁止を守らないだろうが、「それでも大量派兵は困難になろう」、その代り共和国軍への外国人の参加も完全に禁止されるが、スペイン政府の態度を早急に知りたいと述べている。[89]

しかし、このような外交上の計算と配慮が国民に理解されたとはいえない。マドリード攻防戦でソ連国内の連帯運動がピークに達した、まさにその時『プラウダ』、『イズヴェスチヤ』には英仏への不信を表明する投書が掲載された。一一月五日付『プラウダ』への投書は、プリマスがイタリア、ドイツ、ポルトガルの反乱軍援助を黙認していることを批判した。[90] 一三日には、フランスのある軍需工場が国防省、外務省の承認のもとで反乱軍に物資を供給しているとの記事にショックを受けたとして、フランスがスペイン政府の発注を取り消したばかりでなく、不干渉委員会で「見苦しい立場」をとっていることを非難する投書も現われた。[91]

『イズヴェスチヤ』への一連の投書は単なるフランス批判ではなく、仏ソ関係への疑問をめぐるものであった。一一日付の投書は、フランスが事実上は反乱軍を助け、もってソ連の政策と直接に対立しているとし、そのフランスにわが国が許し難いほど寛容であるのは何故かと問うた。[92] これはソ連のスペイン支援と対英仏、とくにフランスとの協調の矛盾を衝いたもので、おそらく党・政府の意向を反映して、直ちに反論の投書が掲載された。一五日の投書は、一一日のそれを理解できるとしつつも、仏ソ条約を中心とする集団安全保障政策がファシストによる戦争を阻止していること、その意味で対仏協調は平和擁護の手段として大きな価値があると主張した。[93] 一六日の投書は、フランス国内で仏ソ条約につき依然として議論があるとしたうえで、英仏が一緒でもドイツに対抗できないが、わが国は単独でも防衛できることを理解させる時ではないか、と述べた。[94]

対英仏協調と不干渉委員会における活動に対する疑問、批判は以上でいったん姿を消し、党・政府としては一応説得に成功した形になった。しかし、右の最後の投書に孕まれ、折しも新憲法草案討議の中で醸成されていた愛国主義的な気分は、一一月下旬の日独防共協定調印とケメロヴォ裁判にも刺激され、一二月下旬のコムソモール号撃沈をめぐるキャンペーンで顕著になってきた。

このキャンペーンは一二月二二日から三〇日まで中央各紙で大々的に展開された——反乱軍によるソ連船攻撃が一一月一二日に最初に報道された時とは違って。(95) いち早くコムソモール号撃沈のニュースが入ったオデッサでは、船員、港湾労働者の集会が開かれ、ファシストによる挑発を非難し、国を守る決意が表明された。(96) レニングラードのオルジョニキッゼ記念バルト造船所労働者は、わが国の政策は平和政策だが、非戦闘用船舶に対する野蛮な攻撃にはこれ以上がまんならないとして、政府に「断固たる反撃」を求め、ソ連全土の造船労働者・技術者には強大な艦隊を「スタハーノフ的に」建設しようと呼びかけた。同じ紙面の記事によれば、モスクワのフルンゼ記念工場労働者は、商船団の護衛に艦隊を派遣せよという〝セルプ・イ・モーロト〟工場労働者の要求を支持し、強大な艦隊建設のために日給の四分の一を拠金すると決議した。(97) また、チェリャビンスク・トラクター工場では、集会で多くの青年労働者が航空学校入学届を出したが、それは二週間前から全土で展開されていた「一五万パイロット養成運動」への呼応に他ならない。(98)

一九三七年一—二月は「並行本部」裁判(一月二三—三〇日)、赤軍創立記念日(二月二三日)を節目に、国防・愛国キャンペーンが展開された。そして、党中央委員会総会(二月二三日—三月五日)をうけて、三月一〇日から約二週間、各人民委員部、主要市党組織、全連邦労評のアクチーフ集会が一斉に召集された。外務人民委員部の場合、二—三月総会に関するリトヴィーノフ報告をめぐって四五名の発言者があり、委員部活動の欠陥を批判した。足かけ三日間の会議で特別な位置を占めたのは「外務人民委員部装置の活動においてはとくに重要なボリシェヴィキ的警戒心の問題」およびカードル育成の問題であった。(99)「警戒心の問題」は、「並行本部」裁判におけるソコーリニコフ尋問の内容——外務人民委員代理の地位を利用した某国(文脈上ドイツ)代表との謀議(一九三四年)——を念頭においたものと思われる。[100]『プラウダ』は三月二二日の論説で「国家・党機密の保持」を、二六日の論説では「ソヴィエト愛国主義」を強調した。[101]

ところで、不干渉委員会はようやく二月一五日の小委員会で、①義勇兵派遣禁止を二月二〇日から実施する、②同じく二月二〇日に海上・陸上査察計画を採択する、③査察計画を三月六日から実施する、以上を決定した。[102]ソ連は、一月三一日の政治局のマイスキーへの指示にもみられるように、査察に協力的で、海上査察のポルトガルへの拡大、とくに「わが国艦船の対等な参加」を主張した。[103]しかし、査察はその対象地域や経費等の問題で遅れ、三月一五日の小委員会で新たに提議された既存義勇兵の撤退問題の議論も、独伊の拒否にあった。[104]二三日の小委員会では、グァダラハラで遠征軍が大敗したイタリアの代表グランディが、個人的見解ながら「イタリア〃義勇兵〃は内戦終結まで一兵たりとも撤退しないであろう」と述べ、委員会は三週間あまり休会に陥った。[105]なお、グランディは一六日に、イタリアは義勇兵撤退計画には「金塊問題」が解決するまで参加しないと表明したが、[106]政治局は一九日マイスキーに、二つの問題を分離するなら「金塊問題」を委員会の討議に付してよいと指示した。[107]スペインの金準備を武器購入代金に充てるべくソ連に輸送したという独伊の主張を、中傷として取り合わなかった従来の態度を軟化させ、委員会を存続させようとする譲歩といえよう。

三月に入ると、こうした不干渉委員会の活動および英仏の外交に対する不満、批判が再び噴き出してきた。三月五日付『イズヴェスチヤ』への投書は、義勇兵派遣禁止は遅すぎたし、モロッコ経由という抜け道もある、しかも査察メンバーにも不信を感ずる、なぜなら英仏はフランコと交渉していると報道されたからだ、何か別のより効果的な措置を講ずるべきではないか、と主張した。[108]四月八日の投書は、もはや問題は不干渉委員会がいつ、最終的に査察実施の道化芝居を演ずるのを止めるかにあるとさえ述べた。[109]

四月二三日にはついに、リトヴィーノフその人への質問が登場した。自分はコムソモール号撃沈このかた乗組員がどうなったか心配していたが、三月一二日の報道によればコムソモール号およびスミドーヴィチ号乗組員は反乱軍に抑留され、スミドーヴィチ号は反乱側の港に繋留されているとのこと、それなら直ちに奪い返せるはずだが、どうお考えかというものである。[110] 二七日には、わが政府が平和政策に則って漁業問題を双方に有利に調整しようとしていた時に、ドイツと防共協定を結んだ日本とは、漁業協定締結を拒むべきではないかとの質問があった。[111] これらの質問は、そもそも政権として承認していない相手との直接交渉はできないこと、政治問題と経済問題とは通例切り離して処理されること、という外交の現実に対する無知から発してはいるが、これまでの世論動員、とくに二―三月総会後の「下からの批判」の奨励の帰結に他ならない。

不干渉委員会の活動に立ち帰れば、四月一五日にようやく小委員会が開かれ、ともかくも一九―二〇日夜半には海上査察が始まった。[112] ついで問題になったのが、二六日のゲルニカ空襲を契機とする「戦争の人道化」案であるが、[113] まもなくドイチュラント号事件（査察に参加していたとドイツが主張する巡洋艦で、共和国空軍機に五月二九日に爆撃された）が起こり、ドイツ、イタリアは不干渉委員会を脱退してしまった。[114] もとより、独伊は英仏の工作で二週間あまりして復帰し、その後は義勇兵撤退、第二次査察計画、交戦権承認などの諸問題が議論されたが、マイスキーの回想によれば、「われわれの結論は、独伊の委員会脱退を利用して、委員会を紛糾と論戦の歴史文書の中に埋葬すべきだ、ということであった」。[115]

ここには回想ゆえのバイアスもあろうが、当時の新聞報道からも、ソ連が五月頃には不干渉委員会の活動に消極的になり始めたことが窺われる。五月四日付『イズヴェスチヤ』、『プラウダ』、『トルード』は一斉にプリエト（スペイン海・空軍相）のメーデー論文を転載したが、それによれば「悪名高い不干渉は共和国政府の手足を縛り、武器、弾薬の購入を妨げることを意味している」。英仏が禁輸していなかったら反乱は三ヵ月のうちに鎮圧され、両国がいま全ヨーロッパにとって危険とみているようないっさいがなかったであろう。[116] 二八日の国際連盟理事会におけるバーヨ演説では「破局的に遅れて作成された」査察制度が語られ、リトヴィーノフも演説で、不干渉協定締結が反乱軍援助を阻めなかったことに言及した。[117]

もとより、このことをもってリトヴィーノフ外交全体が窮地に陥ったとは速断できない。仏ソ相互援助条約締結二周年に寄せられた論文(五月五日)は、最近二年間に現存する集団安全保障の諸要素および一般に国際法の破壊が進行していることを認めつつも、また赤軍が自国だけでなく世界平和を守るうえでも強力な要因をなしていると主張しつつも、軍備だけでは戦争を防げない、ソ連政府の立場は三六年一一月一〇日のリトヴィーノフ演説に明確に定式化されている、と述べている。[118] それは叙勲に対する答礼演説で、集団安全保障政策に対する確信を示したものだが、半月後のソヴィエト大会の演説では、不干渉委員会の活動につき誤算があったことを認め、「わが国の安全は紙や外交工作に依拠しているのではない」と述べ、ブレをみせ始めていた。[119] しかも一九三七年五月頃になると、リトヴィーノフはチールストン(駐ソ英大使)に、集団安全保障は追求するがリードはしないと語った。同じ五月、スペイン内戦そのものについても、独伊の衛星国でないファシスト体制なら受け入れ得ることをリトヴィーノフは表明する用意がある、とチールストンは観察していたのである。[120]

以上のように、ドイツ、イタリアの増援に支えられたフランコ側の攻勢、イギリスの宥和政策とフランスの追随の明確化に伴って、ソ連は不干渉委員会と対英仏協調に消極的になり、それだけ孤立主義、愛国主義に傾斜してきたが、それは二―三月総会で拍車がかかった「人民の敵」摘発運動と表裏一体であった。実際エヌカヴェデ高級将校が州レヴェルの党協議会で目立つ役割を果たしたり、外国諜報機関の活動についての学習集会を指導したが、[121] これは異様なことである。

こうした状況のもとでスペイン連帯運動は低調にならざるを得ない。これを組織する党・コムソモール・労組機関が「下からの批判」に曝され、しかも政治教育・煽動は「人民の敵」摘発に重点を移したからである。もとより、メーデー訪ソ団歓迎行事、バスク・フットボール・チームとの交歓試合、内戦勃発一周年集会といったキャンペーンは展開され、報道もされた。[122] また先述したように、モスクワ、レニングラードなどでは持続的な取り組みもみられた。しかしながら、レニングラード市フルンゼ区のクララ・ツェトキン記念たばこ工場についての『プラウダ』記事(三七年七月一一日)には注目させられる。ビルバオの事態、バスク児童のソ連移送の新聞記事を読み、これを「ソ連における妊婦保護、児童教育を保障するスターリン憲法の成果を目に見えてわからせるために利用し得た」ことを、区委員会書記が「巧みな政治煽動の方法」と紹介している。[123] 当初は素朴な共感に依拠して組織されたスペイン連帯運動は、愛国主義の浸透によってしだいに変質し、ついにはこの例の如く転倒した発想が現われ、それと自覚されないところまでに至ったのである。

かつて和田春樹は、ブハーリンの反ファシズムの論理が「官の論理」に吸収され、「ファシズムの共犯者」に対する糾弾が、かえって自身と旧反対派すべてに向けられて抹殺され、この意味でスターリン主義を完成させてしまう弱点(一枚岩的な党への忠誠)を内包していたと指摘した。[124] 本節は、これとパラレルに、スペイン連帯運動にみられた国民の、少なくとも活動家レヴェルの反ファシズムの論理が愛国主義を媒介として「官の論理」に吸収される様相、過程を示したことになろう。「官の論理」の行き着く先は独ソ不可侵条約であるが、すでにその契機は「ファシズムの脅威」から「資本主義の包囲」への力点移動と、これに伴う排外的・愛国的心理のうちに孕まれていたといってよい。

(1)　E・H・カー『コミンテルンとスペイン内戦』(富田武訳、岩波書店、一九八五年)、訳者あとがき。このテーマにソ連で一貫して取り組んできたのが、先年亡くなったメシチェリャコーフである。第一章第三節註(57)で挙げた以外に次の著作がある。M. T. Мещеряков. *Испанская республика и Коминтерн : Национально-революционная война испанского народа и политика Коммунистического Интернационала в 1936-1939 гг.* М., 1981 ; Его же. Движение международной солидарности с испанской республикой в кн. *Международная солидарность трудящихся в борьбе против фашизма и угрозы войны 1933-1939*. Киев, 1984, с. 192-228 ; Его же. Советский Союз и антифашистская война испанского народа (1936-1939 гг.). *История СССР*, № 1, 1988, с. 22-40 ; Его же. Коммунистическая партия Испании и Коминтерн. *Новая и новейшая история*, № 5, 1991, с. 10-26 ; Его же. Судьба интербригад в Испании по новым документам. *Новая и новейшая история*, № 5, 1993, с. 18-41.

（2） *Международная солидарность...*, с. 65, 113.

（3） スペイン連帯運動にいち早く起ちあがったのは、同じ人民戦線政府のフランスをはじめとする西欧諸国共産党およびモップルであった。*Международная солидарность...*, с. 193. その圧力によりソ連党・政府も遅れて組織化に踏みきったものと思われる。カー前掲書、四五―四九、二〇三頁。

（4） カーの弟子ハスラムは、その三〇年代ソ連外交史第二巻でスペイン関与につき、欧米外交文書をも駆使して従来の分析を深めたが、内政との関連にも留意しているとはいえ、世論動員の視点を欠き、ダイナミクスに乏しい。Haslam, *op. cit.*, Chap. 7.

（5） ドイツ・イタリア軍のテトゥアン到着を報じたのは *Известия*, 30 июля 1936.

（6） *Правда ; Известия ; Труд ; Комсомольская правда*, 1 августа 1936. 以下、同一記事が各紙に掲載されても、繁雑なので一紙しか示さない。

（7） *Правда*, 3 августа 1936.

（8） *Правда*, 4 августа 1936.

（9） *Правда*, 3 августа 1936.

（10） *Правда*, 12 сентября 1936.

(11) РЦХИДНИ, ф. 17, оп. 162, д.20, л. 74.

(12) Там же, оп. 120, д. 274, л. 1-3. 決定の日付はないが、『プラウダ』九月二一日論説がスペイン内戦・連帯にかかわるもので、その横に前日の両工場での連帯集会の決議が大きく掲載されたことから、九月一一日から数日のうちとみてよい。

(13) *Труд*, 17 сентября 1936.

(14) *Труд*, 5 сентября ; 6 октября 1936.

(15) *Труд*, 14, 18, 16, 27 сентября 1936 и т. д.

(16) *Труд*, 22 сентября ; 27 октября 1936. なお、内戦終結までの総額は約二億七〇〇〇万ルーブリ。*Международная солидарность*..., с. 206.

(17) *Труд*, 12, 21 октября 1936.

(18) *Труд*, 15 сентября 1936 и т. д.

(19) *Труд*, 22 сентября 1936.

(20) *Труд*, 14 сентября 1936 и т. д.

(21) *Известия*, 20, 28 сентября 1936. 九月二三日の政治局決定(持ち回り)によれば、貿易人民委員部は、ネヴァ号に続いて穀物五〇万プード、砂糖一〇万プード、バター三万プード、缶詰七五万個などを追加的に送り、船舶三—四隻をインタヴァルをおいて出航させるよう指示された。РЦХИДНИ, ф. 17, оп. 162, д. 21, л. 81. 一〇月五日の決定は、児童用衣服の輸送にかかわるものであった。Там же, оп. 3, д. 981, л. 72.

(22) *Известия*, 28 сентября, 5 октября 1936 ; *Ленинградская правда*, 10 октября 1936.

(23) *Известия*, 8 октября 1936.

(24) *Труд*, 26 сентября 1936.

(25) *Правда*, 15 сентября 1936. この記事は一面だが、二—三面にエルコリ(トリアッティ)論文「スペイン革命の特質について」が掲載されたのも、ソ連党・政府首脳による内戦関与の決断を示している。

(26) 一一月五日にスペイン代表団がオデッサに到着すると、一万人をこえる人々が歓迎した。*Известия*, 7 ноября 1936. 代表団は二次にわたり、モスクワ、レニングラード等を巡った。また、マドリードとモスクワを結ぶコンサート集会が中継放送された。*Правда*, 31 октября; 20 ноября 1936.

(27) РЦХИДНИ, ф. 17, оп. 162, д. 20, л. 115.

(28) Там же, л. 156.

(29) Там же, л. 116.

(30) Там же, л. 167.

(31) *Комсомольская правда*, 5 сентября 1936.

(32) *Комсомольская правда*, 1 ноября 1936.

(33) *Комсомольская правда*, 11 ноября 1936.

(34) 最初のニュース映画の紹介は *Правда*, 5 сентября 1936. 演劇「スペインに敬礼!」は一一月下旬にモスクワで初演された。*Труд*, 23 ноября 1936.

(35) *Труд*, 28 декабря 1936.

(36) *Правда*, 28 июня 1937.

(37) *Правда*, 14 декабря 1936.

(38) *Правда*, 9 февраля 1937.

(39) *Правда*, 15 апреля 1937.「ファシスト諸国」としてドイツ、イタリアが挙げられていない理由は不明である。

(40) *Комсомольская правда*, 10 апреля 1937.

(41) *Правда*, 11 декабря 1936.

(42) 註(35)に同じ。

(43) 西部州の党文書を集めた「スモレンスク・アルヒーフ」には、例えば地区委員会の年間活動報告の類があるが、そこにはスペイン連帯運動は見出しえない。アゾフ＝黒海地方委員会ビューローの議事録にも、三六年一一月一七日スペイン問題「統一党デー」実施に関する決定、ある地区の煽動活動の弱さとしてスペイン情勢が取り上げられていないという指摘(同一二月二三日)を見出せる程度である。РЦХИДНИ, ф. 17, оп. 21, д. 2212, л. 243 ; д. 2213, л. 67-68.

(44) *Незабываемые 30-е : воспоминания ветеранов партии-москвичей*. М., 1986, с. 53-54 ; *Известия*, 23 марта 1937.

(45) *Труд*, 14 сентября 1936 ; 12 апреля 1938 ; 17 ноября 1938.

(46) *Правда*, 31 августа 1937.

(47) *Труд*, 3 августа 1938.

(48) РЦХИДНИ, ф. 17, оп. 162, д. 20, л. 158.

(49) Там же, л. 21, л. 13.

(50) *Известия*, 2, 8 апреля 1937.

(51) *Известия*, 16 июня 1937 ; *Правда*, 26, 27 июня 1937. サンタイ号レニングラード入港の様子、ビルバオ脱出以降の経緯は地元紙に大きく取り上げられた。*Ленинградская правда*, 23, 24 июня 1937.

(52) *Правда*, 21 июля 1937. モスクワ郊外オブニンスカヤ村のサナトリウムで暮らすバスク児童の取材記事は、*Вечерняя Москва*, 5 июня 1937. 昼食にマカロニを出したところ「イタリアのもの、ファシストのもの」と言って〝ストライキ〟を起こしたというエピソードを紹介している。なお、サナトリウムに配置されたスペイン児童に対する医療・教育・経済サーヴィスは連邦保健人民委員部が完全に負うこととされた。РЦХИДНИ, ф. 17, оп. 162, д. 21, л. 41.

(53) 一九三八年二月時点でフランスは三一四七人、ベルギーは約二千人、イギリスは約四千人を受け入れた。*Международная солидарность...*, с. 195. なお、ソ連に逃れた児童のその後を知る素材として「ベゴーニャ物語」がある。Ｔ・パミエス『子供たちのスペイン戦争』(川成洋・関哲行訳、れんが書房新社、一九八六年)九八—一一三頁。

(54) 同じ人民戦線政府として援助してよいはずのフランス政府の立場については、さしあたりカー前掲書、四六—四七頁。

(55) РЦХИДНИ, ф. 17, оп. 162, д. 20, л. 158.

(56) *ДВП*, т. XIX, док. 249.

(57) *Известия*, 26 августа 1936.

(58) David T. Cattel, *Soviet Diplomacy and the Spanish Civil War*, Los Angeles, 1957, p. 39-40. これは不干渉委員会議事録を利用した最初の包括的研究である。同じく議事録を利用したものとして，当時駐英大使を務め後にアカデミー会員となったマイスキーの回想がある。И. М. Майский. *Мир и война ? Воспоминания советского посола* II. М., 1964.(木村晃三訳『三十年代』みすず書房，一九六七年)

(59) *Известия*, 16 августа 1936.

(60) *Известия*, 26 сентября 1936.

(61) *Известия*, 29 сентября 1936.

(62) *ДВП*, т. XIX, док. 292.

(63) メシチェリャコーフによれば，軍事援助の決定は九月二八日であった(第一章第三節二)。

(64) *Мы интернационалисты : воспоминания советских добровольцев-участников национально-революционной войны в Испании*(изд. 2-е). М., 1986, с. 82 ; *Вместе с патриотами Испании*(изд. 3-е). Киев, 1986, с. 160.

(65) *Мы интернационалисты...*, с. 112-123 ; *Незабываемые 30-е...*, с. 258-272.

(66) 軍需物資輸送は「極秘裡に」，ウリツキー(赤軍諜報局長)を長とする「特別司令部」の指揮下で行われた。Мещеряков. Советский Союз..., с. 29. また『プラウダ』等の戦況報道には，共和国軍の戦車，軍用機などのソ連名は出てこない(将兵はスペイン風の偽名を用いた)。

(67) *Под знаменем Испанской республики 1936-1939*. М., 1965, с. 42.

(68) *ДВП*, т. XIX, док. 296. これはソ連各紙に報道された。*Известия*, 8 октября 1936. 不干渉委員会の活動を非公開に

しようとする英・独・伊代表に対してソ連側は公開を要求するとともに、このような報道を行った（公開要求は実現され、会議ごとにコミュニケが発表されることになった）。マイスキー前掲書、二四七―二四九頁。

(69) *Известия*, 10 октября 1936；*ДВП*, т. XIX, док. 303.

(70) *ДВП*, т. XIX, док. 303.

(71) 前者は *Известия*, 14 октября 1936.

(72) *Правда*, 17 октября 1936.

(73) *ДВП*, т. XIX, док. 327. これは翌日新聞発表された。*Правда*, 24 октября 1936.

(74) РЦХИДНИ, ф. 17, оп. 162, д. 20, л. 91, 94, 109. マイスキーに対する指示には「ドイツの非難に怒りをもって反駁する」ことまで含まれていたが、この「非難」とは、一〇月七、九日の不干渉委員会総会でドイツがソ連の武器供給を非難したことを指すものと思われる。マイスキー前掲書、二六一頁。

(75) 一〇月一四日マイスキーは本省にプリマスとの会見を報告し、「イギリス政府はマドリードの早期陥落、フランコの最終的勝利を期待し、それまでは〔不干渉委員会議事の〕引き延ばしをはかっているようだ」と述べている。*ДВП*, т. XIX, док. 311. また、イーデン（英外相）・ブルム（仏首相）会談に関する『プラウダ』報道は、フランスがイギリスから自立できないことを指摘している。*Правда*, 11 октября 1936.

(76) ただし、コミンテルンが呼びかけた共同行動は、「性急」で準備できないことを理由に拒否した。*Правда*, 28 октября 1936.

(77) *Правда*, 15 октября 1936.

(78) *Правда*, 16, 19 октября 1936.

(79) *ДВП*, т. XIX, док. 329.

(80) *ДВП*, т. XIX, док. 340.

(81) 小委員会は英、仏、ソ、チェコ、スウェーデン、ベルギー、ポルトガルからなり、当初は総会の準備機関の性格をもったが、三七年以降は総会にとって代わるようになった。マイスキー前掲書、二四七頁。

(82) *ДВП*, т. XIX, док. 342, 346.

(83) *Известия*, 7, 29 ноября 1936.

(84) РЦХИДНИ, ф. 17, оп. 162, д. 20, л. 116, 120.

(85) 駐伊ソ連大使の本省への報告。*ДВП*, т. XIX, док. 394.

(86) *ДВП*, т. XIX, док. 396.

(87) *Известия*, 11, 24 декабря 1936.

(88) 「両軍の外国人を除くことは不可能としても、両軍が非スペイン人をもって補充するのを今後停止させる措置をとることは妥当である」という認識である。РЦХИДНИ, ф. 17, оп. 162, д. 20, л. 153.

(89) *ДВП*, т. XIX, док. 433. スペイン政府の回答は「反対ではないが、派兵禁止をモロッコにまで拡大する」というものであった。*ДВП*, т. XIX, док. 436. 他方独、伊、ポルトガルは回答を引き延ばした。*Известия*, 14, 20 января 1937.

(90) *Правда*, 5 ноября 1936. これに同調してイタリアを非難したのが*Правда*, 11 ноября 1936.

(91) *Правда*, 13 ноября 1936.

(92) *Известия*, 11 ноября 1936.

(93) *Известия*, 15 ноября 1936.

(94) *Известия*, 16 ноября 1936.

(95) *Правда*, 12 ноября 1936.

(96) *Правда*, 21 декабря 1936.

(97) *Правда*, 23 декабря 1936.

(98) *Правда*, 21 декабря 1936. この運動は一二月八日に報道されたメンジンスキー飛行機工場労働者、職員の呼びかけで始まった。*Правда*, 8 декабря 1936.

(99) *Известия*, 26 марта 1937.
(100) *Правда*, 26 января 1937.
(101) *Правда*, 23, 26 марта 1937.
(102) *Известия*, 17 февраля 1937.
(103) РЦХИДНИ, ф. 17, оп. 162, д. 20, л. 167.
(104) *Известия*, 21, 28 февраля; 3, 9, 10, 11, 20 марта 1937.
(105) *Известия*, 27 марта 1937.
(106) マイスキー前掲書、三〇〇頁。なお、スペイン政府の金準備充当の金塊は、三六年一〇月一七日の政治局決定(ローゼンベルグへの指示)によれば、ソ連政府が保管すること、援助船の帰路に運搬することとされたが、いつ実際に運搬されたかは不明である。РЦХИДНИ, ф. 17, оп. 162, д. 20, л. 105.
(107) Там же, д. 21, л. 2.
(108) *Известия*, 5 марта 1937. なお、英仏のフランコとの交渉の報道は*Правда*, 17 февраля 1937.
(109) *Известия*, 8 апреля 1937.
(110) *Известия*, 23 апреля 1937. リトヴィーノフの回答は*Известия*, 24 апреля 1937. コムソモール号については、一月七日の政治局決定で「海賊行為への対抗措置」を英仏政府に問い合わせることになったが、その結果は不明。РЦХИДНИ, ф. 17, оп. 162, д. 20, л. 159. 次に、この件が政治局決定に出てくるのは八月一六日付決定で、乗組員引き取り交渉にかかわるものであった。Там же, д. 21, л. 152.
(111) *Известия*, 27, 28 апреля 1937.
(112) *Известия*, 17 апреля 1937 ; *Правда*, 20 апреля 1937.
(113) *Известия*, 6 мая 1937.
(114) *Известия*, 1 июня 1937.

(115) マイスキー前掲書、三一一―三一二頁。

(116) *Известия*, 4 мая 1937.

(117) *Известия*, 30 мая 1937.

(118) *Известия*, 5 мая 1937.

(119) *Известия*, 11, 29 ноября 1936.

(120) Haslam, *op. cit.*, pp. 142-143. イギリス外交文書による。

(121) *Правда*, 11, 18, 28 июня; 1 июля 1937.

(122) バスク・フットボール・チームは六月一五日に訪ソ、八月中旬まで各地を転戦、交流した。*Правда*, 16 июля; 21 августа 1937 и т. д.

(123) *Правда*, 11 июля 1937.

(124) 和田春樹「ソ連における反ファシズムの論理」『ファシズム期の国家と社会』8（東京大学出版会、一九八〇年）三五―一一三頁。

結語　スターリニズムと社会主義

以上の記述と分析で「序言」に掲げた課題、少なくとも第一、第二のそれ、つまり三〇年代ソ連政治史のダイナミクスを描き、トップ・レヴェルの政策決定メカニズムを解明する課題はほぼ果たせたと考える。と同時に、政治体制(レジーム)としてのスターリニズムの性格規定に踏み込むことも可能になった。私の分析は、スターリンの卓越した政策決定上の役割とカリスマ性を示した点では「全体主義」論を支持するようであるが、他方、「党=国家」の統制が家族や小集団には及ばなかったことを示した点では、その不適当さを明らかにしたともいえる。ここで、スターリンの政治的役割をあらためて確認する。

第一に、スターリンは党機関と国家機関双方の上に立ち、両者を調整し、時には摩擦、対立を解決していた。たしかに、政治局は人民委員会議に優越していたが、国防、鉄道の小委員会のように、両者共同の常設小委員会もあり、大テロル期には党機関の役割が低下し、その後は国防委員会に代表される国家機関が優越するようになった。しかしスターリンは一貫して、とくに外交、国防、治安の諸問題で最終的な政策決定者であった。また、農産物調達委員会(人民委員会議付属)と地方・州党委員会との穀物調達計画をめぐる対立、交通人民委員部と鉄道政治部との摩擦、おそらくは国防人民委員部と赤軍政治本部との摩擦も(今回は検討していない)、解決したのはスターリンである。もとより、スターリンは党機関、国家機関から超然とし得たわけではない。経済はむろん、外交、国防、治安といった政策決定には実務担当者の協力が不可欠だったからである。ただし、政治局、人民委員会議といった正規の機関に拘束されず、国防、鉄道のように常設小委員会で、あるいは外交のように事実上それに相当するもので、あるいは本人と側近だけの「インスタンツィヤ」で決定するという点に、政策決定手続きの特徴があった。そこに恣意性があるとともに、一種の機動性も担保されたのである。

第二に、スターリンは時には党機関、国家機関を飛び越えて直接大衆に働きかけ、もって、これら機関を通して履行されつつある政策に正統性を付与した。三一年六月の経営担当者会議で「六ヵ条」演説を行い、専門家迫害の停止と実務、技術の尊重を訴えたこと、三三年二月の第一回コルホーズ突撃作業員大会で「コルホーズをボリシェヴィキ的に」とともに「コルホーズ員を豊かに」を打ち出し、少なくとも農村党活動家に安心感を抱かせたこと(前者だけなら締めつけ、抑圧を連想する)、三五年五月の赤軍アカデミー卒業式における演説でカードルの大切さを訴えて、赤軍のみならず、広く経済・国家機関の幹部層に満足感と安心感を与えたこと、三五年一一月の全連邦スタハーノフ労働者会議で、スタハーノフ運動の位置づけを提示し、社会的上昇志向を満足させるとともに、イデオロギー的にも正統化したこと、などである。これらは中央、地方の新聞で報道されただけではなく、「同志スターリンの六ヵ条」「幹部が決定的」などとスローガン化されて日常的に宣伝され、企業、コルホーズ末端まで、少なくとも建て前としては浸透していった。

むろん、スターリンが意図通りに社会を動かせたわけではない。急速な集団化、都市化の結果である社会的カオスは予期しないことだったに相違ないし、その対策には苦慮した。「家族関連法」の「全人民討議」において、中央執行委員会原案に従順でない女性が多いことに内心驚いたかもしれない。にもかかわらず、ある政策が履行され、党・国家機関が作動しているとき、スターリンが正統性を付与することによって政策履行を促進する、この意味での働きかけの効果は否定し得ない。

かつて私の周辺のソ連史家の間で「党・国家・社会」の相互関係をめぐる方法論的な論争があったが、(1) この議論は実証をくぐらせる必要がある。すなわち、一九三〇年代の特徴として、「党=国家」(癒着、一体化)が「社会」を統制、あるいは包摂しようとするという場合、どういう状態を指すのか。「社会」の側、大衆にみえる、実感できるのは抽象的な「党」ではなく、スターリンであり、例えばシェボルダーエフであった。スタハーノフ労働者——農村から来たばかりで若い——は、自分たちの「英雄的労働」を認めてくれるスターリンに感謝し、忠誠を示したはずである。また、ロストーフ市民の中には、シェボルダーエフが罷免されたとき、農業集団化のさい自分たち、あるいは農村の親類を痛めつけた地方ボスに対する制裁を歓迎し、スターリンを支持した者もかなりいたはずである。私がいいたいのは、大衆が指導者をどうみていたか——指導者の働きかけの結果でもある——も、体制の性格規定のうえで重要だということである。大衆を指導者による一方的な操作の対象としてみるのではなく、大衆の側からの同調、支持、あるいは無関心の構造を分析することの重要性は、すでにナチズム研究の教えるところである。(2)

ところで、右の「党・国家・社会」をめぐる論争の当事者の一人であった和田春樹は、その後『歴史としての社会主義』を著わした。それによれば、レーニンが戦時ドイツをヒントに構想した「国家社会主義」は、ネップ期には後景に退いていたものの、スターリンによる「上からの革命」で完成した。「計画経済化と経済の一元化、党・国家・社会団体の一体化、国家社会の一元化」が実現された「世界戦争に備える新しい総力戦体制の完成形態」であるという。そして、ドイツ、日本の二つのファシズム国家による挟撃の恐怖の中で、「国家社会主義のシステムの上に恐怖の第二次的構造物がつけくわわった」が、その内容は「頂点におけるスターリンの個人独裁の確立」「底辺における家族の公化」であるという。(3) 私は、ソ連史を「世界戦争の時代」という大きな視野と文脈で捉えかえす方法、スターリンの「兵営社会主義」が戦時共産主義＝ドイツ「戦争社会主義」を原基形態とし、ファシズムによる戦争の脅威によって形成されたとする見方に同意するが、三〇年代ソ連史の実証的研究を手がけた者としては賛成しかねる点もある。

右の「国家社会」が何を意味するのか、政治学でいう「政治社会」なのか否か、は措くとしても、大テロル(恐怖政治)の時期に「家族の公化」がなされたというのは誤っている。父親を告発して殺されたパヴリク・モローゾフがピオネールの鏡とされるのは全面的集団化期であって、その後は、児童の浮浪化、フーリガン行為に悩まされた党・政府は親の監督・保護義務を強調し、総じて家族の復権をはかったのである。(4) 家族の領域まで「強制的同質化」が及ばないことは「家族関連法」の「全人民討議」でみたとおりであり、大テロルで一挙に「同質化」したとは考えにくく、むしろ家族は一種の「避難所」だったとみる方が自然であろう。(5) 第二に、より重要なのは「国家社会主義」と第二次的構造物とされる「恐怖政治」との相互関係である。和田は「恐怖政治」が「国家社会主義」を変質させたとして「個人独裁の確立」と「家族の公化」を挙げるが、生産への動員を弱め、党組織とイデオロギーを掘り崩した側面を看過している。大テロル＝エジョーフシチナはスターリン独裁を強化したが、独裁の基盤を掘り崩しもしたことをおさえないと、その停止や国家機関主導の戦時体制づくりが理解できなくなる。

和田はさらに、スターリンの国家社会主義が「いわゆる全体主義とよばれる体制以上に、全的に一元化されたシステム(Totally Unified System)」だったと規定する。この規定の曖昧さは問わず、ナチズムとスターリニズムの比較であると読み込んでも、一面的といわざるを得ない。なるほど、ナチズムにあっては、軍部や産業界などの利益集団の一定の自立性は失われず、政治体制についても多頭制的性格が指摘されるが、スターリニズムにあっては、この種の利益集団はそもそもロシア革命で一掃され、党の社会統制は「上からの革命」でいっそう強化された。しかしながら、「強制的同質化」を交通・通信手段(自動車、電話、ラジオ)の普及、国土の大きさの視点からみれば、ナチズムの方が進んでいた。(6) スターリン権力は、とくに農村末端では、農産物調達と治安の確保という最低限の機能を果たしていただけだといっても過言ではない。

私は、和田の「国家社会主義」を、国家と大衆の動的な関係に着目して「国家的動員・後見体制」と読み替えたい。その原基形態は、急進的工業化後の(国営)企業秩序である。いうまでもなく、急進的工業化によって極度に集権的な企業管理体制が成立したが、それは「計画(指令)経済の無理」からするマイナス要素をも抱え込んでいた。とくに労働力の流動、労働者の規律の弱さと意欲の低さがそれであり、対策も講じられたが(一九三二年一一月の決定による「然るべき理由のない欠勤」ゆえの解雇の条件の厳格化など)、容易に克服できなかった。労働力の「売り手市場状況」に規定され、「労務管理のゆるみ」(経営者が生産性向上のインセンティヴをもたないので、労働力の予備を抱える必要があるため)が不可避だったからである。(7) そこで、企業指導部は、一方で生産課題への「動員」を行いつつ、他方では、これに消極的な労働者の存在を容認し、賃金も社会保険も保障する、いわば丸抱え的な「後見」を行わざるを得ない。「動員」と「後見」は表裏一体であり、「動員」に応えて突撃作業員、スタハーノフ労働者になる者もいれば、「後見」を好ましいとする労働者もいる。一人の労働者が、ある時は「動員」に応じ、別の時は「後見」に甘んずることもあろう。

この企業秩序観が国家に投影された「国家的動員・後見体制」こそが、労働者にとっての「社会主義」だったといってよい。しかし「国家的動員・後見体制」は、第一次五ヵ年計画の熱狂が冷めるとともに「後見」に比重が移り、憲法草案「全人民討議」でも国家による保護の要求が潜在していることが看取された。二級市民扱いされたコルホーズ農民にさえ「国家への寄生」志向が芽生えたと奥田は指摘しているが、(8) それは「全人民討議」において労働者との平等を要求したこと(社会保険など)の中にもみることができる。この「国家的動員・後見体制」を補完するのが「ソヴィエト愛国主義」であったが、このスローガンも両義的で、マルクス゠レーニン主義にこだわる党活動家は「ソヴィエト」に、一般大衆は「愛国主義」にウエイトをおいて理解していたに相違ない。そして、スターリニズムが国家的テロルをしばしば発動しながらも、「国家的動員・後見体制」で労働者を積極的にも、消極的にも統合し、「ソヴィエト愛国主義」で国民(正確には、ロシア人以外はエリート層)を統合していたがゆえに「大祖国戦争」を耐え抜くことができたのである。さらに展望すれば、この戦争で「ソヴィエト愛国主義」が不動のものとなる一方、イデオロギーに基づく「動員」の可能性は、戦後復興とフルシチョーフ治政前期(処女地開拓など)で汲み尽くされ、停滞と寄生の「国家的後見体制」たるブレージネフ時代を迎えることになる。

これは十分に論証されていない仮説に留まっている。しかし重要なのは、スターリニズムを古典マルクス主義に照らして社会主義ではないと断ずることではなく——それなら六〇年も前にトロツキーが『裏切られた革命』でしている(9)——、大衆がどう「社会主義」を把えていたか、いわば内側から理解することである。むろん、社会主義建設の積極的担い手たちの社会主義観も重要で、本書も随所で、アクチーフ、突撃作業員らの「文化革命」推進や「英雄的労働」、政治的急進化を指摘した。この点で、「産業社会の前衛」たろうとした「下部党員集団」を捉えた「重化学工業時代の社会工学的ユートピア」という石井の指摘は示唆に富む(10)。大衆の「国家的動員・後見体制」イメージの本格的実証は、国民の政治的気分に関するオゲペウ、エヌカヴェデの報告書に対するアクセスが可能になりしだい取り組む課題としたい。

(1) 塩川伸明「ソヴェト史における党・国家・社会」および和田春樹、内田健二、馬場康男のコメント、塩川のリプライ。前掲『スターリン時代の国家と社会』、三—六一頁。塩川前掲『終焉の中のソ連史』に収録(一二三—七六頁)。

(2) ノルベルト・フライ『総統国家——ナチスの支配 一九三三—一九四五年——』(芝健介訳、岩波書店、一九九四年)。ナチの宣伝の大衆による読み替えの見事な分析は、山本秀行『ナチズムの記憶——日常生活からみた第三帝国——』(山川出版社、一九九五年)。

(3) 和田春樹『歴史としての社会主義』(岩波新書、一九九二年)九〇—一一六頁。

(4) パヴリク・モローゾフは北ウラルのゲラシーモフカ村のピオネール・リーダーで、村ソヴィエト議長だったが、クラークの影響下に落ちた自分の父親を告発し、ためにクラーク一党の恨みを買い、一九三二年九月に弟とともに森の中で殺されたという(一四歳)。*Большая советская энциклопедия*, т. 28(1954), с. 310. ちなみに、政治局は三五年七月一三日に、モスクワ市内にモローゾフの記念碑を建設する決定を行った。家族の復権、旧クラーク復権の時期だが、イデオロギー教育でバランスをとったということであろうか。РЦХИДНИ, ф. 17, оп. 3, д. 968, л. 20.

(5) Robert W. Thurston, The Soviet Family During the Great Terror, 1935-1941, *Soviet Studies*, vol. 43, no. 3, 1991, pp. 553-574.「人民の敵」の家族は必ずしも皆が逮捕されたわけではなく、また、被逮捕者を出した家族の絆が断たれたわけでは必ずしもないことも示している。ちなみに、サーストンは最近モノグラフを著した。R. W. Thurston, *Life and Terror in Stalin's Russia, 1934-1941*, Yale University Press, 1996.

(6) 芝健介氏の御教示によれば、ドイツではラジオ普及率は三三年二五%だったのが、「国民車」(フォルクスワーゲン)ならぬ「国民受信者」(フォルクスエムプフェンガー)の普及もあって、四一年には六五%になったという(所有家庭の割合)。ソ連では大戦前夜に、ラジオ受信機が一一〇万台、工場やコルホーズにおかれる有線放送中継所が五九〇万ヵ所あったという。*Советская культура...*, с. 82. この受信機がすべて家庭にあったと仮定しても、約三六〇〇万家庭(人口一億八〇〇〇万から推定)の三%程度にすぎない。職場の集会で聴く方がプロパガンダの効果が小さいとは必ずしもいえないが、聴取時間が少ないことはたしかである。自動車、電話については芝氏からデータをいただいたが、比較し得るソ連のデータが見つからなかった。

(7) 塩川「スターリン体制と労働者統合」前掲『ソヴェト社会政策史研究』、三五一—三七七頁。

(8) 奥田前掲書、六九六—六九七頁。

(9) この著作のスターリニズム分析上の意義と限界、特に方法論的限界(同時代的制約)については、富田武「『裏切られた革命』と三〇年代ソ連社会——トロツキーの洞察とその限界——」『思想』第八六二号(一九九六年四月号)二一五—二二八頁。

(10) 石井規衛『文明としてのソ連——初期現代の終焉——』(山川出版社、一九九五年)、二二〇—二四九頁。

あとがき

本書の執筆を思い立ったのは、一九九二年三月に日本学術振興会の長期派遣研究員としてモスクワへ留学して直後のことである。公開されたばかりの共産党中央委員会総会速記録、政治局会議議事録などアルヒーフ文書を自分の目で見て、一九三〇年代政治史の再構成ができると判断したからに他ならない。この一〇ヵ月間の滞在の後も、私は九三年夏、九四年春、夏、九五年夏、九六年冬、夏と、約一ヵ月間ずつモスクワへ出かけ、主としてロシア現代史文書保存・研究センターで右の文書や政治局会議議事録「特別ファイル」などを閲覧、筆写してきた。アルヒーフ文書の一部は歴史雑誌に発表され、マイクロフィルム化されて販売されているが、ほんの一部に過ぎない。しかも、どのアルヒーフもコピー機が数台しかなく、文書のコピーを注文してから受け取るまで一ヵ月も要し、外国人は価格が高い。つまり、出かけて、ひたすら筆写する他ないのである(詳しくは拙稿「モスクワ・アルヒーフ事情」『窓』一九九五年三月)。

もとより、文字どおりすべてを筆写するわけではなく、取捨選択し、私の場合は意訳も含めて訳しながらノートをとるのだが、それにしても気の遠くなるような作業ではあった。文書がマイクロフィルム化されている場合、その出来が悪いか、リーダーが時代ものであるため、判読にさえ苦労したこともある(マイクロ・ゼロックスはもちろん備わっていない)。史料というものは、実際に使える部分は僅かでも全体を読まなければならず、それこそ開館から閉館まで読んでいて一日に一つ、これはと思うデータに巡り会えばいい方であった。しかし、政治局会議議事録を一九三二年一一月から六年分、いわば舐めるように読んだことによって政治史の骨格をおさえることができ、最初の一〇ヵ月間で自信らしいものもついた。

この私の仕事について、所属する大学の当時の学長が「君は写経に行くんだね」と言われたが、共産党文書という一種の経文を筆写する禁欲的な留学僧にも似た境遇だったかもしれない。しかも、モスクワでの生活は、欧米大都市への留学とは比較にならないほど不便であり、治安の崩壊と拝金(ドル)主義の横行のため多少の危険も伴う。それにもかかわらず、私がアルヒーフ通いを続け、今ようやく本書を上梓できるのは、スターリン時代の政治史的分析をしたいという大学四年生以来のパトスを保ち続け、ソ連解体後いっそう燃やしてきたからといえば、気障であろうか。

思えば、私をソ連史研究者として育ててくださったのは溪内謙先生である。私が先生を知ったのは論文「歴史としての中ソ論争」(『現代の理論』一九六四年一〇月号)で、ドグマ論争の歴史的読み解き方に目を洗われる思いがした。実際にお目にかかったのは、先生が名古屋大学法学部から東京大学法学部に移られた直後で、私が四年生の、一九六八年五月のことと記憶する。著書『ソビエト政治史』(勁草書房、一九六二年)を読んで、身の程知らずにも批判したようで、後年そのことを先生にやんわりと指摘され、赤面したものである(当時の日記には読後感が残っている。「きわめて実証的であるが、農村共同体の根強さの観念的・心理的契機に触れていないため、党・農村の〝闘争〟のダイナミクスの追求が不十分だ」と)。二度目の出会いは、大学闘争とその後の政治・社会運動の一〇年を経て研究生活に戻ると決心した私のような〝放蕩息子〟を、先生が何のこだわりもなく迎え、励ましてくださった一九七九年のことである。以来私は〝番外の弟子〟として先生とお付き合いさせていただいているが、印象深いのは、私がモスクワ留学中に先生が一ヵ月ほど同じアルヒーフで仕事をされ、ソ連史研究やロシアの現状について親しく語り合うことができた一九九二年五月のことである。以上プライヴェートな話で恐縮だが、私は溪内先生から、貪欲なまでの史料追求、史料をして語らしめる叙述に貫かれた透徹した分析の論理、そして学問に対する真摯な姿勢と謙虚な態度を学んできたと思う。

私がスターリン時代研究を志し、持続する刺激を与えられた方は他にもおられる。コミンテルンやA・グラムシの研究、メドヴェージェフの翻訳で知られる在野の研究者にして社会主義者の石堂清倫先生、『歴史としてのスターリン時代』(盛田書店、一九六六年)で、私の関心を一九三〇年代に向けられた菊地昌典先生、ソ連史全般にロシア史と世界史の双方から鋭い問題提起をしてこられた和田春樹先生である。

また、荒田洋先生を代表とするソビエト史研究会(一九七八年一二月発足)は、私にとって知的刺激に富んだ、アカデミックな議論の場であったし、あり続けている。中でも、奥田央、塩川伸明、下斗米伸夫、石井規衛、内田健二、横手慎二の各氏はよきライヴァルであり、多くのことを学ばせてもらった。

英国バーミンガム大学名誉教授のデイヴィス博士、ロシア科学アカデミー・ロシア史研究所のダニーロフ、イヴニツキーの両博士は溪内先生と同世代のすぐれた研究者で、私が研究を始めた頃その著作を学び、最近では直接に様々なアドヴァイスをいただいている。フレヴニューク(ロシア『自由思想』誌)、クロミヤ(黒宮広昭、米インディアナ大学)両氏は私のアルヒーフ仲間で、アルヒーフ文書に基づいた、すぐれた著作を発表しており、つねに知的刺激を与えてくれる。

本書を上梓するまでに成蹊大学関係者からいただいた厚意と援助を忘れることはできない。宇野重昭教授(現学長)、加藤節教授(現学部長)をはじめとする法学部、ことに政治学科の先輩、同僚に感謝したい。松浦義弘助教授(文学部、フランス革命史)には、初校に目を通してもらい、貴重な助言をいただいた。博士後期課程の竹内仁美さんには表26の作成、ロシア語スペル・チェック、人名索引の頁チェックで協力を受けた。また、史料購入、海外出張で格別に配慮いただいた大学図書館、アジア太平洋研究センターにお礼を申し上げる。そして、快適な研究環境、仕事しやすい新研究室(棟)を提供してくださった成蹊学園、ひいては学生、卒業生、父母の皆さんにも感謝したい。

史料については、ロシア現代史文書保存・研究センター(アンデルソン所長)、ロシア連邦国家アルヒーフ(ミロネンコ所長)に、また、東京大学法学部および社会科学研究所図書室、社会情報研究所(旧新聞研究所)、そして日ソ(株、旧日ソ図書)にお世話になった。

最後に、本書の出版が財団法人・櫻田會の助成によるものであることを記し、感謝の意を表わしたい。また、岩波書店の宮本勝史氏には、過去二度の翻訳に続いて、ひとかたならぬお世話になった。お礼を申し上げる。

本書を、五年前に他界した父に、並々ならぬ苦労をしてきた母に捧げる。

一九九六年九月二四日

著　者

人名索引

ア　行

アヴェルバッハ(Авербах, Л.Л.)　28
アクーロフ(Акулов, И.А.)　123, 153
アドラツキー(Адоратский, В.В.)　109
アンティーポフ(Антипов, Н.К.)　124
アントーノフ=オフセエンコ(Антонов-Овсеенко, В.А.)　84
アンドレーエフ(Андреев, А.А.)　93, 107, 109, 120, 121, 122, 125, 151, 152, 153, 164, 169, 170, 195, 197, 237, 291

ヴァレイキス(Варейкис, И.М.)　80, 167, 185, 187
ヴィシンスキー(Вышинский, А.Я.)　77, 81
ヴォロシーロフ(Ворошилов, К.Е.)　76, 83, 92, 93, 107, 115, 116, 123, 124, 125, 126, 128, 129, 130, 133, 168, 169, 237
ウガーロフ(Угаров, А.И.)　92, 199
ウグラーノフ(Угланов, Н.А.)　51
ウボレーヴィチ(Уборевич, И.П.)　124
ウリツキー(Урицкий, С.П.)　83
ウリヤノーヴァ(Ульянова, М.И.)　168
ウリリッヒ(Ульрих, В.В.)　77

エイスモント(Эйсмонт, Н.Б.)　166, 167, 178, 215
エイゼンシュテイン(Эйзенштейн, С.М.)　115
エイヘ(Эйхе, Р.И.)　74, 80, 162, 185, 197, 200, 202
エジョーフ(Ежов, Н.И.)　70, 71, 72, 73, 74, 75, 76, 77, 81, 82, 88, 89, 91, 92, 93, 129, 134, 135, 151, 152, 153, 155, 156, 161, 162, 163, 164, 168, 169, 199, 200, 201, 202, 231, 233, 235, 237
エヌキッゼ(Енукидзе, А.С)　108, 110, 115, 118, 162
エフドキーモフ(Евдокимов, Г.Е.)　120, 200, 237
エリアーヴァ(Элиава, Ш.З.)　124
エレンブルグ(Еренбург, И.Г)　19, 294

オシンスキー(Осинский, Н)　109
オフチーンニコフ(Овчинников, Г.Ф.)　217, 218, 220, 237
オルジョニキッゼ(Орджоникидзе, Г.К.)　3, 4, 20, 21, 46, 47, 80, 106, 107, 109, 111, 118, 123, 125, 126, 127, 129, 130, 133, 136, 138, 169, 170, 188, 194, 195, 202, 224

カ　行

ガーイキス(Гайкис, Л.Я.)　302
カガノーヴィチ(Каганович, Л.М.)　39, 73, 74, 77, 92, 93, 106, 107, 109, 110, 113, 116, 117, 118, 125, 126, 127, 129, 130, 133, 134, 136, 138, 151, 152, 154, 155, 156, 157, 158, 163, 166, 168, 169, 170, 183, 185, 187, 195, 197, 199,

211, 212, 214, 215, 216, 217, 221, 237
カガノーヴィチ(Каганович, М.М.) 153
カーガン(Каган, С.Б.) 299, 300, 301
カバコーフ(Кабаков, И.Д.) 167
カーピツァ(Капица, П.Л.) 54, 78, 81
ガマールニク(Гамарник, Я.Б.) 76, 93, 124, 128, 152, 200, 212
カミンスキー(Каминский, Г.Н.) 81, 107, 153
カーメネフ(Каменев, Л.Б.) 51, 72
カラハーン(Карахан, Л.М.) 124, 128
カリーニン(Калинин, М.И.) 107, 110, 111, 118, 123, 128, 169, 185, 186, 268, 300
カルマノーヴィチ(Калманович, М.И.) 107, 124

ギカーロ(Гикало, Н.Ф.) 200
キーロフ(Киров, С.М.) 3, 4, 51, 56, 72, 108, 118, 126, 138, 139, 151, 158, 160, 162, 178, 199

クイブィシェフ(Куйбышев, В.В.) 4, 18, 46, 107, 118, 123, 126, 127, 136, 166, 169
クノーリン(Кнорин, В.Г.) 89, 107, 291
グリニコ(Гринько, Г.Ф.) 109
クリニツキー(Криницкий, А.И.) 85, 183, 184
クルィレンコ(Крыленко, Н.В.) 110, 118, 123
クルジジャノフスキー(Кржижановский, Г.М.) 17, 153
クループスカヤ(Крупская, Н.К.) 81, 107, 128, 153
クレイネル(Клейнер, И.М.) 166, 169, 187
グレーヴィチ(Гуревич, А.И.) 201, 202
クレスティンスキー(Крестинский, Н.(Н.) 128, 133, 299
グレーボフ=アヴィーロフ(Глебов-Авилов, Н.П.) 236, 237

ゴゴベリッゼ(Гогоберидзе, Л.) 232, 233, 236, 237, 238
コーサレフ(Косарев, А.В.) 152, 212, 237, 291
コシオール(Косиор, И.В.) 113
コシオール(Косиор, С.В.) 74, 108, 126, 167, 168, 185, 196, 197, 198
コスィギン(Косыгин, А.Н.) 80
コリツォーフ(Кольцов, М.Е.) 294
コロティーリン(Колотилин, Н.Г.) 229, 230, 231, 234, 236, 237

サ 行

ザコフスキー(Заковский, Л.М.) 120, 121
サルキーソフ(Саркисов, С.А.) 74, 188, 191, 192, 194, 197, 202, 203

シェボルダーエフ(Шеболдаев, Б.П.) 74, 79, 80, 166, 168, 185, 202, 212, 218, 220, 221, 222, 229, 230, 231, 233, 235, 236, 237, 238, 319
シキリャートフ(Шкирятов, М.Ф.) 89, 108, 110, 123, 153, 212, 219, 220
ジダーノフ(Жданов, А.А.) 73, 81, 93, 126, 129, 130, 134, 151, 152, 155, 163, 164, 168, 169, 202, 237
ジノーヴィエフ(Зиновьев, Г.Е.) 51, 72, 158
ジーミン(Зимин, Н.Н.) 220
シュヴェルニク(Шверник, Н.М.) 107, 152, 152, 290, 291
シューブリコフ(Шубриков, В.П.)

185
シュミット(Шмидт, В.В.)　167
シュミット(Шмидт, О.Ю.)　57
シュリーフテル(Шлихтер, А.Г.)　185
ショーロホフ(Шолохов, М.А.)　22, 217, 218, 219, 220, 291

スィルツォーフ(Сырцов, С.И.)　20
スタニスラフスキー(Станиславский, К.С.)　291
スタハーノフ(Стаханов, А.Г.)　47, 188, 189, 190, 192, 194
スターリン(Сталин, И.В.)　頻出ゆえ省略
ステツキー(Стецкий, А.И.)　107, 109, 152
ストモニャコーフ(Стомоняков, Б.С.)　130
スミルノーフ(Смирнов, А.П.)　166, 167, 178, 215
スルタン＝ガリエフ(Султан-Галиев, М.Х.)　59
スルツキー(Слуцкий, А.И.)　83

ゼレンスキー(Зеленский, И,А.)　121

ソコーリニコフ(Сокольников, Г.Я.)　74, 107, 128, 303
ソスノフスキー(Сосновский, Л.С.)　202
ソーリツ(Сольц, А.А.)　81, 108
ソルジェニーツィン(Солженицын, А.И.)　56, 90

タ　行

ターリ(Таль, Б.М.)　291

チェルノーフ(Чернов, М.А.)　169, 212, 216
チカーロフ(Чкалов, В.П.)　57
チュツカーエフ(Чуцкаев, С.Е.)　116
チュバーリ(Чубарь, В.Я.)　92, 93, 108, 129, 169, 196, 197, 224

ツィーホン(Цихон, А.М.)　107, 109

ディミトロフ(Димитров, Г.М.)　44, 88, 115, 289
テヴォシャーン(Тевосян, И.Ф.)　80

ドヴガレフスキー(Довгалевский, В.С.)　41
トゥハチェフスキー(Тухачевский, М.Н.)　76, 77, 83, 84, 128, 289
トムスキー(Томский, М.П.)　20, 21, 72, 107, 167, 234
トリリッセル(Трилиссер, М.А.)　89
トルマチョーフ(Толмачёв, В.Н.)　166, 167, 178, 215
トロツキー(Троцкий, Л.Д.)　51, 58, 71, 72, 322

ナ　行

ニコラーエヴァ(Николаева, К.И.)　152, 185
ニコラーエフ(Николаев, Л.В.)　72, 158

ハ　行

バジャーノフ(Бажанов, В.М.)　188, 194, 198
パシュカーニス(Пашуканис, Е.Б.)　251
ハタエーヴィチ(Хатаевич, М.М.)　50, 80, 162, 166, 168, 183, 185, 186, 187, 197, 200, 201, 202
バリツキー(Балицкий, В.А.)　23, 118

ピャタコーフ(Пятаков, Ю.Л.)　72,

73, 107, 109, 110, 113, 126, 168, 234
ピャトニツキー(Пятницкий, И.А.) 81, 89, 124

プトゥーハ(Птуха, В.В.) 185
ブハーリン(Бухарин, Н.И.) 16, 51, 52, 72, 73, 74, 75, 77, 164, 167, 168, 169, 170, 202, 234, 261, 307
ブーブノフ(Бубнов, А.С.) 27, 107, 114, 115, 133, 153
ブラゴンラヴォーフ(Благонравов, Г.И.) 125
プラームネク(Прамнэк, Э.К.) 200
ブリーケ(Брике, С.К.) 229, 230, 231, 233, 237
フルシチョーフ(Хрущёв, Н.С.) 106, 116, 127, 129, 153, 157, 211, 291, 322
プレオブラジェンスキー(Преображенский, Е.А.) 51
プロコフィエフ(Прокофьев, Г.И.) 110, 118

ベードヌィ(Бедный, Д.) 115
ペトロフスキー(Петровский Г.И.) 108, 185
ベーリヤ(Берия, Л.П.) 70, 90, 93, 129, 199
ベールジン(Берзин, Я.К.) 124

ポクロフスキー(Покровский, М.Н.) 57
ポスクリョーブィシェフ(Поскрёбышев, А.Н.) 127, 152, 153
ポストゥイシェフ(Постышев, П.П.) 39, 74, 79, 80, 91, 120, 123, 124, 126, 166, 168, 169, 183, 185, 187, 197, 198, 200, 202
ポスペーロフ(Поспелов, П.Н.) 80
ポチョームキン(Потёмкин, В.П.) 44, 130

マ 行

マイスキー(Майский, И.М.) 299, 300, 301, 304, 305
マリーノフ(Малинов, М.М.) 222, 229, 231, 237
マレンコーフ(Маленков, Г.М) 80, 82, 93, 159, 162, 164, 237

ミコヤーン(Микоян, А.И.) 92, 93, 107, 109, 121, 126, 128, 129, 168, 169, 195, 212

メジュラウク(Межлаук, В.И) 47, 93, 107, 135
メーフリス(Мехлис, Л.З.) 127, 153

モーロトフ(Молотов, В.М.) 3, 4, 46, 49, 52, 73, 74, 77, 92, 93, 94, 106, 107, 109, 110, 111, 113, 116, 118, 119, 120, 123, 125, 126, 127, 129, 130, 133, 134, 135, 136, 138, 151, 166, 168, 169, 182, 211, 212, 216, 219, 237, 249, 258, 259

ヤ 行

ヤキール(Якир, И.Э.) 83
ヤーコヴレフ(Яковлев, Я.А.) 20, 80, 108, 116, 155, 169, 185, 223
ヤゴーダ(Ягода, Г.Г.) 70, 73, 107, 110, 118, 120, 127, 128, 134, 212
ヤロスラフスキー(Ярославский, Е.М.) 108, 153, 259, 271

ユールキン(Юркин, Т.А.) 107, 212

ラ 行

ラコフスキー(Раковский, Х.Г.) 51
ラーズモフ(Разумов, М.О.) 200
ラズールキナ(Лазуркина, Д.А.) 81
ラデック(Радек, К.Б.) 72, 134, 168,

234
ラムジーン(Рамзин, Л.К.)　51

リトヴィーノフ(Литвинов, М.М.)　42, 43, 44, 83, 84, 85, 94, 108, 126, 128, 130, 133, 134, 271, 298, 301, 302, 303, 305, 306
リュシコーフ(Люшков, Г.С.)　82, 235
リューティン(Рютин, М.Н.)　73, 168, 178
リュビーモフ(Любимов, И.Е.)　107, 109, 195
リュプチェンコ(Любченко, П.П.)　168

ルィコーフ(Рыков, А.И.)　16, 72, 73, 74, 75, 107, 123, 151, 164, 167, 168, 169, 170, 202, 234
ルィーンジン(Рындин, К.В.)　197
ルズターク(Рудзутак, Я.Э.)　108, 121, 123, 128, 166
ルナチャルスキー(Луначарский, А.В.)　27, 28
ルヒモーヴィチ(Рухимович, М.Л.)　93

レーニン(Ленин, В.И.)　106, 262, 263, 319

ローゼンゴリツ(Розенгольц, А.П.)　80, 106, 109
ローゼンベルグ(Розенберг, М.И.)　293, 299
ロゾフスキー(Лозовский, А.)　107
ローボフ(Лобов, С.С.)　107, 195
ロミナッゼ(Ломинадзе, В.В.)　20, 138

Политические структуры сталинского режима

——Принятие решений и интеграция советского народа в 1930-е годы——

■岩波オンデマンドブックス■

スターリニズムの統治構造
——1930年代ソ連の政策決定と国民統合

1996年12月10日　第1刷発行
1997年1月25日　第2刷発行
2015年7月10日　オンデマンド版発行

著　者　富《とみ》田《た》　武《たけし》

発行者　岡本　厚

発行所　株式会社　岩波書店
〒101-8002 東京都千代田区一ツ橋2-5-5
電話案内 03-5210-4000
http://www.iwanami.co.jp/

印刷／製本・法令印刷

ISBN 978-4-00-730228-2　　Printed in Japan